한국행정연구원 연구총서 | 2022-1

해외 평가 · 성과관리 동향분석

윤수재 편저

도서출판 대영문화사

발간사

정책에 대한 평가는 정부가 국정운영의 목표를 달성하고 국민의 행복 증진에 기여하는 데 있어 올바른 방향으로 나아가기 위해 반드시 필요한 핵심적인 요소입니다. 어떠한 일을 하든지 주변을 통해 개선할 점을 찾아내는 일은 없어서는 안 될 과정이며, 정부가 국정을 운영하는 일도 마찬가지기 때문입니다. 이 같은 관점에서 새 정부가 출범한 올해, 해외 주요국의 평가 및 성과관리 동향을 검토하는 일은 그 시의성면에서 매우 의미있다고 생각됩니다.

어떤 정책이든 성과를 평가하고 관리하기 위해서는 그에 적합한 도구가 필요합니다. 마찬가지로 국정운영의 결과를 확인하고 올바른 방향으로 나아가기 위해서도 합리적이고 정교한 평가와 성과관리의 방법이 마련되어야 합니다. 이와 관련해 미국을 비롯한 해외 주요국은 귀감으로 삼을 만한 평가 및 성과관리 시스템을 갖추고 있습니다. 이 같은 요소들 중 적합한 것들을 우리나라의 실정에 맞게 개선·발전시키는 것은 급변하는 환경 속에서도 정책에 대한 평가와 성과관리의 품질을 제고하는 데 있어 매우 중요하다고 하겠습니다.

이 책은 해외 주요국의 평가와 성과관리의 동향을 분석함으로써 우리나라의 정부와 학계에서 유익하게 활용될 수 있는 정책적 시사점을 도출할 목적으로 수행되었습니다. 제4차 산업혁명과 함께 빠르게 발전해가는 평가 및 성과관리의 방법과 도구는 과거와 달리 잠시의 여유도 허락하지 않고 있습니다. 이에 이 책에서는 평가와 성과관리가 비교적 잘 이루어지고 있는 미국·영국·캐나다·일본·스웨덴·호주를 대상으로 평가와 성과관리의 최근 핵심내용들을 그려내고자 하였습니다.

총 6개 국가를 다루고 있는 이 책은 각 장별 형식을 동일하게 구성하여 국가 간 공통점과 차이점을 보다 쉽게 비교할 수 있도록 작성되었습니다. 각 장별로 평가·성과관리의 현황과 유영체계, 평가·성과관리의 주요내용, 평가·성과관리의 동향 등을 통해 우리나라의 평가·성과관리에 유용하게 활용될 정책적 시사점을 도출·제시하였습니다.

이 책을 책임지고 수행한 본 연구원의 윤수재 박사와 이동은 연구원의 노고를 치하합니다. 또한 연구집필에 참여해 주신 학계 전문가들의 노고에 감사드립니다.

2022년 12월

한국행정연구원 원장 최상한

차례

제1장 서론

제 1 절

연구의 배경 · 목적 및 내용 · 방법

해외 주요국에서는 정부 평가 · 성과관리제도를 지속적인 제도 개선과 다각적인 혁신노력을 통해 점진적으로 발전시키고 있으며, 국가별 특성 및 대내 · 외 관련 동향 파악을 통해 정부정책의 효과성과 국민에 대한 책임성을 제고시키고 있다. 또한 정부정책에 대한 성과를 체계적으로 측정하고, 평가 · 성과관리 결과를 통한 바람직한 환류(feedback)시스템을 정립하고자 하는 등 그 필요성과 중요성이 증대되고 있는 실정이다.

우리나라에서 정부정책이 더욱 복잡해지고 있으며, 정책 계획 · 수행 · 성과 달성 단계에 대한 국민들의 관심이 지속적으로 늘어나고 있는 상황에서, 해외 평가 · 성과관리에 대한 동향연구는 효과적인 정부 평가 · 성과관리 시행 및 운영에 도움이 될 정책적 시사점을 도출하는 데 유용하게 활용될 수 있어 이 책의 중요성 및 시의성이 매우 높다 할 수 있다.

이에 이 책은 이러한 필요성 및 중대성에 부응하기 위해 연구기획되었다. 특히 정부정책 · 사업과 이에 대한 평가 · 성과관리 시스템의 중요성을 세계 각국의 행정학 전공자나 공무원, 국민들이 널리 인식하고 공감대를 형성하게 하는 것이 중요한 시점이다. 따라서 이에 맞는 해외의 평가 · 성과관리 동향을 체계적으로 분석해 정책제언을 제시하는 목적의 연구는 현재 상황에서 매우 중요하고 시의성 높은 연구주제라 할 수 있다.

해외에서는 다양하고 체계적인 평가 · 성과관리 사례연구가 활발히 수행되고 있는 실정이며, 우리나라에서도 보다 심도 있는 평가 · 성과관리 동향분석 연구를 수행하는 것이 필요한 상황이다. 이에 평가·성과관리 강의, 심화교육훈련, 정부제도 발전·개선 차원에서 국내학자와 연계하여 해외의 평가·성과관리제도 동향을 심도 있게 분석하는 것은 중요한 의미를 포함한다 할 수 있다.

한편 이 책은 해외 평가·성과관리제도 동향을 체계적으로 분석·연구하고 있으며, 그 연구내용을 살펴보면 다음과 같다. 먼저 세계 주요국의 특성을 반영한 평가·성과관리 동향을 분석·진단하는 것으로, 국내 관련 학자들과의 연구회의 등을 통한 의견수렴 과정을 거쳤다. 그리고 국가별 평가·성과관리 동향분석 내용 결과와 우리나라 제도를 비교해 정부에 유용하게 활용될 정책적 시사점을 도출·제공하고자 하였다.

연구방법으로는 먼저 문헌연구(검토)로, 기존 진행되어 온 평가·성과관리에 관한 해외 정부자료, 연구자료, 실태조사자료 등을 조사·정리함으로써 해외의 평가 및 성과관리 동향 등을 고찰하고, 평가·성과관리에 관한 전반적인 핵심내용 등을 검토하며, 관련 자료 및 제도를 심층적으로 분석·연구하였다.

제2절 연구의 구성

이 책은 주요국 평가·성과관리 제도가 체계적으로 운영되고 있고, 나라별 고유의 제도 특성·특징을 지닌 미국·영국·캐나다·일본·스웨덴·호주를 선정하여 연구총서 내용을 구성하였다. 해외 국가별 평가·성과관리 동향분석의 핵심내용을 요약 설명하면 다음과 같다.

'미국 평가·성과관리 동향분석'에서는 미국 연방정부의 평가·성과관리의 배경(GPRA → GPRA 현대화법[GPRAMA] → 증거법[Evidence Act]) 및 제도적 현황, 운영체계(연방정부 단위 및 기관 단위 평가·성과관리), 평가·성과관리의 이슈 및 구조 차원에서 성과정보 활용 활성화, 성과관리·평가연구 간 분절 극복 차원의 전략계획과 학습의제의 연계(상무부 사례) 등에 대해 설명하고 있다. 또한 평가·성과관리의 지표 및 측정방법 차원에서 국정과제와 전략목표 간 수직적 연계(재무부 사례), 연방정부 성과관리 목표체계, 성과측정 특징 및 미국 연방기관 성과지표 등을 기술하고 있다. 한편 미국 평가·성과관리의 동향분석 차원에서 기관 성과관리 관련 계획서·보고서 등의 구성체계, 주요 동향 및 특징(성과관리－평가연구 간 연계 제도화, 중·장기적 관점의 강화, 기관 간 협업 강조, 학습 지향적 평가·성과관리, 성과정보 활용 개선 등)을 설명하고, 전략목표 관리 고도화, 성과관리 및 평가연구 간 연계성 확보, 협업적 평가·성과관리, 성과관리 관리 차원에서의 다각적인 정책적 시사점을 도출·제시하고 있다.

'영국 평가·성과관리 동향분석'에서는 영국 평가·성과관리의 배경 및 변천 현황, 운영체계(정부계획 및 성과 프레임워크[Government's planning and performance framework], IPA 정부 주요 프로젝트 포트폴리오 점검평가 및 재무부의 사업점검평가[성과시행계획 및 성과보고서 기반] 등)를 서술하고 있다. 또한 평가·성과관리의 이슈 및 구조 차원에서 지출검토(SR) 기반 평가·성과관리, 총리 주도의 정책우선순위 성과(전략목표) 강화(Single Departmental Plan 등), 협업(다부처)과제 관리의 강조, 데이터 공개 및 투명성을 설명하고 있다. 그리고 평가·성과관리 지표 및 측정방법 차원에서 지출검토(SR) 및 성과시행계획(ODP)의 성과목표와 평가항목을 부처별 예시를 통해 설명하고 있으며, IPA의 단계점검평가(Stage Gate Assessment) 등도 함께 소개하고 있다. 한편 영국 평가·성과관리 동향분석 차원에서 SR 21의 국가적 우선순위 성과계획, 집행 및 모니터링 관련 단일부처계획(SDP)과 집행팀(Delivery Unit), ARA 성과보고서(부처 수준의 평가결과 및 환류) 등에 대해 기술하고, 지출과의 연동성 등 재정적 효율성 관점, 부처 간 협력 차원에서의 성과시행계획(ODP) 수립·시행, 전문성에 기반한 관리 지향적 점검평가, 결과 지향적 성과지표에 대한 측정·점검, 모니터링 제도 강화 차원에서의 정책적 시사점을 제시하고 있다.

'캐나다 평가·성과관리 동향분석'에서는 캐나다의 평가·성과관리 개요 및 운영체계(평가·성과관리 법령체계 및 조직·운영체계 등)를 기술하고 있다. 또한 평가·성과관리의 이슈 및 구조 차원에서 결과에 대한 정책으로의 전환, 평가 이해관계자의 평가활용 강화를 위한 참여·소통 강조, 결과평가 외 경제성 평가·혁신평가·사전평가 등 새로운 평가유형 적용, 관리책임프레임워크(Management Accountability Framework), 부처결과프레임워크(Departmental Results Frameworks) 등을 설명하고 있다. 그리고 평가·성과관리의 지표 및 측정방법 차원에서 프로그램 성과지표(보훈부 성과정보 프로파일) 및 내부서비스 표준평가지표 등을 기술하고 있다. 한편 캐나다 평가·성과관리 동향분석 차원에서 5개년 단위 부처평가계획, 부처계획(지출계획), 관리대응액션플랜(Management Responses and Action Plan)[외교부 사례], 부처결과보고서, 평가·성과관리의 성과(제도 개선에 따른 성과, 관리책임프레임워크의 성과, 부처결과프레임워크의 성과) 등을 설명하고 있다. 또한 중앙 주도의 평가거버넌스, 평가 유연성 강화 및 평가 활용성 제고, 성과정보의 품질관리, 평가결과의 투명성과 책임성 등을 영국 평가·성과관리의 특징으로 기술하고 있으며, 이와 연계한 정책적 시사점을 제시하고 있다.

'일본 평가·성과관리 동향분석'에서는 일본 평가·성과관리의 기본개념, 평가제도의 주요 연혁, 운영현황(정책평가 및 행정평가), 운영체계(평가제도 법적근거, 평가제도의 구조 등)를 기술하고 있으며, 평가제도를 정책평가(중앙정부)와 행정평가(지방자치단체)로 구분하고 있다. 또한 평가·성과관리의 이슈 및 구조 차원에서 기본구조(행정기관 실시 정책평가 및 총무성 실시 정책평가), 디지털 시대에 적합한 정책평가제도 재검토, 정책기획·입안 등의 프로세스 개선, 행정평가의 실시체계·평가대상·평가절차 등을 소개하고 있다. 그리고 평가·성과관리의 지표 및 측정방법 차원에서 정책평가(평가기준 및 평가방법)와 행정평가(지방자치단체 행정평가의 주요 지표, 평가방법)로 구분해 소개하고 있다. 한편 일본 평가·성과관리 동향분석 차원에서 일본 평가계획 및 보고서와 관련해 각 행정기관과 총무성의 정책평가 계획수립과 실시현황(총무성의 종합성 확보평가 및 객관성 담보평가 사례), 지방자치단체의 행정평가 실시현황과 행정평가보고서(실시결과)를 설명하고, 이에 따른 성과를 평가결과의 반영현황과 그 한계의 측면에서 제시하고 있다. 또한 일본 정책평가제도의 특징을 평가체계의 이원성, 평가방식의 유연성, 의무화된 자체평가, 예산 중심의 결과반영 등으로 기술하고, 우리나라와의 제도적 비교를 통해 정책적 시사점을 제시하고 있다.

'스웨덴 평가·성과관리 동향분석'에서는 스웨덴의 평가·성과관리 개황 및 신공공관리론(NPM)과 신공공거버넌스(NPG)의 발전에 따른 성과관리 개혁을 소개하고 있으며 성과관리의 법적 근거와 관련 규정을 제시하고 있다. 또한 연차보고서를 중심으로 하여 스웨덴의 예산 절차와 그 절차 내에서의 평가·성과관리 운영체계, 행정기관의 평가·성과관리 구조 등을 설명하고 있다. 그리고 공중보건청(보건복지 분야)과 에너지청(경제산업 분야)의 연차보고서를 바탕으로 스웨덴의 평가·성과관리 측정방법을 소개하고 있다. 평가·성과관리 동향분석 차원에서 효율성 향상을 위한 연차보고서 작성방식의 변화와 신뢰 기반의 거버넌스 구축에 대해 설명하고 있고, 그 효과에 대한 후속 보고서들을 제시하고 있다. 한편 스웨덴 평가·성과관리의 특징을 NPG 중심의 평가·성과관리, 행정기관의 높은 자율성과 재량, 비제도적 수단의 활용으로 구분하고 우리나라 평가·성과관리에서의 정책적 시사점을 제시하고 있다.

'호주 평가·성과관리 동향분석'에서는 호주의 평가·성과관리 현황(도입과 발전과정, 관련 주요 법률 및 지침) 및 운영체계(재정부 · 국립감사원 등 기관별 역할 및 거버넌스 구조, 연방성과프레임워크[Commonwealth Performance Framework])를 서술하고 있다. 또한 평가 · 성과관리의 이슈 및 구조 차원에서 호주 연방성과프레임워크를 사업계획서 · 포트폴리오 예산보고서 · 연간성과보고서로 구분해 기술하고, 프로그램모형에 따른 정책순환주기 단계별 평가 고려사항을 설명하고 있다. 그리고 평가 · 성과관리의 지표 및 측정방법 차원에서 성과지표 개발을 위한 프로그램 논리모형 예시, 성과측정 요건, 산출 · 효율성 · 효과성 측정지표, RMG-131(Developing good performance infor-

그림 1-1 연구 구성

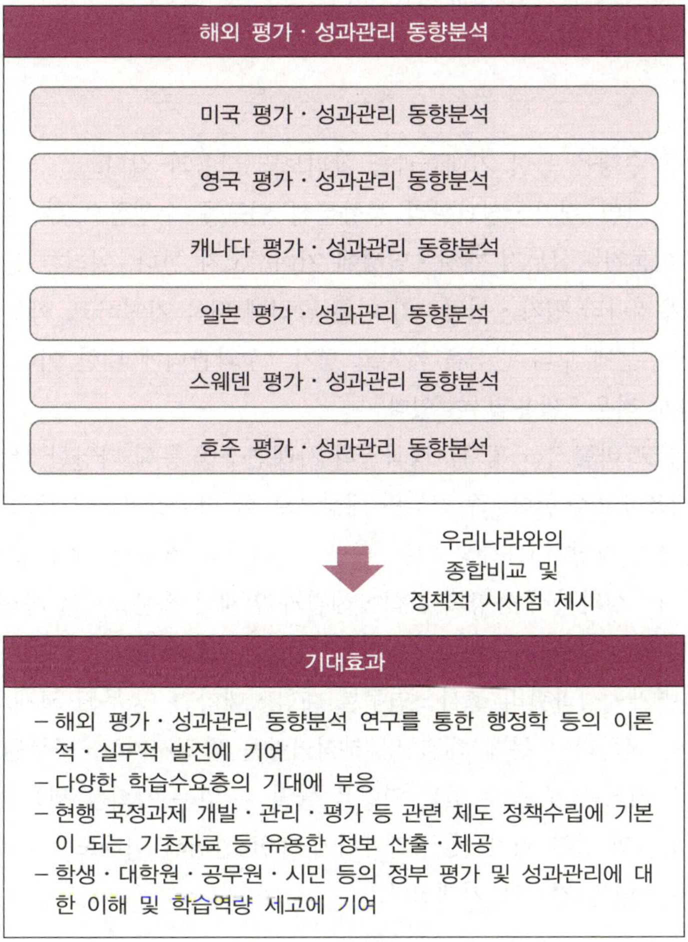

mation)과 PGPA Rule에 근거한 성과지표(보훈부와 교육부 예시)를 서술하고 있다. 한편 호주 평가 · 성과관리 동향분석 차원에서 재정부의 사업계획서(Corporate plan)와 PGPA Act에 대한 독립검토(Independent review), 디지털 기반 성과관리 플랫폼을 바탕으로 성과관리의 방향성을 소개하고 이에 대한 성과를 기술하고 있다. 그리고 스웨덴 평가 · 성과관리의 특징을 자체평가 중심의 성과평가, 연방성과프레임워크를 통한 공공정책단계 간 연계, 조직문화로서 평가적 사고의 정착, 강력한 증거 기반의 평가로 구분하고, 우리나라 평가 · 성과관리에서의 정책적 시사점을 제시하고 있다.

제3절

연구의 기대효과

이 책의 연구 수행을 통한 기대효과를 살펴보면 다음과 같다.

첫째, 해외 국가별 평가 · 성과관리 동향분석 연구를 수행함으로써 우리나라 행정학 · 정책학의 이론적 · 실무적 개선 · 발전에 기여하고자 한다. 이러한 평가 · 성과관리 동향연구들이 우리나라 평가 · 성과관리 이론 발전에 더욱 기여하고, 학생 · 대학원 · 공무원들이 관련 부문에 보다 관심을 가지고 평가 · 성과관리에 대한 이해 · 지식을 축적하는데 유용하게 적용 · 활용될 수 있다.

둘째, 심도 있고 바람직한 평가 · 성과관리 사례연구를 통해 다양한 학습수요층의 기대와 부응에 대응하고자 한다. 즉 공무원 대상으로 한 정부강의교재 등으로 활용하고자 한다. 해외 각국의 다양하고 특성 있는 평가 · 성과관리 제도를 체계적으로 검토하고, 간접적으로 평가 · 성과관리 동향의 분석 · 해결과 연계된 전문교육을 통해 공직 행정현장의 활용성 및 대응성을 제고시킬 수 있을 것으로 판단된다.

셋째, 정부 평가 · 성과관리 조사 · 연구를 대학 · 대학원, 공무원 교재로 활용함으로써 관련 제도의 전문적인 문제 해결 및 분석역량을 발전시키고, 공무원 · 학생들에게 실무적 · 행정적 지식을 갖출 수 있는 역량을 늘릴 수 있는 기회를 제공할 것으로 기대된다. 또한 국민들의 정부 평가 및 성과관리에 대한 관심과 이해도를 개선시키는 데에도 도움이 될 수 있을 것으로 기대된다.

제2장 미국 평가 · 성과관리 동향분석

제 1 절

미국 평가 · 성과관리 현황 및 운영체계

1. 평가 · 성과관리 현황

1) 연방정부 평가 · 성과관리 배경

(1) GPRA: 기관 단위 성과관리 시행의 제도화

미국 연방정부 소속의 모든 기관은 기관 임무(mission)의 성공적 달성을 위한 중·장기 전략과 전략별 목표를 담은 전략계획(strategic plan)을 일정 주기로 수립한다. 아울러 각 기관은 중·장기적 시계에 바탕을 둔 기관 전략계획의 연 단위 구체적 실행을 위해 연간 성과계획(performance plan)을 세우고, 회계연도마다 해당 기간 수행할 기관의 활동과 이를 통해 달성하고자 하는 성과목표, 그리고 그 달성 정도의 객관적 측정을 위한 성과지표 등을 제시한다. 차기 회계연도에는 성과계획서에 제시된 성과목표와 성과지표를 중심으로 성과를 평가·측정하고, 그 결과를 기술하는 연 단위 성과보고서(performance report)를 작성하여 의회에 제출한다. 한편 평가와 측정을 통해 생성된 성과정보는 정책·관리·예산 등 다양한 의사결정에 활용된다.

연방정부 각 기관은 이러한 일련의 활동과 과정, 즉 성과관리(performance management)를 법적 의무사항(requirements)으로 사반세기가 넘는 기간 동안 시행해오고 있는데, 그 출발점은 '정부 성과 및 결과에 관한 법(Government Performance and Results

Act, 이하 GPRA)'이다. GPRA는 클린턴(W. J. Clinton) 행정부 첫해인 1993년에 미 의회를 통과하여 일정 기간의 시범운영 기간을 거쳐 1997년부터 본격적으로 시행되었다. GPRA는 기관 단위 성과관리의 범정부적 시행을 최초로 제도화하였는데, 이는 GPRA의 가장 중요한 특징이자 의의라고 할 수 있다. 후속법인 'GPRA 현대화법(GPRA Modernization, 이하 GPRAMA)'의 입법으로 인해 연방정부 성과관리 시행에 있어 크고 작은 변화가 발생하였지만, 앞서 언급한 기관 단위의 중・장기 전략계획과 연도별 성과계획을 수립하고, 그 실행 결과를 평가・측정하여 보고・활용하는 과정은 오늘날까지 연방정부 성과관리의 근간으로 작동하고 있다.

기본적으로 '좋은 정부(good government)'에 관한 법인 GPRA는 궁극적으로 연방정부에 대한 미국 국민의 신뢰 회복을 지향하며, GPRA 입법을 통해 전 기관 성과관리를 의무화한 것은 성과관리가 연방정부 신뢰 회복을 위한 핵심적 수단이라는 인식에 그 근거를 둔다. 이러한 인식은 ① 연방정부 신뢰 하락의 문제는 오랜 기간 연방정부가 보여온 비효율과 낭비와 깊은 관련이 있는데, ② 이처럼 비효율과 낭비가 지속되는 것은 막대한 예산과 자원이 투입되는 연방정부 프로그램과 활동에 관한 유의미한 성과정보(performance information)가 부재하여 합리적 의사결정이 어려울 수밖에 없는 현실과 유관하므로, ③ 이에 연방정부 각 기관은 전략적 기획(strategic planning)을 통해 소관 프로그램과 활동에 관한 명확한 목표를 사전에 설정하고, 객관적・정량적 성과지표를 활용한 주기적 성과측정(performance measurement)을 통해 그 달성 정도를 점검・평가하여 적실성 있는 성과정보를 생산하며, ④ 연방정부와 의회는 생산된 성과정보를 예산・정책・관리 등 다양한 의사결정 영역에 활용(utilization)함으로써 연방정부의 비효율과 낭비를 개선함과 동시에 정책성과를 향상할 수 있고, ⑤ 이를 통해 궁극적으로는 연방정부에 대한 신뢰를 회복할 수 있다는 논리에 그 기반을 두고 있다(이정욱, 2016: 103-104).

이 논리에 따르면 GPRA의 가치는 크게 두 가지 활동의 유효성에 좌우되는데, 첫째는 성과정보의 생산, 둘째는 성과정보의 활용이다. 미국 회계감사원(U.S. Government Accountability Office, 이하 GAO)의 관련 연구에 따르면, GPRA 시행 이전과 비교할 때 성과측정 역량이 전반적으로 개선되고, 연방정부 프로그램과 활동의 효과성(effectiveness)과 효율성(efficiency)에 관한 정보의 총량이 증가하는 등 성과정보의 생산 측면에서 긍정적 변화가 있었던 것으로 평가된다(GAO, 2008). 그러나 후자의 경우, 그 효과가 제한적이었는데, GPRA가 강조하였던 예산 과정에서의 활용은 특히 저조하였던 것으로 나타났다(GAO, 2008). 종합하면, GPRA의 시행으로 인해 성과지표와 성과정보의 가용성(availability)은 어느 정도 개선되었으나, 이러한 개선이 합리적 의사결정을 위한 성과정보 활용 활성화로는 이어지지 못하였다.

(2) GPRAMA: 일련의 성과관리 '현대화'로 성과정보 활용 촉진 시도

성과정보 활용 부진에 관한 우려는 GPRA가 규정하는 성과관리 활동과 과정의 적절성에 대한 전반적 검토와 보완방안 모색으로 이어졌는데, 그 결과를 반영한 것이 GPRAMA이다. 2010년에 의회를 통과한 GPRAMA는 현행 연방정부 성과관리의 근거법으로서, 17년 전 GPRA 제정 당시에 설계된 연방정부 성과관리체계를 문자 그대로 '현대화(modernization)'하는 법이다. 그동안의 성과관리 시행 경험, 기술적 환경의 변화, 성과관리에 관한 새로운 지식과 기법, 유관 해외사례 등을 종합적으로 반영한 일련의 제도적 변화를 그 핵심적 특징으로 하는데, 궁극적으로는 성과정보 활용 활성화를 통한 성과관리의 '부가가치' 향상을 지향한다(이정욱, 2019).

성과정보 활용 활성화를 위해 GPRAMA가 수반한 일련의 제도적 변경은 크게 두 가지 유형으로 구분 가능한데, 하나는 '성과정보의 공급'과 다른 하나는 '성과정보의 수요'와 관련된다. 전자의 경우, 성과정보 공급상의 문제로 인해 성과관리 시행의 효과가 제한된다고 보는데, 이는 다시 ① 필요하지만 가용하지 않은 성과정보의 생산에 관한 것, ② 성과정보 품질관리에 관한 것으로 구분된다.

첫 번째로, '성과정보의 공급' 유형 ①과 관련하여 GPRAMA는 연방정부 단위 성과관리에 관한 제도를 신설하였다. 연방정부 업무에 있어 다부처 혹은 범정부적 접근이 필요한 업무의 비중이 점차 증가하고 있음에도 불구하고, GPRA는 기관 단위의 성과관리만을 규정하고 있었기 때문에 다부처 또는 범정부적 과제에 관한 성과정보를 생산하는 데 한계가 명확하였다. 이에 GPRAMA는 대통령실 관리예산처(Office of Management and Budget, 이하 OMB) 주도로 연방정부 단위의 성과계획(federal government performance plan)을 수립하고, 여러 부처의 협력적 노력이 특별히 요구되면서 그 중요성이 높은 목표를 '우선순위 다부처(Cross-Agency Priority, 이하 CAP) 목표'로 지정하며, 해당 목표의 진도와 성과를 주기적으로 점검·측정하여 보고하도록 하는 등 기존 성과관리체계 아래 존재하였던 일종의 '성과정보 사각지대'를 최소화하기 위한 일련의 제도적 장치를 마련하였다. 한편 ②의 경우 성과정보의 신뢰성과 타당성 등 품질 문제가 성과정보 수요를 저해한다는 점에 착안한 것으로, GPRAMA는 성과측정의 신뢰성과 타당성 입증에 관한 규정을 신설하였다.

두 번째로, '성과정보의 수요'와 관련하여 GPRAMA는 생산된 성과정보가 실제 유의미한 활용으로 이어지도록 하는 일련의 제도적 장치를 마련하였는데, 일명 '데이터 중심의 성과 검토(data-driven performance review)'가 대표적이다. 이 절차는 기관 수준과 연방정부 수준 모두에서 요구되는데, 중요도 측면에서 우선순위가 높은 제한된 수의 성과목표를 식별하도록 하고, 해당 목표에 대해서는 집행 성과에 관한 데이터와 정보를 주기적으로 생산·수집·분석·점검하여 그 결과와 후속 조치를 보고하도록 요구한다. 연방정부 수준에서는 앞서 언급한 CAP 목표를, 기관 수준에서는 '기관 우선순위 목표(agency priority goal, 이하 APG)'를 각각 4년과 2년 단위로 선정·관리하는데, 연방정부와 개별 기관 모두 목표별 집행 현황과 목표 달성 정도에 관한 '데이터 중심의 성과 검토'를 위한 회의체를 구성하여 최소한 분기(quarterly) 단위로 개최하여야 한다. 한편 GPRAMA는 기관의 중·장기 목표인 전략적 목표(strategic goal)의 효과적 관리를 위한 절차로 전략적 검토(strategic review)를 신설하였는데, 성과정보에 대한 수요를 창출한다는 점에서 유사성을 지닌다. 전략적 검토와 관련하여 각 기관은 목표별 집행 성과와 전망에 관한 데이터와 정보를 1년 단위로 수집·생산·분석하고, 성공적 목표 달성을 위한 관리적 시사점을 도출한다.

성과정보 활용 활성화에 관한 이상의 제도적 변경을 포함, 일련의 새로운 성과관리 의무사항들을 반영한 GPRAMA의 성과관리체계는 GPRA의 그것과 비교할 때 그 실행의 강도와 난도가 현격히 높아졌다. 이러한 현실과 관련하여 GPRAMA는 기관 단위에서는 기관별 성과향상담당관(Performance Improvement Officer) 지정, APG별 목표담당관(Goal Leader) 지정 등을, 연방정부 단위에서는 CAP 목표별 주무기관 및 수석담당관(Lead Government Official) 지정, OMB 주도로 기관별 성과향상담당관들이 협력하여 CAP 목표의 수립·점검·관리 등 연방정부 성과관리의 성공적 운영을 지원하는 성과향상위원회(Performance Improvement Council)의 구성 등 새로운 성과관리체계의 책임 있는 이행을 뒷받침하기 위한 다양한 관리적 장치를 신설하였다. 한편 GPRAMA는 인사관리처(Office of Personnel Management: OPM)로 하여금 성과관리의 성공적 실행을 위해 필요한 역량을 식별하여 성과관리 담당자들에게 적절한 교육·훈련을 제공하도록 하고, 연방정부 성과 및 성과관리 운영에 관한 정보를 제공하는 통합 포털(www.performance.gov) 운영을 의무화하는 등 성과관리의 성공적 이행을 위한 다양한 지원체계를 새롭게 규정하였다.

(3) 증거법(Evidence Act): 성과관리와 평가연구의 생산적 연계 가능성 모색

본격적 시행 이후 10년이 지난 현시점에서 GPRAMA에 대한 평가는 긍정론과 회의론이 혼재해 있는데, 후자가 우세한 것이 현실이다. 투명성 제고, 성과정보 활용 측면의 개선 등 긍정적 평가가 일부 존재하지만[예: Moynihan(2021), GAO(2021)], 연방정부 활동의 능률성과 효과성 측면에서 GPRAMA의 직접적 효과를 입증하는 연구는 드물다. GPRAMA 실행에 투입되는 노력 대비 효과가 제한적이므로 실행을 보류할 필요가 있다는 극단적 주장도 최근에 제기된 바 있다(OMB, 2021).

일반적으로 '성과관리의 성과'가 제한적 수준에 머무는 상황은 크게 두 가지 요인과 관련이 있는데, 하나는 성과관리 자체가 가지는 한계이고, 또 다른 하나는 성과관리 시행상의 문제이다. 첫 번째 요인과 관련하여 성과관리는 성과정보 생산을 위한 수단으로 성과측정(performance measurement)에 주로 의존하는데, 성과측정을 통해 생산된 정보는 인과적 관계 규명에 제약이 상당한 것이 현실이다. 능률성 향상, 효과성 제고 등을 위한 의사결정에는 인과적 정보가 요구되는데, 제한된 수의 객관적 · 정량적 성과지표에 의존하는 성과측정으로는 이러한 정보를 생산하기 어렵다. GPRAMA는 성과측정을 성과정보 생산의 주요 수단으로 규정하고 있다. 두 번째 요인과 관련해서는 성과관리(performance management)와 평가연구(evaluation) 간 분절 경향에 주목할 필요가 있다. 평가는 인과관계 규명을 지향하는 활동이라는 점에서 성과측정에 의존하는 성과관리의 한계를 보완할 수 있는 여지가 상당하지만(Kroll & Moynihan, 2018), 시행 주기와 시행 주체 등의 차이로 인해 양자 간 상호 독립적으로 운영되고 있다. GPRAMA는 평가연구 활용에 관한 조항을 일부 포함하고 있으나, 관련 평가연구가 존재하면 그 요약문을 성과보고서에 포함할 것을 요구하는 정도에 그치고 있다.

최근에 본격적으로 시행되기 시작한 '증거기반 정책수립 기초법(Foundations for Evidence-Based Policymaking Act of 2018)'은 성과관리와 평가 간 연계를 최초로 제도화하였다는 점에서 그 의의가 상당하다. 약칭 '증거법(Evidence Act)'으로 불리는 이 법은 양자 간 연계를 크게 두 가지 형태로 제도화되었다. 첫째, 이 법은 '최고재무책임자법(Chief Financial Officer Act, 이하 CFO법)'이 적용되는 24개 주요 기관들에 대하여 4년 단위 '증거구축 계획(evidence-building plan)'을 수립하고, 이를 기관전략계획(agency strategic plan)에 포함하여 제출할 것을 요구한다. 이는 중 · 장기적 관점에서 기관의 평가연구 활동을 기획하여 기관 미션 및 중 · 장기 목표 달성과 관련된 일련의 검증된 지식과 정보, 즉 '증거(evidence)'를 체계적으로 구축하는 데 그 목적이 있다. '학습의제(learning agenda)'라는 명칭으로 더 널리 통용되는 이 계획은 일종의 학습(learning)으로 기관이 수행하는 평가연구 활동의 초점을 명확하게 제시하는 일련의 평가 질문(evaluation questions)을 포함하는데, 각 평가 질문은 성과관리 과정의 산물인 기관전략계획에 제시된 전략목표(strategic goals)의 달성과 관련된 것이어야 한다. 24개 CFO법 기관은 2022년 상반기에 최초로 학습의제를 공개하였는데, 각 기관의 학습의제는 전략목표별 평가 질문을 목록화하여 제시하고 있다. 둘째, 증거법에 따라 각 기관은 연간 단위의 평가계획(annual evaluation plan)도 수립하는데, 이 계획 역시 성과관리의 산물인 연간 단위 기관성과계획(agency performance plan)과의 연계가 요구된다. 각 기관은 성과계획과 연간 평가계획을 동시에 수립하는데, 후자는 전자의 시행이 종료된 다음해에 시행된다.

한편 증거법은 기관별 평가담당관(Evaluation Officer) 지정, 기관 평가능력에 관한 주기적 역량평가(Capacity Assessment) 등을 규정하고 있다. 이는 효과적인 증거구축 지원을 주된 목적으로 하는데, 성과관리-평가연구 간 유기적 연계를 위한 장치로서도 기능한다.

2) 연방정부 평가 · 성과관리 현황

현행 연방정부 평가 · 성과관리는 GPRAMA를 제도적 근간으로 증거법(Evidence Act) 일부와 연계되어 운영되고 있다. GPRAMA는 기관 단위, 그리고 연방정부 단위 성과관리 시행에 관한 일련의 의무사항(requirements)과 성과관리 거버넌스 관련 제반사항을 규정한다. 증거법은 성과관리와 평가연구 간 연계 운영을 위한 사항들을 규율한다. 연방정부 각 기관은 양 법의 집행을 총괄하는 OMB가 발행하는 다양한 지침(memorandum)에 따라 기획, 측정 · 평가, 보고 등을 중심으로 한 다양한 평가 · 성과관리 관련 활동을 수행한다.

〈표 2-1〉은 연방정부 평가 · 성과관리의 제도적 배경과 현황을 종합적으로 보여준다. 먼저 제도적 배경과 관련하여, 〈표 2-1〉은 연방정부 평가 · 성과관리의 출발점인 GPRA, 그리고 일련의 '현대화' 조치를 통해 GPRA를 대체하여 현행법으로 작동하고 있는 GPRAMA를 함께 제시한다. 기획, 성과측정 · 평가, 보고 등 평가 · 성과관리 운영의 핵심적 단계를 중심으로 구법과 현행법의 일대일 비교가 가능하다.

한편 제도적 현황과 관련하여, 〈표 2-1〉은 평가 · 성과관리와 관련된 증거법의 핵심

표 2-1 연방정부 평가 · 성과관리: 제도적 현황

		GPRA 관련	GPRAMA 관련	증거법 관련
의의		• 1993년 제정, 1997년 전면 시행 • 전 기관 성과관리 시행의 틀 제도화	• 2011년 제정, GPRA 대체 • 연방정부 단위 성과관리 신설, 성과정보 활용 활성화 조치	• 2019년 제정, 2022년 전면 시행 • 24개 CFO법 기관에 적용, 성과관리와 평가연구 간 유기적 연계 시도
기획	중·장기	[기관] • 전략계획 – 5년 단위 수립, 3년마다 갱신 – 전략목표 수립 시 의회 및 이해관계자 자문	[기관] • 전략계획 – 4년 단위 수립(대통령 임기와 일치) – 전략목표 수립 시 의회 및 이해관계자 자문, 2년에 최소 1회 적절성 자문	[기관] • 증거구축 계획 (또는 '학습계획') – 4년 단위 수립, 전략계획에 포함 – 전략목표별 평가질문 개발, 평가질문 개발 시 이해관계자 자문
기획	중·장기		[연방정부] • 연방정부 성과계획 – 4년 단위 수립[관행적으로 '대통령관리아젠다(PMA)' 형태로 수립] – 4년 단위 CAP 목표 설정 – CAP 목표 설정 · 조정 시 의회와 협의(관련 위원회, 여 · 야 포괄)	[연방정부] (非 법적 의무사항) 증거구축 계획 수립 (자율적 수립) – 4년 단위, PMA 학습의제 수립 – PMA 주요 아젠다별 평가질문 개발
기획	단기	[기관] • 성과계획 – 매년 수립(범위: 1개 회계연도) – 성과목표별 성과지표 및 목표치 설정	[기관] • 성과계획 – 매년 수립(범위: 2개 회계연도) – 성과목표별 성과지표 및 목표치 설정 • APG 실행계획 – 성과목표 중 기관 우선순위 목표(APG) 지정(2년마다 지정 갱신) – 분기별 수립 [연방정부] • CAP 실행계획 – 분기별 수립	[기관] • 연간평가계획 –매년 수립(범위: 1개 회계연도) –성과계획과 연계, 차년도 주요 평가연구, 주요 평가연구별 연구질문 제시

성과 측정· 평가	[기관] • 성과목표 – 결과지표 원칙, 1년 단위 목표 달성도 측정	[기관] • 성과목표 – 결과지표 원칙, 1년 단위 목표 달성도 측정 • APG – 분기별 '데이터 중심 검토' 시행 • 전략목표 – 1년 주기, '전략적 검토' 시행 [연방정부] • CAP 목표 – 분기별 '데이터 중심 검토' 시행	[기관] 연간평가계획 평가질문 중심, FY+1에 평가 실시
보고	[기관] • 연간성과보고서 – 예산안과 함께 의회 제출	[기관] • 연간성과보고서 – 예산안과 함께 의회 제출 – 전략목표에 대한 전략적 검토 결과 포함 • APG 진도보고서 – 분기별 작성·공시 [연방정부] • CAP 목표 진도보고서 – 분기별 작성·공시	[기관] • OMB 보고, 형식은 기관 자율
관리체계/ 거버넌스	• 거버넌스 – 성과관리 기획·시행 총괄: OMB – 성과관리 시행 감독: GAO	• 거버넌스 – 성과관리 기획·시행 총괄: OMB – 성과관리 시행 감독: GAO • 성과관리의 관리 – 기관 단위: 성과향상담당관(PIO) 지정, APG별 담당관 지정 등 – 연방정부 단위: 성과향상위원회 구성, CAP 목표별 주무기관 및 수석담당관 지정 등 – OPM 중심의 성과관리 역량 지원 – 범정부 성과포털: 연방정부 단위, 기관 단위 성과관리 문건 공개	• 거버넌스 – 평가연구 기획·시행 총괄: OMB – 평가연구 시행 감독: GAO • 평가연구의 관리 – 기관별 평가담당관(EO) 지정 – 기관별 평가연구 역량 진단 실시(4년 단위, 전략계획에 진단 결과 포함)

출처: 저자가 직접 작성.

적 특징을 평가 · 성과관리의 제도적 근간인 GPRAMA와 나란히 제시한다. 평가 · 성과관리의 핵심적 단계를 중심으로 양자 간 연계구조를 확인할 수 있다. 증거법의 핵심 조항에 관한 상세한 내용은 〈표 2-2〉를 통해 확인 가능하다.

2. 운영체계

연방정부 평가 · 성과관리의 운영체계는 크게 ① 연방정부(또는 범정부) 단위, ② 기관 단위로 구분되며, 각각은 기획, 측정 · 검토 · 분석 · 평가, 보고의 3단계 과정으로 운영된다. [그림 2-1]은 연방정부 평가 · 성과관리 운영체계의 핵심요소들을 3단계 과정을 중심으로 배열하고 이들 간 관계를 시각적으로 제시한다. 핵심요소들에 관한 정보는 〈표 2-1〉을 통해 확인할 수 있다. 한편 연방정부 평가 · 성과관리의 기획 · 실행 · 점검 · 지원 등 제도 운영에 관한 총괄적 기능은 OMB가 담당하고, 운영의 적절성에 대한 감독 · 평가와 의회 보고 등은 GAO가 수행한다([그림 2-1] 참조).

1) 연방정부 단위 평가 · 성과관리

연방정부 (또는 범정부) 단위 성과관리의 기본은 4년 주기로 수립되는 연방 성과계획이다. 연방 성과계획은 개별 기관이 아닌 범정부 또는 다부처적 관점에서 접근하여야 할 과제들로 구성되며, 이러한 과제들(또는 그 일부)은 CAP 목표로 지정되어 집중적으로 관리된다.

연방정부는 관행적으로 '대통령 관리 의제(President's Management Agenda, 이하 PMA)'라는 명칭의 문건을 연방정부 성과계획으로 제시하고 있는데, 이러한 관행은 GPRAMA가 본격적으로 시행된 2012년부터 지속되고 있다.[1] [그림 2-1]에 제시된 대로, 각 CAP 목표마다 ① 분기(quarterly) 단위의 실행계획(action plan) 수립, ② 계획 실행에 관한 '데이터 기반 검토(data-driven review)' 수행, 그리고 ③ 검토 결과를 중심

1) PMA는 부시(G. W. Bush) 대통령이 연방정부 관리개혁을 목적으로 수립한 계획이다. 후임 대통령인 오바마(B. Obama) 대통령은 GPRAMA가 요구하는 연방정부 성과계획 수립을 충족시키기 위해 전임 대통령 시절에 개발된 PMA의 틀을 승계 · 활용하였다. 트럼프(D. Trump) 대통령을 거쳐 현직 대통령인 바이든(J. Biden) 대통령에 이르기까지 PMA를 연방정부 성과계획의 기본적 틀로 활용하는 관행이 지속되고 있다. PMA는 연방정부 관리개혁을 위해 4년의 대통령 임기에 걸쳐 범정부적 또는 여러 부처의 협력적 노력이 요구되는 일련의 핵심적 과제들을 포함하는데, 해당 과제 전체 또는 그 일부가 CAP 목표로 지정되어 중점적으로 관리된다.

그림 2-1 연방정부 평가 · 성과관리 운영체계

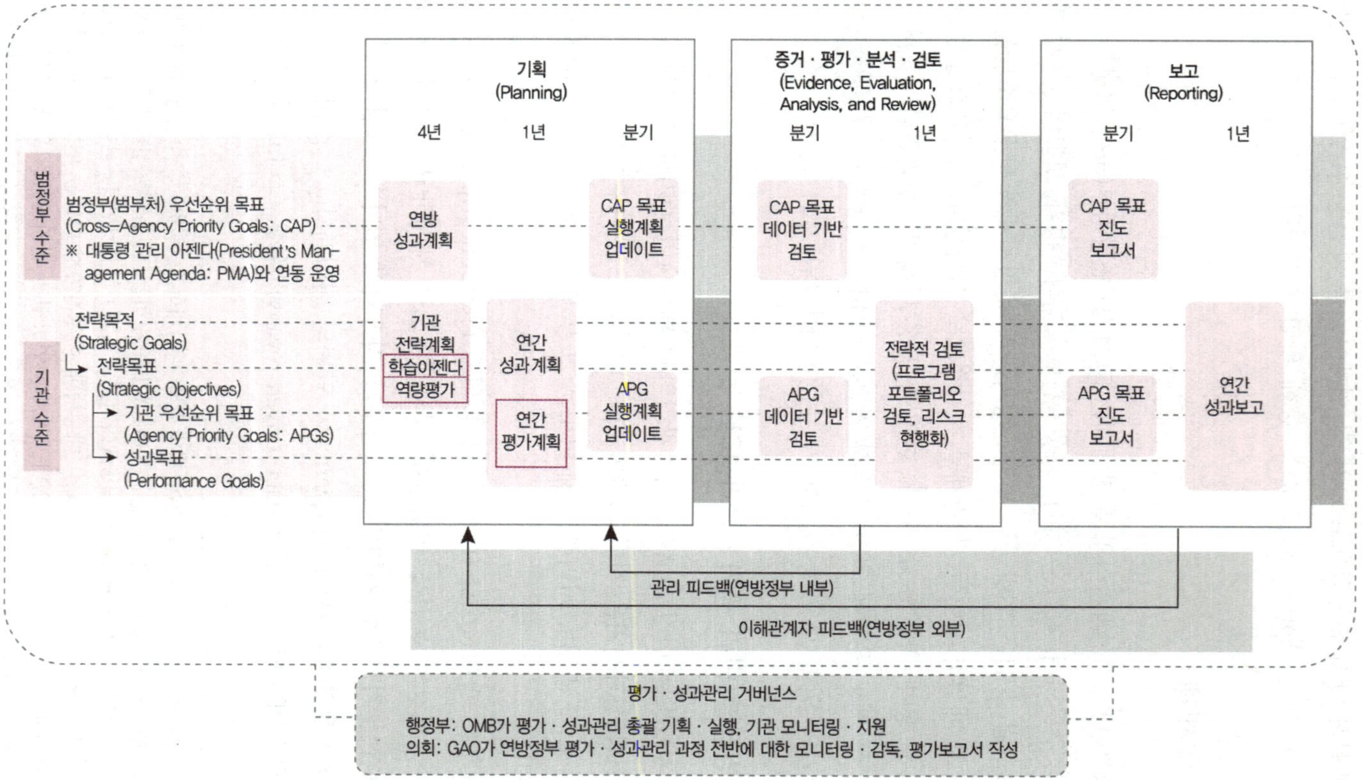

출처: OMB(2022a: Executive Summary 6)를 재편집.

으로 한 진도보고서(progress report) 작성이 요구된다. PMA, CAP 목표별 실행계획과 진도보고서 등 연방정부 성과계획 및 그 실행에 관한 정보 일체는 연방정부 성과포털(Performance.gov)을 통해 공개된다.

2) 기관 단위 평가 · 성과관리

기관 단위 성과관리는 4년 단위 전략계획, 그리고 1년 단위 성과계획을 중심으로 운영된다. 전략계획과 성과계획은 목표위계(goal hierarchy)를 통해 수직적으로 연계된다.

기관별 전략계획은 기관이 미션 달성과 관련하여 4년에 걸쳐 추진할 전략목적(strategic goals)과 전략목표(strategic objectives)를 포함하는데, 각 전략목표에 대해서는 그 달성 정도를 점검하고 향후 실행계획과 전략을 도출하기 위해 1년 단위로 '전략적 검토(strategic review)'를 시행하며, 그 결과를 연간성과보고서를 통해 공개한다.

한편 CFO법 적용 기관은 전략계획과 연계하여 '학습의제(또는 증거구축 계획)'를 수립한다. 학습의제는 기관의 미션 달성에 기여할 수 있는 지식과 정보, 즉 증거(evidence)를 체계적으로 구축하기 위한 4년 단위의 계획을 제시하는 문건인데, 해당 문건은 이러한 증거 구축을 위한 평가 연구질문(evaluation questions) 목록을 포함하여야 한다. 이때 평가 연구질문은 반드시 전략목표별로 도출되어야 하는데, 이러한 구조적 연계는 성과관리와 평가연구 간 시너지 창출에 그 목적이 있다. 기관은 학습의제 설정과 함께 증거생산 역량진단(capacity assessment)을 4년마다 실시하고, 그 진단 결과를 바탕으로 증거생산 역량 강화 방안을 마련한다. 증거생산 역량진단의 구체적 내용은 〈표 2-2〉에 제시되어 있다.

연간 성과계획은 4년 단위의 전략목표와 수직적으로 연계된 일련의 성과목표(performance goals)를 제시하는데, 성과목표는 전략목표의 성공적 달성을 위해 1년 단위로 관리하는 수단적 성격을 지닌다. 성과목표에 대한 평가는 1년 단위로 이루어지며, 연간 성과보고서에 그 결과가 제시된다. 한편 성과목표 중 일부는 기관 우선순위 목표(APG)로 지정되어 집중적으로 관리된다. 기관별로 2~8개의 제한된 수의 APG를 신징하는데(OMB, 2021: Page 20 of Section 200), 전략적 중요성이 높으면서 집중적 집행 관리를 통해 2년 이내에 상당한 성과 창출이 기대되는 성과목표 중 선정된다. CAP 목표와 마찬가지로 ① 분기(quarterly) 단위의 실행계획(action plan) 수립, ② 계획 실행에 관한 '데이터 기반 검토(data-driven review)' 수행, 그리고 ③ 검토 결과를 중심으로 한 진도보고서(progress report) 작성이 요구된다.

표 2-2 '증거기반 정책결정에 관한 기초법'(증거법) 관련 주요내용

관련 규정 법조항	기관 의무사항	구체적 내용(OMB 요구사항 포함)
기관 증거구축 계획 (학습의제) 101(a) (§312)	CFO 기관[2]은 연방정부 성과관리 법인 GPRAMA에 의거하여 4년 주기로 수립하는 기관 전략계획(Agency Strategic Plan)과 연동하여 기관 증거구축 계획(Agency Evidence-Building Plan)을 수립하여야 함 해당 계획은 기관이 수행하는 프로그램, 정책, 규제 등과 관련된 질문 목록과 관련 데이터 목록, 데이터 접근방안 등에 대한 내용을 포함하여야 함	기관 증거구축 계획은 일명 학습의제(Learning Agenda)로 통용되는데, 학습의제는 ① 증거 개발이 요구되는 정책 관련 질문 목록 ② 증거 활용 활성화와 관련하여 기관이 수집·사용·취득하고자 하는 데이터 목록 ③ 증거개발을 위해 활용하고자 하는 방법론 및 분석적 접근법 목록 ④ 관련 데이터 접근을 제약하는 법규정 등 증거구축 노력을 저해하는 요인 목록 ⑤ 앞의 ①, ②를 달성하기 위해 기관이 취할 조치에 대한 설명 ⑥ OMB의 장이 요구하는 기타 추가적 정보 등을 포함하여야 함
기관 평가계획 101(a) (§312)	CFO 기관은 연방정부 성과관리 법인 GPRAMA에 의거하여 매년 수립하는 기관성과계획(APP)과 연동하여 차기 연도 평가 활동을 기술하는 기관평가계획을 발행하여야 함	해당 계획은 착수 예정인 '주요' 평가연구('significant' evaluation study)를 식별하여 주요 평가연구마다 핵심 질문을 설정하고, 이와 관련한 핵심적 정보 수집·획득 계획을 제시하여야 함
평가담당관 101(a) (§313)	CFO 기관의 기관장은 일련의 자격요건에 따라 고위직 1인을 평가담당관(Evaluation Officer: EO)으로 지정하여야 함	평가담당관은 ① 평가 및 정책연구 포트폴리오를 지속적으로 평가하고, ② 기관의 평가 역량을 점검하고 적절한 조치를 취하며, ③ 기관 평가 정책을 수립·집행하며, ④ 제312항에 따라 기관의 증거구축 계획 및 평가계획의 조정·개발·집행을 담당함
역량평가 101(c)	CFO 기관은 평가에 관한 역량평가(capacity assessment)를 실행하여야 함. 각 기관은 평가담당관(EO)가 주도 하에 기관이 수행하고 있는 통계·평가·연구·분석 활동을 범위(coverage)·품질(quality)·방법론(methods)·효과성(effectiveness)·독립성(independence) 측면에서 평가를 수행함	역량평가는 다음의 내용을 포함함 ① 현재 평가 또는 분석 중인 활동 및 사업 부서 목록 ② 평가·연구·분석과 기타 관련 활동이 기관 내 다양한 부서의 니즈를 지원하고 있는 정도 ③ 기관이 수행하는 평가·연구·분석과 기타 관련 활동이 조직학습, 지속적 프로그램 관리, 성과관리, 전략적 관리, 기관 간 또는 민간부문과의 조정, 내·외부 감독, 책임성 확보 등 기관의 다양한 니즈들을

2) Chief Financial Officers Act(1990)가 적용되는 24개 연방기관을 의미한다.

		균형 있게 다루고 적절히 처리하고 있는 정도 ④ 평가연구 및 분석을 실시함에 있어 형성적 방식과 총괄적 방식을 적절히 조합하고 있는지 여부를 포함하여, 기관이 개별 부서들과 부서별 연구질문에 적합한 방법론을 선택·조합·적용하고 있는 정도 ⑤ 평가 활동의 기획과 실행, 모범사례 및 결과의 배포, 직원들의 의견 및 피드백 반영 등에 필요한 인원이 확보되어 있고, 관련 프로세스가 구축되어 있는 등 기관에 평가 및 연구의 적절한 수행을 위한 역량이 구비된 정도 ⑥ 소속 직원들과 프로그램 수행 부서가 일상적인 업무에서 평가연구 및 분석에 관한 다양한 접근방법과 데이터를 활용할 수 있는 역량을 개발하는 데 있어 기관이 적절한 지원을 제공할 수 있는 능력의 정도

출처: Newcomer et al.(2021: 9-14)을 바탕으로 저자가 재구성.

한편 CFO법 적용 기관은 연간 성과계획과 연계하여 기관 평가계획을 수립한다. 연간 단위로 수립되는 기관 평가계획은 해당 회계연도의 성과계획의 내용과 관련된 일련의 주요 평가연구 질문과 관련 정보 확보 전략 등을 제시하여야 하는데, 성과계획 시행이 종료된 이후인 다음 회계연도에 시행한다(〈표 2-2〉 참조).

기관별 전략보고서, 연간성과계획서, 연간성과보고서는 연방정부 성과포털(Performance.gov)을 통해 접근 가능하며, 기관별 APG 지정 현황, APG별 실행계획과 진도보고서 등은 연방정부 성과포털에 게시되어 공개된다. 한편 CFO법 적용 기관들의 학습의제, 연간 평가계획 등 평가연구 관련 문건은 평가포털(Evaluation.gov)을 통해 접근 가능하다.

제 2 절

미국 평가 · 성과관리의 주요내용

1. 평가 · 성과관리의 이슈 및 구조

1) 성과관리 사각지대 해소: 연방정부 단위의 성과관리

현행 연방정부 성과관리의 제도적 기반인 GPRAMA는 구법인 GPRA가 제시한 성과관리체계의 '현대화(modernization)'를 시도한 법인데, 해당 법이 취한 현대화 조치의 양대 축 중 하나는 연방정부 단위의 성과관리 시행에 관한 것이다. 연방정부가 다루는 문제와 과제의 상당수가 개별 기관 차원이 아닌 다부처 혹은 범부처적 대응을 요구하는 성격을 지니고 있음에도 불구하고, 구법인 GPRA는 기관 단위의 성과관리만을 규정함으로써 연방정부 성과관리에 있어 중대한 공백을 초래하였다. 점점 더 많은 정책문제가 여러 기관들 간 유기적 협력 속에서 추진되어야 하는 현실에도 불구하고, 단일 기관에 귀속되는 과제만을 성과측정의 대상으로 하는 기존의 성과관리체계는 다부처 혹은 범정부적 정책문제가 상대적으로 소홀히 다루어질 우려가 큰 구조적 문제를 지니고 있었다. GPRAMA는 이러한 구조적 문제에 대응하여 연방정부 성과계획(federal performance plan)의 수립을 제도화하였다. 아울러 연방정부 성과계획을 구성하는 과제들 중 그 상대적 중요성이 높은 과제들은 CAP 목표로 지정하여 집중적으로 관리하는 절차를 마련하였다.

[그림 2-2]는 바이든(J. Biden) 행정부가 수립한 연방정부 성과계획이다. 앞서 언급한 대로 GPRAMA 시행 이후로 PMA를 연방정부 성과관리의 틀로 활용하고 있으며, 바이든 행정부도 예외가 아니다. PMA는 대통령의 4년 임기 동안 대통령의 관심 하에 중점적으로 추진할 연방정부 관리 개혁 또는 혁신에 관한 주요 과제들을 중심으로 구성되는데, 이들은 모두 범정부적 또는 다부처적 접근을 요구한다는 공통점을 지닌다. [그림 2-3]은 바이든 행정부의 PMA의 구성을 보여주는데, 총 8개의 전략과제(strategies) 중 7개가 CAP 목표로 지정되어 있음을 확인할 수 있다. 각 CAP 목표는 복수의 기관이 관여하는 만큼 복수의 수석담당관들이 지정되어 관리를 맡는다. 다만 일부 CAP 목표의 경우 2022년 8월 현재 수석담당관과 성과지표가 지정되지 않은 상태로 남아 있다.

그림 2-2 연방정부 성과계획 예시: 바이든 행정부 PMA

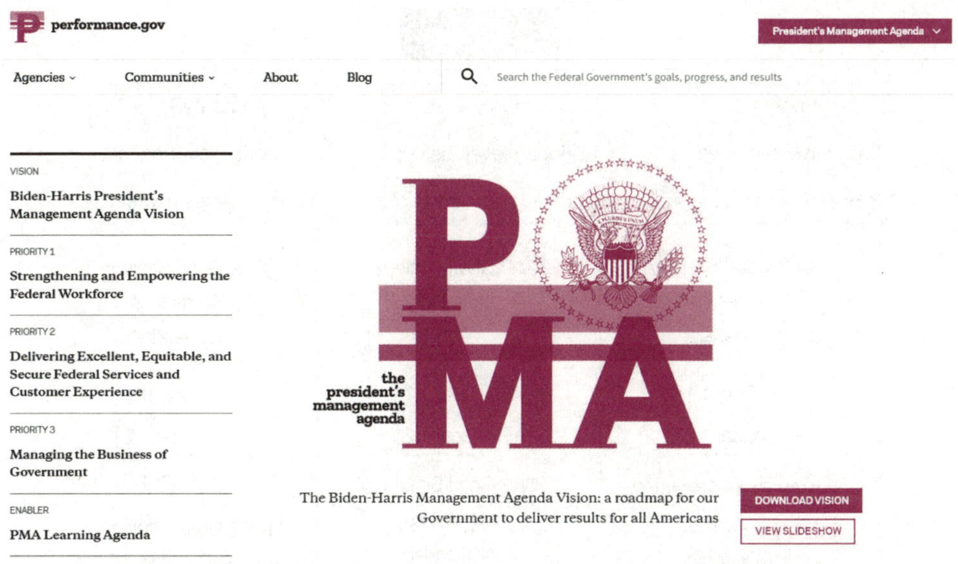

대통령 관리 의제(The President's Management Agenda: PMA)

비전: "공정성·효과성·책임성의 가치를 지향하며 모두를 위한 유의미한 결과를 창출하는 정부"

핵심가치: 형평성·존엄성·책임성·결과

3대 우선순위 과제(Priorities)

우선순위 과제 1. 연방정부 인력을 강화하고 이들의 권한을 증진한다.
우선순위 과제 2. 탁월하고 공정하며 안전한 서비스와 고객경험을 제공한다.
우선순위 과제 3. 정부운영과 관리 활동 제반을 정비하여 더 나은 재건을 지원한다.

출처: 미국 연방정부 성과포털 홈페이지(https://www.performance.gov/pma/)(검색일: 2022.7.10).

그림 2-3 바이든 정부 PMA 목표 구성 개요 및 CAP 목표 지정 현황

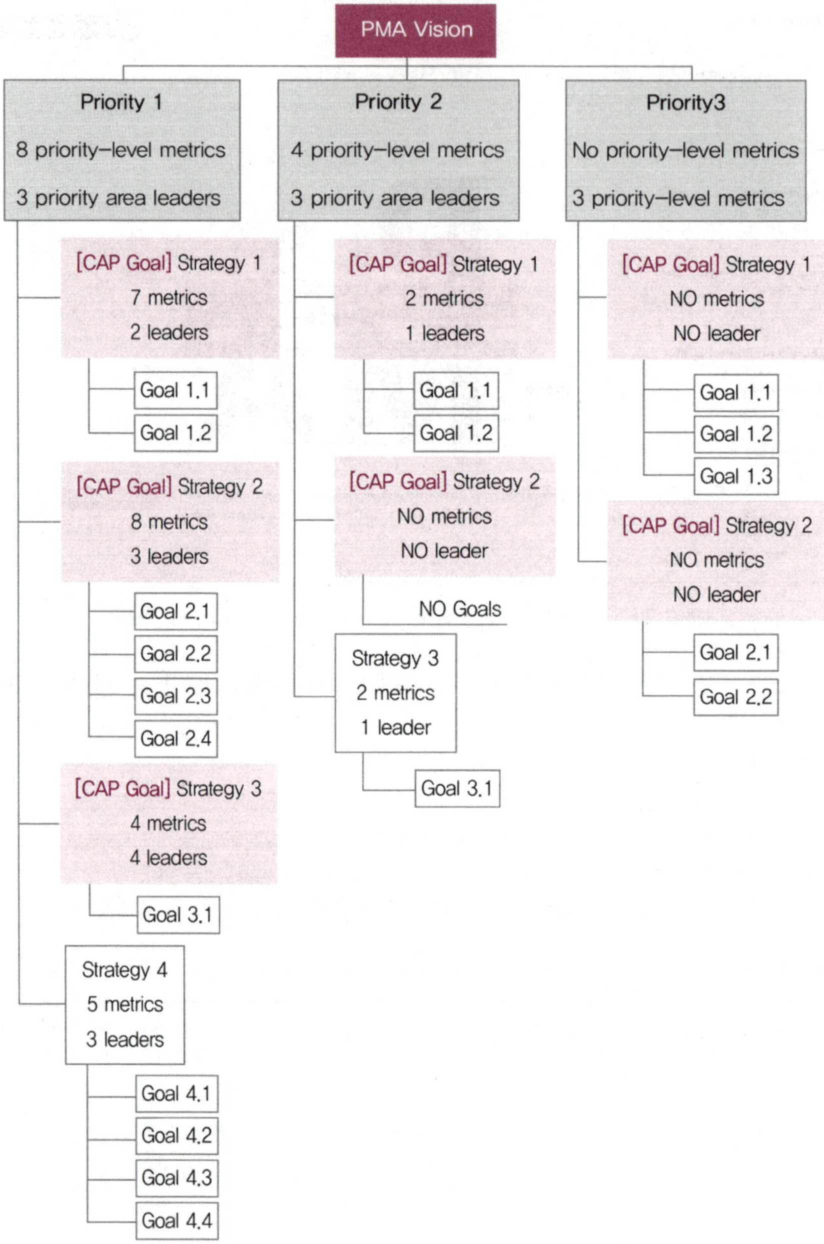

출처: 미국 연방정부 성과포털 홈페이지(https://www.performance.gov/pma/)(검색일: 2022.8.1) 내용을 바탕으로 저자가 직접 작성.

2) 성과정보 활용 활성화: 성과정보 활용 프로세스 구축

앞서 연방 단위 성과관리 계획 실행과 더불어 GPRAMA의 현대화 조치를 구성하는 또 다른 축은 '성과정보 활용 활성화'이다. 성과지표 설정과 성과측정을 제도화한 GPRA의 시행으로 인해 성과지표의 수와 성과정보의 총량이 늘어났음에도 불구하고, 실제 성과정보의 활용의 기대에 크게 미치지 못하였고, 이는 '성과관리 회의론'이 부상하는 요인으로 작용하였다. 이러한 문제에 대응하여 GPRAMA는 생산된 성과정보를 유의미하게 활용할 수 있는 계기와 기회를 제공하는 절차를 제도화하였는데, '데이터 중심 검토(data-driven review)'가 대표적이다.

먼저 GPRAMA는 연방정부 우선순위 목표(CAP 목표)와 기관 우선순위 목표(APG)에 대해서 최소 분기 단위의 '데이터 중심 검토' 시행을 의무화하였다. '우선순위(priority)' 지위가 부여된 목표는 그 달성의 중요성이 더욱 크기 때문에, 빠른 주기(최소 분기별)로 성과정보를 생산하고, 일련의 관계자들은 이 주기에 맞춰 생산된 성과정보를 검토·분석하여 문제점 개선과 향후 집행 전략 등을 논의하는 점검(review) 회의를 개최한다. 한편 이러한 '데이터 중심 검토'의 충실한 이행 등을 위해 우선순위 목표마다 책임자가 지정된다. 기관 단위 과제인 APG의 경우 APG별로 기관의 고위급 책임자(goal leader)를 지정하고, 다부처 과제인 CAP 목표의 경우 관계 기관 고위급 인사들로 복수의 책임자를 구성한다. APG, CAP 목표 모두 연방정부 성과포털을 통해 그 지정 현황이 공개된다.

〈표 2-3〉은 CAP 목표와 CAP 목표에 관한 '데이터 중심 검토'에 활용되는 성과지표를 예시적으로 보여준다. 한편 [그림 2-4]는 상무부 사례를 중심으로 APG와 APG에 관한 '데이터 중심 검토'에 활용되는 성과지표를 예시한다. [그림 2-4]에 포함된 화면에 표시된 APG는 상무부의 첫 번째 APG인데, 한 가지 주목할 점은 농무부와 공동으로 지정·관리하는 합동 APG(Joint APG: JAPG)라는 것이다. 아래에 제시된 두 개의 성과지표 역시 공동 관리한다.

'전략적 검토'의 경우 기관의 전략목표에 대하여 실시되는데, 4년 단위 목표인 전략목표의 성공적 달성을 위해 연 단위(yearly)로 목표 이행 상황을 점검·검토·평가하는 절차다. 이러한 절차는 다양한 성과정보의 수집·생산, 그리고 해당 성과정보의 종합적 분석을 통한 전략적·관리적 시사점 도출 등 성과정보의 생산적 활용을 요구한다. '전략적 검토'는 기관과 OMB 간 협의 속에서 이루어지는데, 양자 간 협의는 기본적으로

표 2-3 CAP 목표와 CAP 목표 성과지표 예시: 바이든 행정부 사례

구분	관련 내용
PMA 비전	공정성·효과성·책임성의 가치를 지향하며 모두를 위한 유의미한 결과를 창출하는 정부
우선과제 1	연방정부 인력을 강화하고 이들의 권한을 증진한다.
우선과제 1 (Priority 1) 성과지표 (Success Metrics)	(1) 연방기관 전반에 걸쳐 더욱 평등한 직원 참여 경험 창출
	■ 연방공무원인식조사(Federal Employee Viewpoint Survey: FEVS)의 직원참여지수(Employee Engagement Index: EEI) 20% 향상
	(2) 최고의 인재를 효율적으로 고용하기 위해 연방기관 고용 절차 개선
	■ 채용 과정에 대한 채용 관리자의 만족도* 제고 *채용 관리자 설문조사의 데이터 수집·가용성을 높이기 위한 개선작업 진행 중
	(3) 인재의 적재적소 채용·배치
	■ 기관에서 계획한 MCO 채용 비율 및 직원 채용 목표를 달성하는 기관의 비율을 높인다.
	(4) 인적자원관리 전 분야에 걸쳐 다양성·형평성·포용성·접근성(DEIA) 전략과 실천과제를 적극적으로 수립·실천
	■ 연방공무원인식조사의 DEIA 설문 항목 결과로 측정한다.
[CAP 목표] 전략 1	연방정부 전반에 걸쳐 미국의 다양성을 반영할 수 있는 최적격 인재를 적재적소에 임용한다.
목표 1.1 (Goal 1.1)	연방기관들은 응시자, 채용 관리자, 인사관리 전문가 모두를 위해 채용 절차를 개선함으로써 효율적·포용적인 방식으로 우수 후보자들은 선발·채용하는 한편 구조적인 장애요인을 줄여 나간다.
목표 1.1 (Goal 1.1) 성과지표 (Success Metrics)	■ 모든 연방기관은 지원자 플로우 데이터(applicant flow data)에 대한 검토를 실시하여 채용 과정에서 지원자들의 다양성 확보에 장애가 되는 요인을 식별하고, 이를 바탕으로 정책·절차·관행 등에 있어 변화가 필요한 부분을 발굴한다. 아울러 모든 연방기관은 고용평등위원회(EEOC)의 지침(Management Directive 715)이 규정하고 있는 채용과정 전반에 걸친 일관성 있는 형평성 구현 노력을 저해하는 요인들을 시정하기 위한 계획을 수립한다.
	■ 최초 직원 배경조사가 수반하는 부담을 줄이기 위해 전면적이고 지속적 검증 대상 직위의 수를 확대한다.
	■ 자기평가 형식의 직업 설문지 방식을 보충 또는 대체할 수 있는 대안적 평가방법 적용 직위의 수를 확대한다.
	■ 채용 과정에서의 지원자 상태정보 안내가 이루어지는 채용 공고의 비율을 높인다.
목표 1.2 (Goal 1.2)	각 연방기관은 초기 경력직을 중심으로 연방정부 채용을 위한 공정한 경로를 구축하고, 이와 관련하여 과소대표와 소외로 고충을 겪는 집단의 진입을 위해 각별히 노력한다.
성과지표 (Success Metrics)	■ 초기 경력직 채용이 가능한 직위를 확대한다.
	■ 정규직 전환이 가능한 인턴직 수를 확대한다.
	■ 유급 인턴직을 확대한다.

출처: 미국 연방정부 성과포털 홈페이지(https://www.performance.gov/pma/)(검색일: 2022.8.1).

그림 2-4 APG와 APG 성과지표 예시: 상무부 사례

<table>
<tr><td rowspan="2">APG(1)</td><td>▪ 모든 미국인이 빠르고, 저렴하고 안정적인 광대역에 접근할 수 있도록 보장한다.</td><td rowspan="2">담당부서:
정보통신국

* 농무부와
공동 집행</td></tr>
<tr><td>2023년 9월 30일까지, 농무부와 상무부는 저렴하고 안정적인(affordable and reliable) 광대역 서비스에 대한 접근을 확장하는 프로젝트에 대한 자금 지원을 통해 광대역 서비스 접근성 강화 작업을 완료하여, 최소 55만 가구에 안정적이고 저렴한 고품질 인터넷 서비스를 제공할 것이다.</td></tr>
<tr><td>성과지표</td><td colspan="2">① 가구 수(목표치: 550,000가구)
② 홍보 및 기술적 지원 세션 개최 횟수(목표치: 8회)</td></tr>
</table>

출처: Departmenf of Commerce(2022), 미국 연방정부 성과포털 홈페이지(https://www.performance.gov/agencies/DOC/apg/goal-1/)(검색일: 2022.8.16)의 내용과 그림을 이용하여 구성.

성과정보를 매개로 이루어진다. [그림 2-5]는 양자 간 상호작용을 중심으로 한 '전략적 검토' 과정을 요약적으로 제시한다.3)

3) 전략적 검토 과정에 관한 상세한 설명과 구체적 적용 사례는 이정욱(2019: 26-29, 40-41)을 참조하라.

그림 2-5 전략적 검토(Strategic Review) 타임라인

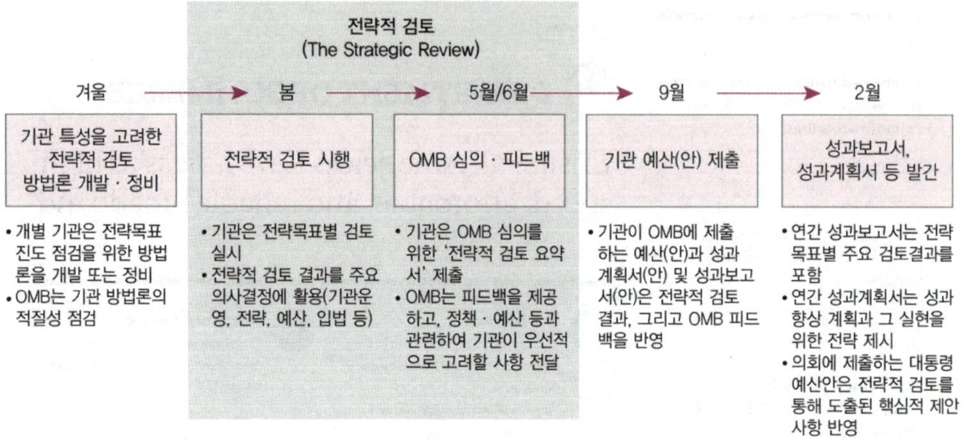

출처: OMB(2022a), Circular No.A-11: Page 8 of Section 260.

3) 성과관리-평가연구 간 분절 극복: 전략계획과 학습의제의 연계

성과관리와 평가연구는 상호 보완성에도 불구하고 연방정부 내에서 오랜 기간 독립적이고 분절적으로 운영되었는데, 최근 '증거기반 의사결정(evidence-based policy-making)'의 필요성에 대한 공감대가 확산되는 가운데 양자 간 유기적 연계의 필요성이 제기되었다(Feldman, 2017; Munteanu & Newcomer, 2020). '증거기반 의사결정'을 성공적으로 구현하기 위해서는 고품질의 정보를 확보하여 실제 주요 의사결정에 활용하는 것이 중요한데, 특히 성과정보의 인과성(causality)과 적실성(relevance)이 강조된다. 이와 관련하여 성과지표 적용을 통한 성과측정(performance measurement)에 주로 의존하여 성과정보를 생산하는 성과관리의 경우 인과성 입증의 문제가, 주요 의사결정과 유리되어 다소 산발적으로 운영되어온 평가연구는 연구의 적실성 및 그로 인한 연구 결과의 활용성 부족 문제가 제기된다. 다만 각 활동의 문제점은 각 활동의 장점으로 어느 정도 보완될 수 있는데, 평가연구는 방법론적 엄격성을 토대로 인과관계에 관한 '증거'를 제공하여 성과관리의 성과정보 품질 문제를, 성과관리는 평가연구가 연방정부 정책과 관리에 관한 실제 의사결정에 실효성 있게 연결될 수 있는 접점을 제공함으로써 평가연구와 연구 결과의 적실성 문제를 해소하는 데 기여할 수 있다.

증거법(Evidence Act)은 이러한 시너지 창출 가능성에 착안하여 양자 간 2개의 제도

적 장치를 마련하였는데, 첫째는 기관 전략계획과 증거구축계획(학습의제) 간 연계, 둘째는 기관 연간 성과계획과 연간 평가계획 간 연계이다([그림 2-6] 참조). 전자와 관련하여 각 기관은 전략목표을 바탕으로 중·장기적 관점의 평가연구 질문을 구성하여 평가연구를 수행함으로써 전략목표와 관련된 다양한 의사결정에 활용될 수 있는 적실성 있는 '증거'를 구축한다. 후자와 관련하여 각 기관은 연간 성과계획을 기초로 평가계획을 수립·실행함으로써 보다 유의미한 성과분석 및 보고를 가능하게 한다. 〈표 2-4〉는 전략목표와 학습의제 간 연계의 실제를 상무부 사례를 활용하여 예시한다. 전략목표마다 1~4개의 학습의제가 설정되어 있음을 확인할 수 있는데, 이들은 일종의 연구질문(research questions)으로서, 중·장기적 관점에서 해당 전략목표의 성공적 추진을 위해 필요한 '증거(evidence)'를 도출하기 위한 평가연구를 지도한다.

한편 [그림 2-6]은 연방정부 수준에서의 성과관리와 평가연구 간 연계를 보여주는데, 범정부 증거구축계획(학습의제) 그림의 점선 표시가 시사하듯이 이는 증거법상 의무사항은 아니다. 다만 의무사항이 아님에도 불구하고 해당법을 연방정부 차원까지 적극적으로 적용하는 것은 증거기반 의사결정 활성화를 위한 현 정부 차원의 관심과 의지, 그리고 적극적 노력으로 이해할 수 있다. 바이든 행정부는 연방정부 차원의 증거구축계획을 PMA와 연계하고, 해당 문건을 PMA 학습의제(PMA Learning Agenda)로 명명하였다. [그림 2-7]은 PMA 학습의제의 내용을 보여준다. PMA는 크게 3대 우선순위 과제로 구성되어 있는데([그림 2-2] 참조), PMA 학습의제는 각 우선순위 과제의 내용에 상응하는 질문과 다시 해당 질문을 구체화하는 일련의 하위 질문들로 구성되어 있다. 이러한 질문들은 관련 평가연구를 지도하는 연구질문으로 기능한다.

표 2-4 전략목표-학습의제 간 연계: 상무부 사례

구분	관련 내용
전략목적(1)	미국의 혁신과 글로벌 경쟁력을 견인
전략목표①	미국 제조업의 부흥과 국내 공급망 확충
학습의제 i.	• 상무부가 유지하고 있는 기타 기관, 산업, 커뮤니티, NPO 및 학계와의 파트너십은 어느 정도로 제조업 및 제조업의 환경적인 지속가능성(the environmental sustainability)에 영향을 미치고 있는가? • 제조업 강화와 관련된 파트너십의 요소는 무엇인가?
ii.	• 소수민족 사업 개발청(Minority Business Development Agency: MBDA)[4]이 어떻게 개입하였을 때 소수민족 기업의 참여, 혁신 및 제조 경쟁력을 가장 효과적으로 증대하는가?

	• 소수민족 소유 기업의 제조업 참여, 혁신 및 경쟁력을 강화하는 개입(intervetions)은 무엇인가?
전략목표②	최신의 핵심 기술 개발, 상용화 및 배포 가속화
학습의제 i .	• 서비스 제공에 있어서 파트너십이나 서비스 향상 방안의 어떤 유형이 인공지능(AI), 양자과학, 첨단제조, 공학 생물학(engineering biology) 및 첨단통신 분야 표준개발과 과학적인 연구의 측정에 대한 영향력을 강화하는가?
전략목표③	국제협력 및 상거래 증진
학습의제 i .	• SelectUSA 서비스가 지역 내 외국인 직접 투자(FDI)를 유치함에 있어서, 또한 다양한 산업을 지원하는 데에 얼마나 효과적인가?
ii .	• 상무부 국제무역청(International Trade Administraion)의 글로벌 시장(Global Market) 프로그램의 지원을 받은 미국의 수출업체들은 지원을 받지 않은 수출업체보다 높은 실적을 도출하는가?
iii .	• 소외되었던 지역사회에 어느 정도의, 그리고 어떤 유형의 수출 지원이 확대되었는가? 데이터는 기업의 수출을 가장 성공적으로 지원하는 접근방식에 대한 어떤 패턴을 나타내는가?

출처: U.S. Department of Commerce(2022).

그림 2-6 성과관리와 평가연구의 연계

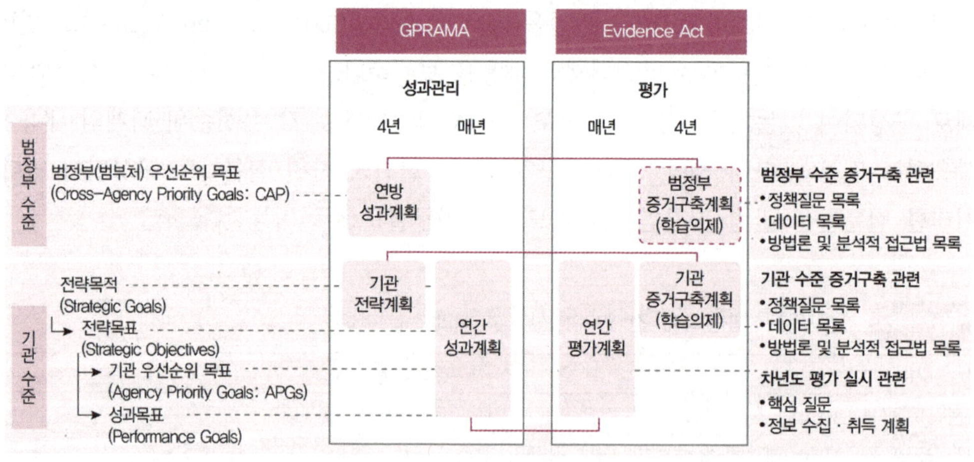

출처: 저자가 직접 작성.

4) 소수민족개발청(Minority Business Development Agency: MBDA)은 상무부 산하 기관으로 히스패닉이나 라틴계 미국인, 아시아계 미국인, 아프리카계 미국인 및 원주민 등 소수민족이 소유한 기업들의 성장 및 경쟁력 강화를 지원하기 위해 1969년 닉슨(R. M. Nixon) 대통령 재임 당시 설립된 기관이다.

그림 2-7 범정부 수준 성과관리-평가 연계: PMA와 PMA 학습의제

PMA 학습의제 3대 목표

(1) 학습 지향성을 강화한다.

- (문제 해결과 관련하여) 어떤 접근방식이 유효하고, 왜, 어떤 유형의 대상에게 유효한지를 식별하는 연구에 박차를 가하고, 해당 연구의 결과를 문제 해결 과정의 전반에 적용함으로써 결과를 개선해 나간다.

(2) 분절과 칸막이를 극복한다.

- PMA 학습의제는 효율적이고 범정부적인 접근방식을 적용하여, 연방기관 전반에 걸쳐 학습 및 증거구축 활동을 조정할 기회를 제공한다.

(3) 연방정부 범위를 넘어서는 혁신을 촉진한다.

- 정부 차원의 주요 관리질문과 더불어 PMA 학습의제에 관한 소통을 바탕으로 연구기관, 연방정부, 주 정부, 지역 커뮤니티 등 전반에 걸쳐 조율된 혁신(coordinated innovation)을 달성할 수 있다.

- PMA 우선순위Ⅰ: 연방정부 인력을 강화하고 이들의 권한을 증진한다.
- PMA 학습의제Ⅰ: 연방정부가 미국민에게 최고의 서비스를 제공하기 위해서는 연방정부 인력을 어떻게 강화하고 권한을 증진하여야 하는가?

[학습의제의 하위 질문]
① 채용 및 고용에 대해 어떻게 접근하였을 때 연방기관이 높은 성과를 내는가?
② 어떤 전략이 연방기관 공무원들의 이직률을 낮추고, 직원 참여를 높이며, 포용성을 증진시키고, 직원복지를 향상시키는가? 직무소진과 번아웃을 줄이는 요인은 무엇인가?
③ 어떤 접근방식이 연방기관 직원들의 생애주기에 걸쳐 강력하고, 자율성을 부여하며, 다양한 집단을 구축하는가?

- PMA 관리과제Ⅱ: 탁월하고 공정하며 안전한 서비스와 고객경험을 제공한다.
- PMA 학습의제Ⅱ: 연방정부는 프로그램과 서비스를 어떻게 효과적으로 제공하고 국민들로부터 신뢰를 구축할 수 있는가?

[학습의제의 하위 질문]
① 연방기관은 어떻게 프로그램 및 서비스 제공시 행정적인 부담을 줄일 수 있는가?
② 어떤 접근방식이 국민들에게 탁월한 연방정부 고객경험을 제공하는가?
③ 연방정부는 대중의 신뢰를 어떻게 증진시킬 수 있는가?

▪ PMA 관리과제Ⅲ: 정부운영과 관리 활동 제반을 정비하여 더 나은 재건을 지원한다.
▪ PMA 학습의제Ⅲ: 연방정부는 어떻게 형평성 제고하여 소외 집단을 지원할 수 있는가?

[학습의제의 하위 질문]
① 연방정부 서비스 평가, 제공, 설계 과정에서 어떻게 형평성을 증진시킬 수 있는가?
② 어떤 조직수단(organizational tools) 및 관리구조가 형평성을 제고하는가?
③ 형평성 제고에 대한 근원적인 장애요인을 식별하고 해결하기 위해서는 기관 내에 어떠한 보다 큰 조직적인 변화가 수반되어야 하는가?

출처: 미국 연방정부 성과포털(https://www.performance.gov/pma/learning-agenda/) 관련 내용을 정리.

2. 평가 · 성과관리의 지표 및 측정방법

1) 관점

평가 · 성과관리 시행의 목적은 크게 통제(steering and control), 학습 및 개선(learning and improvement), 책무성(accountability)의 세 가지로 구분된다(Van Doorent et al., 2010). 어떠한 평가 · 성과관리체계의 특징은 이러한 세 가지 목적이 어느 정도의 비중으로 강조되는지에 따라 결정되는데, 연방정부 평가 · 성과관리는 이러한 세 가지 목적을 모두 비중 있게 지향하는 특징을 보인다.

첫째, 연방정부 평가 · 성과관리는 기관별 성과관리 목표체계 수립에 있어 국정목표와의 연계성을 강조하는데, 이는 통제 지향성을 나타낸다. 연방정부 평가 · 성과관리 총괄기관인 OMB는 각 기관이 전략계획의 전략목표와 성과계획의 APG를 선정함에 있어서 대통령의 국정기조 및 국정과제와의 연계성을 우선적으로 고려할 것을 요구한다. 국정목표와의 수직적 정합성(vertical alignment)을 강조하는 목표체계 수립은 성과지표 선정에 이르기까지 영향을 미친다. [그림 2-8]은 재무부 전략목표 목록을 나타내는데, 해당 목록은 전략목표와 국정목표(동맹과의 관계 복원, 기후변화 대응, 형평성 제고, 연

그림 2-8 국정과제와 전략목표 간 수직적 연계: 재무부 사례

Department of the Treasury > Strategic Plan 2022–2026

Strategic Plan Crosswalk

Goal	Strategic Objective	Treasury leads	Treasury supports	Re-engaging Allies	Climate Change	Equity	Customer Experience
Goal 1 Promote Equitable Economic Growth and Recovery	**Tax Administration and Policy** Enhance tax compliance and service; improve tax policy design.	IRS, TP	TTB, EP	●	●	●	●
	Global Economic Leadership Generate sustainable and inclusive global economic growth.	IA	EP, TP, TTB	●	●	●	
	Economically Resilient Communities Promote equitable financial recovery and growth through support and flow of capital to small businesses, households, and underserved communities.	DF, ORP	TTB, OSDBU, ASM, Fiscal, EP		●	●	●
	Resilient Housing Market Together with HUD and other federal agencies, promote a stable and resilient housing market that expands fair and equitable access to homeownership and affordable rental opportunities and protects taxpayers.	DF	EP, TP, ORP			●	●
Goal 2 Enhance National Security	**Cyber Resiliency of Financial Systems and Institutions** Harden assets and systems of Treasury and the broader financial system to promote financial system resiliency.	ASM, DF	All Bureaus/ Offices	●			●
	Economic Measures to Advance National Security Enhance and protect national security through the application of targeted financial measures and review of certain foreign investments.	TFI, IA	FinCEN	●			●
	Modernize Sanctions Regime Modernize the development, implementation, enforcement, and maintenance of U.S. sanctions to ensure that sanctions remain a streamlined and effective foreign policy and national security tool.	TFI	IA	●			●
	Transparency in the Financial System Increase transparency in the domestic and international financial system.	TFI/ FinCEN	IA, IRS	●	●		●
Goal 3 Protect Financial Stability and Resiliency	**Financial System Vulnerabilities** Identify and address current and emerging vulnerabilities to the stability of the U.S. and global financial systems to support more sustainable and equitable growth.	DF	IA, EP, OCC	●	●	●	
	Resilient Treasury and Municipal Securities Markets Improve the resilience of critical government securities markets to minimize borrowing costs over time and to support the critical roles that these safe assets play in the global financial system.	DF	EP		●	●	●
	Financial Innovation Encourage responsible financial sector innovation.	DF	IA, TFI, FinCEN, Fiscal, Mint, BEP, IRS, TP, OCC	●	●	●	●
Goal 4 Combat Climate Change	**Global Climate Commitment and Leadership** Use U.S leadership and commitment to significantly enhance global action and mobilize and align financial flows to combat climate change and enhance resilience within the new climate environment.	IA	EP, DF, TP	●	●	●	
	Climate Incentives and Investment Create and promote incentives and policies for the private sector to invest in climate-friendly and resilient projects and activities.	EP	DF, TP, IA, OCC	●	●	●	
	Climate-Related Financial Risks Identify and mitigate key sources of climate-related financial risks to macroeconomy, financial system, investors, governments including federal and subnational exposures, and households, understanding that risks may have disparate impacts on disadvantaged communities.	DF	EP, ASM, TP, IA, OCC	●	●	●	
	Sustainable Treasury Operations Improve Treasury's overall environmental and energy sustainability and invest in Treasury Bureaus' adaptation and resiliency efforts to address climate change impacts on operations and services.	ASM	All Bureaus/ Offices		●	●	●
Goal 5 Modernize Treasury Operations	**Recruit and Retain a Diverse and Inclusive Workforce** Recruit and retain a diverse workforce that represents communities that Treasury serves.	ASM	All Bureaus/ Offices			●	●
	Future Work Routines Transform the Department's work routines to support changing mission and workforce needs.	ASM	All Bureaus/ Offices		●	●	●
	Better Use of Data Increase timely access to and use of quality data and other types of evidence to inform decision-making.	ASM	All Bureaus/ Offices		●	●	●
	Customer Experience Practices Mature and embed strong customer experience practices across the Department, establishing Treasury's reputation for consistently positive experiences.	ASM	All Bureaus/ Offices			●	●

출처: U.S. Department of Treasury(2022).

그림 2-9 연방정부 성과관리 목표체계

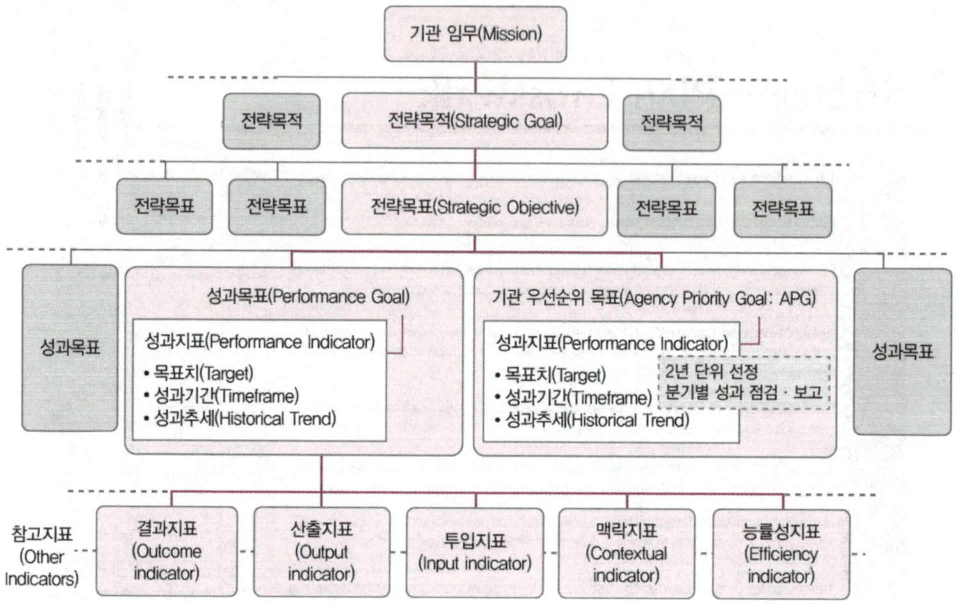

출처: OMB(2022a: Page 28 of Section 200).

방정부 서비스에 대한 고객경험 향상) 간 연계를 예시적으로 보여준다. 이렇게 국정목표와 연계된 전략목표는 수직적 목표위계(goal hierarchy) 속에서 다시 하위 목표와 성과지표 설정에 영향을 미친다([그림 2-9] 참조).

둘째, 소위 '성과 루틴'으로 불리는 데이터 중심 검토, 전략적 검토 등은 연방정부 평가 · 성과관리의 핵심적 특징인데(Moynihan & Lavertu, 2012), 이는 학습(learning)과 개선(improvement)에 대한 강한 지향성을 나타낸다. 우선순위 목표를 대상으로 빠른 주기로 성과정보를 생산하고, 이렇게 생산된 성과정보를 이용하여 관련 프로그램 또는 활동의 적절성을 검토 · 분석 · 평가하여 개선점을 도출하며, 이를 향후 추진 전략에 반영하는 일련의 행위는 궁극적으로 학습을 통한 개선을 위한 것이다. 전략목표를 대상으로 하는 전략적 검토 역시 유사한 과정과 논리가 적용된다. 한편 학습과 개선의 관점에서는 비단 결과지표뿐만 아니라 다른 유형의 지표들도 함께 활용되는 것이 바람직한데, 실제로 OMB 실무지침에서는 산출, 투입, 맥락, 능률성 등에 관한 지표를 함께 활용할 것을 권장한다(OMB, 2022a)([그림 2-9] 참조).

셋째, 성과포털(performance.gov)과 평가포털(evaluation.gov)을 통해 연방정부 성과관리와 평가에 관한 다양한 활동과 그 결과를 투명하고 이용자 편의적으로 공개한다는 점에서 책무성(accountability) 역시 연방정부 평가·성과관리의 중요한 특징이라고 할 수 있다. 성과포털 운영은 GPRAMA가 의무사항으로 규정하고 있는데, 모든 연방정부 기관의 전략계획, 성과계획, 그리고 성과보고서를 해당 포털을 통해 확인할 수 있다. 평가포털을 통해서는 증거법의 적용을 받아 CFO법 적용 기관의 학습의제와 연간 평가계획서를 쉽게 확인할 수 있다. 한편 GPRA 입법 이후 현행 GPRAMA까지 예산결정을 프로그램 성과와 연계시키려는 기조가 유지된다는 측면에서 '성과 책무성' 역시 중요한 특징이라고 할 수 있다. 이러한 다양한 책무성 목적과 관련해서는 전반적으로 결과지표의 활용이 강조되는데, 성과포털을 통한 우선순위 목표 성과의 대외적 공개와 예산안과 함께 제출하는 성과보고서 모두 '결과지표'를 중심으로 성과를 설명한다.

2) 지표 및 측정방법

연방정부 평가·성과관리는 성과측정(performance measurement)과 관련하여 다음과 같은 특징을 갖는다.

첫째, [그림 2-9]에서 확인할 수 있듯이 지표 설정은 기본적으로 성과목표를 중심으로 이루어지며, 목표 달성의 결과(outcome)를 객관적·정량적으로 측정할 수 있는 제한된 수의 지표 사용을 원칙으로 한다. 성과목표는 1년 단위로 설정되기 때문에 지표별로 같은 기간에 걸쳐 달성할 목표치가 설정되고, 측정은 동일한 기간의 실적에 대해 이루어진다.

둘째, 특정 유형의 목표에 대해서는 측정 주기를 달리한다. APG, CAP 목표 등 중요성이 높은 소수의 '우선순위' 목표에 대해서는 최소 분기별 측정의 원칙을 적용한다. 이는 집중적 관리의 대상이 되는 '우선순위' 목표에 대해 최소한 분기별로 개최되는 '데이터 중심 검토'를 체계적으로 지원하기 위함이다.

셋째, 결과(outcome) 지표의 활용을 원칙으로 하되 필요시 '참고지표' 활용이 가능하다. 결과지표만으로는 성과목표의 달성 정도를 충분히 측정하기 어려워 효과적인 '성과소통'이 어려운 경우가 적지 않은 현실을 고려하여 다양한 유형의 지표를 추가적으로 활용할 것을 권유하고 있다. 다만 이러한 추가적 지표들에 대해서는 별도의 목표치를 설정하지는 않는다([그림 2-9] 참조).

넷째, 성과측정의 엄밀성 입증을 의무화하는 등 엄격한 성과지표 검증체계가 특징이다. 각 기관은 연간성과보고서(performance report) 작성 시 성과지표, 성과측정 방법론, 활용 데이터 등에 관한 상세 정보를 부록으로 포함하여야 한다. 가령 국토안보부의 경우 FY 2021-2023 Annual Performance Report의 첫 번째 부록으로 일종의 '지표 상세 보고서'를 포함하고 있는데, 해당 문건은 모든 성과지표에 대한 지표 정의, 성과측정을 위한 데이터 범위 및 원천, 데이터 수집방법, 신뢰성 수준 등에 대한 정보를 제공한다([그림 2-10] 참조).[5)]

그림 2-10 미국 연방기관 성과지표 명세서 예시(국토안보부 사례)

Performance Measure	Percent of Acquisition programs to counter Chemical, Biological, Radiological, and Nuclear threats that meet all Key Performance Parameter requirements (New Measure)
Program	Capability and Operational Support
Description	This measure gauges progress in the delivering of an acquisition program's Key Performance Parameters (KPP). KPPs are key system capabilities that must be met for a system to meet its operational goals. The government will not accept new acquisitions if KPPs are not met. KPPs have both a threshold and an objective and to be accepted by the government, the prototype must perform between these two values.
Scope of Data	The population includes programs beginning at Acquisition Decision Event (ADE)-2C or ADE-3, whichever occurs first.
Data Source	The KPP requirements for each acquisition are captured from Acquisition Program Baselines (APBs) and Operational Requirements Documents (ORDs). Each acquisition's KPP performance data is captured from Test and Evaluation reports, Technical Review Board (TRB) reports, and signed FOC Achievement Memoranda. Performance against the KPPs reported during the Component Acquisition Executive (CAE) semi-annual review.
Data Collection Methodology	Each program establishes a Requirements Verification Traceability Matrix (RVTM) that documents each KPP, threshold requirement, objective requirement, and method of validation. Each KPP is evaluated through one or more of the following mechanisms: Test, Analysis, Demonstration, or Inspection (TADI). The results of the TADI are included in the RVTM.
Reliability Index	Reliable
Explanation of Data Reliability Check	APB and ORDs are formal documents with clearly specified KPPs. Test and Evaluation and TRB reports reflect a thorough, independent look at system performance and its ability to meet KPPs. These data sources can be objectively compared to determine if KPP requirements are being met.

출처: Department of Homeland Security(2022: 5).

한편 평가연구와 관련하여서는 모든 기관이 준수하여야 하는 일련의 원칙을 수립하였다는 점이 특징이다. OMB는 프로그램 평가 수행의 5대 기준·원칙으로 적실성과 유

5) 정확한 명칭은 「Measure Descriptions, Data Collection, Methodologies, and Verification and Validation Information」이다.

용성(relevance & utility), 방법론적 엄격성(rigor), 독립성과 객관성(independence & objectivity), 투명성(transparency), 윤리성(ethics)을 제시하고 있는데, 각 원칙의 상세 내용은 〈표 2-5〉를 통해 확인할 수 있다. 이러한 원칙들은 평가연구가 기관의 정책역량 제고를 지향하면서도, 정치적 편향, 인권 침해 등 평가연구 수행과정에서 발생할 수 있는 부정적 상황을 최대한 통제하기 위한 평가연구 수행의 규범으로 기능한다.

표 2-5 연방정부 프로그램 평가 수행의 5대 기준・원칙

기준	주요내용
적실성과 유용성	적실성 1) 평가는 중요한 문제(기관 내, 기관 간)를 대상으로 이루어져야 함 2) 평가는 이해관계자의 니즈에 부응하여야 함 유용성 1) 평가를 통해 도출한 시사점(결과・결론・제언 등)은 실행 및 활용이 가능하여야 함 2) 평가정보 이해가 용이하여야 하며, 기관이 수행하는 각종 활동과 행위(예산편성, 프로그램 개선, 책임성 확보, 관리 활동, 규제 행위, 정책개발 등)에 유의미한 도움을 주어야 함 3) 연구의 적시성, 사용자 편의성을 고려한 연구결과 배포 전략 등은 연구의 유용성에 중요한 영향을 미침
방법론적 엄격성	• 평가결과물은 기관과 기관 이해관계자들이 신뢰할 수 있어야 하며, 그 한계에 대한 명확한 설명이 함께 제시되어야 함 • 평가의 품질은 연구설계와 방법론에 대한 기획과 실행, 그리고 평가결과의 해석과 보고 등에 좌우되며, 고품질의 평가를 위해서는 평가의 기획・실행・결과해석 등 평가 프로세스 전반에 관한 충분한 역량과 지식을 갖춘 검증된 평가자가 요구됨 • 최적의 연구설계와 방법론을 활용하는 것을 지향하면서도, 평가의 주요 목적, 시간적 제약, 실행가능성, 가용 자원 등을 적절히 고려할 필요가 있음
독립성과 객관성	• 평가결과의 수용성은 평가의 독립성과 객관성에 크게 좌우됨 • 평가질문의 채택에는 다양한 이해관계자의 관여가 바람직하지만, 일단 평가질문이 확정된 이후 실제 평가를 수행하는 과정(연구설계・방법론의 선택과 실행, 평가결과 해석)은 외부 영향력으로부터 철저히 독립되어야 함 • 평가자 개인의 경우 평가연구를 기획・실행하고 그 결과를 해석・확산함에 있어 이해관계 충돌, 편견, 편파성 등에 관한 논란을 방시하기 위한 적극적 노력과 주의가 요구됨
투명성	• 평가는 평가의 전 과정이 투명하게 관리될 때에만 책임성 확보가 가능함. 즉 평가의 기획과 실행, 평가결과의 보고 등 평가 과정 단계마다 충분한 기록(documentation)이 요구되며, 해당 기록에 대한 이해관계자의 접근과 확인이 가능하여야 함. 다만 이때 법적・윤리적・안보적 이슈와 기타 제약요인에 대해 충분한 고려가 동시에 요구됨 • 평가가 완료된 이후는 연구결과에 대한 포괄적이면서도 상세한 정보를 적시에 대외적으로 공개함으로써 제3자가 연구결과를 검토・해석하고, 더 나아가 재현(replication) 또는 재생산(reproduction)할 수 있어야 함

윤리성	• 평가 과정은 최고 수준의 윤리성 기준에 부합하도록 운영될 때 일반대중을 적절히 보호하면서 이들의 대정부 신뢰를 유지할 수 있음 • 평가는 참여자들과 관련 이해관계자들의 존엄성 · 권리 · 안전 · 프라이버시가 충분히 보호될 수 있도록 기획 · 실행되어야 함 • 특히 프라이버시 보호와 관련하여 개인과 집단에 관한 데이터의 생성 · 수집 · 활용 · 처리 · 저장 · 유지관리 · 배포 · 공개 · 파기 등에 관한 법과 정책의 철저한 준수가 요구됨 • 평가자는 평가 과정에서 공정성 · 정의 · 공평성의 가치를 수호할 수 있도록 최선의 노력을 경주하여야 함. 평가를 수행함에 있어 과소 대표되는 집단의 관점과 이해관계까지 종합적으로 검토하고, 평가에 영향을 미칠 수 있는 문화적 · 맥락적 요소들을 충분히 고려하는 등 적극적 · 개방적인 자세가 요구됨

출처: OMB(2020: 3-5, 12-15)의 내용을 정리하여 작성.

제3절

미국 평가 · 성과관리의 동향분석

1. 평가 · 성과관리의 계획, 모니터링, 보고서

1) 계획서 · 보고서 구성

연방정부 평가 · 성과관리 과정은 다양한 문서 생산을 요구한다. 연방정부 각 기관은 GPRAMA가 요구하는 전략계획서, 성과계획서, 성과보고서 등 성과관리 관련 문서와 함께 증거법이 요구하는 증거구축 계획서(학습의제), 평가계획서 등 평가연구 관련 문서를 일정 주기로 생산한다. 〈표 2-6〉은 각 기관이 성과관리를 시행하는 과정에서 생산하는 개별 문서의 내용적 구성을 개략적으로 보여주는데, 성과관리와 평가연구 간 연계 현황[6]도 확인할 수 있다.

6) 〈표 2-6〉의 8. 증거법 관련 산출물(Evidence Act Deliverables)을 확인하라.

표 2-6 기관 성과관리 관련 계획서, 보고서 등의 구성

구성요소	기관 성과관리 산출물			
	전략 계획서	성과 계획서	성과 보고서	분기*** 계획·보고서
1. 기관과 기관 임무에 관한 정보				
개관	○	○	○	
임무 기술서	○	○	○	
비전 및 핵심 가치	△	△	△	
조직구조		○	○	
이해관계자 참여에 관한 정보	○			
2. 범정부 우선순위 목표(CAP Goals)				
유관 CAP 목표	○	○	○	
CAP 목표별 진도 보고				○
3. 전략목적(Strategic Goals)				
전략목적 목록	○	○	○	
전략목적 개관	○			
4. 전략목표(Strategic Objectives)				
전략목표 목록	○	○	○	
전략목표 개관	○			
전략목표 달성 전략	○	○		
전략목표 주제별 분류	○			
전략목표별 기여 프로그램 및 프로그램 활동	○			
전략목표별 진도 보고			○	
전략목표별 차년도 계획		○		
전략목표별 담당관 및 주관부서 지정 현황	○	○		
5. 기관 우선순위 목표(Agency Priority Goals: APG)*				
APG 목록	○	○	○	○
APG별 담당관 지정현황		△	△	○
APG별 개관(환경분석, 상위목표와의 관계 등)		△	△	○
APG별 집행 구조 및 전략		△		○
APG별 성과지표와 마일스톤		△	△	○
APG별 진도 보고			○	○
APG별 차년도 계획		△		○
APG 주제별 분류		△		○
APG별 기여 프로그램 및 프로그램 활동		△		○
APG 관련 데이터의 정확성과 신뢰성		△		○

6. 성과목표(Performance Goals)				
성과목표 목록	○	○	○	
성과목표별 결과		○	○	
성과목표치		○		
성과정보 공백(불완전 성과정보) 현황			○	
성과목표 진도 보고			○	
성과목표 및 지표 변경사항			○	
7. 참고지표(Other Indicators)				
참고지표 목록		○	○	
참고지표별 과거 실적		○	○	
참고지표별 정보 공백 현황		○	○	
8. 증거법 관련 산출물(Evidence Act Deliverables)				
학습의제(증거구축계획)	○			
평가역량 평가서	○			
연간평가계획**				
9. 고객경험(Customer Experiences: CX)				
고객경험 향상 노력	○	○	○	
10. 기타 정보(Other Information)				
관리・운영 관련 우선순위 과제와 도전요인	○	○	○	
기관 간 협업 노력	○	○	○	
관련 하이퍼링크 목록	○	○	○	
데이터 확인 및 검증 정보		○	○	
우선순위 하위 프로그램 활동 목록		○		

○: 필수 포함, △: 선택적 포함

* 모든 APG 관련 구성요소는 각 기관이 분기별로 준비하는 APG 실행계획(APG Action Plan)에 포함되어 성과포털(performance.gov)에 고시됨(단, APG 주제별 분류 제외)

** 연간평가계획(AEP)은 학습의제와는 달리 별도의 문서로 유통됨

*** 연방정부 성과포털(www.performance.gov)에 게시

출처: OMB(2022a: Pages 8-20 of Section 210)의 내용을 토대로 재구성.

2) 주요 동향 및 특징

성과관리와 평가를 시행하는 과정은 일종의 학습을 수반한다. 가령 GPRAMA는 일련의 성과관리 '현대화' 요소를 반영한 새로운 연방정부 성과관리체계를 제시하였는데, 이는 10년이 넘는 GPRA 시행 경험에서 발생한 학습에 그 토대를 두고 있다. GPRAMA 시행 이후에도 학습에 기반한 크고 작은 새로운 시도가 지속되고 있는데, 다음의 세 가지

시도가 가장 두드러진다.

첫째는 성과관리-평가연구 간 연계 제도화다. 두 활동은 상호 보완성과 상승효과가 상당함에도 불구하고, 방법론과 운영 주체의 차이로 인해 대부분의 기관에서 양자는 상호 칸막이(silo)가 존재하는 형태로 운영되어 왔다(Munteanu & Newcomer, 2020). 그러나 2010년대 연방정부 재정적자 문제와 맞물려 증거기반 의사결정의 중요성에 대한 인식이 확산하는 가운데, 노동부(DOL) 등 일부 기관에서 양자를 체계적으로 연계하여 유의미한 정책적 성과를 창출하는 등의 모범사례가 발굴되어 널리 공유되었다. 이러한 상황 속에서 양자 모두에 대해 총괄 기능을 수행하지만 각각에 대해 담당부서와 인력을 달리하였던 OMB 내에서도 양자 간 통합적 운영의 필요성이 제기되기 시작하였고, 동시에 2016년 '증거기반 정책결정 위원회법(Evidence-Based Policymaking Commission Act of 2016)'의 통과로 약 2년 간 가동된 증거기반 정책결정위원회 역시 양자 간 유기적 연계의 필요성을 제기하였다(Commission on Evidence-Based Policymaking, 2017). 2018년 12월 의회를 통과한 증거법은 기관의 전략계획을 토대로 증거구축 계획을 수립하고, 동시에 기관의 연도별 성과계획에 연동한 평가계획 수립을 의무화하는 등 양자 간 연계를 위한 다층적 장치를 마련하였다. 〈표 2-6〉에 의하면 증거법이 요구하는 증거구축 계획서(학습의제)와 평가역량 평가서(capacity assessment)가 성과관리 문서인 전략계획에 포함됨을 확인할 수 있는데, 이는 성과관리-평가연구 간 연계 노력과 관련이 있다.[7] 한편 증거법은 기관 단위의 연계만을 규정할 뿐 연방정부 차원의 연계에 관한 별도의 규정은 부재하다. 그럼에도 불구하고 바이든 행정부는 2022년 상반기에 연방정부 차원에서 PMA 학습의제(안)를 수립・발표하였는데, 이는 양자 간 결합의 필요성에 대한 정부 차원의 인식과 실천의지가 강함을 시사한다([그림 2-1], [그림 2-7] 참조).

둘째는 중・장기적 관점의 강화다. 성과관리 운영에 있어 상대적으로 그 중요성이 낮았던 전략목적/전략목표에 대한 관리가 한층 강화되었다. 바이든 행정부 출범 이후 연방정부 성과포털은 기관별 전략목표 현황을 공시하기 시작하였고, 일부 기관의 경우 전략목표별 진도와 성과 달성 정도에 정보를 기관 홈페이지를 통해 상세히 제공하고 있다. [그림 2-11]과 [그림 2-12]는 이러한 상황을 상무부 사례를 통해 예시한다. 상무부는 전략목표 대시보드(Citizen's View Dashboard)를 제작하여 총 5개의 전략목적과 23개의 전략목표에 걸쳐 핵심 성과지표(Key Performance Indicator: KPI)와 지표별 성

7) 또 다른 증거법 요구 문서인 연간평가계획서는 증거구축 계획서와는 달리 별도의 문서로 생산・유통된다.

과 현황을 사용자 편의적으로 제시한다. 지표별로 목표치의 100%를 초과할 경우 '초과달성(Exceed)', 90~100%의 경우 '달성(Met)', 그리고 90% 미만일 경우 '미달(Not Met)'로 분류하면서, 그래프를 이용한 시계열 정보 등 상세 정보도 함께 시각적으로 제시된다. 이러한 성과 현황은 소속기관별로도 확인 가능하다. 이러한 일련의 새로운 시도는 기관 단위의 앞서 언급한 동향인 전략목표 중심의 성과관리-평가 연계와 함께 전략계획과 전략목표의 실효적 관리를 지향하기 위한 노력으로 이해할 수 있다.

셋째는 기관 간 협업을 강조하는 경향이다. 기관 APG 수립과 관련하여, 기관 차원만의 노력뿐만 아니라 타 기관과의 긴밀한 협력이 동시에 요구되는 성과목표를 선정하는 사례가 과거 대비 늘어나는 추세다. 이러한 목표는 기관 간 협의를 통해 합동 APG(Joint APG: JAPG)로 기관 간 공식적으로 공유되며, 해당 목표의 달성과 관련한 일련의 성과지표를 공동 또는 분담 관리한다. [그림 2-4]는 상무부 APG 현황을 보여주는데, 1번 APG의 경우 농무부와 함께 운영하는 JAPG임을 확인할 수 있다.

그림 2-11 기관 전략목적/전략목표의 성과포털 게시: 상무부 사례

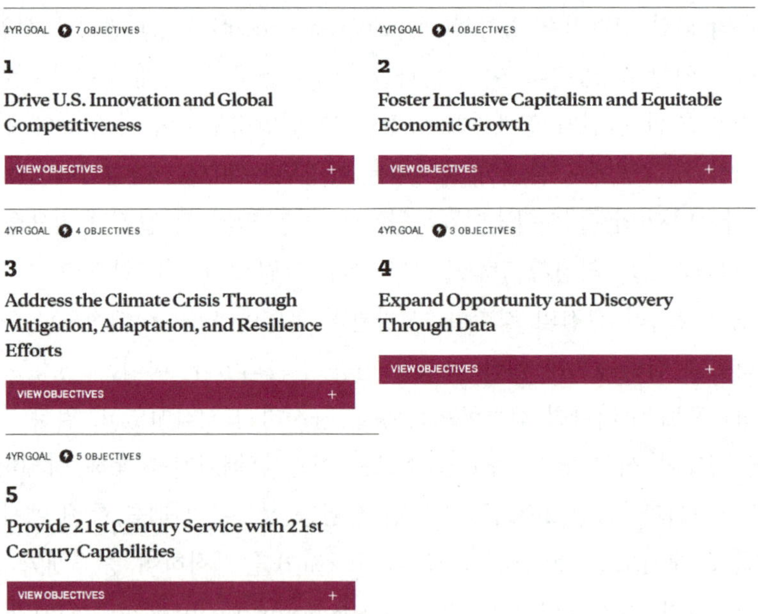

출처: 미국 연방정부 성과포털(https://www.performance.gov/agencies/doc/)(검색일: 2022.9.1).

그림 2-12 전략목적/전략목표에 관한 성과보고: 상무부 사례(기관 홈페이지)

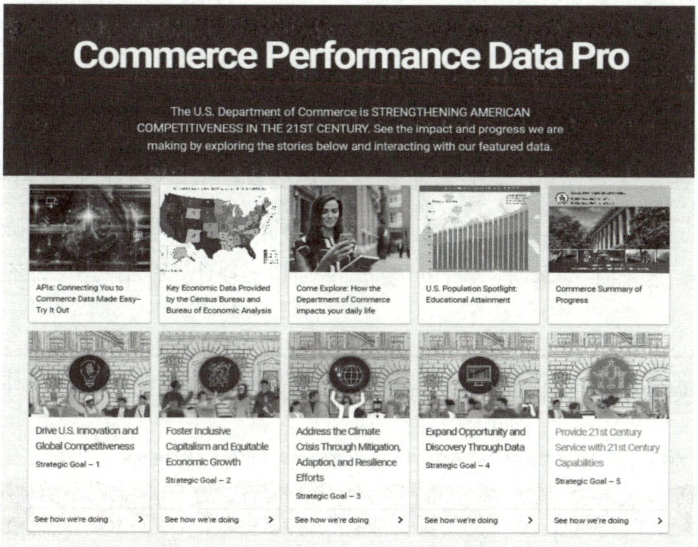

출처: 상무부 홈페이지(https://performance.commerce.gov/)(검색일: 2022.9.2).

2. 평가 · 성과관리의 성과

1) 성과정보 활용 개선과 한계

성과정보 활용 활성화는 GPRAMA 입법의 가장 중요한 목표 중 하나이다. 따라서 연방정부 평가 · 성과관리의 성과를 확인하기 위해서는 GPRAMA 시행 전 대비 성과정보 활용 활성화 여부와 정도를 우선적으로 점검할 필요가 있다.

GAO는 GPRAMA 시행 전과 후 여러 시점에 걸쳐 성과정보 활용에 관한 설문조사를 실시한 바 있는데, 가장 최근의 조사결과는 성과정보 활용에 있어 이전 시기 대비 유의미한 개선이 있음을 보여준다(GAO, 2021). 2020년 연방정부 관리자 설문조사(2020 Federal Managers Survey)는 총 11개의 성과정보 활용에 관한 설문문항[8]을 포함하였는

8) 11개 설문문항은 크게 3개 유형으로 구분되는데, 각각 ① 의사결정 영역별 응답자 본인의 성과정보 활용 정도(총 6문항), ② 관리자(기관 내 최고위급 관리자, 상위 관리자, 동료 관리자)의 성과정보 활용 양태(총 3문항), 그리고 ③ 응답자의 상급자 또는 하급자가 기관 차원의 성과정보 활용에 대해 관심을 갖는 정도(총 2문항)이다.

데, 이들 11개 문항에 대한 조사결과를 이용한 성과정보 활용 지수(performance information index)(3.64점, 5점 만점)는 이전 3회의 지수 조사결과(2017년: 3.39점, 2012년: 3.41점, 2007년: 3.46점)를 통계적으로 유의미하게 상회하는 것으로 나타났다. 특히 중요한 것은 성과정보가 주요 의사결정에 활용되는 정도인데, 지수를 구성하는 설문문항 중 6개가 주요 의사결정에서의 성과정보 활용 정도에 관한 것이다. 각각 ① 자원배분, ② 업무방식 변경 또는 신규 업무방식 채택, ③ 전략 수립, ④ 문제점 식별, ⑤ 문제점 해결 조치, ⑥ 효과적 업무방식 식별 및 공유인데, 조사결과는 모든 의사결정 영역에 걸쳐 성과정보 활용의 정도가 증가한 것으로 나타났다([그림 2-13] 참조).

그림 2-13 연방정부 관리자 의사결정 영역별 성과정보 이용 현황

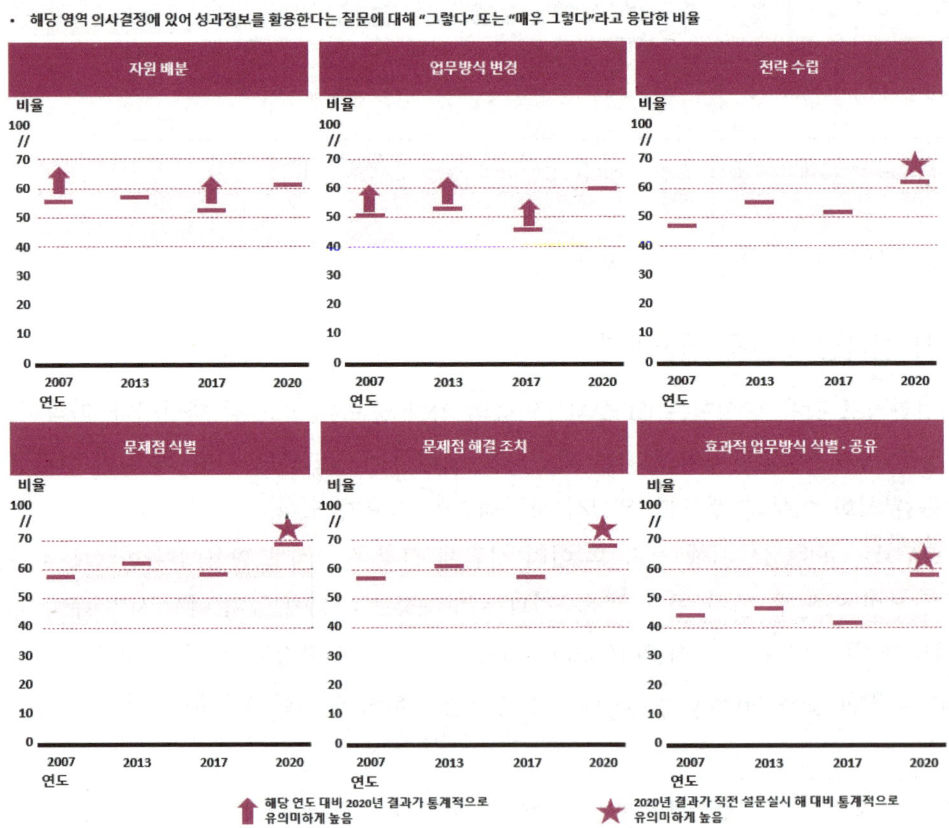

출처: GAO(2021: 14)를 재구성하여 작성.

다만 이러한 유의미한 개선에도 불구하고 성과정보 활용 지수가 '활발한 활용'을 의미하는 4점에는 여전히 미달하는 상황인데, 이는 성과관리 운영에 있어 개선의 여지 역시 상당함을 의미한다. 한편 동일한 설문조사 자료를 활용한 GAO(2021)의 회귀분석 결과는 전반적으로 성과지표와 성과정보의 품질, 그리고 성과정보 소통의 중요성을 강조하는데, 보다 구체적으로는 개별 지표가 기관 차원의 목표와 수직적으로 연계되고, 성과정보의 타당성, 신뢰성, 정확성, 완결성 등이 확보되며, 내・외부 이해관계자들을 대상으로 한 정례화된 성과정보 소통 과정의 확보가 중요함을 보여준다(GAO, 2021: 30-31). 이러한 결과는 성과보고서를 통한 성과정보 품질 정보공개, 우선순위 목표를 대상으로 하는 '데이터 기반 검토' 등 현재 시행 중인 일련의 절차와 과정의 중요성을 재확인하며, 향후 성과정보 활용 활성화에 관한 전략적 시사점을 제시한다.

2) 투명성 제고와 한계

GPRAMA 입법의 또 다른 중요한 취지 중 하나는 연방정부 성과의 투명한 공개이다. 이와 관련하여 GPRAMA는 연방정부 성과포털 운영을 제도화하였는데, 성과포털 운영은 연방정부 및 기관별 성과에 관한 정보의 총량과 질을 동시에 제고하는 등 투명성 향상에 기여한 것으로 평가된다(Moynihan, 2021). 먼저 연방정부 수준에서, 성과포털(www.performance.gov)은 연방 성과계획(PMA)과 CAP 목표 지정 현황 등 연방정부 성과관리와 CAP 목표를 중심으로 한 연방정부 주요 성과에 대한 정보를 제공한다. 아울러 기관 수준에서는 성과포털은 전략계획, 성과계획, 성과보고서, APG 지정 현황 및 성과정보 등 기관별 성과관리 관련 정보 일체에 대한 접근을 허용한다. 최근에는 기관별 전략목표에 관한 정보를 추가하는 등 정보공개를 강화하는 추세이다([그림 2-11] 참조).

다만 가장 최근에 실시된 GAO 설문결과는 성과포털을 통한 성과정보 제공 외에 추가적인 노력이 필요함을 시사한다. GAO(2021: 17)에 의하면 "우리 기관의 성과정보는 대중의 접근이 용이하게 적절한 형태로 제공된다"라는 문항에 대한 긍정 답변의 비율이 20%를 조금 넘는데, 이는 이전 조사결과 대비 개선된 결과지만 성과정보 공개가 여전히 미흡한 수준에 머물러 있는 상황임을 명시적으로 보여준다. 이러한 설문결과는 연방정부의 성과관리와 성과에 관한 정보를 원스톱 형태로 제공하는 등 성과포털을 중심으로 한 사용자 편의성 제고에 초점을 둔 기존의 투명성 전략에 더해, 성과정보와 관련한 대중의 다양한 요구에 저절히 부합한다는 의미의 '적극적' 투명성 전략(또는 '맞춤형' 투명성 전략)에 대한 고민도 병행할 필요가 있음을 시사한다.

3) 성과관리 사각지대 축소: 절반의 성공

GPRAMA 입법을 통해 해소하고자 하였던 가장 큰 이슈 중 하나는 범정부 또는 다부처 과제에 대한 성과관리 능력을 향상하는 것이었다. 연방정부가 다루는 많은 과제가 범부처 또는 다부처 성격을 지니고 있음에도 불구하고, 기관 단위로 설계된 기존의 성과관리 체계에서는 이러한 과제들이 성과관리 대상에서 제외되는 상황이 지속되었다. GPRAMA 입법은 연방정부 단위의 성과계획 수립을 제도화하여 이러한 '성과관리 사각지대'를 최소화하고자 하였다. GPRAMA 시행 이후로 오바마 정부, 트럼프 정부, 그리고 바이든 정부는 모두 기존의 PMA를 기본적 틀로 활용하여 연방정부 단위에서 성과관리를 기획·실행하고 있다. 한편 GPRAMA는 연방정부 성과계획에 포함된 과제 중 중요성이 상대적으로 높은 과제에 대해서는 '우선순위' 지위가 부여된 목표, 즉 CAP 목표로 지정하고 집중적으로 관리하는 조항을 포함하였는데, 이는 범정부 또는 다부처 과제에 대한 체계적 성과관리를 담보하기 위함이었다. 오바마 행정부 이후로 연방정부는 PMA에 포함된 과제 중 일련의 CAP 목표를 지정하여 이들에 대해서는 분기별 점검을 실시하고, 그 결과를 토대로 실행계획을 수립하는 등 체계적 관리 노력을 지속적으로 전개하고 있다. 이렇듯 PMA를 토대로 한 연방정부 성과관리와 CAP 목표에 대한 집중적 관리는 기존 성과관리체계에 존재하였던 성과관리 사각지대를 일정 부분 해소하는 데 기여한 것으로 평가된다.

다만 PMA를 기본 틀로 사용하고 있다는 점에서 명확히 드러나듯이, 현재 연방정부 단위의 성과관리는 관리(management)와 관련된 과제만을 다루고 있다는 점에서 그 한계가 존재한다. 범정부 또는 다부처 차원의 정책(policy) 과제는 현행 PMA 기반 연방정부 성과관리체계에서는 여전히 '사각지대'에 머물러 있는 형국이다.

제4절

결론: 정책적 시사점

1. 미국 평가 · 성과관리의 특징

1) 중 · 장기적 관점 강화

연방정부 평가 · 성과관리에 있어 가장 눈에 띄는 점 중 하나는 과거 대비 중 · 장기적 관점이 대폭 강화된 점이다. 먼저 성과관리 과정에 있어 4년 단위 목표인 전략목표의 가시성(visibility)이 크게 높아졌다. 바이든 행정부 출범 이후 연방정부 성과포털은 기관별 전략목표 목록을 새롭게 추가하였고, 기관 단위에서는 전략목표에 대한 성과측정을 강화하고 그 결과를 보다 적극적으로 공개하는 경향을 보인다([그림 2-11], [그림 2-12] 참조). 평가연구에 있어서는 기관 평가연구 기획을 전략목표와 제도적으로 연계시킴으로써 연구주제 및 과제 선정에 있어 중 · 장기적 관점이 강화되었다. 2022년 상반기에 발표된 기관별 학습의제는 전략목표별 연구질문 목록이 제시되었는데, 개별 연구질문은 다년에 걸친 접근을 요구하며 궁극적으로는 '큰 문제(big problems)' 해결을 지향한다(OMB, 2022b: 69).

2) 협력적 접근 강조

두 가지 유형의 협력이 평가 · 성과관리 과정에서 새롭게 강조되고 있다. 첫째, 기관 내 성과관리 기능과 평가연구 기능 간 협력이다. 시너지 창출의 가능성에도 불구하고 오랜 기간 사일로(silo) 형태로 존재해온 양 기능은 증거법 시행 이후 상호 협력의 접점이 마련되었다. 각 기관은 전략목표를 토대로 평가연구를 위한 학습의제를 수립하는데, 이는 성과관리 부서와 평가 부서 간 상호 협력을 전제로 한다. 둘째, 기관 간 공동으로 APG를 수립 · 관리하는 사례가 증가하고 있다. 가령 국무부(State Department)와 국제개발처(USAID)가 외교정책의 성공적 집행을 위해 상당 기간 양자 간 합동 APG(JAPG)를 수립 · 운영해온 것에 더해, 최근에는 농촌 벽지의 신속한 정보화 추진을 위한 상무부와 농무부 간 JAPG 수립, 전기자동차 충전 인프라의 원활한 확충을 위한 에너지부와 교통부 간 JAPG 수립 등 JAPG를 활용한 부처 간 협력이 증가하는 추세이다. 기관 간 협력을 위한 제도적 장치인 CAP 목표가 연방정부 관리(management)에 관한 이슈에 한

정되어 다부처 정책문제(multi-agency policy problems)는 연방정부 단위 성과관리에서 적절히 다루어지지 못하고 있는 현실을 고려할 때, JAPG를 이용한 협력적 노력 강화는 그 의의가 작지 않다.

3) 학습 지향적 평가 · 성과관리

최근 연방정부 평가 · 성과관리는 '학습과 개선'을 더욱 강조하는 경향을 보인다. 첫째, 소위 '성과 루틴(performance routine)'을 강화하려는 움직임이 뚜렷하게 나타난다. GPRAMA를 통해 제도화된 '데이터 기반 검토'와 '전략적 검토'는 대표적인 학습 지향적 성과관리 활동인데, GAO 보고서를 포함하여 이들의 효과를 입증하는 실증적 연구가 다수 발표된 바 있다[예: Moynihan & Lavertu(2012) 등]. GAO는 이러한 '성과 루틴'을 '학습과 개선' 차원의 성과정보 활용 촉진의 핵심적 기제로 파악하면서, 그 활성화를 적극 주장한다. 둘째, 증거법 시행은 연방정부 평가 · 성과관리에 있어 '학습'의 중요성을 더욱 부각시킨다. 최근의 제도적 개선 중에서는 전략목표를 매개로 한 성과관리와 평가 연구 간 연계가 대표적인데, 중 · 장기 목표인 전략목표를 중심으로 학습의제(learning agenda)를 수립 · 실행하는 것은 전략목표의 성공적 달성을 위한 일련의 증거(evidence)를 체계적으로 생산하여 기관 차원의 정책학습(policy learning)을 지원하고, 이를 통해 성공적 임무 수행을 위한 기관의 정책역량(policy capacity)을 개선 · 강화하는 데 궁극적 목적이 있다. 한편 증거법은 학습의제 설정에 있어 다양한 이해관계자들로부터 의견을 구하는 자문(consultation) 과정을 의무화하고 있는데, 이는 다양한 관점에 대한 노출과 더불어 새로운 지식 · 정보 등의 습득을 용이하게 한다는 점에서 또 다른 학습 강화 기제로 이해할 수 있다.

2. 우리나라 평가 · 성과관리에서의 시사점

1) 전략목표 관리 고도화: 학습 지향성 강화

우리나라 정부의 평가 · 성과관리 현황을 고려할 때 미국 연방정부 사례는 무엇보다도 '학습 중심의 전략목표 관리'의 필요성을 제기한다. 단순히 전략목표 달성 정도에 관한 연도별 성과를 측정 · 보고하는 수준을 넘어, 전략목표의 성공적 달성을 위한 정보와 지식을 산출하고, 이를 중심으로 효과적 전략을 모색하는 방향으로 전략목표 관리가 이루어질 필요가 있다.

중앙행정기관 성과관리에 있어 전략목표의 중요성이 주목받기 시작한 것은 비교적 최근이다. 2019년에 최초로 전략목표별 성과지표를 수립하였고, 이듬해인 2020년부터 전략목표별 성과지표 분석을 시행하고 있으며, 그 결과를 '자체평가(주요정책 부문) 결과보고서'를 통해 대외적으로 공개한다. 아울러 각 부처가 제출한 성과분석 보고서의 적절성에 대한 점검도 매년 함께 이루어지고 있다. 이처럼 중앙행정기관 성과관리에 있어 오랜 기간 실질적으로 방치되었던 전략목표가 새로운 관리대상으로 부상한 배경에는 국민 중심적 성과관리가 필요하다는 문제의식이 존재하였다. 국민 눈높이에서 볼 때 부처별 성과는 수십 개에 이르는 관리과제보다는 제한된 수의 전략목표를 중심으로 소통이 이루어질 때 그 이해와 체감이 용이하다. 이러한 문제의식을 바탕으로 전략목표에 대한 성과관리에 착수한 점은 방향성 측면에서 그 적절성이 인정된다.

그러나 현재 전략목표별 성과지표 분석 방식과 분석결과 활용 방식에 있어서는 개선의 여지가 존재한다. 각 기관은 국무조정실의 지침에 따라 연초에 전략목표별 성과지표를 설정하고, 다음해 2월에 '전략목표 성과지표 분석보고서'를 작성하여 제출한다. 분석보고서는 전략목표별 ① 성과지표 개요, ② 측정결과, ③ 성과분석, 그리고 ④ 향후 추진계획을 주요내용으로 포함한다. 기관이 제출한 분석보고서는 국무조정실이 매년 실시하는 '성과관리・자체평가 운영실태 심층점검' 과정에서 그 적절성에 대한 평가가 이루어지는데, 점검의 기준은 ① 성과지표 현황(10점), ② 해당 연도 성과분석(30점), ③ 미흡요인 분석(20점), ④ 향후 개선계획(20점)의 네 가지이며, 항목별 점검결과에 따른 기관별 등급 평정이 이루어진다. '전략목표 성과지표 분석보고서'의 구성과 보고서 점검의 기준을 고려할 때, 이러한 과정은 일정 부분 '학습' 효과를 일으킬 수 있는 여지가 존재한다. 개별 부처의 관점에서 볼 때, 분석보고서의 요소별 충실성을 외부에서 점검하는 상황은 양질의 분석보고서를 작성하기 위한 유인으로 작용하는 측면이 있고, 이러한 유인은 개별 전략목표를 중심으로 한 심층적 분석을 유도할 수 있다. 다만 미국 연방정부 성과관리의 '전략적 검토(strategic review)'와 같은 제도화된 절차가 부재한 상황에서는 이러한 학습 효과는 제한적일 것으로 예상된다. '전략적 검토'는 기관 전략목표의 성공적 달성을 위한 조직 차원의 학습을 궁극적으로 지향하는 '데이터 중심의 검토(data-driven review)' 절차인데, 이와 같은 제도화된 '성과 루틴'이 부재한 상황에서, '대(對) 총괄기관 보고'를 주된 목적으로 한 분석보고서의 작성 자체를 통해 창출할 수 있는 '학습' 차원의 가치는 한정적일 수밖에 없다. 향후 전략목표 관리가 높은 수준의

'부가가치'를 낳기 위해서는 '전략적 검토'와 같은 학습 지향적 절차를 제도화하는 방안에 대해 고민할 필요가 있다.

2) 성과관리와 평가연구 간 연계성 확보

이 장에서 살펴본 연방정부 평가 · 성과관리의 최신 동향 중 가장 두드러진 특징 중 하나는 성과관리와 평가연구 간 제도적 연계이다. 증거법은 각 기관이 성과관리를 위한 전략계획을 수립할 때 기관의 평가연구 수행을 위한 '학습의제(또는 증거구축 계획)'를 하나의 구성요소로 포함하도록 한다. 학습의제는 기관이 중 · 장기적 관점에서 수행할 평가연구의 주제와 방향을 제시하는데, 증거법은 학습의제가 반드시 기관의 전략목표에 기반을 두도록 규정하고 있다. 기관의 전략목표는 평가연구의 방향성을 제시하고, 평가연구를 통해 산출하는 '증거'는 전략목표의 달성에 기여하는 '선순환적 구조'를 염두에 둔 조치이다. 이러한 조치는 근본적으로 두 활동 간 상호 보완성과 시너지 창출 가능성이 상당한데도 양자가 오랜 기간 사실상 상호 독립적 활동으로 운영되었다는 반성에 그 기반을 둔다.

이러한 반성은 우리나라 중앙행정기관의 성과관리와 평가연구에도 적용된다. 기관의 성과관리와 평가연구를 연계하는 제도적 접점이 부재한 상황에서 성과관리는 성과관리대로, 평가연구는 평가연구대로 별개로 관리되고 있는 것이 일반적이다. 대체로 성과관리는 기관의 성과관리 총괄부서가, 평가연구는 개별 부서가 상호 독립적으로 진행한다. 한편 우리나라에서도 '증거기반 정책결정'에 대한 요구가 더욱 강해지고 있는 가운데 평가연구에 대한 수요는 크게 증가할 것으로 예상된다. 이러한 상황을 종합적으로 고려할 때, 성과관리와 평가연구 간 연계에 관한 미국 연방정부 사례는 중요한 시사점을 제시한다. 연방정부 사례처럼 기관별 전략목표를 중심으로 5년 단위 평가연구를 기획 · 실행하는 방안은 성과관리 내실화, 특히 위에서 언급한 학습 지향적 전략목표 관리에 기여할 수 있을 것으로 기대된다. 아울러 이러한 방안은 기관 전략목표를 중심으로 평가연구를 기획함으로써 부서 단위의 산발적 평가연구 진행으로 인한 낭비의 최소화뿐만 아니라, 기관 전략목표와의 직접적 연계성 확보를 통한 평가연구의 현실 적실성(relevance)과 유용성 제고의 효과도 기대할 수 있다.

3) 협력적 평가 · 성과관리

최근 미국 연방정부 평가 · 성과관리 운영에 있어 또 다른 특징 중 하나는 성과관리에 있어서의 기관 간 협력이다. 기관별 APG 선정에 있어서, 타 기관과의 협력을 전제로 하는 JAPG를 선정하는 사례가 조금씩 증가하고 있다. 연방정부가 다루는 과제의 상당수가 여러 부처의 협력적 노력을 요구하는 현실을 고려할 때, JAPG 수립 사례의 증가는 자연스러운 현상이며, 성과관리 고도화 차원에서도 바람직하다고 할 수 있다. 연방정부 평가 · 성과관리 총괄기관인 OMB도 JAPG 선정을 권장하고 있으며, JAPG를 수립할 경우 관련 기관이 모두 참여하는 '분기별 합동 성과검토 회의(quarterly joint performance reviews)'의 정례화를 동시에 주문한다(OMB, 2022a: Page 4 of Section 250).

우리나라 중앙정부 역시 미국 연방정부와 마찬가지로 유의미한 정책성과 창출을 위해서는 부처 간 공동 목표의 수립 · 관리가 요구된다. 중앙행정기관 성과관리가 더 높은 수준의 '부가가치'를 창출하기 위해서는, 단순히 개별 부처의 노력만으로 달성 가능한 목표만을 성과관리 대상에 포함하는 현행의 '소극적 성과관리'에서 벗어나, 타 기관과의 협력을 전제로 더욱 도전적인 목표를 설정 · 관리하는 '적극적 성과관리'로 전환할 필요가 있다. 미 연방정부 JAPG 사례는 큰 기술적 어려움 없이 현재 운영 중인 중앙행정기관 성과관리체계에 적용될 수 있을 것으로 예상된다.

4) 성과관리의 관리: 주기적 설문조사 실시

하나의 성과관리체계가 효과적으로 작동하기 위해서는 해당 성과관리체계에 대한 적절한 관리가 이루어져야 한다. 즉 '성과관리의 성과(performance of performance management)' 제고를 위해서는 '성과관리의 관리(management of performance management)'가 중요하다. 후자와 관련하여 GAO가 GPRA 시행 이후 지속해서 수행해온 연방정부 성과관리에 관한 조사연구, 특히 설문조사는 중요한 시사점을 제공한다. GPRA와 GPRAMA는 GAO에 연방정부 성과관리 시행의 실태를 조사 · 검토 · 분석하여 그 결과를 의회에 보고하는 의무를 부여하였는데, 이러한 의무를 수행하는 하나의 방법으로서 GAO는 짧게는 3년 길게는 4년 간격으로 '연방정부 관리자 설문조사(Federal Managers Survey)'를 실시하여 연방정부 성과관리 시행의 실태를 체계적으로 파악하고 있다. 이 설문조사는 성과지표, 성과정보 활용, 성과관리 운영 등 성과관리 시행의 현황 파악에 핵심적인 문항들을 포함하는데, 총 7회(1997년, 2000년, 2003년, 2007년, 2013년, 2017년, 2020년)에 걸쳐 실시되었다. 설문조사 결과는 해당 시점의 연방정부 '성과관리의 관리'의 적절성과 '성과관리의 성과'를 파악하는 것을 가능하게 하며, 더 나아가 시계열적 비교 · 분석도 가능하게 하여 제도의 성공적 운영을 위한 전략 도출에도 유용하다. 설문조사 결과와 원자료는 대중에게 공개되며, 이를 활용한 학문적 연구도 다수 발표된 바 있다[예: Kroll & Moynihan(2018), Moynihan & Kroll(2016), Moynihan & Lavertu (2012)].

'정부업무평가기본법'에 기반을 둔 중앙행정기관 성과관리의 경우 '성과관리의 관리' 측면에서 한층 체계적이고 적극적인 접근이 요구된다. 국무조정실을 중심으로 매년 '성과관리 · 자체평가 운영실태 점검'을 실시하고 있으나, 이를 통해 도출할 수 있는 정보는 GAO가 실시하는 설문조사에 비하면 양적으로나 질적으로도 매우 제한적이다. '증거기반의 정책결정'의 중요성이 더욱 강조되는 현실에서, 보다 유효한 성과관리 고도화 전략을 수립하기 위해서는 '성과관리의 관리'와 '성과관리의 성과'에 관한 양질의 '증거(evidence)' 생산이 더욱 중요하다. 이를 위해서는 GAO의 설문조사와 유사한 형태의 설문조사를 국무조정실 또는 국회 연구기관이 기획 · 시행하는 방안에 대해 검토할 필요가 있다.

참고문헌

이정욱(2016). 제5장 미국의 정부업무평가제도. 황혜신 · 조문석(편저). 정부업무평가제도의 운영효과에 관한 연구. 한국행정연구원 연구보고서.

이정욱(2019). 제2장 미국 국정과제 평가사례. 윤수재(편저). 해외 국정과제 평가사례 연구. 한국행정연구원.

Commission on Evidence-Based Policymaking(2017). The Promise of Evidence-Based Policymaking: Report of the Commission on Evidence-Based Policymaking.

Feldman, Andrew(2017). *Strengthening Results-Focused Government: Strategies to Build on Bipartisan Progress in Evidence-Based Policy*. Washington D.C.: Economic Studies at Brookings.

Kroll, Alexander & Donald P. Moynihan(2018). The Design and Practice of Integrating Evidence: Connecting Performance Management with Program Evaluation. *Public Administration Review*, 7(2): 183-194.

Moynihan, Donald P.(2021). Ten Years On, How Has the Federal Performance System Performed? Government Executive. February 1, 2021.

Moynihan, Donald P., & A. Kroll(2016). Performance Management Routines that Work? An Early Assessment of the GPRA Modernization Act. *Public Administration Review*, 77(2): 318-321.

Moynihan, Donald. P., & Stephane Lavertu(2012). Does involvement in performance management routines encourage performance information use? Evaluating GPRA and PART. *Public Administration Review*, 72(4): 594.

Munteanu, Ioana & Kathryn Newcomer(2020). Leading and Learning through Dynamic Performance Management in Government. *Public Administration Review*, 80(2): 316-325.

Newcomer, Kathryn, Karol Olejniczak, & Nick Hart(2021). *Making Federal Agencies Evidence-Based: The Key Role of Learning Agendas*. Washing D.C.: IBM Center for the Business of Government.

Office of Management and Budget(2020). M-20-12. Phase 4 Implementation of the Foundations for Evidence-Based Policymaking Act of 2018: Program Evaluation Standards and Practices.

Office of Management and Budget(2021). M-21-13. Implementation of Performance Management Statutes.

Office of Management and Budget(2022). Circular No. A-11. Preparation, Submission, and Execution of the Budget.

U.S. Department of Commerce(2022). Joint Agency Priority Goal Action Plan FY 2022-FY2023. https://assets.performance.gov/APG/files/2022/june/FY2022_June_DOC_Progress_Ensure_all_Americans_have_access_to_high-speed_affordable_and_reliable_broadband.pdf(검색일: 2022.8.16)

U.S. Department of Commerce(2022). Learning Agenda 2022-2026.

U.S. Department of Homeland Security(2022). DHS Annual Performance Report.

U.S. Department of Treasury(2022). Strategic Plan 2022-2026.

U.S. Government Accountability Office(GAO)(2008). Government Performance: Lessons Learned for the Next Administration on Using Performance Information to Improve Results. Washington, D.C.: U.S. Government Printing Office, GAO-08-1026T. 8, 9.

U.S. Government Accountability Office(GAO)(2021). Evidence-Based Policy Making: Survey Results Suggest Increased Use of Performance Information across the Federal Government. GAO-22-103910.

Van Dooren, Wouter, Geert Bouckaert, & John Halligan(2010). *Performance Management in the Public Sector*(1st ed.). New York: Routledge. 212.

미국 연방정부 성과포털 홈페이지. (https://www.performance.gov/pma/)(검색일: 2022.9.1).
미국 상무부 홈페이지. (https://performance.commerce.gov/)(검색일: 2022.9.2).

제3장 영국 평가 · 성과관리 동향분석

제1절 영국 평가 · 성과관리 현황 및 운영체계

1. 평가 · 성과관리 현황

1) 배경 및 변천

영국 정부의 평가 · 성과관리 틀은 1998년 노동당 정부에 의해 만들어졌다고 할 수 있다. 영국은 HM 재무부와 총리실에서 다년도 예산편성 시 공공서비스협약(Public Service Agreement: PSA)을 통하여 주요 정책 및 예산사업에 대한 성과관리를 수행하였다. 당시 노동당 정부는 PSA를 개발하였는데, 이것은 정부가 달성하고자 하는 부처별 목표의 성과를 제공하려는 것이었다. 더욱 의미 있었던 것은 부처의 성과를 부처가 지출하고 있는 공공 지출과 연결하는 것이었는데, 이 협약은 공약과 그것을 시행하는 부처의 성과를 연결하는 고리였다고 할 수 있다(박준 외, 2021: 159). PSA는 3년 동안의 각 부처의 활동에 대한 협약으로서 각부처들의 성과목표를 설정하고 있으며, 재무부와 각 부처 간의 합의에 의하여 이루어졌다(박노욱, 2011: 12-13).

1998년에 도입된 포괄적 지출검토(Comprehensive Spending Review: CSR)에서는 각 부처들의 사업에 소요된 지출규모를 검토하고, 그 성과를 문서화된 형식으로 발표하도록 의무화하였으며, 그 결과로 정부 부처별 공공서비스협약(PSA)과 서비스전달협약(Service Delivery Agreement: SDA)이 나오게 되었다(박노욱, 2011: 12). 이러한 PSA는 정책의 집행과 조정을 개선하려는 노력의 토대가 되었으며, 2000년 HM 재무부는 정책의 수를 600개에서 160개로 줄이고 PSA를 부처의 예산지출계획과 연계하는 등 그 형태와 활용을 개선하기 위해 노력하였다. 2001년 선거 이후 토니 블레어(Tony Blair) 총리는 첫 임기의 성과에 실망하고 정책집행에 초점을 두면서 PSA의 활용 방식을 개혁하였고, 총리실 성과관리조직인 전달팀(Prime Minister's Delivery Unit)의 도입과 함께 PSA는 노동당이 2001년 정강정책에서 강조한 네 가지 핵심 영역인 교육, 건강, 범죄, 교통에 집중하기 위해 사용되었다(Barber, 2008: 199; 박준 외, 2021: 159에서 재인용).

공공서비스협약(PSA)에 설정된 목표는 결과 중심적이고, 다부처 목표 중심으로 변화해 왔다. 제1차 공공서비스협약에서는 부처별로 산출지표 중심의 성과목표를 설정하였으며, 제4차 공공서비스협약에서는 모든 목표가 결과지표 중심의 다부처 목표로 변화하였는데, 다부처 목표의 경우, 각 조직들이 무엇을 기여할 것이며 해당 책임자는 누구인지를 명확히 기술한 서비스전달협약(SDA)의 내용이 상세히 개발되었다(박노욱, 2011: 12-13).

이후 보수연립정부가 2010년에 등장함에 따라, 새로운 성과관리제도를 공공부문 투명성 제도(Public Sector Transparency Framework)라고 명명하고, 다부처 성과목표 중심의 공공서비스협약의 형태를 부처별 성과관리로 전환시켰다. 2010년 CSR에서는 심각한 재정상황을 개선하기 위한 계획을 포함하고, 동시에 감소된 재정지출로도 사업의 효과성을 유지하기 위해, 부처별 사업계획(Departmental Business Plan)을 세우도록 하였다. 여기에는 부처별 비전, 부처의 정책 우선순위, 구조개혁 방안(감소된 예산으로 사업의 효과를 유지 또는 향상시킬 개혁방안), 부처의 지출 내용, 투명성(정보 전략, 투입 관련 정보, 서비스나 사업의 효과성 등) 등이 포함되었다(박노욱, 2011: 13-14).

이러한 제도 변화는 지난 정부의 공공서비스 협약이 지나치게 복잡한 하향식 성과관리 제도이며, 동시에 정치적으로 설정된 목표를 지나치게 많이 가지고 있었다는 비판에서 출발하였고, 재정위기로 인해 감소된 재정 여건 하에서 정부서비스의 품질을 유지하기 위해서 부처별 성과관리를 강화하고 조직의 구조 개선과 효율성 강화에 초점을 두는 방향으로 제도를 변화시켰다.[1]

---

1) 가시적인 예산편성의 변화는 다음과 같은데, 각 부처의 재정관(Finance Director: FD)의 역할을 강화하여, 새로운 예산사업과 비즈니스 계획은 반드시 재정관의 승인을 받도록 하였으며, 재정성과지표로서 각 부처별 재정수지, 현금운용, 그리고 위험관리수준 등을 도입하였다(박노욱, 2011: 14).

이후 2015년에 지출검토, 예산배분과 부처별 성과의 연계를 강화하기 위하여 단일부처계획(single departmental plans: SDP)이 도입되었는데, SDP는 효율성 및 생산성 향상을 위해 개별부처에서 정부의 우선순위를 반영하고 반드시 수행되어야 하는 핵심사업을 명시할 것을 목적으로 한다. 우선순위와 핵심사업은 예산과 밀접하게 관련되므로 지출검토 최종보고서에 포함되어야 하고, 정확한 지표 설정을 통해서 예산결정에 있어 정확한 정보를 제공하여야 하며, 중앙정부는 관리정보를 체계화하고 합리화하여 개별 부처들의 부담을 경감해 주도록 하고 있다. 특히 SDP는 하위 수준으로 갈수록 계획이 상세하게 설정되고 각 목표별로 담당자가 공개되도록 하였다(오영민 외, 2017: 51-52).

2021년에 기존 단일부처계획(SDP)은 성과시행계획(outcome delivery plan: ODP)으로 발전하는데 성과관리에 있어서 보다 결과를 강조하고 부처 간 협업을 반영하는 방식으로 변화하게 된다.

2) 현황

영국 정부는 정부의 성과관리 프레임워크를 명시적으로 수립하고 있는데, 영국의 정부 공식 홈페이지를 통해서 제공되고 있다. 영국의 경우, 미국의 GPRA에 상응하는 정부 성과관리규정은 존재하지 않으나, 정부자원계정규정(Government Resources and Accounts Act 2000)이 있어 정부 지출 공개 관련 내용을 다루고 있다.[2)]

2022년 현재 영국 정부가 홈페이지에 공시하고 있는 정부 계획 및 성과관리 프레임워크를 통해서 현재 성과관리 현황과 운영체계를 살펴보고자 한다.[3)] 영국 정부는 일련의 정부의 계획 및 성과 프레임워크 프로세스를 통하여 우선순위를 설정하고 활동을 계획하고 자원을 배분하며 진행상황과 성과를 모니터링하는 체계를 갖추고 있다.

이러한 성과관리 운영체계는 책무성(accountability)에 대하여 정부가 어떻게 접근하고 있는가 하는 정부의 접근방식을 반영하고 있으며, 새 정부와 의회 및 국민의 요구에 대응하기 위하여, 그리고 투명성을 위한 정부의 목표를 지원하기 위해서 지속적으로 개발 및 개선되어 왔다고 할 수 있다. 또한 앞서 영국의 성과관리 배경에서 보았듯이 영국의 성과관리 운영체계는 단기 및 장기적으로 재정 가치(세금 가치, value for money)

---

2) https://www.legislation.gov.uk/ukpga/2000/20/contents(검색일: 2022.8.22)

3) https://www.gov.uk/government/publications/planning-and-performance-framework/the-governments-planning-and-performance-framework#public-expenditure-statistical-analysis(검색일: 2022.6.27)

를 보장하기 위해 공공 지출을 관리하는 정부의 접근방식의 일부를 구성하고 있다는 점이 특징적이라 할 수 있는데, 즉 영국정부의 성과관리는 HM 재무부와 매우 밀접하게 연계되어서 성과관리가 이루어진다고 할 수 있다.

영국의 정치구조는 총리가 정부를 이끌고 국무장관을 임명하여 각 부처(ministerial departments)를 책임지는 형태를 가지고 있으며, 국무장관은 의회 의원에서 임명된다. 비장관 부처(non-ministerial department) 및 기타 정부기관(agencies and other public

표 3-1 영국의 장관 부처 및 산하 정부기관

장관 부처	산하 정부기관
Attorney General's Office	4 agencies and public bodies
Cabinet Office	25 agencies and public bodies
Department for Business, Energy & Industrial Strategy	42 agencies and public bodies
Department for Digital, Culture, Media & Sport	47 agencies and public bodies
Department for Education	17 agencies and public bodies
Department for Environment Food & Rural Affairs	32 agencies and public bodies
Department for International Trade	1 public body
Department for Levelling Up, Housing & Communities	15 agencies and public bodies
Department for Transport	23 agencies and public bodies
Department for Work & Pensions	13 agencies and public bodies
Department of Health & Social Care	24 agencies and public bodies
Foreign, Commonwealth & Development Office	12 agencies and public bodies
HM Treasury	15 agencies and public bodies
Home Office	29 agencies and public bodies
Ministry of Defence	25 agencies and public bodies
Ministry of Justice	34 agencies and public bodies
Northern Ireland Office	3 agencies and public bodies
Office of the Advocate General for Scotland	
Office of the Leader of the House of Commons	
Office of the Leader of the House of Lords	
Office of the Secretary of State for Scotland	1 public body
Office of the Secretary of State for Wales	
UK Export Finance	1 public body

출처: https://www.gov.uk/government/organisations(검색일: 2022.6.27)

bodies)에는 국무장관이 없으며, 각 부처와 조직에는 일반적으로 조직에서 가장 고위 공무원인 회계 담당자가 있어야 하며, 모든 국무장관과 회계 담당관은 의회에 직접 책임을 지며 정부정책을 실행에 옮길 책임이 있다. 그들은 정부의 계획 및 성과 프레임워크를 구성하는 많은 프로세스와 함께 부서 또는 조직의 성과 및 지출을 계획하고 감독한다. 현재 23개의 장관부처와 20개의 비장관부처, 그리고 420개의 기타 정부기관으로 구성되어 있다.

정부는 내각 내 협약을 통해 정책을 결정하는데, 정부 업무의 많은 영역에는 부처 간 협업이 필요하기 때문에 정부는 내각과 그 위원회, 부처 간 그룹 및 실행 태스크포스를 통해 이를 관리한다.

정부의 계획 및 성과 프레임워크(planning and performance framework)는 다음과 같이 몇 가지 프로세스로 구성된다. 성과시행계획(ODP), 지출검토(SR), 연례보고서(ARA), 통계분석 등의 프로세스로 정부의 주요 정책에 대한 시행계획을 수립하고 그 성과를 모니터링하게 된다.

- 성과시행계획(Outcome Delivery Plans)은 영국의 각 정부 부처가 정부의 장기 정책목표를 달성하기 위해서 정책 우선순위 성과를 어떻게 집행할 것인지를 보여주며 이러한 우선순위에 따라 자원을 배분하게 됨을 보여준다.
- 지출검토, 예산 및 공급 산정(Spending reviews, the Budget and Supply Estimates)은 부처의 자금과 예산 할당 방법을 결정하고 공개적으로 설정한다.
- 연례보고서 및 자원 계정(Annual Reports and Resource Accounts: ARA)은 회계 연도의 부서 성과와 지출 및 활동의 결과로 달성한 성과를 보여준다.
- 전체 정부 계정 및 공공 지출 통계분석(Whole of Government Accounts and Public Expenditure Statistical Analysis)은 정부의 수입, 지출, 자산 및 대출에 대한 포괄적인 그림을 제공한다.

이러한 계획 및 성과 프레임워크 내에서 정부는 1998년 도입 이후 일정하게 유지된 예산 시스템을 사용하게 되는데, 정부는 이 시스템을 사용하여 모든 형태의 공공 지출을 고려하게 된다. 우선 예산체계에 있어서 서비스나 자원에 대한 지출과 같이 초과할 수 없는 엄격한 예산 제한을 설정하는데, 이를 부서별 지출한도(DEL)라고 한다. 아울러 복리후생 및 연금 지출과 같이 수요 수노형 지출에 대한 예산에 동의하는데, 이를 연간 관리 지출(AME)이라고 한다. 예산 시스템은 공공 지출이 통제되도록 하며, 계획 및 성과 프레임워크와 함께 부처에서 지출을 효율적이고 효과적으로 관리하도록 해 준다. 이러한 접근방식을 통해 정부는 납세자에게 비용 대비 가치를 제공하는 고품질 공공서비스를 제공하는 데 역점을 두고 있다.

의회와 NAO(감사원, National Audit Office)는 이러한 계획 및 성과 프레임워크를 통해서 정부에 책임을 묻는다. 이러한 프로세스에서 공개적으로 사용 가능한 정보를 사용하여 시간 경과에 따른 정부의 계획, 지출 및 성과를 이해할 수 있다. 정부는 이러한 프로세스를 사용하여 장기적 혹은 단기적으로 활동을 변경할 수 있는 결정을 내리게 된다. 그리고 그러한 변경 결정은 프로세스를 통해 계획, 지출 또는 성과에 반영되도록 설계되어 있다. 프레임워크의 한 부분이 이동하거나 변경되면 해당 변경사항이 다른 곳에도 반영되게 된다.

2. 운영체계

1) 정부 계획 및 성과 프레임워크 (Government's planning and performance framework)

[그림 3-1]은 영국 정부에서 계획, 지출, 성과가 연동되는 모습을 도식화하여 보인 것이다. 영국 정부의 성과관리·평가 체계는 목표 중심으로 계획을 하고 성과모니터링을 하는 가운데, 이러한 성과관리·평가가 공공 지출과 밀접하게 연계되는 구조를 가지고 있다. 앞서 영국의 성과관리·평가 배경에서 살펴보았듯이 1990년대 후반부터 공공 지출의 효율성을 달성하고자 하는 차원에서 지출검토는 성과관리·평가 프레임워크에 있어서 매우 중요한 위치를 차지하고 있음을 알 수 있다.

우리나라에서 중기재정계획으로 알려져 있는 지출검토(Spending Review)는 영국 성과관리·평가의 출발점이라 할 수 있다. SR을 토대로 해서 정부 성과계획이 나오게 되고 성과목표가 설정되며, 이를 근거로 하여 각 부처에서 정부 활동이 이루어지고 성과(outcome)에 대한 모니터링이 이루어지게 된다. 다음에서는 영국 평가·성과관리 운영체계의 근간이라 할 수 있는 지출검토(SR)와 성과시행계획(ODP) 및 성과보고서(ARA)에 대해 살펴보기로 한다.[4)]

---

4) https://www.gov.uk/government/publications/planning-and-performance-framework/the-governments-planning-and-performance-framework#public-expenditure-statistical-analysis(검색일: 2022.6.27)

그림 3-1 영국 정부의 평가·성과관리에서 계획, 지출, 성과의 연계

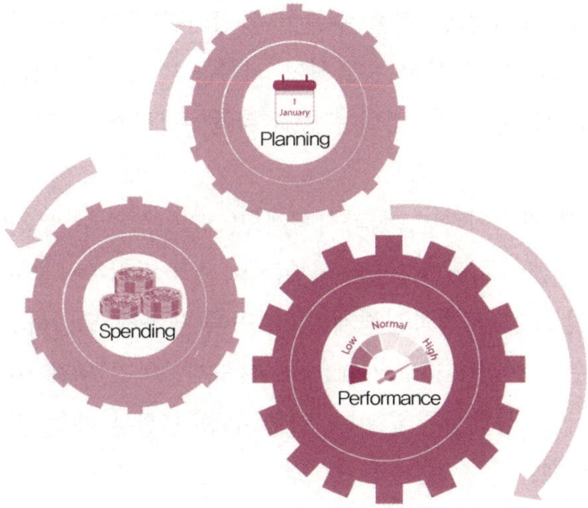

출처: https://www.gov.uk/government/publications/planning-and-performance-framework/the-governments-planning-and-performance-framework#public-expenditure-statistical-analysis(검색일: 2022.6.25)

지출검토(SR)는 우리나라의 중기재정계획으로 알려져 있는데, 정부의 계획 프로세스 중의 하나이다. 영국 HM 재무부는 정부의 국정 우선순위에 따라 일반적으로 수년 동안 공적 자금을 사용하는 방법을 결정하기 위해 지출검토를 수행한다. 사용 가능한 전체 지출 금액은 더 넓은 재정 상태를 통해 알 수 있다. 정부가 지출하는 자금은 향후 자금 조달이 지속적으로 비용 효율적인지 확인하기 위해 검토된다. HM 재무부는 지출검토에 명시된 연도에 각 정부 부처가 지출할 수 있는 최대 금액을 설정하는데, 이를 부서별 한도(departmental settlements)라고 한다. HM 재무부는 지출검토 과정에서 OBR(Office for Budget Responsibility)과 같은 정부 부처 및 기관의 정보와 증거를 사용한다.

지출검토는 정부가 달성하고자 하는 중·장기 우선순위 성과에 지출이 집중되도록 함으로써 지출 결정을 내릴 때 몇 년 동안 부처에 확실성을 제공하고 장기적으로 비용 대비 가치를 고려하도록 한다. 이러한 지출 결정에는 일상적인 NHS 지출과 같은 서비스에 대한 단기 지출뿐 아니라 국가의 미래 요구에 대비하기 위해 고속철도와 같은 수십 년에 걸친 프로그램에 대한 투자가 포함된다. 그리고 각 부처는 자원을 조직, 할당 및 관리할 책임이 있다. 예산 시스템은 부처가 사업을 잘 관리하고 프로그램 전반에 우

선순위를 지정하며 비용 대비 가치를 제공할 수 있도록 하기 위하여 부처의 입장에서 좋은 인센티브를 갖도록 설정되어 있다.

지출검토가 완료되어 부처별 지출 수준이 확정되면 주요 정부 부처는 성과시행계획(outcome delivery plan)이라고 하는 달성할 계획을 발표한다. 이러한 계획은 지출검토 합의를 그대로 반영하고 있으며, 의회는 공급 추정 프로세스를 통한 지출승인에 간여하게 된다.

SR이 지출의 계획 과정이라면, 성과시행계획(ODP)은 정부 부처에 대한 계획 및 성과모니터링 과정이라 할 수 있다. 영국 정부는 이전의 단일부처계획(single departmental plan)을 수정하여 2021년 성과시행계획(ODP)을 새롭게 도입하였다. 이것은 각 영국 정부 부처가 우선순위 성과(priority outcomes)를 제공하기 위해 어떻게 노력하고 있는지를 보여주는 것이다. 성과시행계획(ODP)은 수정된 정부 계획 및 성과 프레임워크의 기초를 형성하고 있다.

부처별 성과시행계획(ODP)에는 부처별 우선순위 성과 및 측정항목(priority outcomes and metrics)들이 제시되고 있는데, 각 영국 정부 부처는 고용 극대화 및 기술 향상에서 2050년 순 탄소 제로 달성에 이르기까지 정부의 장기 정책목표를 달성하기 위한 우선순위 성과에 합의하고 있음을 볼 수 있다. 또한 부처 간 더 강력한 협업을 가능하게 하려는 정부의 약속이 잘 나타나 있다. 각 우선순위 성과에 대한 측정항목이 식별되고 합의되며, 이에 따라 그러한 결과를 제공하기 위한 진행상황을 측정하고 모니터링할 수 있다.

ODP는 시행계획(delivery plan)을 포함하는데, 각 영국 정부 부처가 우선순위 성과를 달성하였는지 그 성공 여부를 측정하기 위한 명확한 결과물 및 지표를 설정하며, 우선순위 성과를 시행하는 방법을 설명한다. 부처 간에 성과가 공유되는 영역에서는 성과시행계획을 통해 부서가 협업하여 계획을 수립할 수 있다. 시행계획은 또한 정부가 훌륭한 사람들을 유인하고 새로운 아이디어를 수용하며 더 나은 결과를 제공할 수 있는 틀을 갖출 수 있는 방법을 설명한다. 또한 고품질 평가에 더 중점을 두는데, 즉 성과를 달성한다는 것이 궁극적으로 과연 시민에게 무엇을 의미하는지를 다시 한 번 생각하게 만든다.

성과시행계획(ODP)은 매년 수정되어 발표된다. 이는 계획 및 성과 프레임워크의 일부로 지출검토 및 예산 프로세스에 연결되어 부서에서 자원을 사용하는 방법을 보여줄 수 있다. 부처는 활동을 관리하기 위해 보다 자세한 사업계획(business plan)을 작성한다. 내각부와 재무부는 부서별 사업계획이 정부의 전체 우선순위를 반영하고 지출검토에서 합의된 부서별 합의(settlement) 내에서 달성될 수 있는지 확인하게 된다.

정부는 정기적인 보고(regular reporting)를 통해 성과시행계획에 대한 진행상황을 성과 감독한다. 의회와 대중은 각 회계 연도가 끝난 후 매년 발행되는 연례보고서 및 계정(ARA)에서 각 부서가 우선순위 성과에 대해 어떻게 수행하고 있는지 검토할 수 있다. 우선순위 성과에 대해 합의된 많은 평가항목에 대한 보다 일반적인 성과정보는 공식 통계 및 기타 공개 데이터 세트에서 찾을 수 있다. 이 데이터 세트에 대한 하이퍼링크가 성과시행계획에 포함되어 있어서 이 데이터에 대중이 더 쉽게 액세스할 수 있다는 점이 특징적이다.

영국 홈페이지에서 확인할 수 있는 가장 최근의 성과시행계획은 2021~2022 성과시행계획(ODP)이다.[5] 2021~2022 ODP는 2020년 지출검토의 결과를 토대로 나온 것이다. 2020 지출검토에서 정부는 각 영국 정부 부처에 대한 잠정적 우선순위 결과를 발표하였다. 고용 극대화 및 기술 향상 등 장기 정책목표를 달성하기 위한 지출계획을 수립하였으며, 부처 간 협업을 더욱 증진시키려는 노력을 담고 있다. 정부는 각 성과에 대한 잠정적 지표를 확인하였으며, 이에 따라 이러한 성과를 제공하기 위한 진행상황이 측정된다. 모든 잠정 성과와 지표는 2020년 12월에 발표되었는데, 2020년 지출검토 이후 이러한 우선순위 성과 및 측정항목은 더욱 개선되었다. 성과시행계획(ODP)은 각 정부 부처의 수정된 우선순위 성과, 이를 달성하기 위한 부처의 전략 및 성과를 추적하는데 사용할 평가항목(메트릭)을 설정한다. 우선순위 성과와 지표는 다음 연도에 있을 지출검토에서 적절하게 개선된다.

각 부처별 2021~2022 성과시행계획(ODP)을 살펴보면, 해당 부처가 우선순위 성과를 시행하기 위해 어떻게 노력하고 있는지를 잘 나타내 주고 있다. ODP는 부처 간의 공동 작업에 더 중점을 두어 부처가 공유된 결과를 제공하기 위해 함께 계획할 수 있다. ODP는 또한 성공적인 성과 집행에 중요한 활동들을 제공하기 위한 계획을 세운다. 이러한 활동에는 새로운 아이디어를 수용하고 더 나은 결과 제공을 지원하기 위해 기능적 전문성을 강화하는 것 등이 포함되어 있다. 이 계획은 또한 유엔 지속가능한 개발목표(SDGs) 및 정부의 평등 목표 달성에 부처의 업무가 어떻게 기여하여 지속가능성 약속을 이행하는지 보여준다.

---

5) https://www.gov.uk/government/collections/outcome-delivery-plans(검색일: 2022.6.27)

이상과 같은 논의를 토대로 보면 기존 SDP에서 2021년 ODP로 발전하면서 달라진 두드러진 차이점은 부처가 협업을 강화하면서 협업을 통해 성과시행보고서를 작성한다는 점이다. 즉 ODP는 협업보고서(corporate report)로서 작성되어 협업이 필요한 사업에 대한 성과시행계획의 수립과 정보 공유가 실질적으로 충분히 이루어지고 있음을 알 수 있다.

한편 영국은 연간보고서 및 자원 계정(Annual Report and Resource Accounts: ARA)을 통해서 1년 단위의 정부 성과를 측정하고 평가하고 있다. 정부에 대한 성과보고 프로세스를 살펴보면, ARA는 정부조직이 지출하고, 받고, 소유하고, 빚진 금액에 대한 개요를 제공한다. 여기에는 성과보고서(performance report)가 일차적으로 포함되는데, 성과시행계획상의 성과목표(POs) 및 지표(metrics)들에 대해 어떠한 결과를 가져왔는지 보여주고 있다. 각 부처는 재무적 결과를 의회에 보고하기 위해 각 회계 연도 말에 ARA를 준비하며 홈페이지에 공개하고 있다. 각 ARA는 다음의 내용을 포함한다.

- 조직의 구조, 목표 및 목표를 설정하고 한 해 동안 조직이 이에 대해 어떻게 수행하였는지에 대한 검토를 설명하는 성과보고서(performance report): 보고서는 지난 12개월에 초점을 맞춘다. 중앙정부 부처는 성과집행계획에 명시된 우선순위 성과 및 성과지표에 대해 보고한다.
- 조직이 좋은 거버넌스와 위험을 관리하기 위한 시스템 및 통제를 보장하는 방법을 설명하는 책임보고서(accountability report): 이 섹션에는 또한 공급 견적 프로세스를 통해 의회가 할당한 자원을 조직이 어떻게 사용하였는지에 대한 조정이 포함된다.
- 이전 회계 연도를 다루고 국제 재무 보고 기준(IFRS)에 따른 조직의 재무 상태를 나타내는 재무제표: 조직은 또한 별도의 회계 담당자 시스템 명세서(Accounting Officer System Statement)를 게시한다. 이것은 조직의 모든 수준에서 누가 무엇을 책임지고 있는지 보여주고 내부 거버넌스 조정에 대한 명확성을 제공한다.

이와 같이 영국 정부의 평가 · 성과관리는 지출검토(SR)를 기반으로 한 성과시행계획(ODP) 수립, 우선순위 성과 및 측정항목을 중심으로 한 성과모니터링, 성과정보 및 지출정보의 공개로 이루어진다.

2) IPA의 정부 주요 프로젝트 포트폴리오(Government major projects portfolio) 점검평가 및 재무부의 사업 점검평가

위에서 서술한 바와 같이, 정부 부처 수준에서의 성과관리 및 평가는 부처별 지출검토에 근거한 성과시행계획(ODP)의 수립, 그리고 1년 단위의 성과측정 및 보고서(ARA)의 제출로 이루어진다. 이와 함께 영국 정부는 주요 프로젝트(major projects)에 대해서 IPA를 중심으로 성과관리를 해 나가고 있다. 이것 역시 재무부의 지출 통제를 기반으로 이루어지고 있는데, 사업승인과 사업진행상의 주요 시점에서 IPA의 독립적 이행성(assurance) 검토가 실시되고 재무부 및 내각사무처에 제공된다. 이러한 과정에서 SGA 평가를 받게 되는데, 이는 기존의 DCA 평가를 준용하는 것으로 나타난다. 즉 이행가능성에 대한 점검평가를 통해 그 평가결과를 3등급(RAG, Red/Amber/Green)으로 도출하고 등급에 따라 권고사항을 제시하여 이행하도록 하고 있다.

GMPP(Government Major Projects Portfolio)에 참여하는 모든 프로젝트에는 IAAP(통합 이행성 승인 계획)가 있어야 하고, HMT, IPA 및 CO에서 검증하여야 한다. 이는 GMPP에 포함되지 않은 다른 사업에 대해서도 좋은 모범 사례로서 제시된다. IAAP는 프로젝트의 수명 주기 동안 수행할 보증 및 승인 활동의 범위를 설정하는데, 적절한 보증 활동이 효과적으로 계획, 일정, 조정되고 자원이 사전에 확보되도록 설계되어 있다.

HMT에 의한 점검평가는 복잡성 및 비용이나 위험에 따라 세 가지 수준으로 이루어지게 된다(HM Treasury, 2022). 데스크 기반 검토는 HMT 지출 팀에서 수행하는데 TAP 패널 및 MPRG에 적합하지 않은 것으로 간주되는 프로젝트 및 프로그램에 적용된다. 논쟁의 여지가 있거나 반향을 불러일으키지 않는, 비용이 덜 들고 저위험 프로젝트들에 적용된다. 지출 팀이 검토하고 싶은 문제나 질문이 남아 있는 경우 TAP 패널을 구성할 수 있다. TAP 패널은 MPRG 기준을 충족하는 것을 제외한 프로젝트 및 프로그램에 대한 정밀한 검토 회의이며, 프로젝트의 타당성 입증에 필요한 조사를 제공하는 데 필수적인 역할을 한다. 주요 프로젝트 검토 그룹(Major Projects Review Group: MPRG)은 정부의 주요 프로젝트 포트폴리오(GMPP)에 대해 이행성 검토를 하는 데 비용이 많이 들고 새롭고 논쟁적인 과제에 대해 분석하고 검토하며, SGA 평가를 수반하게 된다. [그림 3-2]는 프로젝트 및 프로그램의 승인 단계를 보여주고 있으며, 지출승인을 위해 프로젝트 및 프로그램은 그 성격에 따라 적절한 점검평가를 받아야 한다.

그림 3-2 IPA 이행성 검토/HMT의 사업 승인을 위한 점검평가

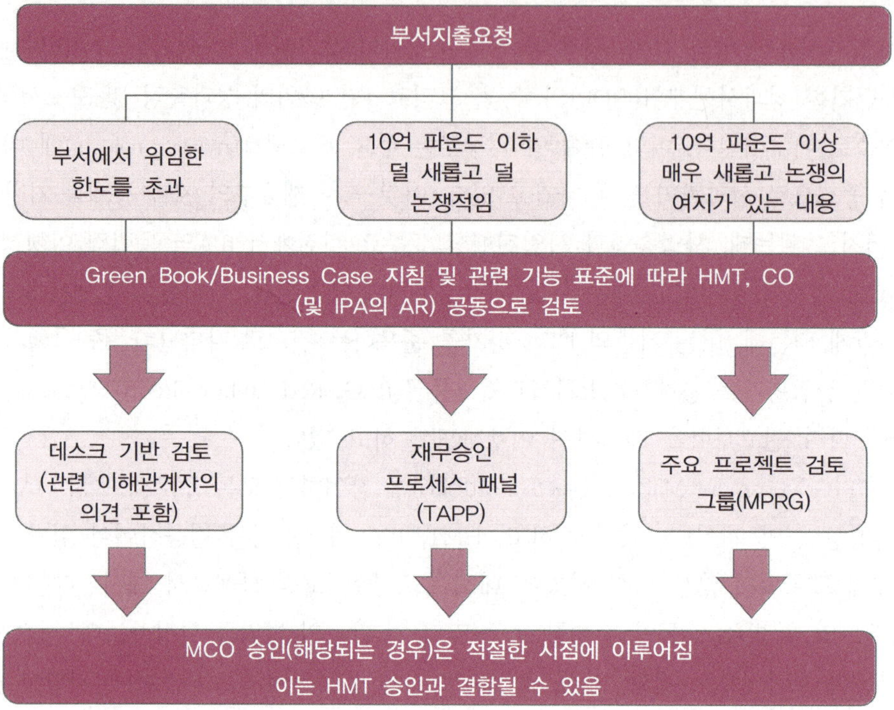

출처: HM Treasury(2022: 27)에서 일부 수정.

이렇게 볼 때, 영국의 평가·성과관리 운영체계는 재무부의 다년도 지출검토와 연계되어 단년도 성과시행계획(ODP)이 설정되며, 이를 근거로 사업이 집행된 후 매년 성과보고서(ARA)가 제출된다. 이 과정에서 정부기관(부처)에 대한 실질적인 평가가 이루어지지는 않으며, 부처 자율적으로 성과관리가 이루어진다고 볼 수 있다. 다만 해당 보고서는 의회 및 감사원에 대해 책임성을 확보하는 근거로 활용되기 때문에 향후 예산 확보 및 업무수행에 영향을 미친다고 할 수 있다. 이러한 부처 수준(level)의 평가·성과관리와 별도로 사업(프로젝트/프로그램) 중심의 평가·성과관리가 이루어져 왔는데, 주요 정부 프로젝트에 대한 평가·성과관리는 MPA를 계승한 IPA를 중심으로 AR(이행성검토) 및 SGA(단계점검평가)를 통해 이루어지고 있으며, 재무부 및 내각사무처의 승인을 받게 된다. 재무부는 사업의 생명 주기에 있어서 중요 단계에서 사업 승인을 위해 점검평가를 수행하며 이는 과정 평가의 성격이 강하다고 할 수 있다. 이러한 운영체계

그림 3-3 영국 평가 · 성과관리 운영체계

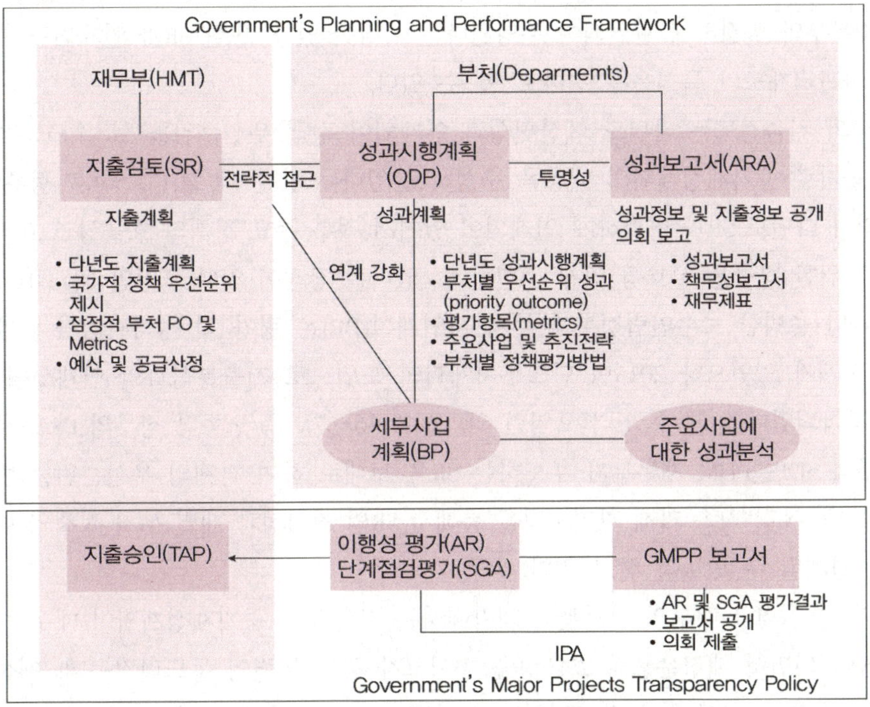

출처: 저자가 구성 및 작성.

를 도식화하여 나타내면 [그림 3-3]과 같다.

| 제 2 절 |

영국 평가 · 성과관리의 주요내용

1. 평가 · 성과관리의 이슈 및 구조

1) SR 기반 평가 · 성과관리: 재정 효율성 관점의 지출 - 계획 - 성과 연계

영국의 중앙정부 평가 · 성과관리에서의 주요한 이슈는 영국정부의 중기재정계획이라 할 수 있는 지출검토(SR)와 연계된 성과관리가 이루어지면서 어떻게 하면 재정 가치 및 재정 효율성을 높일 수 있는가 하는 것이다. 그래서 영국 정부의 성과관리제도는 HM 재무부와 밀접하게 관련되어 운영된다는 특징이 있다. 또한 SR과 연계되면서 다년도 성과관리제도의 특성을 가진다고 할 수 있다.

영국의 지출검토는 다년도 예산편성과 연계되어 정책 우선순위를 설정하고 있으며, 이를 근거로 중기재정계획의 내용을 구성하고 있다(오영민 외, 2017: 56).[6] 정부의 성과관리가 다년도 SR과 명확하게 연계되어 있어서 정부 주요 정책의 효율성과 효과성을 높이기 위한 방안을 실효성 있게 추진할 수 있다는 장점이 있다(오영민 외, 2017: 56).

2010년 출범한 보수연립정부의 부처 사업계획(BP)은 평가 및 성과관리와 연계되지 못한 한계가 있었으나 2015년 단일부처계획의 도입으로 지출분석과의 연계성이 다시 크게 강화되었다고 할 수 있다(오영민 외, 2017: 56-57). 즉 노동당 정부의 PSA, 보수연립정부의 SDP는 HM 재무부가 주도하는 SR을 토대로 하여 과제의 우선순위를 반영하고 있으며, 총리 직속 과제 관리조직을 통해서 SR의 거시성과 개별 부처 정책의 미시성이 잘 연계될 수 있도록 하고 있다.

이와 같이 영국 정부의 성과관리 맥락에서는 지출검토, 중기재정계획이 매우 중요한 뒷받침이 되면서 재정운용의 효율성을 높이고자 하는 노력이 두드러지는데, 예산편성의 기준이 되는 SR이 처음 도입되었던 시기는 1997년 노동당 정부 시기이다. 예산편성에서는 주로 신규 정책을 검토한다는 점에서 성과평가제도라 할 수는 없지만, 그럼에도 불구하고 SR이 계획에 따른 성과관리에 직접적인 토대가 된다는 점에서 매우 중요한 의의가 있다. 앞서 살펴보았듯이 영국에서의 성과시행계획은 SR의 내용을 반영하여 작성되고 확정되고 있다. 노동당의 PSA 역시 재무부 SR을 토대로 작성되고 공표되었고, BP 및 SDP 역시 지출검토에서 결정된 정책의 우선순위를 직접적으로 명시하고 있음을 알 수 있다(오영민 외, 2017: 54). 그리고 현재 ODP를 작성하고 수정하고 확정하는 데 있어서도 기본적으로 SR을 토대로 이루어진다.

재정위기 상황 하에서의 성과관리제도는 축소된 예산 하에서 국민에게 제공되는 서비스의 품질이 하락하지 않도록 하는 데에 초점을 둘 필요가 있었다. 이에 2010년 연립정부의 등장과 함께, 주요 정책 중심의 하향식 성과관리에서 각 부처 중심의 성과관리제도로 초점이 전환된 바 있으며, 각 부처가 감소된 예산 하에 서비스의 질을 유지하기

6) 영국의 의원내각제 특성상 내각의 구성원이 총리에 의해 임명되는 의회 의원이라는 점은 입법부 및 행정부 간 정책 조정을 상대적으로 용이하게 한다(오영민 외, 2017: 56).

위해 필요한 구조적 개혁 방안과 효율성과 재정관리 관련 정보의 투명성을 제고하도록 유도하였다(박노욱, 2011: 16-17).

[그림 3-1]에서 보았듯이 영국 성과관리·평가 체계의 한 축은 예산과 지출 부분이 차지하고 있다. 중기재정계획(SR)을 근거로 수립되는 성과시행계획은 정해진 예산 및 공급 산정의 범위를 토대로 수행되고 재정지출이 이루어진다는 것을 의미한다. 즉 정부를 위한 계획 및 지출 과정이 밀접하게 연계되었다고 할 수 있다.

정부 지출계획의 요소는 예산에서 발표된 결정의 결과로 변경될 수 있다. 예산은 재무장관이 국가 재정과 세금 및 지출 변경에 대한 정부의 제안에 대해 하원에 제출하는 성명서인데, 이 예산에는 OBR의 경제 예측도 포함된다. 총리는 예산을 사용하여 정부 재정에 대한 자신의 목표를 설정하고, 예산 문서에는 영국이 직면한 더 넓은 경제적 맥락에 대한 세부사항, 공공 재정에 대한 전망, 예산 명세서에 발표된 모든 결정의 재정적 영향 요약 등이 포함된다. 예산은 광범위한 경제상황의 변화에 대응하기 위해 공공 지출에 어떤 변화가 필요한지 고려할 수 있는 기회라 할 수 있는데, 각 예산에는 OBR 예측과 예산결정의 수익률 또는 비용을 설명하는 스코어카드가 수반된다. OBR은 정부의 재정계획에 대한 객관적인 평가를 제공하기 위해 예산결정의 정책 비용을 인증한다.

예산에서 재무부는 정부의 우선순위 변경사항을 반영하기 위해 지출검토에서 설정한 일부 부처의 부처별 지출한도를 조정하는데, 성과시행계획은 이러한 정책결정 및 지출조정을 반영하기 위해 매년 수정된다고 할 수 있다.

정부 성과관리 프로세스에서 중요하게 다루어지고 있는 것으로 공급 산정(supply estimates)이 있는데, 이는 정부에 대한 지출 과정을 의미한다. 공급 산정 HM 재무부가 지출검토에서 할당된 부처별 결제를 기반으로 한 정부 지출계획을 의회에 제출하여 승인을 받는, 2년에 한 번 진행되는 프로세스이다. 여기에는 '주요 산정'과 '보충 산정'이 포함된다.[7]

주요 산정은 회계연도 초에 발표되며 모든 정부기관에 대한 지출한도를 포함한다. 여기에는 부처별 지출한도(DEL) 및 연간 관리 지출(AME)에 대한 예산이 포함된다. NAO (National Audit Office) 및 PAC(Public Accounts Committee)는 부처가 DEL 및 AME 예산에 대해 설정된 한도를 준수하는지 확인하게 된다. 보충 산정(supplementary esti-

7) https://www.gov.uk/government/publications/planning-and-performance-framework/the-governments-planning-and-performance-framework#public-expenditure-statistical-analysis(검색일: 2022.6.27)

mates)은 정부가 회계연도가 끝나기 전에 주요 견적에 설정된 지출한도를 조정할 수 있는 마지막 기회를 제공하는 것이다. 이는 정부기관 변경으로 인한 부서 활동의 변화를 고려하며 회계연도 내 정부 지출을 보다 정확하게 반영하게 된다. 이들은 2월에 발행되며 다시 동일한 승인 및 조사 과정을 거친다.

아울러 성과정보의 공개, 성과보고서의 제출 및 게시와 함께 재정지출에 대한 보고서 및 공개도 중요하게 다루어진다. 앞서 공급 산정에서 이루어지는 주요 및 추가 견적은 모두 GOV.UK에서 공개적으로 사용할 수 있으며, 사용자는 모든 부처에 대해 설정된 지출한도를 볼 수 있다. HM 재무부는 지출검토 프로세스, 프로세스를 통해 이러한 한도에 도달하고 때때로 예산 과정에서 일부 부처의 한도를 조정하며, 부처와 HM 재무부는 연중 약간의 수정을 한다. 부처는 연간보고서 및 자원 계정(ARA)에 이러한 한도에 대한 최종 지출을 게시하게 된다.

더 나아가 전체 정부 계정(Whole of Government Accounts: WGA)을 통해서 정부에 대한 지출관리가 이루어진다고 할 수 있는데, WGA는 영국 공공부문을 위한 통합 재무제표라 할 수 있다. HM 재무부는 매년 6,000개 이상의 기관에 대한 감사 재무 결과를 취합하여 이를 준비한다. WGA에는 중앙정부 부서, 위임된 행정부, NHS 신탁, 지방 당국 및 영국 은행과 같은 공기업이 포함된다. WGA는 수입, 지출, 자산 및 부채에 대한 개요를 제공하는데, 공공부문의 직원 수 및 정부가 약속한 미래 지출과 같은 기타 정보가 포함된다. WGA는 전체 공공부문의 재무 성과와 위치를 볼 수 있다는 점에서 특징적이다. 공공 재정이 어떻게 변하였는지 보여주기 위해 독립적으로 감사가 이루어지며 분석에 의해 지원된다.

WGA는 공공 재정의 지속적인 관리와 위험을 보다 효과적으로 관리하는 데 점점 더 중요해지고 있다.[8] WGA에는 국민 계정에 포함되지 않은 장기 부채 정보가 포함된다. 이 정보는 개별 정부기관의 게시된 계정에서 사용할 수 있지만 WGA는 이를 통합하여 정부의 총 장기 부채에 대한 그림을 제공한다. WGA 발행은 정부가 더 많은 데이터를

8) 예를 들어 OBR(예산국)은 WGA에 게시된 데이터를 바탕으로 연례 재정 지속 가능성 보고서에서 공공 재정의 미래 지속 가능성에 대해 독립적으로 보고하고 있다. HM 재무부는 또한 WGA 데이터를 사용하여 정부 자산 및 대출에 영향을 미칠 수 있는 우발 부채와 잠재적인 미래 사건을 모니터링한다. 통계청에서 발행하는 다른 지출분석을 보완하고 공공 재정에 대한 통찰력을 제공하기 위한 추가 정보를 제공한다(https://www.gov.uk/government/publications/planning-and-performance-framework/the-governments-planning-and-performance-framework)(검색일: 2022.6.25).

대중에게 제공하겠다는 약속을 이행하는 또 다른 방법이라 할 수 있다.

이와 같이 영국 정부의 평가·성과관리는 지출관리와 매우 밀접하게 연계되어 운영되는 것을 확인할 수 있다. 지출검토를 통해 예산의 변화가 생기면 성과시행계획에 반영되어 수정되며, 성과정보와 함께 지출정보도 정부 성과관리 틀 속에서 중요하게 다루어지고 공개된다.

2) 총리 주도의 정책 우선순위 성과(전략목표) 강화

노동당 정부의 공공서비스협약 중심의 하향식 및 결과 중심의 평가·성과관리 방식이 부작용을 가져옴에 따라서 이후 보수연립정부는 2010년 사업계획(business plan) 방식의 평가·성과관리를 도입하게 되었다. 2010년 새 연립정부는 이 시스템이 너무 하향식이며 부처가 실제로 운영되는 방식과 괴리되어 있다는 관점에서 시스템을 변화시켰다. 이는 개별 부처가 보다 자율적으로 성과관리하는 방식으로서 근거 법률을 제정하지 않고 각 부처가 자율적으로 성과를 측정하도록 하였다.

평가·성과관리 목적은 투명성과 효율성 제고에 있었으며 각 부처에서는 달성 가능한 행위 중심으로 성과관리가 이루어졌는데, 각 중앙부처는 자체평가 결과만 제출하기 때문에 HM 재무부의 간여 없이 자율적으로 자체평가를 하였고, 평가결과는 웹사이트에 공개하고 의회에 보고하지는 않았다(류영아, 2019: 7-8). 개별 부처별 사업계획에 일련의 투입 및 영향 지표를 설정하였으며, 이들은 부처의 업무와 더 밀접하게 의도되었고 목표에 대한 부처의 성과측정과 함께 재무 및 인적자원과 같은 백오피스 기능에 대한 표준 측정을 처음으로 포함하고 있었다.

그러나 시간이 지남에 따라 이러한 사업계획(BP)의 한계가 많이 나타났다. 서비스에 대해 진정으로 관심을 두는 공개 정보를 제공하지 못하였고, 부처에서 부실한 사업관리 도구가 활용되었다. 2015년까지 그들은 BP를 충분히 활용하지 않게 되었고, 정부 전반에 걸쳐 부처가 무엇을 하고 있고 무엇을 성취하고 있는지에 대한 일관된 정보를 제공하지 못한 것으로 평가된다(NAO, 2016).

이러한 접근방식의 한계에 따라서 2015년부터 보다 적극적으로 평가·성과관리를 수행하기 위한 단일부처계획(SDP)이 도입된다. 이를 통해 공공 지출과 연계된 정부 중요 목표 달성을 다시 강화하였다. 2015년 초 내각사무처와 재무부는 선거 후 새 정부를 지원하기 위해 새로운 성과 시스템을 마련할 계획을 세우기 시작하였는데, 그들이 제안한 핵심요소는 다음과 같다(NAO, 2016: 32).

그림 3-4 부처에 대한 SDP 지침(Guidance): 우선순위 강화

<table>
<tr><th colspan="4">Single Departmental Plan(SDP)
지출검토와 병행하여 개발되어야 할 것</th></tr>
<tr><th>정부의 우선순위 시행</th><th colspan="2">핵심사업관리</th><th>효율성 포트폴리오</th></tr>
<tr><td>전략적 목표
공약와 연계된 부처의 전략적 목표 개요 부처당 3개 이상 SMART, 결과 중심적이고, 가능한 경우 상호 배타적이게 대표 결과지표를 포함</td><td>운영목표
정치적 최우선순위는 아니지만 지출의 대부분을 포함할 가능성이 있는 서비스 제공과 같은 필수 핵심사업을 설정 결과/산출 지표를 포함</td><td>협력목표
종사자들과 인력의 우선순위를 설정
협력 운영에 대한 주요 변경사항 명시
정부 간 협력 우선순위에 대한 계획</td><td rowspan="3">여기에는 각 부처가 비용 절감에 기여하기 위해 취하고 있는 주요 조치가 명시되어야 한다.</td></tr>
<tr><td>↓</td><td>↓</td><td>↓</td></tr>
<tr><td rowspan="2">집행계획
중요한 단계와 결과를 포함하여 프로그램 수준에서 기능 및 기타 부서의 지원을 강조하는 매니페스토 약속을 이행하기 위한 명확한 계획표
목표에 따른 자원 분배의 개요
개별 매니페스토 약속에 대한 중요한 단계를 포함
태스크포스 시행과 기타 PM 우선순위에 대한 기여를 반영</td><td>프로그램
운영목표 달성을 지원하는 프로그램 지정</td><td rowspan="2">집행계획
대상 운영 활동 범위에 대한 명확한 조치 및 성과물 제시
분명하게 정의된 성공과 강력한 성과측정을 포함해서
파트너 조직 및 거버넌스 구조를 통해 작업을 제공하는 위치를 표시
각 주요 프로그램에 대한 지출 및 직원 표시</td></tr>
<tr><td>집행계획
대상 운영 활동 범위에 대한 명확한 조치 및 성과물 제시
분명하게 정의된 성공과 강력한 성과측정을 포함해서
파트너 조직 및 거버넌스 구조를 통해 작업을 제공하는 위치를 표시
가능한 경우 주요 프로그램에 대한 지출 및 인력을 표시
목표에 따른 자원배분의 개요</td><td rowspan="2">성장 및 생산성 포트폴리오

여기에는 규제 완화뿐만 아니라 영국의 성장과 생산성 향상에 기여하기 위해 각 부처가 취하고 있는 주요 조치를 제시하여야 한다.</td></tr>
<tr><td colspan="2">메트릭
성과측정지표(Performance Metrics Table)에 설정되어야 한다. 다음과 같은 일련의 의미있는 지표를 사용하여 성과를 평가한다:
• 산출 및 결과, 서비스 전달 표준(용량, 적시성, 품질);
• 돈을 위한 재정/가치;
• 생산성(해당되는 경우);
• 조기 경고/예측(예측 지표는 조기 경고와 위험 관리 시스템의 역할을 하여 조기 개입을 가능하게 한다)</td><td>메트릭
각 기능에 대해 축소된 MI 세트가 요청될 것이다. 이는 추후 확인될 예정이다.</td></tr>
</table>

출처: NAO(2016: 32).

• 여러 부처에서 제공하는 10개에서 15개의 정부 우선순위에 대한 교차 설정
• 재무, 성과, 인력 및 운영을 포함하고 미래 위험과 과거 성과를 다루는 지표에 대해 보고
• 전략 및 사업 목표를 모두 포함하는 보다 자세한 부처별 계획에 대한 명확한 연계

SDP는 내각부가 정부의 약속에 대한 진행상황을 추적할 수 있도록 설계되었으며, 국무총리실 집행조직(implementation unit)은 SDP를 사용하여 범정부적 목표를 추적할 수 있다. 또한 부처에 공약을 이행하기 위한 견고한 계획이 있음을 보여주기 위해 이를 사용하고 있다. 내각사무처는 데이터 수집의 부담을 줄이고 기관 및 부처 간의 일관된 소통이 이루어질 수 있도록 한다. 한편 SDP는 부처가 보다 강력한 계획을 개발하도록 만든다. 내부 SDP를 통해 부처는 게시된 목표에 자원을 배분하는 방법과 향후 목표를 달성할 계획을 명확히 할 수 있다. [그림 3-4]는 부처에 대한 SDP 지침을 나타낸다. 지출검토와 병행하여 SDP를 개발하여 공약과 연계된 부처의 전략목표 수립 및 이에 따른 구체적 사업계획을 수립하여 정부의 우선순위가 잘 전달될 수 있도록 하는 것이다. 정책 우선순위에 대한 이행 강화, 전략적 연계 강화가 이루어진 것이라 할 수 있다.

이후 2021년 ODP의 도입으로 우선순위 성과가 더욱 강조되었는데, ODP는 각 영국 정부 부처가 우선순위 성과(priority outcomes)를 전달하기 위해 어떻게 노력하고 있는지 설명하며, 우선순위 성과는 처음으로 지출검토 2020에서 잠정적으로 발표된 바 있다. 우선순위 결과를 달성하기 위한 전략을 설정하는 것 외에도 부처는 성과를 성공적으로 시행하는 데 중요한 지원 활동을 제공하기 위한 계획을 수립하는 것이다. SDP에서 ODP로 발전하면서 성과(outcome) 및 결과 지향성이 더욱 강조되었다고 할 수 있다. 또한 무엇이 효과가 있는지 이해하는 데 있어서 고품질 평가를 더욱 강조하게 되었다.

3) 협업(다부처) 과제 관리의 강조

SDP와 ODP는 매우 유사한 구조를 가지고 있는데, ODP가 더욱 강조하고 있는 것은 ODP는 부처 협력적으로 작성된다는 점이다. 영국 정부도 정부개혁을 선언하면서 ODP에서는 협력이 필요한 부분에서 부처 협력적으로 성과시행계획이 수립됨을 강조하고 있다. 부처 간 긴밀한 작업이 더 나은 결과를 달성할 수 있는 영역에서 16개 성과(outcome)는 부처 간 협업으로 이루어졌다. 성과시행계획은 부처 간의 공동 작업에 더 중

그림 3-5 최근 도입된 ODP의 특징 및 운영 맥락

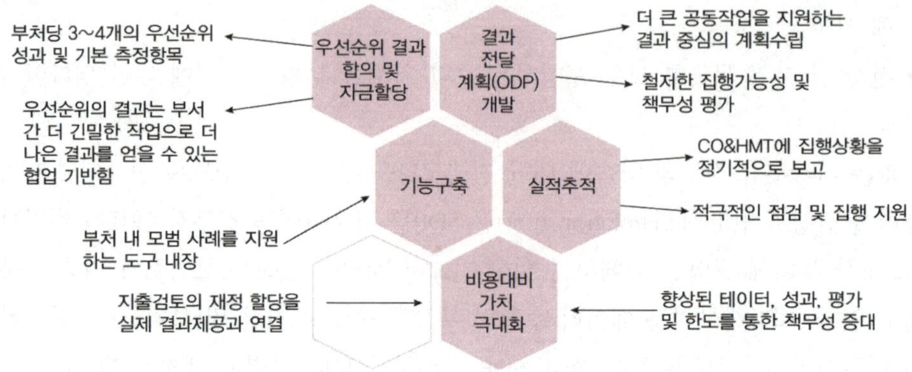

출처: Cabint Office & HM Treasury(2021: 3).

점을 두어 부처가 공유된 결과를 제공하기 위해 함께 계획할 수 있다. [그림 3-5]에서 보듯이 ODP의 성과(outcome)는 협업 결과임을 강조하고 있다.

ODP는 부처에서의 우선순위성과(PO) 집행률을 측정하기 위해 제안되었고 지출검토 프로세스에 계획 및 성과를 더 효과적으로 포함시키는 방향으로 진행하기 위한 의도가 있었다. 2021년 ODP를 만들기 위해 부처 및 정부가 긴밀히 협력하였고, 우선순위 성과 시행을 위한 전략 및 계획 정보, 해당 성과의 성공적인 시행에 중요한 전략적 활동에 대한 정보를 모두 담도록 하고 있다. 부처는 ODP의 제약이 되는 부처 활동을 지속적으로 모니터링하면서 성과에 대한 더 큰 이해를 공유하기 위해, 그리고 시행이 제대로 이루어지지 않는 경우 조기 조치를 제공하기 위해 진행상황을 내각사무처와 HM 재무부에 정기적으로 보고하고 있다.[9)]

4) 데이터 공개 및 투명성

2010년부터 영국 정부는 의회, 대중, 언론이 공공기관에 책임을 물을 수 있도록 데이터 공개에 매우 중점을 두어 왔다. 최근 정부개혁 선언을 통해 정부는 정부가 제공하는 성과정보 등을 대중, 언론, 의회 등이 어떻게 잘 활용할 수 있는지를 검토하고 있다. 성

9) https://www.civilserviceworld.com/news/article/goodbye-single-departmental-plans-hello-outcome-delivery-plans-new-system-to-monitor-whitehall-performance-revealed(검색일: 2022.7.21)

과시행계획, 사업임명규칙, 공공기관을 위한 정보관리지침 및 장관 부재에 대한 정책 작업 등 다양한 평가·성과관리 정보가 온라인상에 제공된다.

정부는 성과시행계획에 대한 진행상황을 모니터링하기 위해 정기적인 보고를 한다. 의회와 대중은 각 회계 연도가 끝난 후 매년 발행되는 연례보고서 및 계정에서 각 부처가 우선순위 성과에 대해 어떻게 수행하고 있는지 검토한다. 우선순위 성과에 대한 평가항목의 측정결과를 보여주며, 인터넷을 통해 대중이 쉽게 접근할 수 있다.

한편 내각사무처는 주요 프로젝트에 대한 연례보고서를 게시하는데(IPA, 2019; 강정석 외, 2019), 정부의 주요 프로젝트에 대한 연례간행물(GMPP)은 정부가 공공서비스를 개선하고, 주요 프로젝트를 통해 시민들에게 금전적 가치와 혜택을 제공하는 방법에 대한 인식을 높인다(IPA, 2020). 보고서와 첨부된 스프레드시트는 정부의 주요 프로젝트 포트폴리오에 있는 과제의 이행 결과에 대해 자세히 설명하고 있다.

성과뿐 아니라 공공 지출과 관련된 다양한 정보 및 통계가 작성·공개된다. 공공 지출 통계분석도 정부 지출 프로세스 중 하나인데, 공공 지출 통계분석(PESA)은 의회를 위해 준비된 문서이며, 여기에는 다음을 포함한 공공 지출 통계에 대한 다양한 정보가 포함된다. 대부분의 테이블에 있는 통계는 5년의 수익과 지출검토가 포함된다.[10)]

- 부처 예산: 정부가 지출을 통제하기 위해 사용하는 주요 중앙정부 부처 예산. 부처에는 별도의 리소스 및 자본 DEL 예산
- 기능별: 공공 지출은 열 가지 기능(예: 교육, 보건, 국방)에 대해 표시되며 더 자세한 하위 기능으로 세분
- 경제 범주별: 급여, 조달 및 보조금과 같은 범주에 대한 지출정보 공개

이와 같이 공식 통계 및 기타 데이터 공개와 관련하여, 정부가 성과를 모니터링하기 위해 사용하는 성과, 공공 지출, 정부 주요 프로젝트 및 인력에 대한 추가 공식 통계 및 공공 데이터는 일상적으로 공개된다. 국가통계청(ONS)의 국민 계정 및 HM 재무부와 공동으로 준비하는 월간 '공공부문 재정' 공개가 포함된다. 재무부는 분기별로 업데이트되는 지난 5년 간 부처별 지출에 대한 정보를 제공하는 공공 지출 통계를 게시한다. 부처는 현재 매년 업데이트되는 GMPP(정부 주요 프로젝트 포트폴리오)의 프로젝트 진행

---

10) https://www.gov.uk/government/publications/planning-and-performance-framework/the-governments-planning-and-performance-framework#public-expenditure-statistical-analysis(검색일: 2022.6.27)

상황에 대한 데이터를 게시한다(IPA, 2021). 정부 활동의 특정 영역에 대한 부처별 성과 통계 및 기타 공개 데이터는 GOV.UK에 정기적으로 게시된다.

2. 평가 · 성과관리의 지표 및 측정방법

1) SR 및 ODP의 성과목표(priority outcomes)와 평가항목(performance metrics)

재무부의 지출검토(SR) 및 각 부처의 성과시행계획(ODP)에는 성과목표와 평가항목이 포함되어 있으며, 이러한 성과목표 및 평가항목에 대해 어느 정도의 결과를 나타내는지 연례보고서(ARA)에 제시된다.

각 부처의 성과목표의 경우 결과 중심적으로 제시되고 있지만, 이에 대한 목표치가 명시적으로 제시되지는 않고 있다. 각 부처별로 각 부처별로 어떠한 우선순위 성과를 가지고 있는지 3~6개의 성과목표(priorities outcome)를 제시하고 있어서 우리나라의 전략목표에 가까운 것으로 보인다.

SR 21에서 발표된 업데이트된 우선순위 결과 및 메트릭은 2022~2025년을 포괄하는 업데이트된 ODP의 기초를 형성한다. 이러한 업데이트된 계획에 대한 보고를 통해 의회는 정부부서 성과에 대한 지속적인 모니터링을 할 수 있다. 또한 부처가 우선순위 결과에 미치는 영향을 평가하는 방법을 설정할 수 있는 기회를 제공하게 된다.

지출검토에서 성과 우선순위와 성과지표(metrics)가 제시되면 이를 근거로 하여 각 부처에서 관련 부처와 협업하여 성과시행계획을 작성한다. 〈표 3-2〉는 ODP의 내용 및 구조를 보여준다. 우선 SR에 제시된 우선순위 성과가 순서대로 제시되는데, 각 우선순위 성과 아래에는 책임자, 성과전략(outcome strategy), 성과지표(our performance metrics) 및 4개년 측정치, 세부사업과 프로그램(projects and programmes), 결과 평가 방법(outcome evaluation plan) 등이 차례로 제시되고 있다.

〈표 3-2〉에서 볼 수 있듯이, ODP에는 우선순위 성과(PO)와 책임자 및 관리자, 성과전략, 성과지표, 세부사업과 프로그램, 성과평가계획 등이 제시되고 있다. 여기서 제시되고 있는 성과지표(performance metrics: PM)는 PO를 측정할 수 있는 결과 지향적인 지표로 다수 제시되고 있으며, 이에 대한 목표치가 제시되고 있지는 않다. 부처별로 PO의 달성 여부를 측정할 수 있는 성과지표를 설정하여 제시하고 있다. 그리고 이러한

성과지표의 측정 결과는 연례성과보고서(ARA)에 제시하고 연도별로 그 변화 경향이 어떤지 파악할 수 있도록 보여주고 있다.

표 3-2 성과시행계획(ODP)의 구성(예시)

Priority Outcomes Delivery Plans

- **우선순위 성과 1(priority outcome 1)**
  포스트 코로나 경제 회복을 위해 고용을 최대화한다.
  - 책임자
  - 고위관리자 성과전략(outcome strategy)
  - 성과 달성을 위한 방법 및 활동 제시
- **성과 달성을 지원하는 부처 제시: 산업부, 교육부, 재무부 등**
- **성과지표(our performance metrics)**
  - 국가 고용률(16~64세) 분기별 측정치 제시
  - 지역별 측정치 제시
  - 연령별 측정치 등 제시
- **우리 업무가 어떻게 UN의 SDG 목표에 기여하는지 제시**
- **세부사업과 사업(projects and programmes)**
  - 정부의 주요사업 및 세부사업의 제시
- **성과평가계획(outcome evaluation plan)**
  - 성과평가를 위한 방법 제시

- **우선순위 성과 2(Priority Outcome 2)**
  현재 노동력에서 과소 대표되는 그룹을 포함하여 작업을 통해 모든 사람을 위한 기회를 개선한다
  - 책임자
  - 관리자
- **성과 전략(outcome strategy)**
  - 전략 제시
- **성과지표(our performance metrics)**
  - 장애인 고용률 격차
  - 분기별 측정치 제시
- **어떻게 SDG에 기여하는지 설명**
- **세부사업과 프로그램(projects and programmes)**
- **성과평가계획(outcome evaluation plan)**
  - 다양한 방법 활용 질적 방법 등

……

출처: https://www.gov.uk/government/publications/department-for-work-and-pensions-outcome-delivery-plan/department-for-work-and-pensions-outcome-delivery-plan-2021-to-2022#c-priority-outcomes-delivery-plans(검색일: 2022.7.2)

표 3-3 근로연금부(DWP)의 우선순위 성과 및 평가항목(priorities and metrics)

우선순위 결과	평가지표
코로나 19 이후 경제회복을 돕기 위해 전국적으로 고용을 극대화한다	고용률: 영국 및 지역(16~64세)
	고용률: 영국 및 지역(16~24세)
	지역 및 국가별을 포함한 킥스타트 참가자 수
현재 인력진의 대표성이 부족한 그룹을 포함해 모든 직업을 위한 기회개선	장애인 고용률 격차
노동력 향상 및 재정 탄력성 향상을 통한 빈곤해소	주거비 이전의 절대 빈곤-아동, 성인, 연금수급자 합산
	국가별을 포함한 무직가구의 자녀 수
	계획된 기간 내에 처리된 청구비율
고객이 신뢰할 수 있는 수준의 높은 복지 및 연금 시스템 제공	사기 및 오류의 총 금전적 가치(가치 및 비율별)
	전체적으로 DWP 서비스에 만족하는 청구자 비율
	직장연금 자동가입자 수

출처: HM Treasury(2021: 26).

표 3-4 보건복지부의 우선순위 성과 및 평가항목(priorities and metrics)

우선순위 성과	평가지표
적절한 장소에서 고품질의 통합 지속 가능한 치료를 제공하고 밀린 업무를 처리하며 인프라 개선 및 기술혁신을 통해 의료 결과를 개선	2019/2020 수준의 백분율로 완료된 (RTT) 경로 활동
	컨설턴트 주도의 치료를 받기 위해 52주 이상 대기하는 환자의 비율(표준 임상 정도가 진행됨에 따라 변경될 수 있음)
	치료 가능한 사망률(인구 100,000명당 연령 표준화 비율)
	일반업무 임용횟수
	조기 암 진단 비율(1단계 및 2단계)
	암 생존율(1년)
	심리치료(IAPT) 서비스 접근 향상 서비스 이용자 수
	국민건강보험이 지원하는 정신건강 서비스에 접속하는 어린이와 청소년의 수
	IAPT 복구속도
	사산 또는 신생아 사망을 초래하는 출생률
	4시간 이내 입원, 퇴원 또는 전근된 출석률(표준 임상 검토 진행으로 인해 변경될 수 있음)
	NHS 예산 대비 재무성과(백만 파운드), 과소지출 및 (과잉지출)
	암 생존을 위한 최고 성과 CCG와 최저 성과 CCG의 차이(1년)
	환자가 보고한 일반진료 경험
	NHS 생산성 성장률
	신축 중인 병원 수

출처: HM Treasury(2021: 5).

이와 같이 부처별 성과시행계획에는 우선순위 성과(priority outcome)에 따른 성과 평가지표(performance metrics)가 제시되고 있는데, 예를 들어 근로연금부(DWP)의 사례를 보면 고용률, 장애인 고용률 격차, 빈곤층의 수, DWP 서비스에 만족하는 청구자 비율 등의 성과지표가 제시되고 있다. 또한 보건복지부의 경우, 의료품질 향상과 보건 결과 향상을 측정하기 위한 평가지표로서 암 생존률, 초기 단계에서 암 발견율, 52주 이상 기다리는 환자의 비율, NHS의 정신건강서비스를 제공받는 아이들 또는 청년 수 등의 결과지표를 제시하고 있다. 여기에서 제시되는 성과지표의 특징은 결과 지향성, 대표성, 측정가능성 등으로 성과지표의 요건들을 고려하여 제시되고 있는 것으로 보인다.

아울러 ODP에는 성과평가계획(Outcome Evaluation Plan)을 포함하고 있는데, 여기에는 다양한 질적·양적 방법들을 활용해서 주요사업들에 대한 평가계획을 담고 있다. 〈표 3-5〉는 DWP의 ODP에 제시되어 있는 성과목표 1에 대한 성과평가계획을 제시하고 있다. 이와 같이 성과평가계획에는 성과모니터링이라기보다는 사업 중심의 질적·양적 정책평가방법을 활용해서 사업의 영향을 측정하기 위한 방법이 제시되어 있다. 즉 성과지표(PM)에 의한 성과모니터링과 함께 주요사업이나 프로그램별로 정책평가방법을 활용하여 정책의 영향을 측정하려는 노력이 함께 이루어지고 있다고 할 수 있다.

표 3-5	DWP의 PO1에 대한 성과평가계획(outcome evaluation plan) 예시
DWP는 실험적·준실험적 및 혼합 방법의 적용을 포함하여 사람들의 취업 지원을 목표로 하는 정책의 영향을 평가한 강력한 실적을 보유하고 있다. 고용계획 제공의 일환으로 우리는 새로운 노동시장정책이 가져온 추가 영향을 이해하기 위한 실질적인 혼합 방법 평가 프로그램를 수행한다.	

출처: https://www.gov.uk/government/publications/department-for-work-and-pensions-outcome-delivery-plan/department-for-work-and-pensions-outcome-delivery-plan-2021-to-2022(검색일: 2022.9.1)

최근 새로 다시 설립된 Delivery Unit은 또한 성과를 추적하고 복잡한 정책 영역에 대한 정기적인 심층분석을 수행하여 PM의 임무 영역에 있는 부처에 집행 지원을 제공할 예정이라고 하는데, 아직까지 집행 및 모니터링에 있어서 DU에 의한 뚜렷한 실적이나 변화는 보이지 않는 것으로 확인된다.

2) IPA의 이행성 검토(AR) 및 단계점검평가(Stage Gate Assessement)

영국 정부의 주요 프로젝트(major projects)와 관련해서는 IPA(인프라 및 주요 프로젝트 당국)에 의해서 관리평가가 이루어져 왔는데, 전체적인 정부 성과관리 프레임워크 속에서 주요한 프로젝트(GMPP)의 성과평가 결과도 같이 공개하도록 하고 있다.

사업의 성과관리와 지출을 연계하기 위해서 재무부는 프로젝트 및 프로그램에 대한 관련 사업의 최종 승인을 담당한다. 재무부의 이러한 승인 결정은 GMPP에 대해 합의된 우선순위 프로젝트에 대한 부서 및 IPA 독립 검증 또는 모든 GMPP 프로젝트에 대한 부서 검증 등에 의해 결정된다. 모범 사례를 제공하기 위해 IPA는 프로젝트를 지원하는 도구를 개발하였으며, 합의된 우선순위 프로젝트에 대한 조기 지원을 제공하고 있다. 지출 결정과 우선순위 성과 간의 연결을 계속 강화하기 위해 부처는 앞으로 IPA의 프로젝트/프로그램 평가도구를 사용하는 것이 좋다고 권고하고 있는데, 이 도구는 부처의 의견을 수렴하여 개발되었으며, 프로그램 및 프로젝트에 대한 사업의 우선순위 성과와 연결하기 위한 프레임워크를 제공한다고 할 수 있다.

IPA의 SGA(Stage Gate Asessment, 단계점검평가)는 HMT의 승인 프로세스와 일치하여 프로젝트가 단계 관문(녹색, 주황색 또는 빨간색 등급)을 통과할 준비가 되었는지에 대해 검토하고, 빨간색 등급은 프로젝트가 그렇지 않음을 나타낸다. IPA 및 HMT는 감

표 3-6 SGA의 RAG 등급 평가

등급	내용
Green	프로젝트를 제때에 성공적으로 이행할 가능성이 매우 높고, 이 단계에서 집행을 크게 위협할 만한 주요 미해결 문제는 없음
Amber-Green	성공적인 집행이 가능할 것으로 보이지만, 이행을 위협하는 주요 문제로 인해 위험이 발생하지 않도록 지속적인 주의가 필요
Amber	성공적인 집행은 실현가능한 것처럼 보이지만 이미 주의가 필요한 중요한 문제가 있어 관리에 주의를 기울여야 함. 이러한 문제는 이 단계에서 해결할 수 있는 것으로 보이며 신속하게 해결될 경우 비용/일정 초과가 발생하지 않음
Amber-Red	많은 핵심 영역에서 중대한 위험이나 문제가 분명하기 때문에 프로젝트의 성공적인 이행은 불확실함. 이러한 문제를 해결하거나 해결이 가능한지 여부를 평가하기 위한 긴급조치가 필요
Red	프로젝트를 성공적으로 전달하는 것은 불가능해 보임. 프로젝트의 정의, 일정, 예산, 품질 혹은 혜택 제공에 중요한 문제가 있으며, 이 단계에서 관리 또는 해결할 수 없음. 프로젝트의 범위 조정 또는 전반적인 실행가능성을 재평가하여야 할 수 있음
재설정	사업 변경과 관련된 프로젝트 기준선의 중요한 변경사항
면제	데이터는 정보 자유 요건, 즉 국가 안보에 따라 특수한 상황에서 공개되지 않을 수 있음

출처: IPA(2022: 42).

사원 및 최고책임자(SRO)와 조사결과 및 권장사항을 공유하고 미해결 문제를 해결하기 위해 노력한다.[11)]

AR 및 SGA 평가에서 RAG 등급화를 위한 확인점검평가 기준은 〈표 3-7〉과 같다. 기한, 총비용, 목적과 범위, 기술 및 역량, 거버넌스, 과정, 의존성, 변화에 대한 준비 등의 점검 요소를 중심으로 정성적 분석을 통해 RAG 등급화 평가를 수행하고 있다.

표 3-7 AR 및 SGA에서의 확인점검평가(DCA) 기준

기한(time)	기준(criteria)
Green	과제가 일정대로 진행 중임
Amber	과제가 일정보다 늦게 진행 중이지만 회복할 수 있는 현실적인 계획을 가지고 있음
Red	과제가 일정보다 늦게 진행 중이며 집행이 늦어지고 있어서 다시 일정을 잡아야 함
총비용(TC)	기준
Green	과제 비용이 예산에 맞거나 예산에 못 미침
Amber	과제 비용이 예산을 넘고 있지만 회복할 수 있는 현실적인 계획을 가지고 있음
Red	과제 비용이 예산 초과가 되어 책정이 다시 필요함
편익(benefits)	기준
Green	과제가 편익을 가져다 줄 것이 확실함
Amber	과제가 편익을 제공하는 데 몇 가지 문제가 나타나고 있지만, 상황은 회복 가능함
Red	과제의 편익 제공에 심각한 리스크가 존재함
목적과 범위 (aim and scope)	기준
Green	과제 범위가 잘 정의되고 일정함 과제 목적이 명확한 CSF(주요 성공요인)와 함께 잘 정의되어 있음
Amber	과제 범위가 유동적이어서 이 부분에 주의를 집중하여야 함. 과제 목적이 명확하지 않고 잘 정의되어 있지 않음
Red	과제가 일정보다 늦게 진행 중이며 집행이 늦어지고 있음
거버넌스	기준
Green	효과적이고 명확한 거버넌스 구조가 시행됨. 방향을 설정하고 주요 이슈들을 정기적으로 관리해 나감. 모든 적절한 이해관계자 집단이 그 과정에서 대표되고 있음
Amber	방향을 설정하고 주요 이슈들을 정기적으로 관리하고 있음. 모든 이해관계자 그룹이 그 구조 속에서 대표되고 있지 못하며, 거버넌스 구조가 완전히 명확한 것은 아님
Red	어떤 거버넌스 구조도 확립되지 않음. 기존 거버넌스 구조는 효과적이지 않음. 예를 들어 너무 적은 이해관계자만을 포함하고 있다던가 참여가 잘 이루어지지 않는 것임. 현재 거버넌스로는 주요 이슈를 해결할 수 없음

11) https://assets.publishing.service.gov.uk/government/uploads/system/uploads/attachment_data/file/1065783/Treasury_Approval_Process_Draft_Guidance_.pdf(검색일: 2022.8.22)

기술 및 역량	기준
Green	과제의 자원이 완전히 갖추어져 있음 어떤 작업에 있어서도 기술적 부족 문제가 존재하지 않음
Amber	기술과 자원이 부족해서 일정이나 품질에 문제를 발생시킬 수 있음
Red	기술이나 자원에 심각한 부족이 있어서 일정이나 품질에 중요한 영향을 줄 수 있음
과정(process)	**기준**
Green	높은 확신과 효과성을 가지고 수행될 수 있도록 최선의 관행에 맞추어 과정이 완전히 확립되어 있음
Amber	과정은 부분적으로 확립되었고 요구되는 표준에 맞추기 위해서는 주의와 자원이 필요함
Red	과정이 확립되지 않음. 과정을 셋업하기 위해 주요 작업이 요구됨
의존성 (dependencies)	**기준**
Green	과제의 의존성(dependencies)가 잘 확인되어 있음. 소통 채널이 잘 갖추어져 있어서 의존되어 있는 부분에 영향을 주는 계획 변경 등을 잘 다룰 수 있음. 이 프로그램이나 의존 프로그램의 성공적 수행에 영향을 줄 수 있는 의존성은 존재하지 않음
Amber	외부 부분에 대한 의존성 때문에 지연이나 변화를 발생시킬 수 있는 이슈가 존재함. 이러한 이슈들은 잘 확인되어 있으며, 이미 확립된 절차를 통해 해결될 수 있음
Red	과제가 일정보다 늦게 진행 중이며 집행이 늦어지고 있어서 다시 스케줄링이 필요함
변화에 대한 준비	**기준**
Green	세부적인 활동의 프레임워크가 진행 중임
Amber	이 분야에 이슈가 존재하지만 다룰 수 있는 문제임. 이슈가 해결되면 이 분야는 과제 수행의 어려움을 일으키지 않을 것으로 보임
Red	요구되는 틀을 확립하는 데 있어 중요한 진전이 이루어진 것이라는 증거가 없음. 장기적 편익이 사업 변화를 통해 이루어질 수 있다면 이에 즉각적인 관심이 요구됨

출처: IPA(2019b: 4-10) 및 윤수재 외(2019: 81-83), 이혜영(2022: 120-121)에서 재인용.

이러한 평가지표 및 평가방식의 특성은 상당히 정성적 요소를 중심으로 한 등급화 평가를 통해서 사업관리를 해 나가고 있다는 점이다. 점검 요소가 성과에 영향을 주는 요인으로 구성되어 있어서 이행가능성이 낮은 사업의 경우 점검 요소를 중심으로 개선 권고가 이루어지고 이를 통해 이행가능성을 높이는 방향으로 사업관리가 이루어지고 있다. 즉 주요 정책과제에 대하여 권고사항 및 피드백 중심의 평가·성과관리가 이루어지고 있다고 할 수 있다.

제 3 절

영국 평가 · 성과관리의 동향분석

1. 평가 · 성과관리 계획, 모니터링, 보고서

1) SR 21의 국가적 우선순위 성과계획

SR을 기반으로 성과모니터링을 수행한다는 것은 자원의 배분과 성과모니터링을 연계한다는 것을 의미한다. SDP 도입에 대한 National Audit Office(2016)의 보고서에 따르면 영국의 공공부문 활동을 계획하고 관리하기 위한 프레임워크에 심각한 약점이 있는데, 일련의 프로세스와 지침이 정부 내에서 수립되었지만 일관되고 통합된 시스템을 나타내지 못하고 있다는 것이다(NAO, 2016). 이는 정부가 사업을 계획하고 관리하는 방식이, 정부의 목표를 달성하고 단기간 적절한 균형을 달성하기 위한 포괄적인 전략계획보다는, 재무부가 부서와 협상하고 자금을 할당하는 프로세스에 의해 주도된다는 것이었다. 이에 부처가 단일 부서 계획을 중심으로 전략적 사업계획 및 관리를 지속하기 위한 프레임워크를 명확히 하고자 하였고(NAO, 2016), 이러한 맥락에서 SDP 및 ODP가 발전되었다고 할 수 있다.

2021년 10월 말에 발표된 SR 2021에서는 2025년까지의 자원 및 자본 예산을 책정한 중기재정계획과 함께 영국 정부의 우선순위 성과를 제시하고 있다. SR 2021에서는 국가부채의 감소와 경제성장을 견인하는 재정원칙을 두고자 하였으며, 성장에 대한 투자, 근로자 및 기업지원, 탄소중립 정책의 성과, 지역균형 발전 등 혁신적인 공공서비스로서의 지출을 검토하고 있으며, 글로벌 이슈 해결을 위한 국제사회 행동, 브렉시트 기회 포착 등을 위한 재정적 노력이 담겨 있다(한국조세재정연구원, 2022: 28-35).

영국 정부는 지출결정이 납세자의 가치를 극대화할 수 있도록 노력한다는 점을 명시히면서 지출검토 2021(SR 21)은 시민들을 위한 구체적이고 가시적 결과를 확보하는 데 중점을 두고 있다고 강조하고 있다(HM Treasury, 2021: 2). 전년도 SR 20의 잠정적 우선순위 성과 및 지표는 2021년에 우선순위의 변경사항이나 발전사항을 반영하도록 업데이트되었다. 여기에는 영국 총리(PM)가 정부에 대해서 설정하고 있는 다섯 가지 "임무"를 반영하도록 조정하였는데, 최근 부활된 전달팀(delivery unit)의 지원을 통해서 각 부처들이 다섯 가지 임무를 잘 반영하고 달성해 나갈 수 있도록 집중하고자 하였다.

총리가 정부에 요구한 다섯 가지 미션은 레벨링 업(전체적인 수준의 향상과 균등), 순 탄소 제로 달성, 코로나 이후 회복과 일자리, 건강시스템, 범죄 감소 등이며 〈표 3-8〉에 제시되어 있다. 그리고 이러한 다섯 가지 미션은 각 부처의 우선순위 성과와 연계되는데, 각 부처에서는 우선순위 성과 등 ODP를 수립하면서 각 부처의 성과가 이러한 다섯 가지 국가적 미션에 어떻게 기여하는지 설명하려고 노력하고 있으며, 이러한 미션을 중심으로 각 부처의 전략목표(우선순위 성과목표)를 정하게 된다.

표 3-8 2021년 총리가 정부에 대해 설정한 다섯 가지 미션

- Leveling Up: 기회 균등과 수준의 향상
- Net Zero: 순 탄소 제로를 달성하기 위해 녹색 일자리와 다음 세대를 위한 더 나은 환경 지원
- 교육, 직업 및 기술: COVID-19로 인해 잃어버린 학습을 회복하고, 기술 개혁을 통해 생산성을 높이고 일자리 창출, 특히 고임금 및 고급 기술에 집중
- 건강: COVID-19 이후의 건강 시스템을 복구하고 수준을 향상
- 범죄와 정의: 약물 남용 등을 포함한 범죄의 양과 피해 감소

출처: HM Treasury(2021: 7).

이러한 국정의 최고 우선순위 가치와 각 부처별 우선순위 성과와 긴밀하게 연결되어 있다. 2021년 각 부처별로 우선순위 성과로 제시하고 있는 것들을 살펴보면 〈표 3-9〉와 같다. 우선순위 성과를 살펴보면 영국 정부는 코로나 이후의 회복, 순 탄소 제로 달성 등 기후변화에의 대응을 위한 노력, 범죄의 감소 등 총리가 제시한 미션을 보건복지부, 교통부, 산업부, 내무부, 법무부 등에서 직접적으로 부처의 기능과 연계하여 전략목표로 연결하고 있음을 알 수 있다. 예를 들어 교육부에서는 레벨링 업이라는 영국의 국가 목표 달성을 위해 기회를 확산하고, 교육 분야에서의 전반적인 수준의 향상과 기회 균등을 높이기 위한 목표들이 제시되어 있다.

이와 함께 특징적인 것은 부처별 우선순위 성과를 제시하는 데 있어서 여러 부처가 연계되어서 성과가 나타나는 것이면 어떠한 부처와 연계되는지를 나열하고 있다. 예를 들어 사업, 에너지, 산업 전략부의 경우 탄소배출 감소를 위한 우선순위 성과를 제시하면서, 이를 위해서는 환경식품농촌부(Defra), 교통부(DfT), 재무부(HMT) 및 주택지역사회부(MHCLG)와 협력하여 성과를 도출하여야 함을 구체적으로 보여주고 있다. ODP를 작성하면서 다른 부처와의 협력을 지속적으로 수행한다.

SR 21에서 발표된 업데이트된 우선순위 및 메트릭은 2022~2025년을 포괄하는 업데

표 3-9 각 부처별 우선순위 성과(priorities outcome): 일부 발제

보건복지부

- 적시에 적절한 장소에서 고품질의 지속 가능한 치료를 제공하여 사람들을 위한 의료 결과를 개선한다.
- 미래에 적합한 지원 인력을 통해 의료 결과를 개선한다.
- 건강 불평등을 줄이면서 Covid-19를 포함한 대중의 건강을 개선하고 보호한다.
- 저렴하고 고품질이며 지속 가능한 성인 사회복지 시스템을 통해 사회 복지 결과를 개선한다.

교육부

- 기술 파이프라인을 개선하고, 생산성을 높이며, 사람들이 일할 수 있도록 지원하여 경제성장을 주도한다.
- 전국의 어린이와 청소년이 필요한 지식, 기술 및 자격을 갖추도록 교육 수준을 향상시킨다.
- 수준 높은 조기 교육과 보육을 통해 인생 최고의 출발을 제공하여 기준을 높이고 부모의 일을 돕는다(이것은 협력과제로 기여 부서는 DWP와 HMRC이다).
- 기회를 최대화하고 의존도를 줄이기 위해 가장 불리하고 취약한 사람들을 지원하고 고품질의 지역 서비스를 지원한다(기여 부서는 DCMS, DHSC, DWP, HO, MHCLG 및 MoJ).

내무부

- 범죄 감소(DCMS, DfE, DHSC, DWP, 법무관, MHCLG 및 MoJ)
- 영국 및 해외 영국의 이익에 대한 테러 위험 감소(CO, FCDO 및 MoD)
- 거주, 방문 및 비즈니스를 위한 최고의 목적지로서의 영국의 위상에 기여하는 사람과 상품의 합법적인 이동을 가능하게 한다.
- 국경 보안을 강화하고 불법적으로 입국하거나 불법 물품을 밀수할 기회를 줄이며 취약한 사람들을 보호한다.

법무부

- 심각한 범죄자로부터 대중을 보호하고 교도소의 안전과 보안을 개선한다.
- 재범 줄이기
- 정의에 대한 신속한 액세스를 제공한다(기여 부서는 BEIS, DfE, DWP, HO 및 법무부).

교통부

- 영국 전역의 연결성을 개선하고 적시에 예산에 맞게 운송 네트워크를 개선하여 경제성장
- 운송을 탈탄소화하여 기후 변화에 대처하고 대기 질을 개선
- 국가가 Covid-19에서 회복함에 따라 운송 네트워크에 대한 신뢰를 구축하고 운송 사용자의 경험을 개선하여 네트워크가 안전하고 신뢰할 수 있으며 포괄적임을 보장

비즈니스, 에너지 및 산업 전략부

- 2050년까지 영국 온실가스 배출량을 순 제로로 줄인다(Defra, DfT, HMT 및 MHCLG).
- 전국적으로 혁신과 새로운 지식을 발휘하여 생산성 향상 지원
- 영국을 세계 최고의 비즈니스 시작 및 성장 장소로 만들어 비즈니스 지원
- 기업이 Covid-19의 영향에서 회복할 수 있도록 지원하고 안전한 직장 복귀를 지원하며 백신 개발 및 제조를 가속화한다.

출처: SR 2021. https://www.gov.uk/government/publications/autumn-budget-and-spending-review-2021-documents/autumn-budget-and-spending-review-2021-html(검색일: 2022.9.10)

이트된 ODP의 기초를 형성한다. 이러한 업데이트된 계획에 대한 보고는 정부가 부처 성과에 대한 지속적인 모니터링을 할 수 있도록 해 준다.

한편 2021년 발표된 내각부의 우선순위 성과와 성과지표를 보면(〈표 3-10〉 참조), 정부 전체 성과관리 및 평가에 대한 강조점을 확인할 수 있는데, 내각부의 우선순위 성과 두 번째는 수정과 개혁을 통해 정부의 효율성, 효과성, 책무성을 향상시키는 것인데, 여기의 측정지표로서 GMPP 에 대한 IPA의 DCA(Delivery Confidence Assessment) 평가에서 빨간색 등급의 비율을 활용하고 있다. 또한 부처들이 고유한 과제 책임자를 지명해서 공표한 GMPP 프로젝트의 비율도 중요한 평가항목으로 활용하고 있다. 이를 통해 주요 정책과제의 투명성과 책임성을 높이고자 하는 것으로 이해된다.

표 3-10 내각사무처의 잠정적 우선순위 성과 2 및 평가항목

우선순위 성과	평가항목
수정과 개혁을 통해 정부의 효율성, 효과성, 책무성을 향상시키는 것	- 정부 사이트에 적절한 시기에 공개된 정부 계약의 비율 - 영업일 기준 5일 이내에 중소기업의 이의가 없는 청구서의 90%를 지불하는 목표에 도달한 부서의 수 및 비율 - GMPP에 대한 IPA의 DCA(Delivery Confidence Assessment) 평가에서 빨간색 등급의 비율 - 부처들이 고유한 과제 책임자를 지명해서 공표한 GMPP 프로젝트의 비율 - 기능적 서베이 결과 - 디지털 방식을 사용하여 정부서비스에 접근하는 영국 인구의 비율 - 정기적이고 상세한 고위 공무원 조직도를 출판하는 부서의 비율

출처: HM Treasury(2021: 27).

2) 집행 및 모니터링 동향

보수당 정부의 사업계획(business plan)이 정부의 공약이나 총리의 미션과 같은 정책 우선순위를 해당 부처로 전략적으로 연계해 주지 못하였기 때문에 2015년부터 단일부처계획(SDP)이 도입되어 정책 우선순위에 대한 전략적 접근과 하향식 집행 및 모니터링이 강화된 바 있다.

단일부처계획에서는 정부의 우선순위 달성을 위한 부처별 전략적 목표를 설정하고, 이를 측정할 수 있는 대표 결과지표를 설정한다. 또한 집행계획과 프로그램 운영계획을 세우는 데 있어서 정부의 우선순위를 반영하도록 하고, 그럼으로써 부처 사업들이 정부 전체 목표에 기여할 수 있도록 시행해 나가고 이에 대한 모니터링이 이루어진다. 이러한 메커니즘을 통해서 공약과 주요사업들을 연계할 뿐 아니라 정부 전체 목적 달성을 위한 전략적인 접근이 가능해진다. 2021년부터 도입된 ODP의 경우도 SDP의 전략적인 접근을 유지하면서 집행에 대한 모니터링을 강조하는데, 내각사무처와 재무부에 ODP의 집행상황을 정기적으로 보고하도록 하고 있다. 그러한 과정에서 적극적인 점검과 집행에 대한 지원이 수반된다. ODP에서도 전략적이고 하향적 접근은 강화되어 지출검토에 나타난 총리실의 미션을 달성할 수 있는 부처의 우선순위 성과, 즉 전략목표를 설정하고 이를 달성하기 위한 하위 사업들을 구체화하고 이행하며 그 결과를 보고하고 있다. 그리고 ODP를 잘 수행하기 위해 필요한 전략적 활동에 대한 정보를 담고 있다.

아울러 2021년 초 영국 총리는 PMDU(Prime Minister Delivery Unit) 집행팀을 부활시켜 부처의 정책 이행에 대해 보다 직접적인 관리를 하고자 노력하였는데, 총리는 정부가 코로나바이러스로부터 더 나은 재건과 균등한 수준 향상이라는 두 가지 국정 최우선 의제에 집중하기를 원하였고, 이를 실행하고 모니터링하는 방식으로서 집행팀(DU)을 다시 도입하였다. “더 나은 재건”은 공공서비스 적극적 공급, 전염병으로 인해 악화된 교육 또는 건강 불평등 문제 해결, 주요 신규 인프라 프로젝트 착수 또는 순 탄소 제로 달성을 의미하며, “레벨 업(균등한 수준 향상)”은 영국 공동 번영, 타운 및 레벨링 펀드와 같은 지역 투자 프로그램, 미래의 운송 프로젝트 등을 적극적으로 실행하는 것을 의미하는 바, 이러한 국정운영의 추진력을 높이기 위해 집행팀을 부활하고 부처의 정책 시행에 협력 및 간여하고자 하였다.

이러한 집행팀의 성과에 대해서는 아직 뚜렷한 실적이 보이지 않는다. 오히려 부처의 정책집행에 영향력을 행사하기보다는 소수의 핵심 프로젝트에 더 집중해야 할 필요가 있다는 평가도 나온다. 집행팀이 다루는 범위가 너무 많으면 오히려 집행의 효율성을 해칠 수도 있다는 것이다. 존슨(Boris Johnson) 총리는 예를 들어 특별 고문 관리 또는 계획된 동신 중앙 십중화를 통해 부처를 약화시키고, 다우닝 스트리트에서 너무 많은 정부 업무를 중앙 집중화하려고 시도하였다는 비판을 받기도 하였다.[12)]

이전 정부에서의 PMDU 교훈은 중앙 집중화에는 한계가 있다는 것이다. 정부 계획을 실행하는 일차적인 책임은 부처에 있으며, 내각에서 주요 프로그램을 완전히 관리하려

12) https://www.instituteforgovernment.org.uk/blog/new-prime-ministers-delivery-unit(검색일: 2022.8.16)

고 하면 새로운 전달 단위는 실패할 수 있다. 내각의 장관들에게 숙제를 부과하고 빨리 일하거나 노력을 집중하라고 강조하는 역할에 머물러서는 안 되며, 새로운 전달 단위가 어떻게 가치를 더할 수 있는지 부처에 보여주어야 한다. 이것은 장관이 해당 부처의 기존 역량에 추가할 전문적인 문제 해결 및 전달 기술을 가지고 있음을 인식할 때 효과가 있다. 즉 부처와 지원 관계를 구축하고 중요한 분야에서 지식이 풍부한 공무원의 역량을 제공하여야 한다. PMDU는 2000년대 초반 NHS의 일부가 환자와의 약속을 취소하면서 '대기 시간' 목표를 달성하였다는 비판을 받았던 것처럼 개입을 통해 왜곡된 인센티브를 생성하는 것을 경계하여야 할 것이다.

3) ARA 성과보고서

ARA 성과모니터링 보고서는 각 부처에서 1년 단위로 제출된다. 정부 자원 및 계정법(the Government Resources and Accounts Act 2000)에 의하여 의회에 제출된다. 근로연금부의 2021~2022 연례보고 및 계정(ARA)을 살펴보면 〈표 3-11〉과 같다.

표 3-11 ARA 보고서 목차

Ⅰ. 성과보고서(performance report)
- 인사말(secretary of state's forward)
- 개관(performance secretary's overview)
- 성과 개요(performance at a glance)
- 성과 총괄(performance overview)
- 성과분석(performance analysis)

Ⅱ. 책무성 보고서(accountability report)
- 협력 거버넌스 보고서(corporate governance report)
- 책임자 보고서
- 거버넌스
- 인력 보고서
- SOPS(statement of outturn against parliamentary supply)
- 의회 책무성 정보공개
- 회계감사관의 인증
- 회계감사관 보고서

Ⅲ. 재정보고서(financial report)
- 재정보고서(financial statement)
- 계정 설명(notes to the accounts)

출처: DWP(2022: 6).

ARA 2021~2022는 최근 SR 21에 담겨진 우선순위 성과를 반영한 첫 번째 회계연도이다. DWP의 ARA는 정부 전체의 목표 및 미션을 달성하는 것을 돕고 부처의 비전이 잘 전달되도록 하고 있다. DWP는 고용을 최대화하여 코로나 이후 경제회복을 돕고 현재 고용 현장에서 과소대표된 집단들을 포함하여 작업 현장에서의 기회를 향상시켜 직업안정성을 높이며, 가난을 해결하고 재정적 회복력을 증진시켜 고객들이 만족하는 고품질 복지연금 시스템을 확립함으로써 국가 전체의 미션에 기여하고자 한다.

ARA 보고서에 의하면 성과 개요는 보기 쉽고 알기 쉽게 다양한 그림과 수치로 표현되고 있는데, [그림 3-6]과 같다. 주요 실적과 성과를 관련 데이터를 근거로 하여 보여주고 있으며, 핵심 데이터를 그림으로 표현하여 알려주고 있다. DWP에서 수행하는 다양한 프로그램의 참여자 수, 주요 성과지표의 증감율 등을 제시해 주고 있다. 이러한 성과 개요를 통해서 투입된 비용 대비해서 어느 정도의 산출 및 결과가 나타나고 있는지를 보여주는데, 산출 및 결과 값들은 DWP의 우선순위 성과를 잘 반영하고 있다.

그림 3-6 DWP의 성과 개요

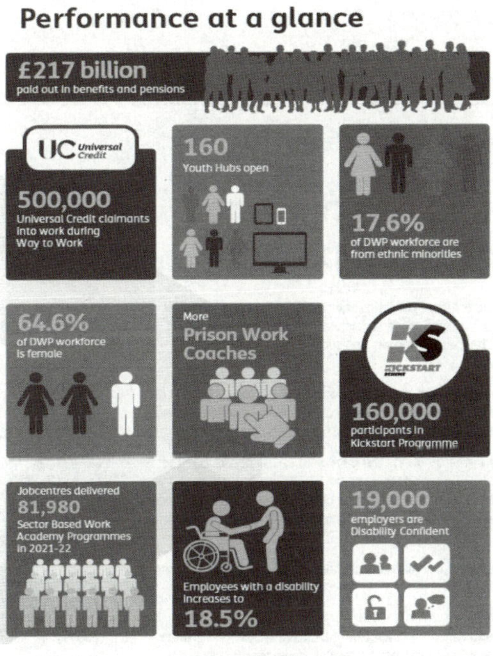

출처: DWP(2022: 6).

ARA가 우리나라 성과보고서와 차이나는 점은 지출에 대해서 상세히 설명하고 있다는 점이다. 성과 총괄(performance overview)에서는 지출한도(DEL) 및 연간 관리 지출(Annually Managed Expenditure: AME)을 소개하고 있다. 2021~2022년 연금 지불액은 총 2,160억 파운드로 2020~2021년보다 약 35억 파운드가 더 많다고 보고하고 있으며, 전반적으로, 지출의 약 60%가 연금 수급자에게 사용되었다. 국가 연금은 1,047억 파운드로 전체 지출의 거의 절반을 차지하고 있으며, 국가 연금 비용은 2020년부터 2021년까지 29억 파운드 증가한 것으로 나타난다. AME의 거의 30%(631억 파운드)가 장애 또는 건강 상태가 있는 사람들(연금 수급자 포함)을 지원하였고, 약 470억 파운드가 다양한 기타 혜택에 사용되었으며, 대부분(70% 이상)은 근로 연령층에게, 나머지는 연금 수급자에게 지급되었다고 지출 결과를 잘 설명해 주고 있다(DWP, 2022: 18).

ARA 성과보고서의 마지막 부분이 성과분석(performance analysis) 파트인데, 여기에 우선순위 성과에 대한 자세한 실적이 제공되고 있다. 세부 프로젝트의 시행 및 결과에 대한 실적이 제시된다. 또한 부처 간 협력 내용 및 국가 미션에의 기여 등이 서술되고 있다. 평가항목(metric)을 중심으로 관련 데이터가 공개되는데, 거의 10년 간의 수치 변화를 분석하여 도식화하여 보여준다. 프로그램의 산출 및 궁극적 결과지표가 균형있게 제시되고 있다.

그림 3-7 HMRC의 성과분석 내용: 일부 발제

Collecting revenue and managing compliance

To ensure we could continue collecting the revenues that pay for public services throughout the pandemic, we adjusted our approach to reflect the changed needs of our customers and support the economy at a difficult time.

Despite the challenges of the year, we collected £608.8 billion in total tax revenues - lower than the £636.7 billion collected in the previous financial year, but higher than initial forecasts at the start of the pandemic.

Our debt balance increased during the pandemic. At the end of 2020 to 2021 we held £57.5 billion of debt - around £35 billion more than last year - but much of this increase was due to the choices the government made to support customers and the economy by temporarily deferring VAT and Self Assessment Income Tax payments.

Where people could not deal with our compliance enquiries, we deferred these if possible.

We still took compliance action if we suspected criminal activity or deliberate non-compliance - and we continued to take action to protect customers and the tax system from harm, with new measures to tackle evasion, promoters of tax avoidance and other forms of non-compliance.

5.3%
estimated UK tax gap in 2019 to 2020

£30.4bn
additional tax generated by tackling avoidance, evasion and non-compliance

£608.8bn
total tax revenues collected

£57.5bn
debt balance

Improving customer experience

We recorded some of the highest ever customer satisfaction levels with our digital services during 2020 to 2021, with particularly high scores on our COVID-19 support schemes. We also saw an increase in positive ratings from individuals, small businesses and agents for all measures of customer experience (see page 59).

Overall, our helplines received 33.3 million calls – 8.3 million fewer than the previous year. Average waiting times were significantly longer, in particular on our Self Assessment and PAYE lines – primarily because we chose to divert skilled advisers to provide the COVID-19 support our customers needed most urgently. The average waiting time on our COVID-19 helplines was significantly shorter at 5:08 minutes. Customers on other lines, such as tax credits, Child Benefit and Tax-Free Childcare, experienced a service broadly in line with a normal year.

We introduced a range of digital services over the course of the pandemic – for example, holding more than 3 million webchats with customers, using digital stamps to avoid paper handling and introducing a virtual assistant to help customers find answers to common questions more easily. We also introduced measures for customers struggling to pay taxes on time. For example, Self Assessment customers could set up a payment plan online to spread their tax bill over a period up to 12 months.

630
COVID-19 support webinars for customers

85.2%
customer satisfaction with our digital services

+72.2
Net Easy score on our digital services*

97,162
customers helped by our Extra Support service

출처: HMRC(2021a: 18–20).

ARA를 작성하는 방식은 정형적 방식은 아니고 부처(기관)마다 조금씩 차이가 있는 것으로 나타난다. [그림 3-7]은 수입관세부(HMRC)의 성과보고서에 나타난 성과 데이터와 성과분석 내용이다. 집행 및 성과에 대한 정성적 설명과 함께 정량적 성과 데이터를 제공하고 있다.

2. 평가 · 성과관리의 성과

1) 부처 수준의 평가결과 및 환류(ARA 보고서)

ARA 보고서에 의하면, 우선순위 성과와 해당 지표 및 측정치를 제공하고 있다. 그러나 성과관리 방식이 목표치를 정하여 목표치 대비 평정을 하는 방식으로 이루어지지 않기 때문에 목표 달성도가 직접적으로 제시되지는 않는다.

부처 수준에서 우선순위 성과를 측정할 수 있는 성과지표(평가항목)가 제시되고 이에 대한 결과값이 제공되고 있다. 결과 중심의 성과 데이터를 제공하고 실제 그 데이터가 통시적으로 어떻게 변화되어 왔는지를 주로 분석하면서 부처 활동의 성과 및 효과를 제시하고 있다. 또한 주요사업별로 산출 측정치를 제공하여 부처의 예산 투입이 어떠한 성과를 가져오고 있는지를 나타내 주고 있다.

앞서 살펴보았듯이 영국 정부의 성과보고서에는 지출보고서를 포함하고 있어서 어느 정도의 예산을 투입하고 있고 그 결과 어떠한 산출과 성과를 보이는지를 서술한다. 투입 대비 산출이라는 능률성 차원의 직접적 계산은 아니지만, 투입되는 재정과 부처의 산출 및 결과를 대비해 보여줌으로써 투입 대비 효과, 효율성을 추측할 수 있도록 해준다는 특징이 있다. 영국의 성과관리의 기반이 지출의 효율성을 증진시키기 위한 맥락에서 이루어진다는 것을 잘 보여준다.

성과시행계획의 '정책평가방법'에서 나타나듯이 중요 정책에 대해서는 그 영향분석 보고서가 별도로 연구되고 작성되는 경향이 있다. 그래서 각 부처 홈페이지에서는 심층분석이 필요한 주요 정책(사업)에 대한 영향분석 또는 성과분석 보고서가 제시되고 있다.

ARA에 대해서 의회와 대중이 제시된 수치를 신뢰할 수 있도록 독립적으로 감사가 이루어진다. ARA에 대한 감사보고서가 문서에 포함되어 있다. 내용의 중대한 오류 또는 통제 위반(필요한 의회 또는 HM 재무부의 승인 없이 자금 사용)은 심사를 받게 된다. 이는 감사인이 해당 계정이 조직의 재무 결과를 진실하고 공정하게 반영하지 않는다고 진술하였음을 의미한다. 회계 담당관은 상황을 설명하기 위해 의회 선출 위원회에 소집되어 지출을 설명하도록 부처를 도울 수 있다. 공급 산정 프로세스에 포함된 모든 정부조직은 매년 의회에 연례보고서 및 자원 계정을 제출하여야 한다.

그림 3-8 부처 수준의 평가결과 환류

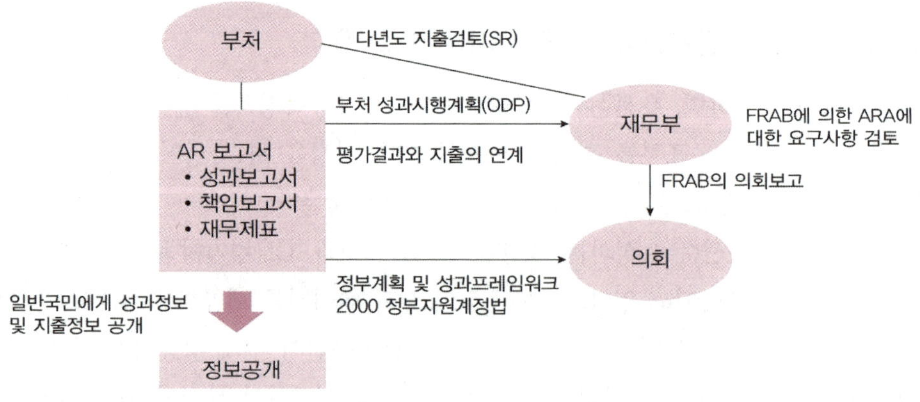

출처: 저자가 작성.

HM 재무부는 회계정책 및 기업 보고 요구사항의 변경사항을 수용하기 위해 ARA에 대한 요구사항을 매년 검토한다. FRAB(Financial Reporting Advisory Board)는 변경사항이 정당하고 적절한지 확인하기 위해 채택 전에 모든 변경사항을 면밀히 검토한다. 이사회는 정부로부터 독립적이며 회계 프레임워크 변경에 대한 견해를 매년 의회에 보고하게 된다.

2) 프로젝트 수준의 평가결과 및 환류(GMPP 성과보고서)

정부 전체 차원에서 관리되는 주요 프로젝트 포트폴리오는 매년 GMPP 보고서를 통해서 리뷰 결과를 공개하고 있다. 주요 프로젝트에 대한 연례보고서 및 투명성 데이터 명령(2012)에 따라 IPA는 GMPP에 대한 연례보고서를 작성한다. 올해 발표된 데이터는 2022년 3월에 IPA에 제출되었다. 온라인으로 게시된 데이터와 함께 제공되는 부처의 설명은 그 이후의 진행상황에 대한 업데이트를 제공해 준다. GMPP는 정부의 가장 복잡하고 전략적으로 중요한 프로젝트 및 프로그램에 대한 강력한 감독을 보장하기 위해 10년 전에 만들어졌으며 올해로 10번째 보고서이다. GMPP를 통해 IPA는 HM 재무부 및 부처와 협력하여 정부가 주요 프로젝트를 제공하는 방식에 혁신적인 변화를 꾀하고 있다.

2021~2022 회계 기간 정부의 GMPP는 총 235개의 프로젝트가 있으며 총 6,780억 파운드의 비용이 수반되고, 총 7,260억 파운드의 환산 편익을 가지는 것으로 나타난다. 이와 같이 영국 정부가 수행하는 주요 정책에 대해서 어느 정도의 비용이 들고 그 결과 얼마만큼의 화폐가치로 환산한 편익이 존재하는지 분석한다.

GMPP는 프로젝트가 참여하고 종료함에 따라 규모와 형태가 변하는 진화하는 포트폴리오이다. 2021년 연례보고서 이후 GMPP 포트폴리오는 184개 프로젝트에서 235개 프로젝트로 증가하였으며 76개 프로젝트가 합류하였고, 25개 프로젝트가 GMPP에서 나왔다. 2021년에 비해 2022년은 두 번째로 많은 신규 프로젝트를 수용한 것을 볼 수 있다. 주요 프로젝트 거버넌스에 대한 검토를 따르고 프로젝트 관리에 대한 엄격한 감독이 GMPP 기준을 충족하는 모든 적격 프로젝트에 적용되도록 한다. 결과적으로 GMPP 포트폴리오는 크기와 비용 면에서 모두 증가한 것을 확인할 수 있다(IPA, 2022: 5).

GMPP는 다양한 포트폴리오 크기를 가진 18개 기관의 프로젝트로 구성된다. 국방부(MOD)와 교통부(DfT)는 계속해서 전체 수명 비용(50%)으로 GMPP의 절반을 구성하지만 증가하지는 않고 있다. MOD는 부서별로 가장 큰 포트폴리오와 가장 높은 평생 비용을 가지고 있다. 올해 GMPP에는 52개의 MOD 프로젝트가 있으며, 이는 숫자로 포트

그림 3-9 프로젝트 수 및 비용 변화

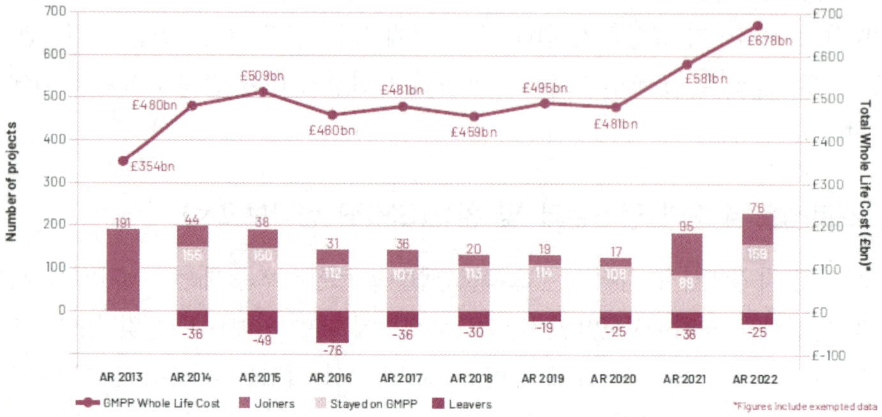

출처: IPA(2022: 5).

폴리오의 5분의 1 이상을 차지한다. MOD는 45개의 군사 능력 프로젝트를 모두 수행하고 5개의 ICT 프로젝트와 2개의 인프라 및 건설 프로젝트를 제공한다.

DfT는 공동으로 세 번째로 큰 포트폴리오와 부서별로 두 번째로 높은 전체 수명 비용을 보유하고 있다. DfT가 주도하는 22개 프로젝트 중 19개는 인프라 및 건설 프로젝트이고 3개는 변환 및 서비스 제공 프로젝트이다. 법무부(MOJ)는 부서별로 두 번째로 큰 포트폴리오와 네 번째로 높은 평생 비용을 가지고 있다. 법무부가 주관하는 24개 사

표 3-12 정부의 주요 프로젝트 포트폴리오(GMPP)

정부의 주요 프로젝트 포트폴리오	235개의 프로젝트	6,780억 파운드의 평생비용	7,260억 파운드의 편익 창출 혜택
인프라 및 건설	70개의 프로젝트	3,390억 파운드의 평생비용	3,560억 파운드의 편익 창출 혜택
정부 혁신 및 서비스 제공	89개의 프로젝트	1,280억 파운드의 평생비용	3,260억 파운드의 편익 창출 혜택
군사능력	45개의 프로젝트	1,740억 파운드의 평생비용	70억 파운드의 편익 창출 혜택
정보통신기술(ICT)	31개의 프로젝트	370억 파운드의 평생비용	370억 파운드의 수익 창출 혜택

출처: IPA(2022: 4).

업 중 6개 사업은 기반시설 및 건설사업, 13개 사업은 변혁 및 서비스 제공사업, 5개 사업은 ICT 사업이다. 2022년 분야별 정부 주요 프로젝트의 포트폴리오 현황은 〈표 3-12〉와 같다.

최근 IPA 평가에 변화가 있었는데, 기존 확인점검평가(Delivery Confidence Assessment: DCA)가 단계 게이트 평가(Stage Gate Assesment: SGA)로 변경되었다. 평가지표와 방식은 아직까지 그대로 유지되고 있다. 또한 2021년 4월 IPA는 IPA 이행성 검토의 주요 결과로 5단계(R/R-A/A/A-G/G) 제공을 중단하고 회계 담당자 및 SRO(최고책임자)는 이제 3단계 RAG를 기반으로 하는 3단계 SGA(단계 게이트 평가)를 제공하여 이행성 검토의 초점과 영향력을 더욱 강화할 수 있게 되었다. 2022년 보고서를 통해 실적을 보면 SGA 평가결과가 제시되어 있는데, 3등급 평가로 이루어졌고 Red 등급을 받은 과제는 27개로 나타나고 있다.

그림 3-10 분야별 RAG 등급평가 결과

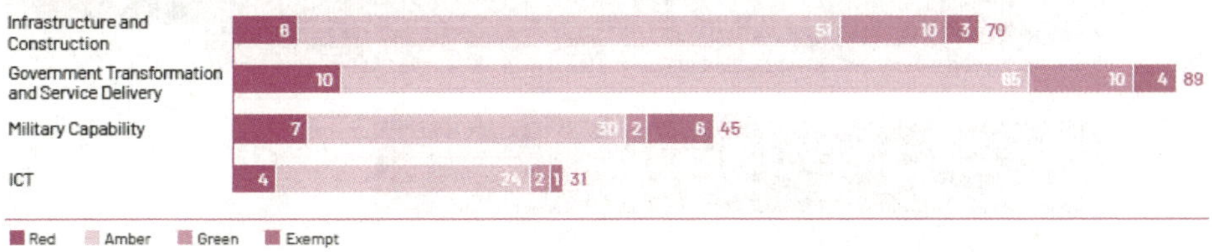

출처: IPA(2022: 15).

그림 3-11 연도별 RAG 등급평가 결과

출처: IPA(2022: 16).

[그림 3-12]는 전년도 대비하여 성과가 얼마나 향상되었는지를 보여주는 그림이라 할 수 있다. 영국 정부는 주요 프로젝트 성과평가 결과를 제시하면서 연도별 및 전년도 대비하여 평가결과를 제시함으로써 프로젝트들이 얼마나 향상되고 있는지를 제시한다. 기본적으로 IPA 평가결과는 권고사항과 함께 부처에 피드백되고 해당 부처는 IPA, 재무부 및 내각사무처와 협력하며 성과를 향상시키려는 노력이 수반된다.

그림 3-12 AR 2020~2021 대비 AR 2021~2022의 RAG 등급평가 결과

AR 2021 \ AR 2022	Red	Amber/Red	Green	Exempt	AR 2022 Leavers
Red	2	5	0	0	0
Amber/Red	[illegible]	31	1	1	2
Amber	[illegible]	63	8	1	7
Amber/Green	[illegible]	[illegible]	7	0	5
Green	[illegible]	[illegible]	0	0	9
Exempt	1	5	0	0	2
AR 2022 Joiners	10	53	8	5	

Improved	52	22%
Stayed the same	65	28%
[illegible]	[illegible]	[illegible]
Exempt	2	1%
AR 2022 Joiners	78	33%

출처: IPA(2022: 17).

한편 [그림 3-13]은 프로젝트 수명 주기에 따른 이행성 검토(AR)와 그 환류 모습을 보여준다. 정부 부처는 재정사업을 수행하는 데 있어서 사업의 진행 주기에 따라 단계별로 AR을 시행하며, 그 결과는 재무부 및 내각사무처에 제출되고 재무부의 재정 승인의 바탕이 된다. 이것은 정부의 주요 정책과제 및 프로그램의 주기를 보여주면서 해당 주기에 사업에 대한 평가가 어떻게 개입되고 있으며, 또한 피드백되고 있는지 이를 통해 지출통제와 어떻게 맞물려 돌아가는지를 보여주고 있다. 프로젝트 사업 주기에 따라서 해당 부처, 재무부, 내각사무처, IPA의 역할이 잘 나타나 있다. 물론 이러한 프로젝트 수명 주기는 하나의 예시라고 할 수 있으며, 프로그램 및 프로젝트가 진화해 나가는

그림 3-13 예시: 프로젝트 수명주기에 따른 점검평가 및 환류

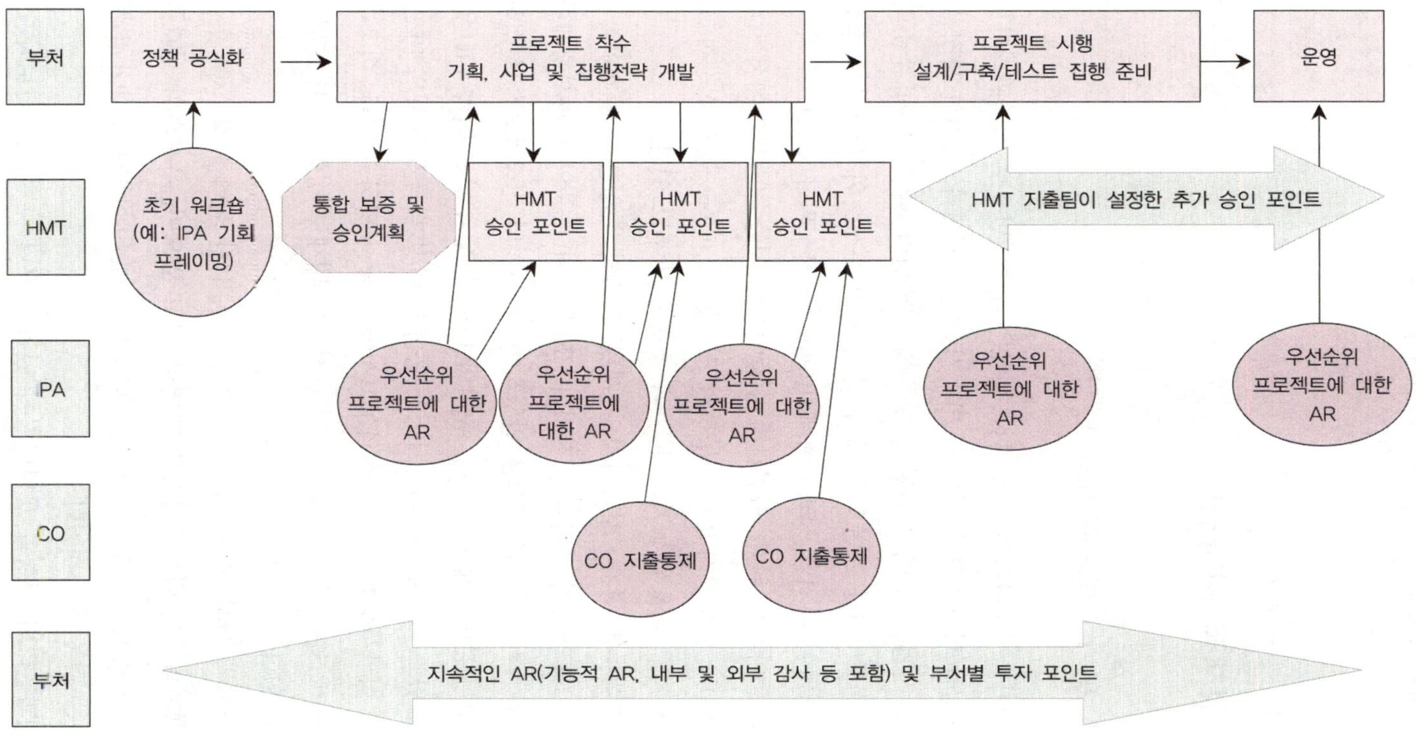

출처: HM Treasury(2022: 30).

모습은 사례별로(case by case) 매우 다양하게 나타날 수 있다(HM Treasury, 2022: 30).

제 4 절

결론: 정책적 시사점

1. 영국 평가 · 성과관리의 특징

영국의 평가 · 성과관리의 두드러진 특징은 지출기반으로 성과관리가 이루어지면서 지출의 효율성을 확보하고자 하는 측면이 강하다는 것이다. 이러한 특징은 부처 수준의 성과관리 및 사업 수준의 성과관리 모두에 나타난다. 우선 부처 수준의 성과관리는 HMT의 지출검토(SR)를 기반으로 해서 각 부처별 우선순위 성과와 측정항목이 제시되고, 이를 반영하여 부처별 성과시행계획(ODP)가 작성된다. 그럼으로써 지출-계획-성과가 맞물려 돌아가게 된다. 사업관리 수준에서는 지출승인 단계에서 SDA 평가 및 이행성 평가(AR)가 이루어지면서 재무부의 지출통제, IPA를 통한 전문적 평가가 이루어지고 있으며 지출 효율성을 제고하는 데 초점을 맞추고 있다.

이러한 맥락에서 평가 · 성과관리의 계획 단계의 특징은 지출계획과 연동되어 평가 · 성과관리 계획이 수립된다는 점이다. 또한 부처 수준의 성과시행계획을 수립하는 데 있어서 국가 최우선순위 미션을 반영하여 각 부처의 전략목표를 설정하도록 유도하고 있다는 점이 분명하게 나타난다. 총리의 미션이 각 부처의 전략목표(우선순위 성과)로 녹아들어 있고, 우선순위 성과 달성을 통해서 어떻게 국가 전체의 미션이 잘 달성될 수 있는지를 성과시행계획서 및 성과보고서에서 잘 설명하고 있다. 아울러 전략목표별 성과지표(metric)를 설정하고 있는데 성과지표는 대체로 정량적이며 결과 지향적인 특징을 가지고 있다.

계획 수립에 있어서 최근 나타나는 경향은 부처 간 협력을 강조한다는 점이다. 그래서 성과시행계획이 협력보고서임을 분명히 하고 있으며, 우선순위 성과를 제시하면서도 협력부처가 어떤 기관들인지 명시하고 있다. 기존의 SDP에서 ODP로 발전하면서 부처 간 협력은 더욱 강조되었다.

평가 · 성과관리의 시행과 모니터링에 있어서 보다 추진력을 확보하기 위해서 최근

총리실에 집행팀(delivery unit)이 부활된 바 있다. 아직까지 뚜렷한 집행실적이나 변화는 보이지 않지만, 국가적 정책우선순위를 각 부처의 성과에 반영하고 그 성과를 잘 관리해 나가겠다는 정부의 의지를 잘 보여주고 있다.

평가 · 성과관리의 결과 단계 측면에서 영국 정부는 연례성과보고서 및 계정(ARA)을 작성하여 의회에 제출하고 홈페이지에도 공개되는데, 국민들이 이해하기 쉽게 작성할 뿐 아니라 연도별 통계치를 잘 제시하고 있어서 성과를 구체적으로 파악하는 데 도움을 준다. 뿐만 아니라 영국의 특징은 지출보고서와 성과보고서가 통합적으로 작성되고 제시된다는 것인데, 부처의 예산 및 지출을 토대로 부처의 성과를 이해할 수 있도록 도와주며 정부 지출이 어떤 부분에 얼만큼 쓰이는지 구체적인 성과와 함께 확인할 수 있다. 이러한 특징은 사업에 대한 평가 · 성과관리에도 적용되는데, GMPP 연례보고서에는 각 프로젝트별 비용이 제시되고 화폐 단위로 환산된 편익도 함께 제시되고 있어서 비용 대비 얼마만큼의 편익이 발생하는지 한눈에 확인할 수 있다. 주로 목표 달성도나 효과성만을 위주로 실적을 파악하고 분석하는 우리나라와는 차이가 분명하다고 할 수 있다.

2. 우리나라 평가 · 성과관리에서의 시사점

영국 정부의 평가 · 성과관리가 우리나라 평가 · 성과관리에 주는 시사점을 찾아보면 다음과 같다. 첫째, 우리나라와 비교할 때 영국의 평가 · 성과관리는 재정적 효율성의 관점을 잘 반영하고 있다는 점이 독특하며 우리에게 시사해 주는 바가 크다. 우리나라 정부 평가 · 성과관리는 실적, 결과를 중심으로 목표 달성도 및 효과성을 평가하는 방식으로 이루어진다. 그러나 영국은 단순히 정부 활동의 결과만을 파악하는 것이 아니라 투입된 비용 및 지출을 초점을 두고 비용과 결과를 함께 파악한다는 장점이 있다. 우리나라의 경우 재정사업평가는 재정과의 연계성을 기반으로 평가를 하게 되지만 정부 부처의 평가 · 성과관리 과정에서는 재정과의 연계성이나 지출정보를 충분히 확인할 수 없게 되어 있다. 반면 영국은 지출검토(SR)를 기반으로 성과관리계획이 수립될 뿐 아니라, 성과모니터링에 있어서도 지출정보가 꼼꼼하게 공개되고 있다. 이러한 점은 향후 우리나라 부처 평가 · 성과관리에 있어서 반영할 여지가 있다고 생각된다.

둘째, 부처 간 협력이 강조된다는 점이다. 영국의 성과시행계획(ODP)은 부처 간 협력보고서임을 표방하면서 부처 간 협력 속에서 목표가 수립되고 관련 정책이 시행됨을 강조하고 있다.

셋째, IPA의 주요 프로젝트 관리에 있어서 전문성에 기반한 관리 지향적 점검평가가 이루어지고 있다는 점은 특징적인데, 우리나라 국정과제 또는 주요 정책과제 관리에 시사해 주는 바가 크다. 우리의 경우 기관평가를 기반으로 하여 국정과제 평가나 주요 정책평가가 이루어지고 있어서 과제/정책에 대한 환류에는 한계가 있다. 반면에 영국의 경우는 주요 프로젝트에 대한 사업평가를 기반으로 하여 국정과제 혹은 주요 정책을 관리하고 있어서 해당 프로젝트에 대한 직접적인 피드백이 가능하고 성과를 개선하는 데 있어서 매우 유리하다. RAG 등급평가를 통해 낮은 등급을 받게 되는 과제에 대해서는 권고사항을 직접적으로 제안하고 향후 해당 과제 또는 정책이 보다 나은 평가를 받을 수 있도록 유도한다. 그리고 그러한 평가결과는 연도별로 연속적으로 제시되고 있어서 프로젝트의 향상과정도 투명하게 공개되고 일반국민들이 확인할 수 있다. 관리 지향적인 피드백 중심의 프로젝트 관리방식을 우리도 활용할 필요가 있다고 본다.

넷째, 영국 정부의 평가·성과관리에 있어서 평가방식은 우리와 같은 서열 중심의 기관평가를 하지 않고 있으며, 결과 지향적 성과지표에 대한 측정 및 점검의 방식으로 이루어진다. 또한 필요한 경우 다양한 정책평가방법을 활용하여 정책의 결과나 영향을 파악해 보려고 노력한다. 우리가 통합 지향의 기관평가를 하는 것과는 차이가 있다. 그러한 과정에서 영국의 평가·성과관리는 보다 심층적인 정책평가가 이루어지는 경향이 있는 것으로 보이며, 우리나라도 보다 과학적이고 심층적인 정책평가를 보다 활용할 필요가 있다고 본다.

다섯째, 투명성 및 책임성 확보, 그리고 정보공개 측면에서 영국의 사례를 시사해주는 바가 크다. 영국의 성과관리 프레임워크를 살펴보면 성과관리 과정을 통해서 어떻게 의회 및 회계감사원에 대하여 책임성을 확보하게 되는지를 잘 보여주고 있다. ARA는 관련법에 의해서 의회에 제출하게 되어 있으며, 책임성에 관한 보고서도 충실히 작성되어 제출된다. 반면에 우리 정부의 성과관리는 의회에 대한 책임성 확보에 있어서 명시적으로 활용되지는 못하는 것 같다. 정부 성과관리의 목적이 궁극적으로 책무성 확보에 있다는 것을 고려한다면 우리의 성과관리시스템 속에서 국회가 정부로부터 책무성을 확보하는 방안에 대해 고민해 볼 필요가 있다고 생각된다. 아울러 성과모니터링에 대한 정보공개가 우리보다 체계적으로 이루어진다는 점을 확인해 볼 수 있었는데, 우리의 경우도 좀 더 체계적으로 성과정보 및 지출정보가 국민에게 제공될 필요가 있을 것이다.

참고문헌

강정석 외(2019). 사회적 가치 실현을 위한 성과관리 제도 개편방안 연구: 국정과제 관리체계 개선을 중심으로. 경제인문사회연구회 협동연구보고서.

류영아(2019). 주요국 정부업무평가 제도의 비교와 시사점. 『NARS 현안분석』. 19.

박노욱(2011). 재정성과관리제도의 국제적 동향과 시사점: 미국 · 캐나다 · 영국을 중심으로. 한국조세연구원.

박준 외(2021). 대선공약과 국정과제 형성과정 개선방안. 한국행정연구원.

오영민 외(2017). 우리나라 정부성과평가제도에 대한 메타평가 연구. 한국조세재정연구원.

윤수재 외(2019). 『해외 국정과제 평가사례 연구』. 한국행정연구원.

이혜영(2022). 국정과제 관리시스템에 대한 비교 분석과 시사점. 『국정관리연구』, 17(2).

정일환 외(2021). 국가재정운용계획(중기재정계획)의 최신 국제동향 분석 및 정책효과에 관한 실증연구. 성균관대학교 산학협력단.

한국조세재정연구원(2022). 『KIPF 재정성과평가 동향과 이슈』, 9(1).

Barber, Michael(2008). *Introduction to Deliver: Fighting to Transform Britain's Public Services*. London: Methuen.

OECD(2020). Improving Governance with Policy Evaluation: Lessens from County Experiences. OECD Public Governance Reviews. OECD Publishing, Paris.

Cabinet Office & HM Treasury(2021). Outcome Delivery Plans in a letter to the Public Accounts Committee chair Meg Hillier. https://committees.parliament.uk/publications/5187/documents/52040/default/(검색일: 2022.7.2)

Declaration on Government Reform(2021). https://assets.publishing.service.gov.uk/government/uploads/system/uploads/attachment_data/file/993902/FINAL_Declaration_on_Government_Reform.pdf

DWP(2022). Annual Report and Accounts 2021-2022. https://assets.publishing.service.gov.uk/government/uploads/system/uploads/attachment_data/file/1091361/annual-report-accounts-2021-22-web-ready.pdf(검색일: 2022.6.25)

HM Treasury(2021). Spending Review 2021: Priority outcomes and metrics. https://assets.publishing.service.gov.uk/government/uploads/system/uploads/attachment_data/file/944491/Provisional_priority_outcomes_and_metrics.pdf(검색일: 2022.6.25)

HM Treasury(2022). Treasury approvals process for programmes and projects. https://assets.publishing.service.gov.uk/government/uploads/system/uploads/attachment_data/file/106

5783/Treasury_Approval_Process_Draft_Guidance.pdf(검색일: 2022.8.22)

HMRC(2021a). Annual reports and accounts published by HMRC. https://assets.publishing.service.gov.uk/government/uploads/system/uploads/attachment_data/file/1035550/HMRC_Annual_Report_and_Accounts_2020_to_2021_Print.pdf(검색일: 2022.7.2)

HMRC(2021b). Corporate report: HM Revenue and Customs Outcome Delivery Plan: 2021 to 2022. https://www.gov.uk/government/publications/hm-revenue-and-customs-hmrc-outcome-delivery-plan/hm-revenue-and-customs-outcome-delivery-plan-2021-to-2022-2(검색일: 2022.7.2)

IPA(2019). Annual Report on Major Projects 2018-19. https://assets.publishing.service.gov.uk/government/uploads/system/uploads/attachment_data/file/817654/IPA_AR_MajorProjects2018-19_web.pdf(검색일: 2022.8.22)

IPA(2020). About the IPA. https://assets.publishing.service.gov.uk/government/uploads/system/uploads/attachment_data/file/973834/About_the_IPA_2020_12.03.21.pdf(검색일: 2022.6.25)

IPA(2021). Infrastructure and Projects Authority Mandate. https://assets.publishing.service.gov.uk/government/uploads/system/uploads/attachment_data/file/949868/IPA_Mandate_2021.pdf(검색일: 2022.6.25)

IPA(2022). Annual Report on Major Projects 2021-22. https://assets.publishing.service.gov.uk/government/uploads/system/uploads/attachment_data/file/1092181/IPA_AR2022.pdf(검색일: 2022.8.22)

NAO(2016). Government's management of its performance: progress with single departmental plans. https://www.nao.org.uk/wp-content/uploads/2016/07/Governments-management-of-its-performance.pdf(검색일: 2022.6.27)

UK Parliament. Government Transparency and Accountability. Statement made on 15 July 2021. https://questions-statements.parliament.uk/written-statements/detail/2021-07-15/hcws185(검색일: 2022.6.27)

제4장 캐나다 평가 · 성과관리 동향분석

제 1 절

캐나다 평가 · 성과관리 현황 및 운영체계

1. 평가 · 성과관리 현황

1) 개요

정부부문을 포함하여 공공부문을 대상으로 하는 집권화된 캐나다의 공식적 평가 제도는 1969년으로 거슬러 올라가며, 1977년 최초의 범정부 평가 정책(Evaluation Policy)이 마련된 이후 집권화되고 공식화된 평가 실무 기능이 오늘날까지 이어지고 있다(Lahly, 2010: 2).[1] 이후 캐나다의 성과관리 및 평가제도는 평가 및 성과측정지표의 명확화 필요성, 모니터링 및 평가 업무의 성숙, 결과 중심의 관리를 강조하는 새로운 공공부문 개혁 요구 등에 따라 여러 차례 변화 과정을 거친다(Lahly, 2010: 2).

1990년대에는 성과정보에 대한 접근성을 높이고 캐나다 하원과 하원 위원회의 성과정보 활용성을 높이기 위해 성과모니터링과 보고체계를 강화하면서 부처성과보고서(Departmental Performance Report: DPR)를 제출하도록 함으로써 프로그램 관리자의

---

1) 1977년 수립된 평가 정책(Evaluation Policy)은 3~5년 주기로 모든 프로그램에 대한 평가를 의무화하였으며, 부기관장(deputy head)이 평가를 총괄하여 책임지도록 하였다. 이를 통해 각 행정기관의 부기관장은 평가의 효과성과 효율성에 대한 평가 발견사항과 권고사항을 활용하여 관리와 자원배분과 관련한 의사결정 정보, 사업에 대한 설명과 프로그램에 대한 개선 등을 장관에게 세인할 수 있노록 하였다(Treasury Board of Canada Secretariat, 2015.5.13: 37).

성과측정과 보고 책무를 강조하게 되었다(Lahly, 2010: 2). 1992년 개정된 정책은 연방 정부사업의 지속적인 적절성, 성공, 비용 대비 효과성을 6년 주기로 평가하도록 권고하였고, 성과정보 우선순위 수요가 명확하지 않거나 추가적인 시간과 자원이 필요한 경우 평가를 하지 않도록 하였다(Treasury Board of Canada Secretariat, 2015.5.13: 37). 동 정책은 프로그램의 성과를 판단하기 위한 수단으로 모든 프로그램을 대상으로 평가 기준을 마련하도록 요구하였으며, 평가를 통해 사업의 재승인, 개선, 중단 여부를 결정하는 데 활용할 수 있도록 하였다(Treasury Board of Canada Secretariat, 2015.5.13: 37). 1994년 검토 정책(Review Policy)은 성과측정과 검토 요구사항을 하나의 체계로 두고 내부감사 및 평가에 포함하도록 하였으며, 일선 관리자의 성과제시와 결과에 대한 관리 책임을 강조하면서, 관리자와 검토자 간의 협력을 증진하고자 하였다(Treasury Board of Canada Secretariat, 2015.5.13: 37).

2000년대 이후 캐나다의 평가 및 성과관리 제도는 재정적 제약의 극복과 공공부문 개혁을 강조하며 캐나다 재무위원회(Treasury Board) 중심의 집권화된 평가구조를 강화하는 방향으로 여러 차례 변화를 거친다.[2] 캐나다 재무위원회는 2000년 정부의 관리 의제인 캐나다인을 위한 결과(Results for Canadians)를 발표하면서 세계화, 정보기술, 연방주의의 진화를 주요 도전 요소로 파악하고, 시민 중심, 가치, 결과, 지출 책임성의 네 가지 관리 책무를 실현하기 위해 하원을 통해 캐나다인에게 결과를 보고하고, 서비스 개선을 과정에서 시민들을 참여시키는 등 정부기관의 핵심 관리 책임을 제시하였다(Treasury Board of Canada Secretariat, 2000: 2, 5, 17-18). 그리고 2005년 수립된 관리자원과 결과구조(Management Resources and Results Structure: MRRS)를 통해 모든 정부 부처와 기관이 사업 결과와 성과 프레임워크를 연계하여(Lahly, 2010: 12), 정부와 의회가 통합적인 성과정보를 확보하여 범정부 차원의 자원배분 의사결정을 지원하고자 하였다(Treasury Board of Canada Secretariat, 2012).[3]

2006년 개정된 재무행정법(Financial Administration Act: FAA)을 포함한 통합 법률(Consolidated Act)[4]로서, 같은 해 제정된 연방책임법(Federal Accountability Act)은 "이

---

2) 과거부터 재무위원회 사무국(Treasury Board Secretariat)에는 평가 정책을 담당하는 조직이 설치되어 있었으나, 1990년대를 거치며 자원과 영향력이 줄어들었다(Lahly, 2010: 3). 이후 캐나다 정부는 2001년 효과적인 성과관리를 위해 평가전문센터(the Center of Excellence for Evaluation)를 재무위원회 사무국에 설치하여 범정부적인 평가 역량을 강화하고자 하였다(Lahly, 2010: 3).

3) 관리자원과 결과구조에 대한 정책(Policy on Management, Resources and Results Structures)은 2016년 7월 결과에 대한 정책으로 대체되어 폐지된다.

해충돌 규칙, 선거 자금 제한, 행정 투명성, 감시, 책임성을 고려한 조치"를 목적으로 규정[5]하며, 투명성과 책임성을 평가 및 성과관리의 방향성을 제시한다. 한편 재무행정법은 "캐나다 정부의 재무행정, 캐나다 회계의 설치와 유지, 공기업에 대한 통제"를 법률의 목적으로 규정하고 있다.[6] 두 법률이 캐나다 연방정부의 평가 및 성과관리에 대한 구체적인 규정을 포함하고 있지 않으나(이환성 · 양홍석, 2016: 233-234), 재무행정법에 따라 연방 공공행정에 대한 일반행정 정책, 공공행정 조직, 재무관리, 정부 부처의 연간 및 장기 지출계획 검토 및 우선순위 결정 등과 관련한 재무위원회(Treasury Board)의 책임(Financial Administration Act, Section 7)을 명시하고 있고(이환성 · 양홍석, 2016: 235-246), 재무위원회의 지침에 따라 모든 부처가 진행 중인 사업의 적절성과 효과성을 5년마다 검토한다(Financial Administration Act, Section 42.1).[7]

캐나다의 평가 및 성과관리 제도는 2009년 '평가에 대한 정책(Policy on Evaluation)'이 수립되면서 확대되었다. 동 정책이 수립되기 전까지 연방정부의 평가 기능은 개별 프로그램 담당자의 관점에서 프로그램의 관리 및 개선과 관련한 정보를 제공하는 데 초점을 맞추고 있었다(Treasury Board of Canada Secretariat, 2015.5.13: 6). 반면 '평가에 대한 정책'은 지출관리시스템(Expenditure Management System)에 대한 지원을 강화하고, 정부 부처 프로그램의 적절성과 성과에 대해 평가총괄관(head of evaluation)이 부기관장(deputy head)에게 전략적 제언을 하는 역할을 부여하였다(Treasury Board of Canada Secretariat, 2015.5.13: 6). 지출관리시스템은 우선순위 설정과 의사결정을 위해 프로그램의 결과와 재정적 가치에 초점을 두고 정부의 지출계획을 파악하고 실행하기 위한 체계(Lahly, 2010: 13)이며, 표준화된 접근법을 제공하여 개별 부처로부터 제공되는 프로그램의 정보를 수집하여 분석 및 활용할 수 있도록 지원한다(한국조세연구원,

---

4) 캐나다 연방정부의 법률을 개정할 때 수정 법률이나 규제가 만들어지며, 기존 법률들을 함께 개정하여야 하는 경우가 있다. 특정 법률 개정으로 새로운 규정이 만들어지면, 전체 법률조항을 개정하지 않고 수정 법률을 만들게 된다. 이 수정 법률은 새로운 조항을 추가하거나 기존 조항을 변경하게 되는데, 통합 법률이나 규제도 갱신되며, 기존 법률 문서에 수정사항을 포함한다(Justice Law Website, Consolidated Acts, https://laws-lois.justice.gc.ca/eng/acts/)(검색일: 2022.7.12).

5) Federal Accountability Act(연방책임법)(https://laws-lois.justice.gc.ca/PDF/F-5.5.pdf) p.1.(검색일: 2022.7.12).

6) Financial Administration Act(재무행정법)(https://laws-lois.justice.gc.ca/PDF/F-11.pdf) p.1.(검색일: 2022.9.13).

7) Financial Administration Act(재무행정법)(https://laws-lois.justice.gc.ca/PDF/F-11.pdf) p.10, 45.(검색일: 2022.9.13).

2012: 79; 이환성, 2013: 160에서 재인용).

캐나다 정부가 2009년 '평가에 대한 정책'으로 전환한 이유는 다음과 같다. 첫째, 재무행정법(Section 42.1)은 진행 중인 모든 보조금과 기여 프로그램을 대상으로 5년마다 적절성 및 효과성을 검토하도록 요구하였다(Treasury Board of Canada Secretariat, 2015.5.13: 6). 둘째, 평가가 지출관리 의사결정에 도움이 될 수 있도록 지출관리시스템의 개편되었고, 셋째, 새로운 전략 검토와 기타 지출검토 제도가 프로그램의 적절성과 성과정보를 제공하는 방향으로 평가제도를 개선하여야 할 필요성이 제기되었기 때문이다(Treasury Board of Canada Secretariat, 2015.5.13: 6).

'평가에 대한 정책'에 따라 캐나다의 평가 및 성과관리 제도를 통해 평가결과를 부기관장, 중앙 행정기관, 프로그램 관리자, 장관, 하원의원, 캐나다 시민 등을 대상으로 정책과 프로그램의 개선, 지출관리, 내각의 의사결정, 결과공표 등 다양한 방식으로 활용하게 되었다(Treasury Board of Canada Secretariat, 2015.5.13: 8). 예를 들어 평가정보를 이용하여 프로그램 관리자에게 개선 필요사항을 제공하고, 프로그램의 개선 혹은 재설계를 제안할 수 있으며, 담당하는 프로그램에 대한 부기관장의 자원배분 과정을 지원하고, 중앙기관이 '도전적인 기능'을 수행하면서 도출된 결과를 토대로 재무위원회 제출자료, 내각에 대한 제안, 지출검토 제안에 제언을 제공할 수 있게 되었다(Treasury Board of Canada Secretariat, 2015.5.13: 8).

캐나다 연방정부의 평가 기능은 '평가에 대한 정책'을 기반으로 역할과 책임을 분담하게 되었는데, 전체적인 평가 기능은 평가전문센터(the Centre of Excellence for Evaluation)의 지원을 받아 재무위원회 장관이 담당하고, 평가수행 책임은 개별 부처와 기관이 담당하게 되었다(Treasury Board of Canada Secretariat, 2015.5.13: 8). 재무위원회 사무국은 부처의 평가 업무 지원, 효과적인 평가 방법 개발 및 부처와의 공유, 범정부 평가 기능의 역량 구축 지원, 범정부 우선순위에 따른 연간 모니터링과 보고, 평가 기능의 건전성, 재무위원회에 대한 정책 제안 개발 등의 업무를 담당한다(Treasury Board of Canada Secretariat, 2015.5.13: 8).

2016년에는 '결과에 대한 정책(Policy on Results)'이 수립되고 기존 '평가에 대한 정책', '관리, 자원, 결과구조에 대한 정책(Policy on Management, Resources and Results Structures)', 그리고 '재무위원회에 대한 연방 기관과 공기업의 관심사항에 대한 보고 정책(Policy on Reporting of Federal Institutions and Corporate Interests to Treasury Board of Canada Secretariat)'을 대체하였다(Treasury Board of Canada Secretariat, 2016.

7.1a).[8] 이 정책의 목표는 "범정부 결과 달성도 제고"와 "정부가 달성하고자 하는 결과, 달성하고 있는 결과, 그리고 결과 달성에 사용되는 자원에 대한 이해의 제고"에 있다 (Treasury Board of Canada Secretariat, 2016.7.1a).

캐나다의 평가 및 성과관리 제도는 재무위원회를 중심으로 집권화된 공식적 평가체계를 오랜 기간 운영하였으며, 캐나다 연방정부의 책임성과 투명성을 확보하기 위해 제도를 개선해왔다. 또한 평가제도의 실효성을 제고하기 위해 총괄기관인 재무위원회 사무국과 각 부처의 기능과 역할을 명확히 하고, 정부 부처의 평가 실무책임자와 담당자의 역할을 구체적으로 규정하고, 세부적인 평가 대상과 방법을 마련하는 방식으로 평가 및 성과관리 제도를 정교화해왔다고 할 수 있다. 캐나다 평가 및 성과관리 제도의 주요 연혁은 아래의 〈표 4-1〉과 같다.

표 4-1 캐나다 평가 및 성과관리 제도의 주요 연혁

연도	제도	주요내용
1977	평가 정책 (Evaluation Policy)	• 모든 프로그램에 대한 3~5년 주기의 평가 의무화 • 부기관장(deputy head)에 대한 평가 총괄 책임
1994	검토 정책 (Review Policy)	• 성과 및 결과에 대한 일선 관리자의 관리 책임 강화 • 검토 요구사항과 성과측정을 하나의 체계로 일원화
1990년대 중반	부처성과보고 (Departmental Performance Report)	• 매년 부처의 성과를 의회에 보고 • 부처의 결과 지향적 모니터링과 보고체계를 개선하기 위해 공통 플랫폼 제공 • 프로그램 관리자의 성과측정 및 보고 책임 강화
2000	캐나다인을 위한 결과 (Results for Canadians)	• 시민 중심, 공공서비스 가치, 결과를 위한 관리, 책임 있는 지출을 우선순위로 관리 의제 수립
2005	관리자원과 결과구조 (Management Resource and Results Structure)	• 행정 정책으로서 모든 부처와 기관으로 하여금 조직의 모든 사업을 예상되는 결과와 연계하는 성과 프레임워크 구축 요구 • 범정부 자원배분 의사결정 지원을 위한 정부와 의회의 성과정보 활용 지원
2006	연방책임법 (Federal Accountability Act)	• 행정 투명성과 책임성을 고려한 조치를 목적으로 신설 • 재무행정법을 포함한 통합 법률체계

8) Treasury Board of Canada Secretariat(2016.7.1a). Policy on Results(https://publications.gc.ca/collections//collection_2017/sct-tbs/BT22-172-2016-eng.pdf)(검색일: 2022.7.15).

2006	재무행정법 개정 (Financial Administration Act)	• 캐나다 정부의 재무행정과 공기업에 대한 통제 • 정부 부처의 지출계획과 관련한 재무위원회 역할 등 규정 • 정부 부처가 추진 중인 사업의 효과성과 적정성 5년 주기 검토
2007	지출관리시스템 (Expenditure Management System)	• 모니터링 및 평가를 포함한 조직 사업의 포괄적 성과관리체계 • 중앙의 모니터링 및 평가 요구사항에 대한 부처의 순응 수준을 모니터링하기 위한 도구 • 부처 및 기관의 부기관장의 연간 평가 참여
2009	평가에 대한 정책 (Policy on Evaluation)	• 연방정부 평가 기능과 관련한 기관의 역할과 책임을 구체화 • 재무위원회 장관은 전체적인 평가 기능 총괄, 평가수행 책임은 개별 부처와 기관이 담당 • 재무위원회 사무국의 역할을 효과적인 평가 방법 개발 및 지원, 범정부 평가 기능 역량 구축 지원, 범정부 우선순위 기반의 모니터링 등으로 규정
2016	결과에 대한 정책 (Policy on Results)	• 부처평가계획 수립 및 평가도구, 방법 적용에서 유연성 부여 적절성, 효과성, 효율성을 고려한 평가계획 수립 • 평가 유형을 형성평가, 총괄평가 외에도 경제성, 혁신, 사전평가 등으로 확대하고 유연한 활용

출처: Treasury Board of Canada Secretariat(2015.5.13: 37; 2000: 2; 2012; 2016.7.1a; 2020.11.20), Lahly(2010: 12–13), Financial Administration Act(2022.9.1), Federal Accountability Act(2011.12.31)를 토대로 저자가 재구성.

2. 운영체계

캐나다의 성과관리 운영체계는 평가 및 성과관리 업무를 총괄하는 재무위원회 사무국(Treasury Board Secretariat)과 부처의 평가계획과 결과보고서를 작성하고 지원하는 부기관장, 평가총괄관, 성과측정책임관, 사업담당자 등의 역할체계로 구분할 수 있다. 캐나다 연방정부의 성과관리 총괄기관인 재무위원회 사무국은 사무국의 평가 관련 권한을 규정한 재무행정법 Section 7에 따라 평가 및 성과관리와 관련한 정책을 수립・관리하고, 계획 수립부터 보고에 이르는 절차를 관리하며, 평가 대상 프로그램에 대한 성과지표 설계를 포함한 일련의 지침을 수립하고 부처를 지원하는 역할을 담당한다. 캐나다 재무위원회 사무국은 관리책임프레임워크(Management Accountability Framework: MAF)를 이용하여 연방정부 부처와 기관의 성과관리를 관리・감독한다(Treasury Board of Canada Secretariat, 2022.9.7).

각 부처는 '결과에 대한 정책(Policy on Results)' Section 1.4의 규정에 근거하여 부처결과프레임워크(Departmental Results Framework: DRF)를 작성하고, 부처계획(Departmental Plan)과 부처결과보고서(Departmental Results Report)에 포함하여 부처의 핵심 책임과 성과정보를 제시하여야 한다(Treasury Board of Canada Secretariat, 2016.7.1a). 이와 같은 캐나다 평가 및 성과관리 운영체계에 대해 법령체계, 조직 및 역할체계로 구분하여 살펴보고자 한다.

1) 캐나다 평가 · 성과관리 법령체계

캐나다의 평가 · 성과관리와 관련한 법령체계는 평가 · 성과관리와 관련한 재무위원의 책임을 명시하고 5년 주기의 효과성 검토 규정에 근거하여 성과관리 시행 근거를 마련하고 있는 재무행정법(Financial Administration Act)을 기반으로, 평가 · 성과관리와 관련한 재무위원회의 각종 정책 프레임워크, 정책, 명령, 표준, 지침 등으로 구성된다. 평가 · 성과관리 실무와 관련한 조직, 인력, 절차 등은 재무위원회가 주관하는 각종 정책도구를 근거로 구현된다. 재무위원회 정책에 대한 기반 프레임워크(Foundation Framework for Treasury Board Policies)는 재무위원회의 정책 도구의 목적을 "일관성 있는 범정부 관리 접근성 강화, 모든 정부 부처 운영과 관련한 중대한 위험요인 관리, 정직, 신중, 공정, 투명과 같은 공공서비스의 가치를 반영하고 이를 실행에 옮기기 위함"이라고 규정한다(Treasury Board of Canada Secretariat, 2008.6.24).[9]

정책 도구의 개발과 개선을 통한 효과성 및 책임성에 대해 '기반 프레임워크'에 규정된 다음의 네 가지 원칙은 캐나다 정부가 평가 · 성과관리 법령체계의 목적과 원칙을 담고 있다고 할 수 있다. 첫째, 평가 · 성과관리 과정의 모든 참여자의 역할, 책임, 예상되는 성과를 명확히 규정하고, 둘째, 예상되는 성과는 참여자의 기술이나 자원과 같은 역량과 균형을 이루어야 하며, 셋째, 정책 순응과 우수한 관리 성과를 제시하기 위해 신뢰할 만한 정보를 적시에 보고하고, 넷째, 평가 · 성과관리와 관련한 절차를 통해 정책 순응과 관리 성과를 감독하고 그 결과를 관리할 수 있어야 한다는 것이다(Treasury Board of Canada Secretariat, 2008.6.24). 이에 따라 캐나다의 평가 · 성과관리와 관련한 도구는 재정, 인적자원관리, 정보관리 및 정보기술, 자산, 확보된 서비스, 각종 공공서비스 등을 포괄하며 각 정책 도구별 주체와 법령상 의무는 아래의 〈표 4-2〉와 같이 구분된다(Treasury Board of Canada Secretariat, 2008.6.24).

---

9) Treasury Board of Canada Secretariat(2008.6.24). Foundation Framework for Treasury Board Policies(https://www.tbs-sct.canada.ca/pol/doc-eng.aspx?id=13616&section=html)(검색일: 2022.7.28).

표 4-2 캐나다 재무위원회 정책 도구 구조

도구	내용	대상	적용
정책 프레임워크 (policy framework)	정책 분야에 대한 포괄적인 맥락과 지침에 대한 공식 지침. 전략적 용어를 활용하여 재무위원회의 특정 정책과 여타의 도구를 이해할 수 있는 지원 구조 제공. 재무위원회가 특정 영역의 정책을 설정하는 이유를 설명	장관, 부기관장	구조
정책 (policy)	부처에 부여되는 특정 책임에 대한 공식적 지침. 부기관장과 소속 관료들이 무엇을 달성하여야 하는지 설명	장관, 부기관장	의무
명령 (directive)	부처가 취하여야 할 의무적 활동에 대한 공식적 지시사항. 부기관장 소속 관료들이 정책목표를 달성하는 방법을 설명	부문별 관리자, 기능별 전문가	의무
표준 (standard)	범정부적으로 이용되는 운영 및 기술적 측정, 절차, 실무. 관리자와 기능별 전문가들이 자신들의 책임 하에 수행하는 활동에 대한 방법을 구체적으로 설명		의무
지침 (guideline)	관리자와 기능 영역별 전문가들을 대상으로 하는 안내, 제언, 설명을 제공하는 문서		자율
도구 (tools)	우수사례, 핸드북, 홍보자료, 감사자료 등		자율

출처: Treasury Board of Canada Secretariat(2008.6.24). Foundation Framework for Treasury Board Policies(https://www.tbs-sct.canada.ca/pol/doc-eng.aspx?id=13616&section=html)(검색일: 2008.6.24).

이러한 '프레임워크'에 따르면, '결과에 대한 정책(Policy on Results)'은 캐나다 연방정부의 평가·성과관리 계획을 수립하는 단계부터 모니터링, 보고 단계 등 평가를 위한 일련의 과정에서 재무위원회 사무국, 연방정부 부처, 장관, 부기관장(deputy head), '공공서비스와 조달청(Public Services and Procurement Canada)' 등의 역할과 책임을 규정하는(Treasury Board of Canada Secretariat, 2016.7.1.a) 지침이라고 할 수 있다. '결과에 대한 정책'이 마련되면서, 성과측정, 평가, 혁신 문화를 강화하기 위해 '결과'가 강조되고, 내각 위원회와 장관이 사업의 진행상황을 추적 및 보고하고, 효과성을 평가하며, 우선순위에 따른 자원배분을 위한 체계를 강화하고자 하였다(Results Division, 2019.10.24). 동 정책은 "범정부 결과 달성 수준의 향상"을 목표로 삼고 있으며, 부처의 성과달성목표와 방법을 명확히 하고, 정책과 사업 개선을 위한 결과 정보를 활용한 성과측정과 평가를 통해 최적의 자원배분, 의회와 대중에 대한 프로그램 성과의 투명한 제공을 위해 수립되었다(Treasury Board of Canada Secretariat, 2016.7.1a). '결과에 대한 정책' 문서는 시행일, 권한, 목표 및 기대 효과, 요구사항, 여타 정부조직의 역할, 적용, 관계 법률 및 정책 등의 항목으로 구성되며, 재무행정법 Section 7, 11.1, 42.1을 근거로 평가·성과관리 전 과정에서 장관을 비롯한 부기관장(deputy head)의 역할과 책임을 구체적으로 규정하고 있다(Treasury Board of Canada Secretariat, 2016.7.1a).

'결과에 대한 명령(Directive on Results)'은 '결과에 대한 정책'의 하위 규정으로, 동 정책이 '평가에 대한 정책'을 대체하면서 '평가 기능에 대한 명령(Directive on Evaluation Function)'과 '캐나다 정부를 위한 평가 표준(Standard on the Evaluation for the Government of Canada)'을 대체하였다(Treasury Board of Canada Secretariat, 2016.7.1b). '결과에 대한 명령'은 부처 내부의 평가·성과관리 과정에서 평가 담당 조직과 관료가 맡아야 할 역할과 책임을 구체적으로 규정하고 있다(Treasury Board of Canada Secretariat, 2016.7.1b).[10] 또한 '결과에 대한 명령'에는 총 다섯 개의 부록이 포함되어 있는데, 이 중 '부록 A'는 각 부처가 수립하는 부처결과프레임워크(Departmental Results Frameworks), 프로그램 목록(Program Inventory), 성과정보 프로파일 및 프로그램과 관련한 의무 절차, '부록 B'는 부처의 평가 대상, 부처평가계획, 진행 중인 보조 및 기여사업에 대한 평가, 평가결과 보고와 관련한 의무 절차를 규정한다(Treasury Board of Canada Secretariat, 2016.7.1b). '부록 C'는 평가 과정에서 요구되는 표준운영지침을 제시하며, '부록 D'는 의무적 결과와 성과지표 표준으로 재무관리, 인적자원관리, 정보관리, 정보기술관리, 부동산자산관리, 재물관리, 획득관리 등 내부서비스에 대한 표준성과지표[11]를 '부속서I'에 명시하고 있으며, 이러한 표준을 부처결과프레임워크, 프로그램 목록, 성과정보 프로파일, 프로그램 등과 함께 정교하게 담아내도록 요구하고 있다(Treasury Board of Canada Secretariat, 2016.7.1b).

2) 캐나다 평가·성과관리조직 및 운영체계

캐나다의 평가·성과관리 운영체계는 범정부 차원의 평가체계와 부처 차원의 평가체계로 구분할 수 있다. 범정부 차원의 평가체계는 재무위원회의 위임을 받은 재무위원회 사무국이 캐나다 '재무행정법'과 '결과에 대한 정책'을 근거로 중앙이 주도하는 평가

10) '성과측정과 평가위원회(The Performance Measurement and Evaluation Committee)', '성과측정 책임관(heads of performance measurement)', '사업 담당관(program officials)', '평가책임관(heads of evaluation)', '최고재무담당관(chief financial officer)', '최고정보담당관(chief information officer)', '최고인적자원담당관(chief human resource officer)'이 평가·성과관리 과정에서 맡아야 할 역할과 책임을 규정한다(Treasury Board of Canada Secretariat, 2016.7.1b).

11) 표준성과지표의 적용은 연간 예산이 300만 캐나다 달러 이상인 대규모 기관을 대상으로 한다 (Treasury Board of Canada Secretariat, 2016.7.1b).

그림 4-1 캐나다 평가 · 성과관리 주요 운영체계

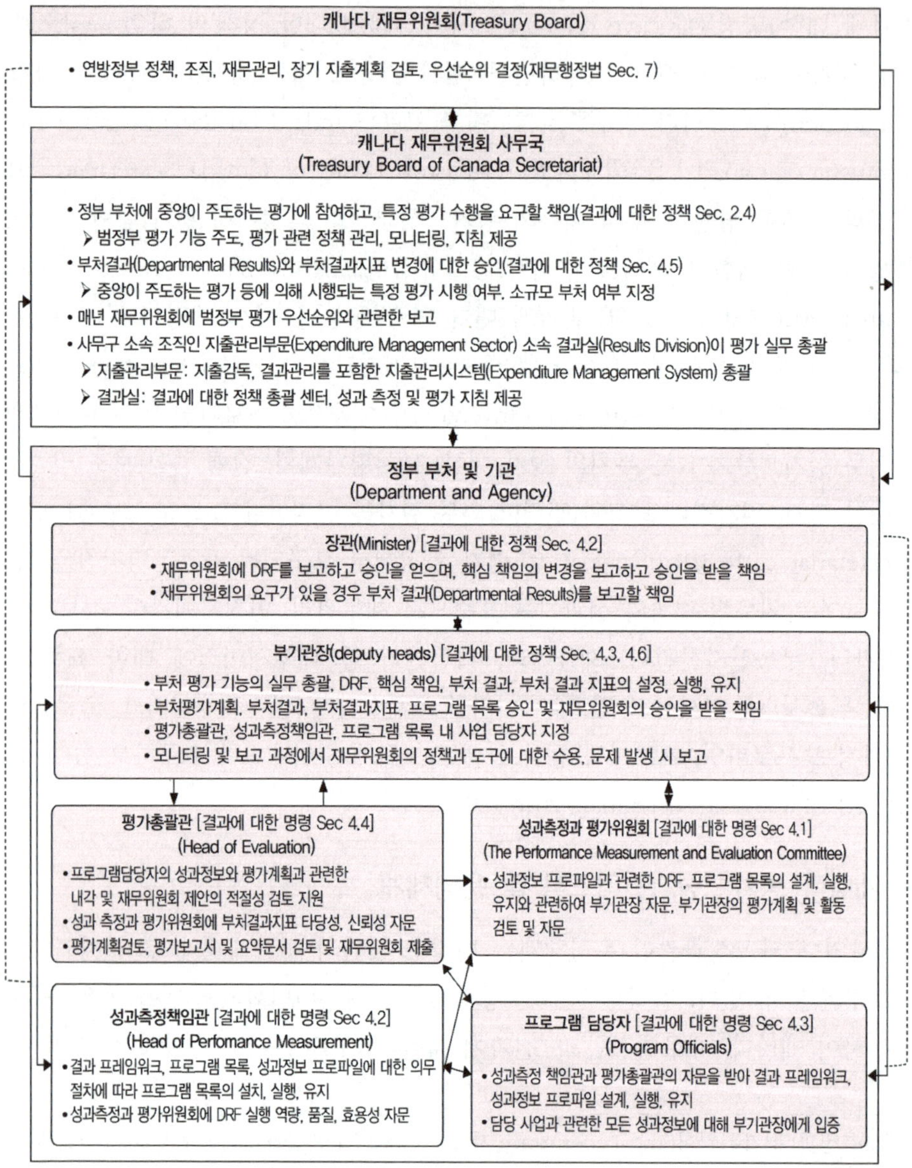

출처: Treasury Board of Canada Secretariat(2015.5.13: 9; 2016.7.1a; 2016.7.1b), Results Division(2019. 10.24.), Lahly(2010); Financial Administration Act(2022.9.1)의 자료와 법률 및 정책 조항을 토대로 저자가 작성.

체계를 총괄하며, '결과에 대한 정책' Section 2.4와 Section 4.5에 따라 각 부처와 부처 소속 부기관장 등을 대상으로 평가와 관련한 정책의 지침을 제공하며, 부처평가 계획을 승인하고, 평가 과정에서의 모니터링 및 결과를 보고받아 재무위원회에 보고한다(Treasury Board of Canada Secretariat, 2016.7.1a). 재무위원회 사무국의 평가 담당 부서는 결과실(Results Division)이며, '결과에 대한 정책' 수립 이후 기존 '평가에 대한 정책'에 따라 운영하였던 평가전문센터(the Center of Excellence for Evaluation)의 주요 역할을 대체하였다(Government of Canada, 2021.8.12). 결과실은 재무위원회 사무국의 지출관리시스템(Expenditure Management System)을 총괄하는 지출관리부문(Expenditure Management Sector) 소속 부서로 '결과에 대한 정책'에 대한 범정부 차원의 실행을 총괄하며 각 부처의 성과측정과 평가와 관련한 지침을 제공한다(Result Division, 2019: 2).

각 연방정부 부처와 기관은 캐나다 재무위원회 사무국의 정책과 지침에 따라 평가 실무를 수행하며 계획의 수립, 변경 과정에서 재무위원회 사무국의 승인을 받아야 하며, 타당성 있는 평가결과를 도출하여 재무위원회에 보고하여야 한다(Treasury Board of Canada Secretariat, 2016.7.1a). 부처의 평가 · 성과관리의 핵심책무는 부기관장(deputy head)이 담당한다.[12)]

캐나다 평가 · 성과관리 과정에서 부기관장의 역할은 캐나다 재무위원회에 대한 책임, 부처 내부의 평가 · 성과관리 책임으로 구분된다. 첫째, 부기관장은 '결과에 대한 정책'의 Section 4.3에 따라, 재무위원회의 명령 및 지침을 준수하여, 부처결과프레임워크(Departmental Results Framework)에 포함된 핵심 책임(Core Responsibility), 프로그램 목록(Program Inventory), 부처결과(Departmental Results)를 비롯하여 성과정보 프로파일 및 지표의 설계 및 변경에 대해 재무위원회 사무국에 관련 정보를 제공하여 승인을 받고, 5년 단위의 부처평가계획(departmental evaluation plan) 수정사항을 재무위원회 사무국에 적시에 제공하여 승인을 얻어야 한다(Treasury Board of Canada Secretariat, 2016.7.1a). 또한 부기관장은 모니터링과 보고 과정에서 '결과에 대한 정책' Section 4.6에 따라 '재무위원회 정책에 대한 기반 프레임워크'에 따른 '정책'과 '도구'의 준수 여부

12) 차관을 포함하는 캐나다 정부 부처와 기관의 부기관장에 대한 지침(Guidance for Deputy Ministers)은 부기관장이 장관을 보좌하며, 부처의 자금 및 자산, 인적자원관리, 공식 언어, 가치와 윤리, 하원에 대한 지원의 책임을 지니고 있음을 명시하고 있다. 동 지침에 따르면, 부기관장은 다양한 책무를 수행하며, 이 중 성과관리도 부기관장의 주요 책무로 규정하고 있다(Privy Council Office, 2017.12.13).

를 파악하여, 문제점에 대해 재무위원회 사무국에 보고하여야 한다(Treasury Board of Canada Secretariat, 2016.7.1a).

둘째, 부처 내부의 책임과 관련하여, 부기관장은 '결과에 대한 정책' Section 4.3.1과 4.3.3에 따라 부처 내부의 평가・성과관리를 위한 부처결과프레임워크를 설계, 실행, 유지를 총괄하며, 성과측정과 평가위원회(the Performance Measurement and Evaluation Committee)의 위원장으로서 부처성과를 감독한다(Treasury Board of Canada Secretariat, 2016.7.1a). 이를 위해 부기관장은 '결과에 대한 정책' Section 4.3.5, 4.3.6, 4.3.12에 의거하여 평가총괄관, 성과측정책임관, 사업담당자를 지정하고, 부처평가계획, 부처결과프레임워크, 프로그램 목록, 성과측정지표, 성과정보 프로파일의 검증 및 승인을 총괄한다(Treasury Board of Canada Secretariat, 2016.7.1.a).

'결과에 대한 명령'의 Section 4.1부터 4.4까지는 '성과측정과 평가위원회', '성과측정책임관', '평가총괄관', '사업담당자'의 역할과 책임을 비롯하여, 부처결과프레임워크, 프로그램 목록, 성과정보 프로파일 등의 설계・운영・유지 방식을 규정하고 있다(Treasury Board of Canada Secretariat, 2016.7.1b). 첫째, '성과측정과 평가위원회'는 '명령'의 Section 4.1에 따라 성과정보 프로파일과 관련한 부처결과프레임워크, 프로그램 목록 등의 설계, 유지, 관리 과정과 부처평가계획, 평가보고서, 부처의 평가 역량과 품질, 효용성, 성과정보의 활용 등을 검토하고 부기관장을 자문하는 역할을 담당한다(Treasury Board of Canada Secretariat, 2016.7.1b).

둘째, '성과측정책임관(head of performance measurement)'은 '결과에 대한 정책' Section 4.3.5와 '결과에 대한 명령'의 Section 4.2에 따라 결과 프레임워크, 프로그램 목록, 성과정보 프로파일과 관련한 의무 절차를 준수하여 프로그램 목록을 설계・운영・유지할 책임을 지니며, 재무위원회의 성과정보 접수 여부, 성과정보 프로파일의 프로그램별 실행 여부를 파악하고, '성과측정과 평가위원회'에 프로그램 목록과 관련된 성과측정 데이터의 활용성, 품질, 효용성을 매년 1회 이상 보고하며 관련 자문을 제공하여야 한다(Treasury Board of Canada Secretariat, 2016.7.1b).

셋째, 평가 실무를 총괄하는 '평가총괄관(head of performance measurement)'은 '명령'의 Section 4.4에 따라, 프로그램 담당자의 성과정보 및 평가계획과 관련하여 내각과 재무위원회에 제출하는 제안의 검증 과정을 지원하며, 평가의 효용성을 포함한 성과정보 프로파일의 지표와 정보의 활용성, 품질, 타당성, 신뢰성에 대해 프로그램 담당자에게 자문을 제공한다(Treasury Board of Canada Secretariat, 2016.7.1b). 평가총괄관은

'명령'의 Section 4.4.2와 4.4.4에 따라 '성과측정과 평가위원회'에 부처결과프레임워크에 포함된 부처결과지표의 타당성과 신뢰성에 대한 자문을 제공하며, 평가 권고사항에 따라 승인된 관리 실행계획의 집행, 학습된 교훈과 개선 활동 등과 관련한 평가의 영향, 부처평가계획에 설정된 평가의 이행, 성과정보의 활용성, 품질, 효용성 등을 보고하고, Section 4.4.6에 따라 부처평가계획에 대한 부기관장의 승인을 얻어 위원회의 승인을 위한 검토 및 권고를 수행한다(Treasury Board of Canada Secretariat, 2016.7.1b). 이 밖에도 평가총괄관은 5년 기간의 부처평가계획 수립 과정에서 재무위원회의 자문을 받으며(Section 4.4.14), 평가 의무 절차(Mandatory Procedure for Evaluation)와 평가 표준(Standard on Evaluation)에 따라 평가를 수행하는지 확인하고(Section 4.4.13), 평가보고서와 요약문서를 재무위원회에 제출하는(Section 4.4.9) 등의 책임을 수행한다(Treasury Board of Canada Secretariat, 2016.7.1b).

넷째, 부기관장이 지정하는 '프로그램 담당자'는 '명령'의 Section 4.3.1에 따라, 결과프레임워크, 프로그램 목록, 성과정보 프로파일과 프로그램에 대한 '의무 절차'와 '의무적 결과와 성과지표'에 대한 표준에 따라 설계된 성과정보 프로파일을 설계 · 실행 · 유지할 책임을 지니며, 그 과정에서 성과측정책임관과 평가총괄관의 조언을 받으며, 프로그램 관리와 효과성 및 효율성 평가와 재무위원회 성과정보 요구사항에 부합하는 평가를 위해 수집된 성과데이터의 타당성, 신뢰성, 유용성을 확인한다(Treasury Board of Canada Secretariat, 2016.7.1b). 또한 '프로그램 담당자'는 '명령'의 Section 4.3.2와 4.3.3에 따라, 재무위원회에 제출되는 성과정보 검증서류를 부기관장에게 제출해야 하며, 평가 및 평가계획 수립 과정에서 평가총괄관 및 평가자와 협업할 책임을 지닌다(Treasury Board of Canada Secretariat, 2016.7.1b).

제2절

캐나다 평가 · 성과관리 주요내용

1. 평가 · 성과관리의 이슈 및 구조

1) 캐나다 평가 · 성과관리 이슈

캐나다 정부는 평가를 "장점과 가치를 판단하기 위한 증거의 체계적이고 중립적인 수집과 분석"으로 정의한다(Treasury Board of Canada Secretariat, 2020.11.20). 보다 구체적으로 평가는 "의사결정, 개선, 혁신, 책무성 확보를 위한 정보 제공으로서, 프로그램, 정책, 우선순위에 초점을 두고 있으나, 이용자의 요구에 따라 다른 조직, 주제, 이슈를 검토할 수 있으며, 적절성, 효과성, 효율성과 관련한 질문을 검토하고, 사회과학적인 방법을 적용"한다고 명시하고 있다(Treasury Board of Canada Secretariat, 2020.11.20). 캐나다 정부의 평가 제도는 프로그램 관리자가 담당 프로그램의 결과를 달성할 수 있도록 지원하고, 내각에 대한 제안, 재무위원회 제출자료, 지출관리를 위한 정보를 제공하며, 의회와 캐나다 시민들에게 부처가 달성한 결과의 소통을 지원하고, 조직 내부의 혁신과 학습을 촉진함으로써 의사결정과 혁신, 책무성을 확보하기 위한 목적을 지니고 있다고 할 수 있다(Government of Canada, 2021.8.12). 이에 캐나다의 평가 · 성과관리 제도의 이슈를 살펴보기 위해 평가에 대한 정의와 목적 달성을 위해 기존 혹은 현재의 평가제도가 적절하게 작동하고 있는지에 대한 검토를 할 필요성이 있다.

(1) '평가에 대한 정책'으로부터 '결과에 대한 정책'으로의 전환

캐나다의 평가 · 성과관리 제도는 2016년 '결과에 대한 정책'이 수립되고, 기존의 '평가에 대한 정책'을 대체한다. 캐나다 재무위원회 사무국이 발간한 '2009 평가에 대한 정책 평가(Evaluation of the 2009 Policy on Evaluation)'는 이와 같은 변화의 필요성으로서, 상위 프로그램 구조와의 정합성, 효율성과 경제성에 대한 정보 수요와 평가의 불일치, 평가 활용과 영향에 대한 개선 필요성 등을 제시하고 있다(Treasury Board of Canada Secretariat, 2015.5.13). 이에 따라 2016년 '결과에 대한 정책'으로 전환된 캐나다의 평가 · 성과관리 제도는 주기적인 평가를 강화하면서도, 평가의 쟁점에 따라 적합한 평가방식을 적용하고, 평가 유형도 방식을 확대하여 유연하게 활용하도록 하고 있으며

(Treasury Board of Canada Secretariat, 2020.11.20), 이러한 정책적 변화는 오늘날 캐나다 평가・성과관리 제도의 주요 이슈로 자리매김하고 있다.

(2) '평가에 대한 정책'에 대한 평가

2009년 수립된 '평가에 대한 정책'은 2001년 '평가 정책(Evaluation Policy)'을 대체하며 기존의 평가 이슈인 적절성, 성공, 비용-효과성으로부터 프로그램에 대한 지속적 수요, 정부 우선순위와의 연계성, 연방정부 역할 및 책임과의 연계성이라는 세 가지 적정성과 예상되는 결과의 달성, 자원의 효용성으로 평가 이슈를 전환한다(Treasury Board of Canada Secretariat, 2015.5.13: 38-39). '2009 평가에 대한 정책 평가' 보고서는 2009년 이후 시행된 '평가에 대한 정책'의 결과를 16가지로 정리하여 제시하고 있으며(Treasury Board of Canada Secretariat, 2015.5.13), 이 중 '결과에 대한 정책'으로 전환되는 계기가 되었던 주요 이슈를 평가의 활용, '평가에 대한 정책'에 따른 평가 요구사항의 적용, 성과측정으로 구분하여 정리하면 다음과 같다.

첫째, '평가에 대한 정책'은 기존 '평가 정책'과 비교하여 평가의 활용성이 개선되고, 새로운 프로그램을 설계하고 효과성 검증을 통한 사업 개선을 위한 의사결정에서의 활용을 전반적으로 확대하는 데 기여하였으나, 평가 과정 및 활용에 참여하는 이해관계자의 균형 있는 평가 활용은 사업의 구조, 프로그램별 특성, 자원의 제약 등의 요인에 의해 제한적이었다. 평가의 활용은 주로 정책과 프로그램의 개선을 지원하기 위해 이루어졌고(Treasury Board of Canada Secretariat, 2015.5.13: 19), 의사결정을 지원하기 위한 평가의 활용이 증가하면서 범정부 차원의 문화가 평가에 가치를 부여하고 이를 활용하는 방향으로 전환되고 있었다(Treasury Board of Canada Secretariat, 2015.5.13: 20). 또한 '평가에 대한 정책'을 통해 부기관장과 고위 관리자의 평가 요구는 전반적으로 적절하게 대응되었고, 고위 관리자가 높은 수준의 의사결정을 하기 위한 전략적 통찰력을 이끌어낼 수 있도록 해주었으나, 동 정책의 요구사항에 부합하기 위해 노력을 전개하는 과정에서 상위 관리자의 당면한 요구에 대한 평가 부서의 대응력은 상대적으로 취약하였다(Treasury Board of Canada Secretariat, 2015.5.13: 15).

'평가에 대한 정책'은 프로그램 관리자의 수요와 일부 프로그램에 대한 최초 평가 과정에서 전반적으로 긍정적인 영향을 미쳤으나, 광범위한 사업군과 상위 수준의 프로그램 배열 구조의 일부로 평가하는 프로그램의 경우 프로그램 관리자들의 요구와 부합하지 않는 경우가 있었다(Treasury Board of Canada Secretariat, 2015.5.13: 16). 중앙 부처는 평가를 통해 새로운 지출 프로그램을 제안하고, 기존 프로그램을 갱신하거나, 지출 검토를 하는 등 지출관리 활동에 대한 정보 제공에 있어 평가의 활용성이 점차 증가한다고 인식하고 있었으나, 프로그램의 효율성이나 경제성 측면의 정보는 충분하지 않은 것으로 나타났다(Treasury Board of Canada Secretariat, 2015.5.13: 17). 또한 '평가에 대한 정책'은 기존 정책과 비교하여 활용 범위가 넓으나, 시행되는 평가의 적시성, 범위, 초점 등은 이용자의 수요와 밀접하게 연계되어 그 활용과 영향을 개선할 필요성이 제기되었다(Treasury Board of Canada Secretariat, 2015.5.13: 18). '평가에 대한 정책' 이후 부처의 평가 활용에 미친 가장 긍정적인 영향은 평가 기능의 거버넌스와 리더십과 관련한 정책 요소였으나, 자원 및 평가 시기와 관련한 정책 요소는 평가를 방해하는 요인으로 작용하는 것으로 나타났다(Treasury Board of Canada Secretariat, 2015.5.13: 20). 각 평가 단계의 이해관계자는 모든 평가 이용자들의 요구사항을 아우르고, 모든 '정책'이 지향하는 모든 목표를 달성할 경우의 장점을 인식하고 있었으나, 개인별 평가는 활용성이 낮다는 한계가 있었다(Treasury Board of Canada Secretariat, 2015.5.13: 24).

둘째, '평가에 대한 정책'의 요구사항은 종합적인 평가시행과 활용을 제약하는 요인으로 작용하고 있었다. '2009 평가에 대한 정책 평가'에 따르면, '평가에 대한 정책'은 직접 프로그램 지출을 포괄하여 평가하고, 5년 주기로 평가를 시행하며, 다섯 가지 핵심 이슈에 대한 검토라는 핵심적인 정책 요구사항을 담고 있는데, 평가수행을 위한 자원이 제한되어 세 가지 핵심 요구사항이 복합적으로 작용하여 종합적인 시행을 가로막는 요인이 되고 있었으며, 특히 대부분 부처에서 5년 주기의 평가 요구는 평가실행을 가장 어렵게 하는 요인인 것으로 나타났다(Treasury Board of Canada Secretariat, 2015.5.13: 23). 5년 주기의 평가는 프로그램의 특성과 이용자의 요구에 따라 장・단점이 드러나는데, 특정 프로그램의 평가 효용성을 최적화하기 위해 장기, 단기, 혹은 조정된 주기가 필요한 것으로 파악되었다(Treasury Board of Canada Secretariat, 2015.5.13: 26). 다섯 가지 평가 핵심 이슈[13]는 평가와 관련한 주요 이슈를 적절하게 포괄하고 부처 간, 시점 간 비교를 가능하게 하는 일관성 있는 틀을 제공하고 있으나, 일부 핵심 이슈는 평가와 평가 이용자의 유형에 따라 적절성에 대한 인식이 다양하게 나타났다(Treasury Board of Canada Secretariat, 2015.5.13: 28).

13) '결과에 대한 정책'에 따른 다섯 가지 핵심 이슈는 ① 지속적인 수요, ② 우선순위와의 연계성, ③ 연방정부 역할과의 연계성, ④ 예상되는 결과의 달성, ⑤ 효율성과 경제성 제시이다(Treasury Board of Canada Secretariat, 2015.5.13: 29, 38-39).

셋째, 효율성 · 경제성 측면에서의 성과정보와 장기적인 관점에서 전략적 의사결정을 위한 활용은 제한적인 것으로 나타났다. 프로그램 성과측정 데이터의 활용성과 품질의 부적절성과 구조화된 재정 데이터와의 호환성 부족 문제는 프로그램의 효과성, 비용-효과성을 포함한 효율성, 경제성에 대한 평가를 제공하는 과정에서 평가자를 제약하고 있었으며, 중앙기관과 고위 관리자는 프로그램의 효율성과 경제성에 대한 적절한 정보를 요구하고 있었다(Treasury Board of Canada Secretariat, 2015.5.13: 33). 또한 정책 성과를 측정하기 위한 체계와 도구를 활용하여 직접적이고 즉각적으로 평가 활용수준을 명확히 파악할 수 있도록 하였으나, 간접적이고 장기적이며 보다 전략적인 활용수준을 파악하기에는 한계가 있었고, 평가 이용자들에게 평가의 효용성에 대한 확신을 심어주기에도 제한적이었다(Treasury Board of Canada Secretariat, 2015.5.13: 34). 또한 '평가에 대한 정책'의 요구사항과 감사를 비롯하여 감독 및 검토를 위한 여타의 형식은 중복성과 업무 부담을 초래하였다(Treasury Board of Canada Secretariat, 2015.5.13: 35).

이러한 분석을 토대로 보고서는 기존의 '평가에 대한 정책'의 개선을 위해 다음의 사항을 제안한다. 보고서는 첫째, 부처의 평가 활용에 긍정적인 영향을 미친 평가 기능의 거버넌스와 리더십을 재확인하고 이를 지속하고, 둘째, '평가에 대한 정책'의 핵심 요구사항에 유연성을 부여하고, 부처가 지출에 대한 주기적인 평가방식, 개별 평가의 시점, 개별 평가에서 검토하여야 할 이슈 결정 시 평가 이용자 그룹의 수요 범위를 파악하고 고려할 필요성을 제안하였다(Treasury Board of Canada Secretariat, 2015.5.13: 37). 셋째, 평가 과정에서의 협업 필요성도 강조하였다. 특히 보고서는 부처와 중앙기관 내 이해관계자와 부처 기획 과정의 지침을 제공하는 기준을 수립할 때 공동 작업을 수행함으로써, ① 조직의 모든 지출에 대해 조직의 핵심 이슈에 따른 평가를 고려하도록 하고, ② 부처 내 · 외부의 핵심 평가 이용자들이 기획과 관련한 의사결정을 이해할 수 있도록 하며, ③ 다른 감독 기능의 기획 활동이 고려되도록 함과 동시에 ④ 평가의 범위와 개별 평가 시 제기되는 범주 · 시기 · 이슈와 관련한 선택의 이유가 부처평가계획에 투명하게 드러나도록 요구하였다(Treasury Board of Canada Secretariat, 2015.5.13: 37). 넷째, 보고서는 프로그램 효과성, 효율성, 경제성 평가 과정에서 부처의 평가 기능을 보다 적절하게 지원할 수 있도록 통합적인 접근을 개발하기 위해 사무국의 정책 센터가 성과측정 데이터와 재정관리 데이터의 수집 및 구조화 과정에 참여하도록 권고하였다(Treasury Board of Canada Secretariat, 2015.5.13: 37).

(3) '평가에 대한 정책'의 평가 이슈

'결과에 대한 정책'은 이러한 권고사항에 근거하여 평가에 유연성을 부여하고, 평가의 활용성 향상, 참여자의 이해 제고, 제도의 개선을 위해 수립되었다. '결과에 대한 정책'은 부처평가계획 수립의 유연성 부여, 보조금 및 기여 프로그램(Programs of Grants and Contributions: Gs&Cs)에 대한 평가, 적절성, 효과성, 효율성을 우선 고려한 평가계획 수립, 대규모 부처의 연간 부처평가계획(Departmental Evaluation Plan: DEP)[14] 수립 과정에서 중앙기관과의 협의, 평가결과 요약 보고 및 게시 등을 의무화하고 있다(Treasury Board of Canada Secretariat, 2020).[15] 보조금 및 기여 프로그램에 대한 평가는 재무행정법 Section 42.1에 따라 5년 평균 지출 규모가 연간 500만 캐나다 달러 이상일 경우 평가를 하여야 하며, 그 미만일 경우 평가를 면제하지만, 수요, 위험, 우선순위에 따라 '주기적' 평가를 고려하여야 한다(Treasury Board of Canada Secretariat, 2020). 캐나다 재무위원회 사무국이 제시한 '평가 101 배경 설명(Evaluation 101 Backgrounder)'의 부속서 A는 '평가에 대한 정책'과 '결과에 대한 정책'을 평가 적용 대상, 범위, 유형, 방법별로 아래의 〈표 4-3〉과 같이 비교하여 제시하고 있다.

표 4-3 '결과에 대한 정책'과 '평가에 대한 정책' 평가 요구사항 비교

구분	평가에 대한 정책(2009)	결과에 대한 정책(2016)
적용 대상	• 현재 진행 중인 보조 및 기여 프로그램(Gs&Cs)을 포함한 모든 직접 프로그램 지출을 최소 5년에 한 번 평가하여야 하며, DEP에 반영하여야 함	• 모든 정부 부처의 지출을 주기적으로 평가하여야 함 • 5년 평균 지출이 500만 캐나다 달러 이상인 모든 보조 및 기여 프로그램(Gs&Cs)을 재무행정법 Section 42.1에 따라 평가하여야 함 • 5년 주기로 DEP에 다음의 항목을 포함하여야 함 – 5년 평균 지출이 500만 캐나다 달러 이상인 모든 Gs&Cs 프로그램 – 재무위원회 제출 문서(Treasury Board Submissions)에 포함되는 모든 평가 – 중앙이 요구하는 평가와 요구되는 지원 활동

14) '결과에 대한 정책' Section 4.3.15에 따라 각 부처는 5년 주기의 부처평가계획(Departmental Evaluation Plan)의 수정계획을 재무위원회 사무국에 제출하여야 한다(Treasury Board of Canada Secretariat, 2016.7.1a. Policy on Results, Section 4.3.15)(검색일: 2022.7.15).

15) Treasury Board of Canada Secretariat(2020.11.20). Evaluation 101 Backgrounder(https://www.canada.ca/en/treasury-board-secretariat/services/audit-evaluation/evaluation-government-canada/evaluation-101-backgrounder.html)(검색일: 2022.7.15).

		– 프로그램 인벤토리, 부처결과프레임워크(Departmental Results Frameworks), 부처 혹은 정부 우선순위, 정책 및 관련 도구에서 고려되는 프로그램의 수요, 위험, 우선순위에 기초하여 부처가 자체적으로 정의한 평가
범위	• 모든 평가는 다음의 다섯 가지 핵심 쟁점을 포함하여야 함 – 적절성 1. 프로그램에 대한 지속적 수요 2. 정부 우선순위와의 연계성 3. 연방정부 역할과 책임과의 연계 성과 4. 예상되는 결과의 달성 5. 효율성 및 경제성	• 평가는 쟁점에 따라 평가의 목적에 부합하는 방식으로 적절성, 효과성, 효율성을 고려하여야 함 – 5년 평균 지출이 500만 캐나다 달러 이상인 모든 Gs&Cs 프로그램은 이 세 가지 요소를 다루어야 함
유형	• 평가 유형은 다음의 두 가지 접근방식으로 엄격하게 제한함 – 전달평가(형성평가) – 결과평가(총괄평가)	• 평가 유형을 확대하고 유연하게 활용함 – 전달평가(형성평가) – 영향(결과 혹은 총괄평가) – 경제성 – 혁신 – 변화이론 – 사전평가 – 기타
방법	• 정량적, 정성적 평가 모두 복수의 증거를 제시	• 정량적, 정성적 평가 모두 복수의 증거 제시

출처: Treasury Board of Canada Secretariat(2020.11.20) Evaluation 101 Backgrounder.

'결과에 대한 정책'으로의 변화는 오늘날 캐나다의 평가 및 성과관리체제에서 다음과 같은 평가 이슈가 제기됨을 의미한다. 첫째, 부처의 핵심적인 정책을 중심으로 한 평가 구조의 변화와 유연성 제고이다. '평가에 대한 정책'에서 요구하던 보조 및 기여 프로그램 대상 평가를 주기적으로 수행하되, 원칙적으로 5년 평균 지출이 500만 캐나다 달러 이상의 프로그램으로 한정 함으로써 부처와 기관의 핵심 프로그램을 중심으로 평가를 강화하게 되었음을 의미한다. 이는 조직의 핵심 이슈와 지출을 연계한 평가 활용과 핵심 요구사항에 유연성을 부여하도록 한 '평가에 대한 정책에 대한 평가' 보고서의 권고(Treasury Board of Canada Secretariat, 2015.5.13: 37)에 따른 것이다. 부처결과프레임워크에 핵심 책임(Core Responsibility)을 명시하고, 책임의 달성 수준을 나타내는 결과와 평가지표를 기준으로 프로그램 목록을 작성하도록 한 '결과에 대한 정책'의 요구사항에서도 이러한 변화를 추론할 수 있다.

둘째, 평가 주체 간 의사소통을 기반으로 다양한 평가 수요를 반영하기 위한 평가 범위의 유연성이다. 기존 '평가에 대한 정책'은 다섯 가지 핵심 이슈를 평가에 포함하여야 하였으나, '결과에 대한 정책은' 쟁점과 평가 목적에의 부합성을 기준으로 적절성, 효과성, 효율성의 세 가지 이슈를 검토하도록 요구하고 있다. 또한 모든 평가를 대상으로 하였던 기존 평가 정책과는 달리 '결과에 대한 정책'은 5년 평균 지출이 500만 캐나다 달러 이상인 프로그램에 대해 세 가지 이슈를 다루도록 요구하고 있다는 점에서 프로그램의 특성에 따른 이슈의 유연한 적용으로 변화가 이루어졌음을 시사한다.

셋째, 변화된 정책은 평가 이해관계자의 평가 활용 강화를 위해 참여와 소통을 강조하고 있다. '평가에 대한 정책에 대한 평가' 보고서는 여러 평가 이용자들이 의사결정 등의 평가 활용성 향상을 요구하고 있는데(Treasury Board of Canada Secretariat, 2015. 5.13: 37), '결과에 대한 정책'은 이를 구현하기 위해 기존 정책의 거버넌스와 리더십을 유지하면서도 평가계획 수립과 모니터링, 보고 과정에서 재무위원회, 부기관장, 성과측정과 평가위원회 등의 자문 및 검토 기능을 강화하고 있는 것으로 판단된다.

넷째, 평가의 방법 측면에서 활용성 제고를 위해 기존 정책의 전달평가 및 결과평가 외에도 경제성 평가, 혁신평가, 사전평가 등의 새로운 평가 유형을 적용하고 프로그램의 특성, 시점, 평가 이해관계자의 평가 활용 요구 등에 따라 유연한 활용을 강조하고 있다. 이는 고위 관리자의 요구사항을 반영하여 효율성·경제성 측면에서 의사결정을 위한 활용성을 향상하고, 이용자의 수요를 반영하여 평가의 시기와 적시성, 범위 등에 있어 유연성을 높이고자 한 것이라 할 수 있다.

2) 캐나다 평가·성과관리 구조

캐나다의 평가·성과관리는 재무위원회와 재무위원회 사무국이 주관하는 범정부 수준의 평가 프레임워크와 정책, 그리고 성과계획 수립과 실행 및 보고 과정으로 구성된 개별 부처와 기관 수준의 평가체계로 구성된다. 관리책임프레임워크와 부처의 결과프레임워크를 비롯한 성과관리체계는 영역별 측정 도구를 중심으로 연계된다. 관리책임프레임워크는 성과모니터링을 위해 재무위원회가 사용하는 일종의 도구로서 6개의 평가 영역으로 구성되며, 각 평가 영역 중 결과관리 영역은 부처의 결과프레임워크의 성과지표에 대한 성과정보 프로파일 등과 연계되고, 부처결과보고서에 포함되는 내부관리지표는 나머지 5개 영역의 평가 영역과 연계된다. 이러한 평가·성과관리체계를 기반으로 재무위원회 사무국의 정책과 지침을 각 부처의 평가계획 수립, 평가 활동, 그리고 보고 실무가 구현된다고 할 수 있다.

(1) 관리책임프레임워크

관리책임프레임워크(Management Accountability Framework)는 재무위원회가 연방정부 부처와 기관의 관리 성과를 모니터링하기 위한 도구이다(Treasury Board of Canada Secretariat, 2022.9.7). 관리책임프레임워크의 목표는 ① 조직 내의 향상이 필요한 영역과 강점에 대한 정보를 제공하여 부기관장의 책무성 지원, ② 정책집행과 실행 상태에 대해 재무위원회 사무국에 대한 정보 제공, ③ 범정부 관리 역량의 향상, ④ 관리 우선순위에 따른 관리 성과와 진도에 대한 이해이다(Treasury Board of Canada Secretariat, 2022.9.7).

관리책임프레임워크는 캐나다 재무위원회의 정책과 더불어 장관과 부기관장이 담당부처에 대한 감독 책임을 이행하기 위한 두 가지 핵심 도구 중 하나이다(Treasury Board of Canada Secretariat, 2008.6.24). 관리책임프레임워크는 종합적인 관리 성과를 평가하기 위해 이용되며, 재무위원회 정책에 포함된 요구사항을 기준으로 설계된 지표를 이용하여 각 성과의 구성요소를 평가한다(Treasury Board of Canada Secretariat, 2008.6.24). 2022년 기준, 관리책임프레임워크의 평가는 재정관리, 인사관리, 정보관리/정보기술과 서비스관리, 결과관리, 보안관리, 획득 서비스 및 자산관리의 영역으로 구분되며, 기관의 규모와 의무사항 등에 따라 일부 기관은 특정 평가 영역의 평가가 제외된다(Treasury Board of Canada Secretariat, 2022.9.7).

재무위원회 사무국은 관리책임프레임워크의 각 평가 영역에 대해 설문조사지를 개발 및 배포하고, 기관이 응답한 결과를 검토 및 평가하여 결과를 통보한다(Treasury Board of Canada Secretariat, 2022.9.7). 2021~2022 기준 관리책임프레임워크의 평가 영역 중 '결과에 대한 정책'에 따른 성과관리 관련 영역은 '결과관리' 영역으로 총 4개 문항으로 구성되어 있으며, 성과정보 프로파일의 측정 정보 품질 수준, 성과 다양성에 영향을 미치는 자료수집 계획을 지닌 프로그램 목록 내 프로그램 비율, 개선 결과를 파악하기 위한 실험 진행 여부, 실험하였을 경우 의사결정을 위한 정보 제공 활용 여부 등을 묻고 있다(Treasury Board of Canada Secretariat, 2021.12.23).

표 4-4 관리책임프레임워크(MAF)의 결과관리 영역 문항 예시

질문 #1
성과정보 프로파일(Performance Information Profile: PIP) 측정 정보 품질은 어느 정도인가?

근거

재무위원회 '결과에 대한 정책'은 조직의 프로그램 목록(Program Inventory) 내 개별 프로그램에 최신의 성과정보 프로파일을 마련하도록 요구하고 있다. 프로파일에는 프로그램이 달성하고자 하는 목표, 프로그램 활동을 통해 기대되는 결과를 달성하는 방법, 그리고 프로그램에 상응하는 측정 및 평가 수요와 관련한 정보를 담고 있다.

PIP는 프로그램 관리자가 타당성, 신뢰성, 유용성을 갖춘 성과정보가 수집되고, 프로그램 관리에 이용 가능하며, 효과성과 효율성을 평가할 수 있도록 지원하는 핵심적인 관리도구이다. 일반적으로 PIP는 재무위원회 제출문서를 위한 결과 정보의 원천이며, 재무위원회 사무국은 PIP를 이용하여 재무위원회에 제출되는 지출 제안서의 전후 맥락을 파악하고, 도전적인 요소를 파악한다.

범주

☐ 정책조응 ☑ 성과 ☐ 기타

목표

표본 추출된 PIP 점수가 2.75 이상

계산 방법

재무위원회 사무국이 각 부처 PIP의 1/3을 무작위 표본 추출(최소 3개, 최대 10개)하여 수집
평가는 다음의 네 가지 요소를 기준으로 수행함:

1. 결과의 품질 – 30%
   기준:
   - 결과가 분명한가?(표현을 이해하기 쉬운가? 개념을 쉽게 해석할 수 있는가? 표현이 결과를 기술하고 있는가?)
   - 사업을 위한 자원, 기술된 목표 등과 관련하여 결과가 적절한가?
2. 지표의 품질 – 30%
   기준:
   - 지표는 타당한 방식으로 결과를 측정하는가?(즉 지표는 적절하며 통상적으로 측정하는 방식대로 결과를 실제로 측정하고 있는가?)
   - 지표는 포괄적인가?(즉 결과의 모든 중요한 측면을 측정하고 있는가?)
3. 명확히 연계된 프로그램 논리 – 15%
   기준:
   - 활동, 산출, 결과 등 핵심적인 요소가 포함되어 있는가?
   - 결과에 대해 분명한 논리적 전개가 이루어지고 있는가?
   - 산출과 다양한 결과 간의 연결성에 대한 설명이 명백한가?(프로그램 논리는 즉각적 결과, 중간 결과, 장기적 결과를 적절하고 분명하게 연결하고 있는가? 즉 어떤 즉각적인 결과의 달성이 하나 혹은 그 이상의 중간 결과를 달성하는 데 기여하는가?)

4. 지표의 속성의 완전성(자료원, 자료수집 빈도, 목표 가치, 목표 달성 기일) – 25%
기준:
- ㅇ각 지표에 대해 자료원과 빈도가 포함되어 있는가?
- ㅇ각 지표에 대해 목표와 목표 달성 기한이 포함되어 있는가?

각 PIP는 1점 "수용 불가"부터 5점 "매우 우수"까지 5점 척도로 총점이 부여됨

증거 자료원과 문서 제한

☑ 재무위원회 사무국 응답 항목

이 질문은 다음의 조직에 적용됨:

☑ 대규모 부처 및 기관

자료원: 성과정보 프로파일(PIPs)

자료수집일: 2021년 11월 29일

자료수집 방법: 문서 정보

증거: 재무위원회 사무국은 MAF 주기의 공식 개시 시점에 2021~2022 프로그램 인벤토리로부터 부처의 프로그램 목록을 무작위로 추출하여 부처에 제공함. 부처는 2021년 10월 29일까지 프로그램의 PIP를 제출함. PIP는 MAF 포털이 아닌 이메일을 통해 사무국에 제출되어야 함. 사무국은 PIP를 논의할 부처 담당자 정보를 요구함

문서 제한: N/A

평가 기한: 2021년 10월 29일까지

☐ 부처 및 기관 응답 항목

해당 없음

기타 재무위원회 사무국에만 해당되는 사항

정부 전체 평균:

이 지표는 정부 전체 평균값을 결정하기 위해 사용되는가? Yes

매년 분석 여부:

이 지표는 매년 분석이 가능한가? Yes

부처결과프레임워크(DRF):

이 지표는 재무위원회사무국 부처결과프레임워크에 사용되는가? Yes

참조문서

재무위원회 정책 참조 및 캐나다 정부 우선순위:

- 결과에 대한 정책 Section 4.3.5, 4.3.6
- 결과에 대한 명령 Section 4.2.3, 4.3

출처: Treasury Board of Canada Secretariat(2021.12.23). MAF 2021 to 2022 Results Management Methodology.

(2) 부처결과프레임워크

부처결과프레임워크(Departmental Results Framework: DRF)는 '결과에 대한 정책' Section 4.3.1과 '결과에 대한 명령' Section 4.2와 4.3에 근거하여 부처의 핵심 책임, 부처결과, 성과지표 및 프로그램 목록으로 구성된다(Treasury Board of Canada Secretariat, 2016.7.1b). 구체적으로 DRF에는 핵심 책임을 중심으로 부처결과(Departmental Results)와 성과지표가 정의되며, 부처결과에는 정부 우선순위 및 재무위원회가 규정한 위임명령 책무와의 관계가 포함되고, 부처결과에 대한 성과지표는 데이터 유형, 수집 주기, 자료원, 자료의 소유권자, 대상, 제한사항 등에 대한 정보, 부처의 질적 결과지표에 관한 기술이 포함된다(Treasury Board of Canada Secretariat, 2016.7.1b).

DRF와 프로그램 목록에는 범정부 우선순위와 여타 결과 및 지표의 구성요소를 포함하는 결과보고 구조가 연계되어 있으며, 범정부 우선순위는 즉각적인 목표에 초점을 둔 DRF와 프로그램 목록 결과의 일부에 해당한다(Results Division, 2019.10.24). DRF와 프로그램 목록, 그리고 범정부 우선순위와의 관계는 아래의 [그림 4-2]와 같다.

그림 4-2 부처결과프레임워크, 프로그램 목록, 범정부 우선순위와의 관계

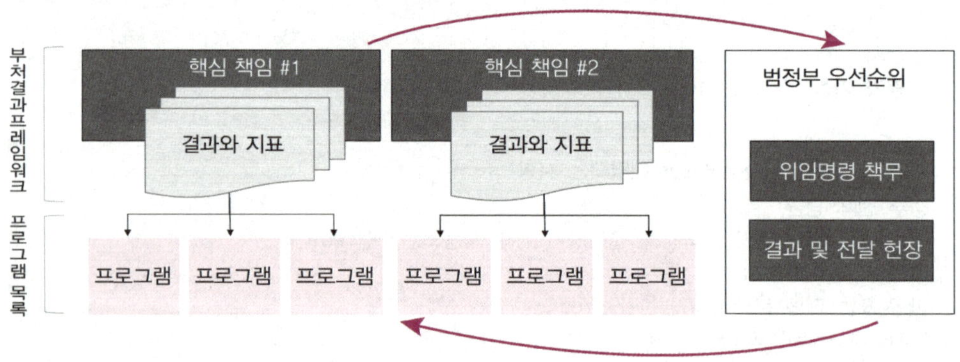

출처: Results Division(2019.10.24: 4). The Policy on Results(https://fmi.ca/wp-content/uploads/sites/4/2019/09/FMI-Capital-Chapter-October-24-2019-Presentation.pdf)(검색일: 2022.7.25). 한국행정연구원(2019: 121).

[그림 4-3]은 캐나다 외교부의 부처결과프레임워크를 제시하고 있다. 캐나다 외교부는 '국제적 우호와 외교', '무역과 투자', '개발, 평화, 그리고 안보 프로그래밍', '해외 캐나다인 지원', '캐나다의 해외진출 지원'의 다섯 가지 핵심 책임을 부처결과프레임워크

그림 4-3 캐나다 외교부 부처결과프레임워크와 프로그램 목록

핵심 책임 1: 국제적 우호와 외교

결과: 캐나다는 이해의 증진을 위한 건설적인 관계를 구축하고 유지한다.	지표: 진술된 목표와 부합하는 우호 캠페인의 비율
	지표: 우호적 목표에 부합하는 외교 활동 비율
	지표: 전략적 평화와 위험조사를 위해 협력한 국제 활동의 수
결과: 정의와 포용적 세계 구축을 위한 글로벌 이슈에 대해 캐나다의 리더십이 기여한다.	지표: 여성의 권익증진과 권리, 성평등에 대한 행사를 포함하는 캐나다 주관행사를 통한 인플루언서의 수
	지표: 국제 · 지역기구에서 수용된 캐나다 주도 결정의 수
	지표: 국제기구에서 캐나다가 리더십을 발휘하는 자릿수
결과: 캐나다는 강력한 국제제도의 구축과 국제법 존중에 기여한다.	지표: 독립적 평가에서 캐나다가 긍정적 결과를 얻는 회원인 기구의 수
	지표: 국제법에 대한 강화된 준수를 지지하는 캐나다가 주도하거나 지원하는 활동의 수
	지표: 국제법에 대한 강화된 준수를 지지하는 캐나다가 주도 하거나 지원하는 활동의 정도
결과: 캐나다의 국제적 영향력을 확대하고 강화한다.	지표: 글로벌 경제, 군사 활동, 개인 간 연대에 참여와 관련한 캐나다의 글로벌 랭킹
	지표: 글로벌 여론조사에서 캐나다의 명성에 대한 랭킹
	지표: 캐나다의 국제 활동 참여에 만족하는 캐나다 시민의 비율

프로그램 목록

국제정책조정, 다자정책, 국제법, 의정서, 서유럽/북극/중동/마그레브 정책과 외교, 아메리카 지역 정책 및 외교, 아시아 태평양 정책 및 외교, 사하라 남부 아프리카 정책 및 외교, 지리적 조정 임무지원, 국제지원정책, 국제 안보정책과 외교

핵심 책임 2: 무역과 투자

결과: 캐나다는 개방적이고 포용적인 규칙 기반의 글로벌 무역체계를 구축하고 보호한다.	지표: 협상, 합의, 논의를 통해 캐나다가 시장을 개방하고 무역정책을 혁신한 수준
	지표: 캐나다가 시장접근 장벽분쟁, 전략적 정책 이슈를 해결하거나 완화한 정도
	지표: 서비스 표준에 따른 무역통제 절차와 관련하여 허가 혹은 인증한 비율
결과: 캐나다의 수출업체와 혁신업체가 국제 무역사업에서 성공을 거둔다.	지표: 캐나다 무역 사무국의 서비스 품질에 대해 만족하는 고객의 비율
	지표: 활동 중인 캐나다 무역 사무국 사업 고객의 비율
	지표: 캐나다 상품과 서비스 수출가치(달러화로 평가)
	지표: 캐나다 수출업체의 수
	지표: 해외 시장에 수출한 가치
	지표: 캐나다 무역 사무국이 진행한 상업협정 체결 수
	지표: 캐나다 무역 사무국이 진행한 국제연구와 혁신 파트너십 수
결과: 해외 직접투자를 촉진하고, 확대하며, 유지한다.	지표: 캐나다 무역 사무국이 추진한 새로운 해외투자와 기존 해외투자를 확대한 건수
	지표: 캐나다 무역 사무국이 추진하여 캐나다를 방문한 해외투자자의 수

프로그램 목록

무역정책/협상/분쟁, 무역통제, 국제사업개발, 국제혁신과 투자, 유럽/북극/중동/마그레브 무역, 아메리카 무역, 아시아 태평양 무역, 사하라 남부 아프리카 무역

핵심 책임 3: 개발, 평화, 그리고 안보 프로그래밍

결과: 캐나다가 관려하는 국가 중 가난하고 취약한 여성, 소녀에 대해 물리적, 사회적, 경제적 안녕을 향상한다.	지표: GAC가 지원한 수요기반의 기술적, 직업적 교육과 훈련을 이수한 사람들의 수
	지표: GAC 프로그램을 통해 철분, 엽산을 포함한 미량 영양소 보충을 지원받은 사람들의 수
	지표: GAC 기금 프로젝트를 통해 재정 혹은 사업개발 지원을 받은 사업가, 농업 종사자, 소규모 자작농
	지표: 인권과 포용적 거버넌스를 지지하며, GAC 기금의 지원을 받은 시민사회단체의 수
	지표: GAC가 지원한 기후변화 적응 프로그램 수혜자 수
결과: 캐나다가 관여하는 국가의 여성과 소녀의 권익증진과 인권을 강화한다.	지표: 청소년 출산율이 감소한 국가의 비율(여성 1,000명당 출생아 수)
	지표: GAC의 지원 프로그램과 제도적 강화를 통해 여성의 권리, 성평등을 증진하는 여성단체, 여성네트워크의 수
결과: 인도주의적 위기를 경험한 지역에서 고통을 줄이고 인간의 존엄성을 증진한다.	지표: 국제적 대응을 고려하여 수요에 맞게 긴급식량과 영양을 공급 받은 수혜자의 수
	지표: 지원을 받고 보호를 받은 난민과 실향민의 수
	지표: 시민사회기구 전달하는 GAC 기금의 인도주의적 대응을 통해서 성/생식 건강서비스의 지원을 받은 여성, 소녀의 수
결과: 캐나다가 관여하는 국가와 지역의 평화와 안보를 증진한다.	지표: 취약하고 분쟁의 영향 아래 있는 국가를 대상으로 한 국제지원의 비율
	지표: 범죄, 테러, 대량 살상무기를 포함한 무기의 확산을 방지하고 대응하기 위한 파트너의 개입을 지원한 캐나다인의 수
	지표: 캐나다 외교부가 성폭력을 포함한 폭력적 분쟁상황에서 범죄를 조사하기 위해 투자 하는 국제 지원펀드($) 규모
결과: 다양한 파트너십, 혁신, 실험으로 캐나다의 국제 지원을 효과적으로 구현한다.	지표: GAC의 유형별 국제지원을 전달하는 프로그램을 지원 받은 새로운 파트너의 수
	지표: 국제지원을 전달하는 과정에서 처음 실행된 혁신적 솔루션의 수

프로그램 목록

국제지원활동, 인도주의적 지원, 인권/자유/포용국(OHRFI) 프로그램, 개발 혁신 파트너십 다자간 국제지원, 평화와 안정화 작전, 방범/대테러 역량 구축, 무기위험 감축, 지역의제를 위한 캐나다 기금, 유럽/북극/중동/마그레브 국제지원, 아메리카 지역 국제지원, 인도 태평양 지역 국제지원, 사하라 남부 아프리카 국제지원, 보조금 및 기여 정책 및 활동

핵심 책임 4: 해외 캐나다인 지원

결과: 캐나다인은 안전한 해외 활동을 위해 정보와 서비스에 적시에 접근한다.	지표: 디지털이니셔티브를 포함한 부처의 여행지원을 이용한 캐나다인의 수
	지표: 구축된 서비스 표준 범위에서 행동을 취한 영사관 직원비율
	지표: 24/7 긴급감시(Emergency Watch)와 대응센터를 통해 도움을 받은 캐나다인의 수
	지표: 범죄 대응하기 위한 교육을 받고 배치될 수 있는 직원들의 수
결과: 해외 캐나다인은 적시에 적절한 정부서비스를 받는다.	지표: 서비스를 받고 만족한 캐나다인 고객의 비율
	지표: 서비스표준에 따라 진행된 여권 신청절차의 비율

프로그램 목록

해외 캐나다인을 위한 영사관 지원 및 서비스 긴급 대비 및 대응

핵심 책임 5: 캐나다의 해외 진출 지원

결과: 적절한 관리, 자원과 인프라 서비스의 제공, 캐나다가 해외에 진출할 수 있도록 한다.	지표: 수요에 맞게 해외로 제공되는 자원, 인프라 서비스를 지닌 파트너 조직의 비율
	지표: 수리, 유지, 자본화에 소요되는 부동산(물적) 자산포트폴리오의 대체가치 비율
	지표: 연방부동산(물적) 자산목록에 기초하여 건전한 조건을 유지하는 해외의 정부 소유 자산의 비율
결과: 개인은 안전하고, 임무는 확실하며, 정부 파트너의 자산과 정보는 보호된다.	지표: 실행된 부처 안전계획에 따라 확인된 우선순위 위험을 나타내는 안전위험 감축 측정 건수

프로그램 목록

플랫폼 기업서비스, 해외 직접서비스, 고객관계와 임무실행, 지역 참여직원서비스, 부동산 계획 및 스튜어드십, 부동산(물적) 자산 프로젝트 전달, 전문기술서비스, 임무 대비 및 안전, 임무 네트워크 정보관리와 정보기술

출처: Global Affairs Canada(2021b: 89–93). 2020–21 Departmental Results Framework(https://www.international.gc.ca/transparency-transparence/assets/pdfs/departmental-results-reports-rapport resultats-ministeriels/2020-2021-en.pdf)(검색일: 2022.8.10).

에 담고 있다.

[그림 4-3]에 제시된 캐나다 외교부의 부처결과프레임워크에는 범정부 우선순위와도 연계되는 각 핵심 책임에 대해 2~5개의 부처결과(Departmental Results)가 포함된다. 예를 들어 첫 번째 핵심 책임인 '국제적 우호와 외교'는 "캐나다는 이해의 증진을 위한 건설적인 관계를 구축하고 유지한다", "정의와 포용적 세계 구축을 위한 글로벌 이슈에 대해 캐나다의 리더십이 기여한다" 등 네 개의 결과로 구성된다. 부처결과는 핵심 책임을 달성하기 위해 구체적으로 캐나다가 어떤 활동을 통해 바람직한 상태에 도달할지에 대해 개괄적으로 기술되어 있으며, 결과의 달성 상태는 성과지표를 통해 구체화된다. 각 결과는 보통 두 개 이상의 지표로 측정되는데, 핵심 책임5인 "캐나다의 해외 진출 지원"의 두 번째 부처결과인 "개인은 안전하고, 임무는 확실하며, 정부 파트너의 자산과 정보는 보호된다"는 하나의 지표만으로 구성된다. 핵심 책임별로 여러 프로그램으로 구성된 프로그램 목록(Program Inventory)이 있다. 예를 들어 캐나다 외교부의 핵심 책임1은 국제정책조정, 다자정책, 국제법, 의정서, 국제지원정책 등의 프로그램이 목록화되어 제시된다. 이러한 방식으로 부처계획(Departmental Plan)에 포함된 캐나다의 부처결과는 2022~2023 회계연도 기준 총 1,529개이고, 측정지표는 2,779개이며, 2023년 가을에 성과가 보고될 예정이다.16)

표 4-5 캐나다 연방정부 조직의 결과와 지표(2022~2023 회계연도)

연방정부 조직	부처결과	지표
감사국	2	13
사회과학과 인문학 연구 위원회	12	25
캐나다 공공안전	17	39
캐나다 고용 및 사회개발	75	111
캐나다 초원 경제 개발	7	21
캐나다 공공부문 통합 위원회 사무국	4	8
캐나다 국경서비스청	31	63
캐나다 공공서비스 위원회	14	31
캐나다 왕립 기마경찰대	24	46
캐나다 영향평가청	5	7

16) Treasury Board of Secretariat. Infographic for Government of Canada. Results(https://www.tbs-sct.canada.ca/ems-sgd/edb-bdd/index-eng.html#infographic/gov/gov/results/)(검색일: 2022.8.30).

캐나다 정보 및 프라이버시 위원회 사무국	12	35
캐나다 교정 조사	2	4
캐나다 퀘벡 지역 경제발전	8	14
캐나다 특허 약품 가격 심의 위원회	4	8
캐나다 교통안전위원회	11	18
캐나다 교통청	6	13
캐나다 곡물위원회	5	10
캐나다 로비 위원회 사무국	3	6
캐나다 도서관 및 아카이브	11	21
캐나다 정부간 컨퍼런스 사무국	3	6
남부 온타리오 연방 경제 발전청	9	23
캐나다 외교부	66	120
캐나다 재무부	20	40
캐나다 환경 및 기후변화	42	58
캐나다 혁신, 과학, 경제발전	35	64
최고 선거 관리 사무국	11	37
캐나다 북극 지식	6	10
캐나다 국립 연구 위원회	44	71
RMCP 외부 검토 위원회	9	9
RMCP에 대한 민간 검토 및 고충 처리 위원회	6	12
캐나다 공공 검찰 서비스	6	16
캐나다 저작권 위원회	4	4
캐나다 재무위원회 사무국	39	65
캐나다 인권위원회	15	15
캐나다 공공서비스 및 조달	35	64
캐나다 사법행정 서비스	8	10
캐나다 북부 경제 개발청	7	11
군사경찰 고충처리 위원회	6	14
캐나다 법무부	23	51
행정법원 지원 서비스	4	6
공식 언어 위원회 사무국	8	14
캐나다 보건안전센터	6	14
캐나다 교정서비스	24	76
캐나다 국립공원	8	18
캐나다 문화유산	40	74
캐나다 이민 및 난민위원회	16	23

캐나다 여성 및 성평등	4	11
캐나다 공공서비스 학교	8	18
캐나다 우주청	6	9
캐나다 통계청	8	17
캐나다 최고법원 사무국	4	9
캐나다 대서양 기회청	12	22
제대군인 검토 및 심사위원회	3	6
캐나다 공공보건청	24	46
캐나다 제대군인부	30	47
캐나다 수산업 및 해양	48	68
캐나다 이민, 난민, 시민	28	55
국가 전장 위원회	6	10
캐나다 왕실-원주민 관계 및 북부사무	26	42
캐나다 자연자원	40	68
캐나다 추밀원 사무국	11	14
캐나다 에너지 규제	30	54
국방부	104	209
캐나다 공유 서비스	18	51
캐나다 농업 및 농산식품	42	55
캐나다 국립영화위원회	16	28
캐나다 보건연구원	6	17
캐나다 자연과학 및 기술연구 위원회	7	18
캐나다 정보국	2	4
캐나다 식품조사청	18	25
캐나다 연방 사법위원회 사무국	7	9
캐나다 핵안전위원회	9	17
캐나다 가석방 위원회	14	24
캐나다 재정감독원 사무국	15	24
국가안보 및 정보심의청 사무국	4	8
캐나다 금융거래 및 보고분석 센터	7	9
군사 고충 외부 심의 위원회	4	4
캐나다 보건부	50	67
캐나다 국세청	15	33
캐나다 원주민 서비스부	45	83
캐나다 교통부	49	71
캐나다 건설부	17	28

캐나다 라디오-텔레비전, 통신위원회	7	14
캐나다 북부 수송관청	2	2
캐나다 접근 표준	9	9
캐나다 투자 허브	6	14
의회 국가안전 정보위원회 사무국	2	4
태평양 경제개발청	7	22
북부 온타리오 경제개발청	6	16
합계	1,529	2,779

출처: Treasury Board of Secretariat. Infographic for Government of Canada. Results(https://www.tbs-sct.canada.ca/ems-sgd/edb-bdd/index-eng.html#infographic/gov/gov/results/)(검색일: 2022.8.30).

이처럼 '결과에 대한 정책', '결과에 대한 명령'에 규정된 부처결과프레임워크는 "부처가 무엇을 하고(핵심 책임), 어떤 영향을 미칠지(결과), 그리고 어떤 방식으로 달성현황을 평가할지(예: 지표)를 확인"해주며, 결과 프레임워크의 핵심 책임과 연결된 프로그램 목록은 "핵심 책임을 달성하는 방법을 제시하며, 유연하고 현실적인 전달 기제를 이해하는데 초점"을 두고 있다(Results Division, 2019.10.24: 5). 또한 각 부처는 부처결과프레임워크에 포함된 지표와 관련하여 성과정보 프로파일을 작성하고, 이를 통해 평가와 측정을 구체적으로 실현한다.

2. 평가 · 성과관리의 지표 및 측정방법

캐나다 정부 부처와 기관의 프로그램에 대한 평가와 측정은 성과정보 프로파일을 토대로 한다. 부처와 기관은 프로그램에 대한 평가와 측정 외에도 관리책임프레임워크(MAF)의 평가 영역에 대해서도 '결과에 대한 명령'을 통해 표준화된 측정지표를 적용한 평가를 하고, 이를 부처결과보고서에 담아야 한다. '결과에 대한 정책' Section 4.5.1에 따라, 부처결과프레임워크에 포함되는 부처결과지표는 재무위원회 사무국의 승인 대상이며, Section 4.3.1과 4.3.2에 따라 부기관장이 이를 설계, 실행, 관리할 책임을 지닌다(Treasury Board of Canada Secretariat, 2016.7.1a). 동 정책의 부록 A의 '정의'에 따르면 부처결과지표는 "부처 결과의 진행 상태를 측정하거나 기술하는 타당하고 신뢰할 만한 수단"이다(Treasury Board of Canada Secretariat, 2016.7.1a).

1) 프로그램 성과지표

'결과에 대한 명령' Section 4.2.5는 부처결과프레임워크의 지표와 관련하여 성과측정 책임관이 활용성, 품질, 효용성과 관련하여 성과측정과 평가위원회(PMEC)에 자문하도록 규정하고 있다(Treasury Board of Canada Secretariat, 2016.7.1b). 부처결과(Departmental Results)에 대한 지표는 캐나다 정부 부처와 기관이 수행하는 프로그램의 성과를 측정하고 평가하기 위한 목적을 지니고 있다. 성과정보 프로파일에는 이 결과와 결과에 대한 지표를 측정하는 데이터, 자료원, 측정 빈도, 목표치, 달성 기준에 대한 구체적인 정보를 담고 있다.

아래의 〈표 4-6〉은 캐나다 보훈부의 제대군인부의 긴급 기금 평가 시 활용하는 성과정보 프로파일의 일부 평가지표에 대한 정보를 제시한다. 보훈부 긴급 기금 사업에 대한 성과정보 프로파일은 기본 프로그램 정보, 프로그램 프로파일, 성과지표 등에 대한 정보를 담고 있다. 프로그램 프로파일에는 프로그램 내용기술이 포함되고 메타데이터로 범정부 프레임워크(Whole-of-Government Framework), 캐나다 정부분류체계, 개입방법, 위임명령서, 핵심 책임, 부처결과에 관한 내용이 제시되고 있다(Veterans Affairs Canada, 2021.3: 44). 프로그램 프로파일에서 작성이 요구되는 설계 도구는 논리 모형(logic model)을 이용한다.

평가 과정에서 사회과학적인 방법을 적용하고, 산출과 각 프로그램이 의도한 결과 간의 논리적 연계성, 각 결과를 즉각적 결과, 중간 결과, 최종 결과로 구분하여 각 결과 간의 논리적 관계를 설명하여야 한다(Treasury Board of Canada Secretariat, 2020.11.20). 평가 프레임워크에는 정부의 개입을 통해 예상되는 결과를 달성하는 기제를 설명하는 도구로서 변화이론(theory of change)과 논리 모형(logic model)이라는 두 가지 핵심 구성요소가 있는데, 논리 모형은 투입, 활동, 산출, 결과로 이어지는 관계를 도식화하여 시각적으로 제시하고, 각 요소 간의 관계를 논리적으로 연결하며, 변화이론은 논리 모형을 뒷받침하기 위한 이론적 바탕을 제공한다(Treasury Board of Canada Secretariat, 2020. 11.20). 캐나다 제대군인 기금의 사례에서도 논리 모형을 이용하여 프로그램을 설계하는데, 그 체계는 아래의 [그림 4-4]와 같다.

표 4-6 캐나다 보훈부 성과정보 프로파일(예시)

기본 프로그램 정보

프로그램 16	제대군인 긴급 기금(Veterans Emergency Fund)
프로그램 담당부서	재활, 재정적 안녕, 사업 지능국 국장

프로그램 프로파일

프로그램 내용	제대군인 긴급 기금(Veterans Emergency Fund)
프로그램 설계 도구	논리 모형
프로그램 태그 (메타데이터)	• 범정부 프레임워크: 경제-캐나다 시민의 수입 안정성과 고용 • 캐나다 정부 기능분류(CCOFG): 사회안전(Divison 710); 사회안전(Group 7109), 사회안전(Class 71099) • 대상집단: 가정(Tag 4), 제대군인(Tag 13), 저소득자 및 가정(Tag 18) • 의무명령서: (MLC 12) 새로운 제대군인 긴급 기금과 제대군인의 가정의 행복 기금(완료) • 핵심 책임: 편익, 서비스 지원 • 부처결과: (결과4) 제대군인은 일반적인 삶에 적응하고 이를 관리하며 부합해나갈 수 있다. (결과5) 제대군인은 자신들이 받는 서비스에 만족한다.

성과지표

효과성 지표		
결과1(최종): 제대군인들이 일반적인 삶에 적응하고, 이를 관리하며 부합해나갈 수 있다(DRF).		
지표1	일상생활에 쉽게 적응한다고 보고한 제대군인의 비율	
데이터 유형	%	
자료원	LASS 서베이	
빈도	매 3년	
목표	55%	
목표 달성일	2020년 3월 31일	
기준	녹색(55% 이상), 노랑(54~50%), 빨강(50% 미만)	
데이터 소유	연구국	
방법론	산식	전체 응답 중 다소 용이하다 혹은 매우 용이하다고 한 응답자의 비율
	측정전략	이 지표는 '서비스 이후의 삶 서베이(Life After Service Survey: LASS)'를 통해 수집되며, 조사는 일반 제대군인와 1998년부터 2015년 전역한 비-고객을 포함하여 이루어진다. 질문은 "캐나다군을 전역한 이후 귀하는 민간인으로서의 생활에 어느 정도 적응하였습니까?(매우 어렵다, 다소 어렵다, 보통이다, 다소 용이하다, 매우 용이하다의 척도로 응답)
	기준값	LASS 2016의 정규군을 전역한 제대군인 52%

결과5(즉각): 제대군인들에 대한 지급은 적시에 이루어지고 있다. [GC Infobase] [TB Sub]		
지표5	2영업일 안에 지급 결정이 승인된 비율	
데이터 유형	%	
자료원	CSDN Database	
빈도	분기	
목표	80%의 지급 결정이 2영업일 안에 승인	
목표 달성일	2019년 3월 31일	
기준	녹색(80% 이상), 노랑(79~75%), 빨강(75% 미만)	
데이터 소유	통계국	
방법론	산식	2영업일 안의 지급 결정 계산은 모든 지급 결정일과 지급일을 비교하여 수행되며, 이 중 2영업일 안에 승인된 지급 결정의 비율을 결정
	측정전략	모든 VEF 승인은 CSDN의 자료를 통해 파악
	기준값	목적은 80% 이상의 지급이 2영업일 안에 이루어지도록 하는 것임

출처: Veterans Affairs Canada(2021). Evaluation of the Veterans Emergency Fund. Final Report. p.45, 47. (https://duyxryp8txy49.cloudfront.net/pdf/about-vac/publications-reports/reports/departmental-audit-evaluation/2021-evaluation-veterans-emergency-fund/evaluation-of-the-veterans-emergency-fund-mar-2021.pdf)(검색일: 2022.9.1).

그림 4-4 제대군인 긴급 기금의 프로그램 논리 모형

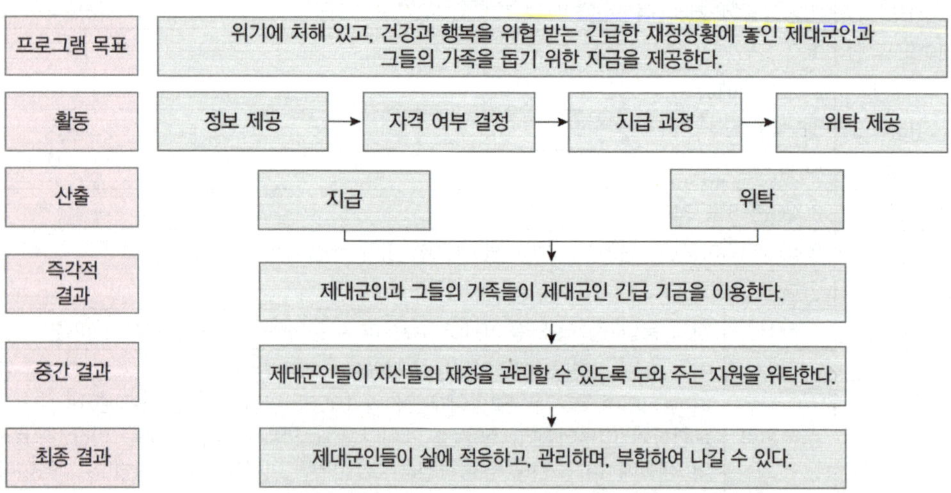

출처: Veterans Affairs Canada(2021). Evaluation of the Veterans Emergency Fund. Final Report. p.55. (https://duyxryp8txy49.cloudfront.net/pdf/about-vac/publications-reports/reports/departmental-audit-evaluation/2021-evaluation-veterans-emergency-fund/evaluation-of-the-veterans-emergency-fund-mar-2021.pdf) (검색일: 2022.9.1).

성과정보 프로파일은 각 성과지표가 달성하고자 하는 결과를 논리 모형 단계(예: 즉각적 결과, 중간 결과, 최종 결과)의 지표별로 명시하고 있으며, 지표의 달성목표 수준과 목표 달성일, 목표의 기준점, 측정을 위해 이용하는 데이터의 유형과 자료원을 프로파일에 담고 있고, 구체적인 산식, 측정전략, 목표 달성 수준을 설정하는 근거 기준 등의 방법론도 포함하고 있다. 예를 들어 효과성 지표인 '지표1'은 최종적인 결과를 측정하기 위한 성과지표로, 3년마다 측정하며, 목표치는 55%이다(Veterans Affairs Canada, 2021.3: 45). 또한 55% 이상일 경우 녹색, 54~55% 사이는 노랑, 50% 미만은 빨강으로 표시한다. 이러한 목표 기준값은 2016년 기준 전역한 제대군인 중 52%가 해당 지표와 관련하여 일상생활에 쉽게 적응하였다고 보고하였다는 근거를 토대로 한다(Veterans Affairs Canada, 2021.3: 45). 또한 성과정보 프로파일에는 결과지표 중심의 효과성 지표 외에도 효율성 지표로서의 산출지표, 양성평등 기반의 지표 등도 포함된다(Veterans Affairs Canada, 2021.3: 48-49).

이처럼 캐나다 정부 프로그램의 평가지표와 측정방법은 다음과 같이 정리할 수 있다. 첫째, 평가지표는 부처결과프레임워크의 핵심 책임별 결과를 기준으로 수립되며, 부처계획에 포함되어 관리된다. 둘째, 평가지표에 대한 구체적인 정보는 성과정보 프로파일에 담기며, 여기에는 프로그램 프로파일, 프로그램 내용기술, 측정 산식, 방법, 자료원 등이 구체적으로 제시된다. 셋째, 평가지표는 사회과학적인 방법에 따라 프로그램 논리 모형을 이용하여 투입-활동-산출-결과 요소 간의 논리적 관계를 토대로 설계된다.

2) 내부서비스 표준 평가지표

관리책임프레임워크 내의 '결과관리' 영역을 제외한 나머지 5개 영역에 대해서는 '결과에 대한 명령' 부속서I에 지표의 측정방법과 논리, 자료원과 관련한 지침을 명시하고 있다(Treasury Board of Canada Secretariat, 2016.7.1b). 즉 사업에 대한 평가지표는 각 부처가 재무위원회 사무국의 승인을 받아 상향식으로 설계하는 반면, 재무관리, 인적자원관리, 정보기술관리 등 내부서비스 측정지표는 관리정책프레임워크의 6개 평가 영역 중 '결과관리' 영역을 제외한 5개 평가 영역과 밀접하게 관련된다. '결과에 대한 명령'의 부록 A의 A.2.5.6에 따르면, "의무 결과와 성과지표 표준에 규정된 요구사항에 따라 재무위원회 사무국은 의무 프로그램 결과 및 지표"를 작성하는데, 이러한 의무지표는 '명령'의 부록 D에 재무관리, 인적자원, 정보관리, 정보기술관리, 부동산관리, 물품관리, 획득관리와 관련한 서비스 범주를 포함한다(Treasury Board of Canada Secretariat, 2016. 7.1b).

내부서비스에 대한 표준 평가지표의 구성은 〈표 4-7〉과 같다. 예를 들어 재정부문은 2개의 결과지표와 2개의 효율성 지표로 구성되며, 감축 예측분과 공공계정 감축분 간의 차이, 최하위직 관리자의 예산승인까지의 접근 시간 등의 측정에 관한 기술을 제시하고, 측정요소별로 부처, MAF, 중앙 RMC 등 자료원과 세부적인 측정 산식, 자료의 수집 및 측정 시기를 구체적으로 명시하고 있다. 인적자원 부문은 1개의 결과지표와 1개의 효율성 지표로 구성되는데, PE-등급 직원의 이직률(결과), 전체 지출 대비 인적자원관리 지출과 관련한 비율(효율성)을 측정요소로 하고 있다.

표 4-7 표준화된 내부서비스 측정(재정관리와 인적자원관리의 예시)

영역	측정	자료	방법	유형
재정	부처 혹은 기관의 P6, P9 감축 예측과 공공계정 감축 간의 차이	부처	감축 예측분에 공공계정감축분을 제하고, 공공계정감축으로 나눔	결과
	최하위직 관리자가 회계연도 시작 이후 예산 승인에 접근하기까지 소요시간	MAF	회계연도 시작 이후 최하위직 관리자가 예산승인에 접근하는 일수	결과
	부처의 선별 운영 총지출의 대비 비율로서 내부관리서비스 범주에 대한 선별 운영 총지출	부처	재정관리 내부서비스 범주의 실제 선별 운영 총지출을 전체 부처의 선별 운영 총지출로 나누어 산출	효율
	전체 부처 직원 대비 비율로서 재무관리 내부서비스 범주 직원	중앙 RMC	내부관리서비스 범주의 직원을 부처 전체 직원으로 나누어 산출	효율
인적자원	회계연도 기간 중 이직한 PE-등급 직위 비율	TBS PCIS	인적자원관리 내부서비스 범주 PE 등급 직위 중 이직자를 전체 PE 등급 직위로 나누어 100을 곱함	결과
	부처의 총 운영지출 대비 비율로서 총 인적자원관리 범주 선별 운영지출	부처	인적자원관리 내부서비스 범주의 실제 선별 운영 총지출을 전체 부처의 선별 운영 총지출로 나누어 산출	효율

출처: Treasury Board of Canada Secretariat(2016.7.1b) Directive on Results. Annex I(https://www.tbs-sct.canada.ca/pol/doc-eng.aspx?id=31306&section=html)(검색일: 2022.7.18).

제3절

캐나다 평가 · 성과관리 동향분석

1. 평가 · 성과관리의 계획, 모니터링, 보고서

1) 5개년 부처평가계획

캐나다의 평가 · 성과관리 계획은 부처 5개년 평가계획과 연간부처계획으로 구분된다. 부처의 성과계획은 5년 단위의 부처평가계획(Departmental Evaluation Plan: DEP)을 수정하고, 매년 이를 갱신하는 과정으로 다양한 사업 시행 시기를 대상으로 이루어지므로, 프로그램 진행상황에 대한 모니터링은 5년 단위의 평가계획을 수립하고 이를 매년 평가하는 과정에서 이루어진다고 할 수 있다. DEP 수립 및 갱신에 앞서 '결과에 대한 정책'의 규정에 따라 부처와의 면담 과정을 거쳐 평가 수요를 파악하고, 법률과 정책 요구사항에 맞게 최초 평가 일정을 수립하며, 추가 평가 일정은 감사 일정, 프로그램 변경 기일 등 여타의 일정을 고려하고 수요에 대한 위험 평가를 토대로 하고, 각 평가 기능은 조정 과정을 거쳐 평가 방법과 수준을 정한다(Treasury Board of Canada Secretariat, 2020.11.20). DEP 수정 및 갱신과 관련하여 재무위원회 사무국의 자문, 성과측정과 평가위원회(PMEC)와 부기관장의 승인을 얻어 재무위원회 사무국에 제출하고, 연간 갱신사항을 배포한다(Treasury Board of Canada Secretariat, 2020.11.20).

5개년 평가계획은 '결과에 대한 정책'과 '결과에 대한 명령'의 세부 규정과 지침에 따라 작성된다. 예를 들어 캐나다 외교부의 5개년 부처평가계획(2021~2022부터 2025~2026까지)은 부기관장의 확인, 5개년 부처평가계획 요구사항에 따른 외무부의 계획에 대한 개요와 평가 기능, 수정계획 수립 과정에서 진행된 자문 절차, 2020~2021 회계연도 달성 수준, 평가 포괄 영역, 자원과 역량이 포함되며, 각 회계연도별 평가계획 일정은 부속서로 담겨 있다(Global Affairs Canada, 2021.5.26). 평가의 내용은 '결과에 대한 정책' 등에 따른 의무평가와 자율평가로 구성되는데, 자율평가의 경우 주기적으로 평가되는 외무부 프로그램 목록에 등록된 프로그램과 5개년 평균 지출이 500만 캐나다 달러 미만인 프로그램, 위험, 우선순위, 수요 분석을 통해 확인된 평가 등이 해당된다(Global Affairs Canada, 2021.5.26: 4). 동 평가계획에 따르면 2020~2021 회계연도에서 캐나나 외교부는 '청정기술을 위한 국제사업개발전략', '콩고민주공화국, 아프가니스탄,

페루에서의 국제지원 프로그램' 등 8개 평가를 완료하고, UN 등 국제기구와 5개 프로그램에 대한 합동평가를 시행하며, '기업의 사회적 책임 전략 강화' 등 타 부처가 주관하는 3개 프로그램에 대해 수평적 협력 평가를 시행하였다(Global Affairs Canada, 2021.5.26: 8). 한편 완료된 평가 외에도 2020~2021 회계연도에 시작되어 2021~2022 회계연도에 완료되는 평가는 총 7개였으며, 개별적으로 진행되는 14개의 평가 보고가 완료되고, 90개의 평가는 지원 중인 것으로 보고하고 있다(Global Affairs Canada, 2021.5.26: 8).

캐나다 외교부의 5개년 평가계획에는 총 43개의 평가가 있는데, 42개의 요구 프로그램 중 34개가 프로그램 목록에 포함되어 있고, 전체 프로그램 지출 중 86%를 차지하고 있었다(Global Affairs Canada, 2021.5.26: 8). 5개년 평가계획의 연차별 일정은 부속서I에 제시되어 있으며, 아래의 〈표 4-8〉은 2021~2022 회계연도(1차 연도) 평가 일정을 담고 있다. 1차 연도에는 개발 혁신지부 파트너십 평가를 포함하여 총 8개 평가가 운영되며, 각 평가는 프로그램 목록과 연계된다. 평가별로 3종류의 요구사항에 따른 평가와 자율평가로 구분되는데, 1차 연도 평가에서는 5년 평균 예산이 500만 캐나다 달러 이상인 보조 및 기여사업 2개, 재무위원회 제출 사업 2개, 500만 캐나다 달러 미만이거나 평가 제외 대상인 사업 1개, 부처 우선순위, 위험, 수요에 기반을 둔 평가 3개 등이며, 평가 시기는 2분기 2건, 3분기 2건, 4분기 4건 등 분기별로 나누어 계획을 수립하고 있다.

표 4-8 5개년 부처평가계획의 1차 연도(2021~2022 회계연도) 평가 일정

평가	요구사항			자율	담당부서	프로그램 목록
	FAA G&Cs	TB 제출	PI			
개발혁신 파트너십 평가	Q2				개발 혁신지부 파트너십(KFM)	23. 파트너십과 개발 협력
수평적 평가: 국제기후변화 협력(ECCC 주관)		Q2			글로벌 이슈와 개발(MFM)	24. 다자간 국제원조
무역, 외교, 국제지원에 대한 OGM 평가				Q3	아시아태평양(OGM)	7. 아시아태평양 정책과 외교 18. 아시아태평양 무역 31. 아시아태평양 국제 지원
캐나다 아시아-태평양 기금 평가				Q3	아시아태평양(OGM)	7. 아시아태평양 정책과 외교 18. 아시아태평양 무역
GAC 대표계획: 여성의 목소리와 리더십에 대한 형성평가		Q4			글로벌 이슈와 개발(MFM)	24. 다자간 국제지원

중간소득국가에 대한 캐나다 참여 평가				Q4	모든 지역별 지부	29. 유럽, 북극, 중동, 마그레브 국제원조 30. 아메리카 국제원조 31. 아시아태평양 국제원조 32. 사하라 이남 아프리카 국제원조
지역 이니셔티브를 위한 캐나다 기금 평가	Q4				아메리카(NGM)	28. 지역 이니셔티브를 위한 캐나다 기금
UNICEF, UNDP, UNOCHA, ILO, UNEP, UNOPS에 대한 MOPAN 제도 평가(2020~2021)			Q4		글로벌 이슈와 개발(NGM)	2. 다자간 정책

출처: Global Affairs Canada(2021.5.26: 15). Five Year Departmental Evaluation Plan 2021–22 to 2025–26(https://www.international.gc.ca/gac-amc/assets/pdfs/publications/evaluation/2021/5-years-en.pdf)(검색일: 2022.8.10).

또한 외교부의 부처평가계획에는 5년 평가 일정에서 제외되는 프로그램과 그 사유가 포함되어 있다. 2021~22부터 2025~26 평가계획에서 제외되는 프로그램은 3개 핵심책무에 8개 프로그램으로, 그 이유는 평가의 필요성이나 위험이 낮기 때문이라고 설명하고 있다(Global Affairs Canada, 2021.5.26: 20). 예를 들어 핵심 책임1에 포함된 1번 프로그램인 "국제정책 조정"에 대한 평가는 "캐나다 외교부의 국제포럼 참여와 OECD-DAC, EvalNet, World Bank Global Initiative, Nordic Plus 등과의 합동평가가 수행되므로, 즉각적인 평가가 필요하지 않아 추후의 부처평가계획에 포함 여부를 검토할 것"이라고 설명한다(Global Affairs Canada, 2021.5.26: 20). 한편 핵심 책임5의 20번 프로그램인 "해외 서비스 지시"는 "보조 및 기여 프로그램이 아니므로 5년 기간의 평가에 포함되지 않으며, 해당 사업이 최근 재배치 종료와 관련된 부분에 대한 감사로서 평가 필요성이 낮기 때문"이라고 제시하고 있다(Global Affairs Canada, 2021.5.26: 20).

2) 부치계획

부처계획(Departmental Plan)은 연방정부 부처와 기관의 지출계획으로, 부처의 우선순위, 전략적 결과, 프로그램, 예상되는 결과, 관련 자원 요구사항을 담고 있으며, 보고서의 발간 회계연도를 시작으로 3개년 시점의 기간을 포괄한다.[17] 부처계획은 부처지

17) Treasury Board of Canada Secretariat(2017.3.9). Departmental Plan(https://www.canada.ca/en/

출계획 Part III의 구성요소로, 재무행정법에 따라 매년 3월 31일까지 부서 및 기관을 담당하는 장관을 대신하여 재무위원회 의장이 의회에 상정한다.18) 부처계획은 부처결과보고서(Departmental Results Report)와 마찬가지로 '결과에 대한 정책'이나 '결과에 대한 명령'에 명시적으로 규정된 문서는 아니다. 그러나 핵심 책임, 부처결과, 그리고 프로그램 목록이 포함된 부처결과프레임워크가 보고서에 포함되고, 부처계획 보고서는 핵심 책임과 결과를 중심으로 사실상 5개년 평가계획에 따른 부처의 연간 평가계획을 포함하고 있는 문서라고 할 수 있다. 또한 '결과에 대한 정책'에 따라 수립되는 부처결과프레임워크를 구축하여 재정, 비-재정 성과정보를 구조화하여 의회에 보고할 수 있게 되었다는 점에서 성과정보 정렬체계가 강화되었다.19)

표 4-9 캐나다 외교부 결과 계획(예시)

부처결과	부처결과지표	목표	목표 달성일	2017~18 실제 결과	2018~19 실제 결과	2019~20 실제 결과
캐나다는 개방적이고 포용적인 규칙 기반의 국제무역체계를 구축하고 보호한다.	캐나다가 협상, 합의, 논의를 통해 시장을 개방하고 무역 정책 혁신을 진행한 정도	4	2022년 3월 31일	N/A (신규 지표)	4	4
	캐나다가 시장 접근 장벽, 분쟁, 기타 전략적 정책 이슈를 해결하고 완화한 정도	4	2022년 3월 31일	N/A (신규 지표)	4	4
	서비스 표준에 부합하는 절차에 따른 무역 통제와 관련된 인가 및 허가 적용 비율	90%	2022년 3월 31일	96.9%	98%	98%

출처: Global Affairs Canada(2021a: 23). Departmental Plan(https://www.international.gc.ca/trans parency-transparence/assets/pdfs/departmental-plan-ministeriel/2021-2022-eng.pdf)(검색일: 2022.8.10).

treasury-board-secretariat/services/planned-government-spending/reports-plans-priorities.html)(검색일: 2022.8.10).

18) Treasury Board of Secretariat. Infographic for Government of Canada. Results(https://www.tbs-sct.canada.ca/ems-sgd/edb-bdd/index-eng.html#infographic/gov/gov/results/)(검색일: 2022.8.30).

19) Treasury Board of Secretariat(2016.11.21). Departmental Results Reports(https://www.canada.ca/en/treasury-board-secretariat/services/departmental-performance-reports.html)(검색일: 2022.8.25).

부처계획은 부처의 핵심 책임, 내부서비스, 지출 및 인적자원, 조직 정보, 기타 프로그램 목록에 대한 항목으로 구성된다. 예를 들어 외교부의 2021~22 회계연도 부처계획에는 핵심 책임별로 배경, 전략 및 방향, 목표 등에 대한 정보가 상세하게 담겨 있으며, 핵심 책임에 해당하는 결과와 부처결과지표, 목표값, 목표 달성일, 직전 3회계연도 기간 동안 목표 달성 수준에 대한 정보를 제시하고 있다. 〈표 4-9〉는 캐나다 외교부의 핵심 책임 중 하나인 '무역과 투자'의 부처결과에 대한 결과지표, 목표, 목표 달성일, 최근 3년 간 실제 목표 달성 수준을 제시한 사례이다. 〈표 4-9〉에서 제시되는 바와 같이 부처결과지표별로 목표값이 수치로 제시되어 있으며, 지표가 측정된 시점까지 최근 3회계연도 기간 실제 달성한 결과를 함께 제시하여 비교를 가능하게 하고 있다.

부처계획은 우선순위와 핵심 책임에 대한 지출계획으로서의 의미를 지닌다. 이에 부처계획에는 핵심 책임과 내부서비스에 지출된 재원과 당해 회계연도에 편성된 예산, 2023~24 회계연도까지의 지출계획, 해당 핵심 책임에 관여하는 계획된 인적자원에 대한 정보를 제시한다. 아래의 〈표 4-10〉는 핵심 책임과 내부서비스에 대한 2018~19 회계연도부터 2023~24 회계연도까지의 핵심 책임과 내부서비스에 대한 지출계획을 담고 있는데, 2021~22 회계연도 지출계획 중 가장 높은 비중을 차지하고 있는 핵심 책임은 '개발, 평화, 그리고 안보 프로그래밍(핵심 책임3)'이며, '해외 캐나다인 지원(핵심 책임

표 4-10 캐나다 외교부 결과계획의 핵심 책임별 지출계획(2018~19FY부터 2023~24FY까지)

(단위: 백만 캐나다 달러)

핵심 책임과 내부서비스	2018~19 지출	2019~20 지출	2020~21 예산지출	2021~22 지출계획	2022~23 지출계획	2023~24 지출계획
국제 우호와 외교	966	943	1,009	929	928	923
2. 무역과 투자	320	351	373	377	373	349
3. 개발, 평화, 그리고 안보 프로그래밍	4,429	4,488	6,393	4,016	4,238	4,286
4. 해외 캐나다인 지원	57	77	117	54	54	53
5. 캐나다의 해외진출 지원	1,037	1,050	1,100	1,071	1,092	1,067
소계	6,810	6,908	8,993	6,446	6,684	6,678
내부서비스	247	269	323	277	277	273
총계	7,057	7,177	9,316	6,723	6,961	6,951

출처: Global Affairs Canada(2021a: 57). Departmental Plan(https://www.international.gc.ca/transparency-transparence/assets/pdfs/departmental-plan-ministeriel/2021-2022-eng.pdf)(검색일: 2022.8.10).

4)'은 가장 낮은 비중을 차지한다. 2020~21 회계연도 이후 핵심 책임에 대한 지출예산은 감소하는데, 이는 가장 높은 비중을 차지하고 있는 '핵심 책임3'의 지출계획 규모가 2020~21 회계연도 이후 대폭 감소하였기 때문이다. 나머지 핵심 책임에 대한 지출계획 규모도 2020~21 회계연도 이후 대부분 소폭 감소하고 있다.

3) 관리대응액션플랜

캐나다 정부 부처와 기관의 모니터링은 제출된 5개년 부처평가계획을 토대로 진행된다. '결과에 대한 정책' Section 4.3.8은 부기관장의 책무 중 하나로 재무위원회 사무국의 지시에 따라 '관리대응액션플랜(Management Responses and Action Plan)'을 부처의 평가보고서 및 요약서와 함께 제출하고, 이를 웹 플랫폼에 배포하여야 한다(Treasury Board of Canada Secretariat, 2016.7.1a). 관리대응액션플랜은 5개년 부처평가계획에 대한 모니터링과 환류체계의 일부라고 할 수 있다. 관리대응액션플랜을 제출하기에 앞서 부처의 '성과측정과 평가위원회'는 평가보고서와 함께 액션플랜을 검토하고 부기관장에게 승인을 권고하고, 평가총괄관은 평가 권고사항에 대응하여 Section 4.4.4.에 따라 승인된 액션플랜을 실행하여 이를 '성과측정과 평가위원회'에 보고한다(Treasury Board of Canada Secretariat, 2016.7.1a). 관리대응액션플랜의 이행 여부는 모니터링되며, 이에 따라 후속 조치가 이루어진다(Treasury Board of Canada Secretariat, 2020.11.20). 권고사항, 책무, 행동, 담당 부서, 완료 일자 등의 내용으로 구성되는 관리대응액션플랜을 구성한 캐나다 외교부의 사례는 아래의 〈표 4-11〉과 같다. 〈표 4-11〉에 제시된 액션플랜은 권고사항에 따라 취하여야 할 행동(액션)을 네 가지로 제시하고 있으며, 특히 취하여야 할 행동은 완료일을 포함하여 절차와 방법을 구체적으로 명시하고 있다.

표 4-11 캐나다 외교부 관리대응액션플랜(MRAP) 사례

중간소득 국가에 대한 국제원조 프로그램 평가(2014~15부터 2020~21) 관리대응액션플랜				
권고	책무	액션	담당 조직	완료일
1. 국가 혹은 지역 단위에서 중간소득 국가의 요구와 운영 맥락에 맞게 유연하고 특화된 방식으로 협동개발, 무역, 외교, 기획도구, 절차를 수용하고 실행한다.	NMD는 권고 사항에 동의함	1. NMD는 임무 전반에 걸쳐 일관된 전략 기획의 이점을 살리고 훈련을 지속한다. 이는 다음의 활동을 통해 수행한다: HOM, 프로그램 관리자 담당자에 대한 사전훈련; 중간소득 국가를 대상 포함 전략훈련, HQ 검토 훈련; 사전훈련은 CFSI 조사와 피드백을 통해 평가하고 시행한다. 2. NMD 주관의 사전훈련과 전략훈련의 성공적 이행을 측정하기 위해 NMD 직원들은 중간소득 국가들의 2019(팬데믹 이전)년도와 2023년도 계획의 표본을 비교분석하여 향상, 차이, 강화 영역을 발굴한다. 이 분석은 중간소득 국가에 초점을 맞추고 훈련과 전략개발, 임무 기획 전반에 걸쳐 개선을 뒷받침할 것이다. 3. NMD는 국가 간 차이를 파악할 수 있도록 하는 전략데이터를 이용한 보고서를 개발할 것이다. HOM과 HQ관리자는 HOM과 임무 책임을 검토할 수 있고, 임무 프로그램이 공동의 목적에 맞게 작동하고 있는지 혹은 당초 목적과 차이가 있는지를 파악할 수 있도록 한다. 이 보고서는 출간되어 Spectrum에 공유될 예정이다. 4. NMD는 DPD, BPD, PRD, 각 지역 기구, IFM, KFM, MFM등 부문별 전문가와 협력하여 중간소득 국가에서 전 세계 지역당 하나씩 네 가지의 파일럿 기획을 조정하고 실행하여 임무기획 절차를 검토하고 개선하며, 기획, 모니터링, 보고 도구가 이 과정을 지원하도록 도구를 개선하는 방안을 학습한다. 모든 파일럿 기획이 완료되면 미래의 훈련과 도구 강화를 위한 권고 행동이 최종 보고서에 담길 것이다.	NMD 4. BTD, DPD, PRD, 각 지역 기관, 부문별 전문가 (즉 IFM, KFM, MFM)	1. 2023년 3월까지 훈련을 제공한다. 2. 2023년 6월까지 비교분석을 수행한다. 3. 2022년 10월까지 보고내용을 개발한다. 4. 모든 추진 사항은 2024년 3월까지 완료한다.

출처: Global Affairs Canada(2022.7.28: 1-2). Management Responses Action Plan(MRAP) Evaluations of International Assistance Programming in Middle-Income Countries-2014-15 to 2020-21(https://www.international.gc.ca/transparency-transparence/assets/pdfs/audit-evaluation-verification/2022/2022-05-mic-pri-mrap-en.pdf)(검색일: 2022.9.3).

4) 부처결과보고서

부처결과보고서(Departmental Results Report: DRR)는 개별 정부 부처와 기관이 부처계획을 통해 수립한 계획, 우선순위 결과의 실제 달성 수준을 설명하는 문서로, 부처계획과 마찬가지로 부처지출계획(Departmental Results Plan)의 Part III을 구성하며, 부처결과보고서를 통해 개별 부처와 기관은 자신들의 전략목표 달성 정도와 그 방법에 대한 정보를 제공한다.[20] 부처결과보고서는 매년 작성하여 의회에 상정되는 보고서로 부처계획의 구조와 유사하며, '핵심 책임'을 중심으로 당해 회계연도에 '결과'에 대한 지표의 목표값 달성 수준에 대한 정보를 제시하고 있다. 예를 들어 캐나다 외교부의 '핵심 책임2'인 '무역과 투자'에 대해 해당 핵심 책임에 포함된 '부처결과(DR)'를 중심으로 외교부의 노력과 추진 방식, 성과를 상세하게 기술하고 있는데, "캐나다는 개방적이고 포용적인 규칙 기반의 글로벌 무역 체계를 구축하고 보호한다"는 핵심 책임에 대해 "침엽수 제재목 분쟁(the softwood lumber dispute)을 해소하기 위해 WTO를 설득하고, 캐나다-미국-멕시코 협정(CUSMA) 하의 소송을 진행하였고, 2020년 2월 캐나다산 알루미늄 물품에 대한 미국의 국가안보관세를 철폐하는 데 성공하였으며, 변압기, 바나듐, 태양광 제품, 제철 농산물, 풍력 타워에 대한 미국의 무역조사를 방어하였다"고 제시하고 있다(Global Affairs Canada, 2021b: 27). 부처결과보고서의 각 핵심 책임에 대한 성과 기술 이후 부처결과의 성과지표 목표 달성 수준을 평가한 결과를 제시하는데, 이는 〈표 4-9〉의 구성에 당해 연도 실제 결과값이 추가된 것이다.

부처결과보고서는 부처의 핵심 책임과 프로그램, 내부관리 등에 대한 지출결과 보고서로서의 성격도 지니고 있다. 따라서 동 보고서에는 부처의 재정 현황, 당해 회계연도의 핵심 책임별 지출 비중, 수입명세서, 부채, 자산 현황에 대한 보고도 포함된다. 예를 들어 2020~21 회계연도 캐나다 외교부의 총지출은 국제 우호 및 외교(핵심 책임1)에 10.6%, 무역과 투자(핵심 책임2)에 3.9%, 개발 평화 및 안보 프로그래밍(핵심 책임3) 68.8%, 해외 캐나다인 지원(핵심 책임4) 0.9%, 캐나다의 해외진출 지원(핵심 책임5) 11.9%, 내부서비스 3.9%로 구성된다(Global Affairs Canada, 2021b: 76). 또한 수입은 재화 및 서비스 판매가 23.9%, 유형자본자산 처분에 따른 수익이 1.4%, 외환 거래수입 46.7%, 할인대출상각 9.9%, 기타 18.1%의 비중으로 구성된다(Global Affairs Canada, 2021b: 77).

---

20) Treasury Board of Secretariat. Infographic for Government of Canada. Results(https://www. tbs-sct.canada.ca/ems-sgd/edb-bdd/index-eng.html#infographic/gov/gov/results/)(검색일: 2022.8.30).

그림 4-5 핵심 책임과 내부서비스 지출 비중(%)(2020~21 회계연도)

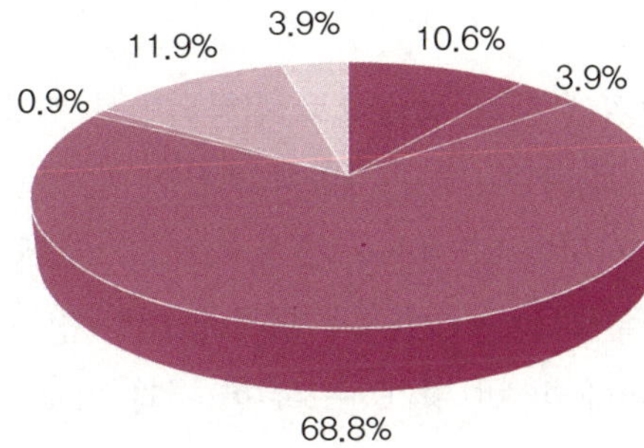

출처: Global Affairs Canada(2021b: 76).

결과보고서에는 부처계획에 제시된 지출계획과 실제 지출 간의 차이와 그 사유도 제시한다. 예를 들어 2020~21 회계연도 캐나다 외교부의 지출 계획은 75억 캐나다 달러였으나, 실제 지출은 93억 캐나다 달러로 18억 캐나다 달러를 추가로 지출한 것으로 나타났다(Global Affairs Canada, 2021b: 71). 이와 관련하여 캐나다 외교부는 각 핵심 책임별로 증감 사유를 제시하고 있는데, '핵심 책임1'과 관련하여 계획 대비 0.3%에 해당하는 280만 캐나다 달러를 더 지출하였고, '핵심 책임2'의 경우 계획 대비 13%에 해당하는 497만 캐나다 달러를 덜 지출한 것으로 나타났으며, 가장 높은 비중을 차지하고 있는 '핵심 책임3'은 39.1%에 해당하는 18억 7,620만 캐나다 달러를 더 지출하였는데, 이는 개발도상국에 코로나19 백신과 진단키트 등을 지원하기 위해 캐나다 보건부로부터 이전지출이 있었기 때문이라고 설명하고 있다(Global Affairs Canada, 2021b: 71). 가장 높은 초과 지출 비율은 '핵심 책임4'였는데, 당초 계획 대비 158% 많은 830만 달러를 더 지출하였고, 이 또한 '핵심 책임3'과 마찬가지로 개발도상국에 코로나19의 피해로부터 회복을 지원하기 위한 목적에서 추가 재원을 지원받았기 때문이었다(Global Affairs Canada, 2021b: 72).

이와 같이 부처결과보고서는 각 회계연도별 부처계획의 실행 결과를 사업성과 측면과 재정적 측면에서 종합적으로 파악할 수 있도록 한다. 또한 캐나다 재무위원회를 통해 의회에 제출되는 부처결과보고서는 부처의 핵심 책임과 관련한 결과와 프로그램의 목표 달성 여부를 파악하고, 이와 연동된 재원의 규모, 변동 사유를 확인할 수 있도록 하여 다음 회계연도의 재원배분 과정에서 의회, 재무위원회, 부처의 평가 활용성을 높인다.

2. 평가 · 성과관리의 성과

1) 제도 개선에 따른 성과

캐나다의 평가 · 성과관리 제도는 2016년 '결과에 대한 정책'으로 전환되면서 평가의 유연성, 효용성, 활용성을 강화하고자 하였다. 이를 위해 대상 사업을 적용할 때 5년 동안 연평균 500만 캐나다 달러 이상을 지출하는 사업을 평가하되, 부처 자체적으로 위험도 등을 평가하여 평가 대상에 포함할 수 있도록 하는 등 기존의 '평가에 대한 정책'에서 진행 중인 모든 보조 및 기여 프로그램을 5년에 한 번 평가하도록 한 것과 비교하여 부처의 평가 부담을 줄임과 동시에 평가의 실효성을 높이고 있다고 할 수 있다. 또한 기존 정책에 따라 모든 핵심 쟁점을 포함하여 평가하는 대신 새로운 정책으로 전환하면서 평가의 목적을 고려하고 적절성, 효과성, 효율성을 고려하도록 함으로써 평가의 범위에서도 유연성을 높이고, 평가의 유형도 전달평가와 결과평가 외에도 평가의 목적에 따라 경제성, 혁신, 변화이론, 사전평가 등을 유연하게 활용할 수 있도록 하였다.

'결과에 대한 정책'은 '평가에 대한 정책'의 평가 프레임워크를 근본적으로 바꾸었다기보다 '평가에 대한 정책'에 대한 평가를 통해 한계점을 도출하고, 부분적인 개선을 한 것으로 평가체계의 급격한 변화에 따른 혼란을 방지하면서도 평가의 실효성을 높이고자 하였다는 점에서 의미를 지닌다. 기존 '평가에 대한 정책'에서 설계된 부처 내 · 외부의 평가 거버넌스를 대부분 유지하고, 재무위원회와 정부 부처, 부처 내부의 부기관장, 평가총괄관, 성과측정책임관의 의무적인 역할을 규정함과 동시에 성과측정과 평가위원회(PMEC)를 비롯한 평가 관련 협의 및 자문 기능을 강화하여 관리자와 실무자의 평가에 대한 이해도와 평가 활용성을 높이고자 한 것이다.

5개년 부처평가계획의 수립 및 변경과 관련한 제도는 재무위원회의 관리정책프레임워크와 각 부처의 부처결과프레임워크, 부처계획, 부처결과보고서 간의 연계성을 강화하고, 지출관리 과정에서 평가 활용을 강화한 것으로 판단된다. 관리정책프레임워크의 6개 평가 영역 중 '결과관리' 영역은 2022년 기준 성과정보 프로파일의 품질 등에 대한 평가와 더불어, 실험방법을 적용한 평가 등을 관리하고 있으며, 5개 평가 영역은 부처의 내부서비스 평가지표와 연계되어 있어 재무위원회 사무국이 주관하는 집권형 · 하향식 관리체계가 작동하고 있다고 할 수 있다. 프로그램 단위에서도 부처결과프레임워크의 부처결과와 성과지표, 프로그램 목록을 설계하거나 수정하는 과정에서 재무위원회 사무국의 자문과 승인 절차 등을 거치도록 하고 있고, 일부 프로그램의 경우 범정부 우선순위에 따라 설계되고 있어 프로그램과 프로그램 그룹 단위의 평가 과정에서 집권형 평가 및 성과관리체계가 운영되고 있다고 볼 수 있다. 부처결과프레임워크의 구조가 핵심 책임을 중심으로 '결과'와 '지표'를 설계하고 있고, 프로그램의 목록도 핵심 책임을 중심으로 설계되어 있어 '평가에 대한 정책'에 대한 평가결과 제기되었던 상위 수준의 프로그램 배열 구조나 광범위한 사업군에 대한 평가 활용을 강화하는 계기가 된 것으로 보인다.

2) 관리책임프레임워크의 성과

조직의 영역별 역량 향상을 지원하고 재무위원회 사무국에 정책집행과 관련한 정보를 제공하고 관리 역량을 강화하기 위해 운영되는 관리정책프레임워크는 재무관리, 인사관리 등 6개 영역을 대상으로 평가절차를 마련하고, 영역별 하위 항목을 대상으로 평가지표와 방법을 적용하여 매 회계 연도마다 그 결과를 재무위원회 사무국에 공시한다(Treasury Board of Canada Secretariat, 2022.9.7). 재무위원회 사무국은 관리정책프레임워크에 대한 범정부 보고서(Management Accountability Framework Government- Wide Report)를 발간하는데, 2021~22 회계연도에는 대규모 부처 36개, 소규모 부처 및 기관 22개를 대상으로 6개 평가 영역 53개 질문에 대한 범정부 차원의 분석 보고서가 발간되었다(Treasury Board of Canada Secretariat, 2022.9.6).

보고서는 각 평가 영역별 종합 분석결과를 도출하여 제시하는데, 2021~22 회계연도의 '결과관리' 영역은 '성기반 분석 보고', '성과정보 프로파일 평가', '실험방법의 적용'의 질문에 대한 분석결과와 대표사례를 제시하고 있다. 예를 들어 '결과에 대한 정책'에 따라 프로그램 목록 내 각 프로그램 성과정보 프로파일을 구축하여야 하며, 재무위원회는 2021~22 회계연도에 관리정책프레임워크를 활용하여 성과정보 프로파일을 결과, 지표, 프로그램 논리, 각 지표 속성의 완결성 등을 평가하였는데, 5점 만점 기준의 평가결과에서 프로그램 논리가 4.38점으로 가장 높았고, 속성의 완결성이 4.16, 결과의 품질이 3.53점이었으며, 지표의 품질은 3.0으로 상대적으로 낮은 점수를 기록하였다(Treasury Board of Canada Secretariat, 2022.9.6). 따라서 '결과에 대한 정책'을 통해 작성되는 성과정보 프로파일의 품질은 형식요건을 갖춘다는 일정 부분 성과가 있었으나, '결과'를 측정하기 위한 지표 설계의 한계와 '결과'의 품질 자체를 개선할 필요성이 제기되는 것으로 보인다.

그림 4-6 2020~21 회계연도 모든 프로그램 대상 성과정보 프로파일 평균 점수

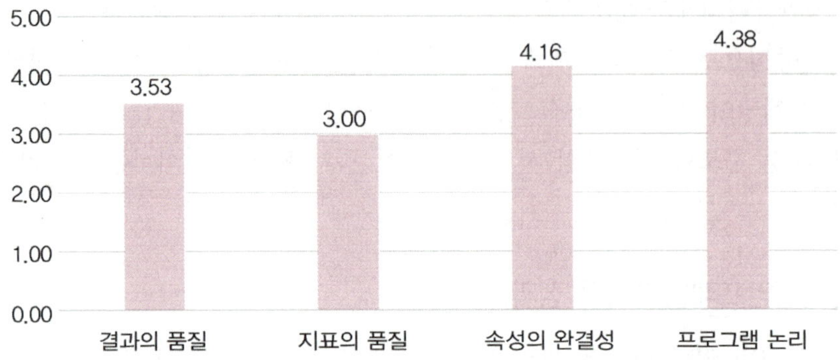

출처: Treasury Board of Canada Secretariat(2022.9.6). 2021-22 Management Accountability Framework Government-Wide Report(https://www.canada.ca/en/treasury-board-secretariat/services/management-accountability-framework/2021-22-maf.html)(검색일: 2022.9.10).

3) 부처결과프레임워크의 성과

부처 단위의 평가·성과관리는 부처결과프레임워크의 핵심 책임과 프로그램 결과, 결과에 대한 성과지표를 측정하여 목표 달성 여부를 파악한다. 캐나다 중앙 부처와 기관의 결과에 대한 지표 달성 정보는 캐나다 정부 인포그래픽(Infographic for Government of Canada)의 '결과'부문에 공시된다. 공시되는 정보가 공시되는 부처, 결과, 지표의 수는 매년 변동되는데, 2020~21 회계연도 공시된 중앙 부처와 기관은 86개이며, 1,541개 결과, 2,722개 지표에 대한 정보가 제공되었다. 결과는 '충족', '미충족', '적용 불가', '달성 예정(Result to be achieved)' 네 가지 유형으로 구분되며, '적용 불가'는 목표가 설정되어 있지 않거나, 이용 가능한 데이터의 부재로 결과 측정이 이용 가능한 결과가 배정되지 않은 경우이고, '달성 예정'은 목표 달성일이 회계연도 종료일인 3월 31일 이후이거나, 목표 달성 시기가 지정되지 않아 미래에 결과가 달성 예정인 상태를 의미한다.[21]

21) Treasury Board of Secretariat. Infographic for Government of Canada. Results(https://www.tbs-sct.canada.ca/ems-sgd/edb-bdd/index-eng.html#infographic/gov/gov/results/)(검색일: 2022.8.30).

예를 들어 아래의 〈표 4-12〉에서 캐나다 외교부가 달성한 지표는 52개이며, 35개는 미달성, 31개는 적용 불가능한 지표로 분류된다. 한편 남부 온타리오 연방 경제 발전청의 경우 23개의 지표 중 11개를 달성하고, 1개는 미달성하였으며, 11개의 지표는 미래에 달성 예정인 지표로 제시되고 있다.

표 4-12 성과지표 목표 달성(2020~2021 회계연도)

연방정부 조직	목표 달성	목표 미달성	적용 불가	미래 달성 예정
감사국	0	11	4	0
사회과학과 인문학 연구 위원회	14	4	0	0
캐나다 공공안전	16	9	10	0
캐나다 고용 및 사회개발	45	24	36	5
캐나다 초원 경제 개발	11	6	0	0
캐나다 공공부문 통합 위원회 사무국	4	4	0	0
캐나다 국경서비스청	34	24	0	0
캐나다 공공서비스 위원회	9	12	9	4
캐나다 왕립 기마경찰대	11	21	1	1
캐나다 영향평가청	11	0	0	0
캐나다 정보 및 프라이버시 위원회 사무국	5	11	9	2
캐나다 교정 조사	0	4	0	0
캐나다 퀘벡 지역 경제발전	6	4	4	0
캐나다 특허 약품 가격 심의 위원회	4	1	3	0
캐나다 교통안전위원회	20	42	16	0
캐나다 교통청	5	3	5	0
캐나다 곡물위원회	4	0	0	6
캐나다 로비 위원회 사무국	2	1	3	0
캐나다 도서관 및 아카이브	5	13	1	0
캐나다 정부간 컨퍼런스 사무국	8	2	0	0
남부 온타리오 연방 경제 발전청	11	1	0	11
캐나다 외교부	52	35	31	0
캐나다 재무부	34	1	4	0
캐나다 환경 및 기후변화	8	9	16	23
캐나다 혁신, 과학, 경제발전	20	18	4	32
최고 선거 관리 사무국	8	5	14	0

캐나다 북극 지식	2	0	0	8
캐나다 국립 연구 위원회	35	30	0	0
RMCP 외부 검토 위원회	5	1	3	0
RMCP에 대한 민간 검토 및 고충 처리 위원회	6	6	0	0
캐나다 공공 검찰 서비스	10	2	0	4
캐나다 저작권 위원회	4	0	0	0
캐나다 재무위원회 사무국	32	14	8	13
캐나다 인권위원회	9	3	3	0
캐나다 공공서비스 및 조달	43	15	1	8
캐나다 사법행정 서비스	0	6	4	0
캐나다 북부 경제 개발청	6	2	0	3
군사경찰 고충처리 위원회	14	0	0	0
캐나다 법무부	16	9	14	6
행정법원 지원 서비스	6	0	0	0
공식 언어 위원회 사무국	8	2	4	0
캐나다 보건안전센터	6	8	0	0
캐나다 교정서비스	33	37	0	6
캐나다 국립공원	3	5	0	10
캐나다 문화유산	35	18	12	9
캐나다 이민 및 난민위원회	9	10	1	0
캐나다 여성 및 성평등	5	2	4	0
캐나다 공공서비스 학교	12	6	0	0
캐나다 우주청	11	0	0	0
캐나다 통계청	12	4	0	0
캐나다 최고법원 사무국	8	1	0	0
캐나다 대서양 기회청	12	9	1	0
제대군인 검토 및 심사위원회	2	2	2	0
캐나다 공공보건청	12	1	0	29
캐나다 제대군인부	8	13	4	19
캐나다 수산업 및 해양	40	18	2	10
캐나다 이민, 난민, 시민	26	26	2	2
국가 전장 위원회	4	2	4	0
캐나다 왕실-원주민 관계 및 북부사무	21	10	1	5
캐나다 자연자원	40	6	8	16
캐나다 추밀원 사무국	9	4	1	0
캐나다 에너지 규제	29	19	9	0

국방부	61	46	16	31
캐나다 공유 서비스	36	9	5	0
캐나다 농업 및 농산식품	20	7	6	24
캐나다 국립영화위원회	19	8	1	0
캐나다 보건연구원	9	4	0	0
캐나다 자연과학 및 기술연구 위원회	7	3	3	0
캐나다 정보국	2	0	0	0
캐나다 식품조사청	17	5	0	0
캐나다 연방 사법위원회 사무국	4	4	1	0
캐나다 핵안전위원회	11	6	0	0
캐나다 가석방 위원회	20	2	0	0
캐나다 재정감독원 사무국	17	3	2	2
캐나다 금융소비자청	7	3	0	0
캐나다 금융거래 및 보고분석 센터	2	2	0	0
군사 고충 외부 심의 위원회	30	14	6	21
캐나다 보건부	12	17	8	0
캐나다 국세청	6	4	10	0
캐나다 원주민 서비스부	14	11	24	30
캐나다 교통부	45	22	28	2
캐나다 건설부	8	6	7	10
캐나다 라디오-텔레비전, 통신위원회	9	2	0	3
캐나다 북부 수송관청	1	0	0	0
캐나다 접근 표준	0	0	0	9
캐나다 투자 허브	6	5	1	0
합계	1,243	739	376	364

출처: Treasury Board of Secretariat. Infographic for Government of Canada. Results(https://www.tbs-sct.canada.ca/ems-sgd/edb-bdd/index-eng.html#infographic/gov/gov/results/)(검색일: 2022.8.30).

캐나다 연방정부의 회계연도별 지표 수는 2018~19 회계연도에서 2,756개였으며, 이 중 46.0%인 1,268개를 달성하고 미달성 지표는 18.5%에 해당하는 509개로 나타났다. 최근 3회계연도 기간 동안 미달성 지표의 수는 2020~21 회계연도에 739개로 2018~19 회계연도와 비교하여 9.2%p 증가하였으며, 달성 예정 지표는 2018~19 회계연도 742개로 26.9%를 차지하고 있었으나, 2020~21 회계연도에는 364개(13.4%)로 13.5%p 감소한 것으로 나타났다. 이는 목표 달성일이 지정되지 않은 지표와 회계연도 종료일 이전 목표가 달성되는 지표의 비중이 증가한 데 따른 것으로 추정된다.

표 4-13 캐나다 연방정부 회계연도별 지표 수 및 달성 상태(2018~19부터 2020~21까지)

회계연도	지표정보(개)			달성 여부			
	부처(기관)	결과	지표	달성	미달성	이용 불가	달성 예정
2020~21	86	1,541	2,722	1,243 (45.7%)	739 (27.1%)	376 (13.8%)	364 (13.4%)
2019~20	87	1,622	2,777	1,349 (48.6%)	567 (20.4%)	431 (15.5%)	430 (15.5%)
2018~19	85	1,601	2,756	1,268 (46.0%)	509 (18.5%)	237 (8.6%)	742 (26.9%)

출처: Treasury Board of Secretariat. Infographic for Government of Canada. Results의 회계연도별 자료를 이용하여 저자가 구성(https://www.tbs-sct.canada.ca/ems-sgd/edb-bdd/index-eng.html#infographic/gov/gov/results/)(검색일: 2022.8.30).

제 4 절

결론: 정책적 시사점

1. 캐나다 평가·성과관리의 특징

1) 중앙 주도의 평가 거버넌스

캐나다는 오랜 기간 재무위원회 사무국을 중심으로 중앙이 주도하는 평가 거버넌스 체계가 구축·운영되어 왔다. 범정부 차원의 평가 거버넌스체계는 '결과에 대한 정책'과 '결과에 대한 명령'을 중심으로 이루어지며, 재정, 인사, 정보기술 등 6개 관리 영역을 대상으로 하는 관리정책프레임워크(MAF)와 연계된다. 재무위원회 사무국은 관리정책프레임워크를 이용하여 부처의 '결과관리'의 쟁점 요소를 관리하고, '결과에 대한 정책'을 기반으로 재무위원회 사무국과 정부 부처 및 기관의 부기관장, 평가총괄관의 평가 역할을 명시하고 있다. 중앙 부처와 기관은 부처의 5개년 부처평가계획과 부처결과프레임워크를 수립하고, 이 과정에서 재무위원회의 자문과 승인을 받도록 하고, 5개년 부처평가계획, 부처계획, 부처결과보고서 등을 재무위원회 사무국에 제출하도록 하고 있다.

범정부 차원에서 작동하는 중앙 주도의 평가 거버넌스는 부처 내부에서도 작동한다. 부기관장과 성과측정평가위원회(PMEC)가 부처의 평가 과정을 주도하며, 부기관장은 평가총괄관, 프로그램 담당자를 지정하고, 5개년 부처평가계획 수립과 지표의 설계, 프로그램 목록 작성 시 PMEC의 자문을 거쳐 부기관장이 승인하여 이를 재무위원회 사무국에 제출하도록 하고 있다. 즉 부기관장은 부처 내부의 평가 과정 전반을 총괄함과 동시에 부처 및 기관 내부에서 재무위원회 사무국과 부처 내부의 평가 기능을 연결하는 중심적인 역할을 담당한다고 할 수 있다.

부처 내부의 평가 구조 또한 집권화되어 있다. 부처계획과 부처결과보고서에 포함되어 재무위원회 사무국에 제출되어야 하는 부처결과프레임워크는 범정부 우선순위와의 연계성을 포함하여 부처의 핵심 책임을 먼저 설정하고, 이를 달성한 상태인 '결과'를 제시하며, 결과를 측정하는 지표를 마련하며, 핵심 책임별로 프로그램 목록을 작성하도록 하고 있다. 이와 같은 구조는 첫째, 범정부 차원에서 우선순위가 높은 정책에 부처가 어떠한 방식으로 결과를 도출할 것인지를 관리할 수 있도록 하며, 둘째, 핵심 책임과 결과 중심의 프로그램과 평가 구조를 마련함으로써 프로그램을 담당하는 부서나 관리자로 하여금 자신들이 담당하는 프로그램을 부처가 추구하는 핵심 목표, 나아가 범정부 차원의 우선순위 목표와 연계하여 관리할 수 있도록 한다.

이와 같이 중앙이 주도하는 평가 거버넌스체계는 평가와 관련된 일관된 절차와 지침을 적용하여 부처 간 비교, 시계열 비교를 가능하게 한다는 측면에서 평가의 활용성을 높일 수 있으나, 개별 부처의 특성에 부합하지 않는 프로그램의 경우 평가가 제약될 수 있다. 예를 들어 프로그램의 성격상 '결과'가 도출되기까지 시간이 소요될 경우 일정한 주기에 따라 평가를 의무화할 경우 성과를 명확히 측정하거나 파악하기 어렵다. 또한 일원화된 평가 지침과 규정을 적용함에 따라 부처 내부의 평가 부담을 증가시키고, 부처 내부의 의사결정 과정에서 필요한 평가정보를 파악하기 어렵게 할 수 있다.

2) 평가 유연성 강화

캐나다이 '결과에 대한 정책'의 목적 중 하나는 평가의 유연성 확보에 있다. 2016년 이전까지 운영되었던 '평가에 대한 정책'이 모든 프로그램에 대해 5년에 최소 1회의 평가를 의무적으로 수행할 것을 규정한 반면, '결과에 대한 정책'은 평가의 대상이 되는 프로그램의 재정지출 규모를 연간 평균 500만 캐나다 달러 이상으로 하고 있다. 또한 각 부처가 자체적으로 위험성, 수요 등을 분석하여 평가가 필요한 사업들을 규정하고,

평가가 어렵거나 평가를 할 필요가 없다고 판단되는 사업들은 5개년 부처평가계획을 작성할 때 제외의 사유를 기술하여 제출하도록 함으로써 평가제도의 변화를 통해 유연성을 확보하기 위한 조치가 취해진 것으로 볼 수 있다.

캐나다 정부는 평가 대상이 되는 프로그램의 선정 외에도 평가의 방식, 범위 등에 있어 유연성을 제고하고자 하였다. 기존의 '결과에 대한 정책은' 5개 핵심요소에 대한 평가를 사실상 의무화하고 있었는데, 이를 평가의 목적과 수요에 맞게 효과성, 효율성 등을 평가하도록 하였고, 평가 방법에 있어서도 전형적인 형성평가와 총괄평가 외에도 경제성, 영향 등 다양한 평가 방법을 적용할 수 있도록 하여 평가 이해관계자의 평가 활용도를 제고하고자 하였다. 이러한 조치는 '평가에 대한 정책'에 대한 평가결과 부처와 기관의 고위 공무원이 의사결정 과정에서 경제성, 효율성 등과 같은 평가정보를 활용한 의사결정을 하기 어렵다는 의견 등이 반영된 결과이다.

3) 평가 활용성 제고

평가의 유연성 확보는 평가 이해관계자의 평가 활용성을 제고하기 위한 목적을 지니고 있다. 평가를 통해 도출되는 정보는 부처 관리자의 프로그램 추진 방식과 관련한 의사결정 외에도, 부처 차원의 자원배분, 의회의 재정지출 의사결정, 부처의 책무성 확보 여부를 알고자 하는 시민 등 외부 이해관계자 등 다양한 방식으로 활용될 수 있다. 프로그램 담당자, 관리자 외에도 장관, 부기관장, 평가 담당관, 재무위원회 사무국, 의회가 필요로 하는 평가정보가 다양하기 때문에 경직된 평가 구조는 평가의 활용 범위를 제한할 가능성이 높다. 기존의 '평가에 대한 정책'이 형성평가와 총괄평가를 중심으로 주로 재무위원회 사무국 등 상위 기관의 평가 활용 수요와 제한적인 범위에서 부처의 평가 활용 수요를 충족하고 있었다면, '결과에 대한 정책'으로의 전환은 평가의 방법, 대상, 범위 등을 과거보다 유연하게 적용하도록 함으로써 다양한 이해관계자의 평가 활용성을 제고하기 위한 기반을 마련한 것으로 볼 수 있다.

4) 성과정보의 품질관리

캐나다의 평가 및 성과관리체계의 특징 중 하나는 '결과'에 대한 측정지표를 관리하기 위해 '성과정보 프로파일(Performance Information Profile)'을 작성하여 재무위원회 사무국의 승인을 받아 제출하여 관리하고 있다는 점이다. '성과정보 프로파일'은 단순한 측정지표에 대한 정보라기보다, 대상 프로그램, 측정지표, 데이터 소스, 측정의 사유 및 논리, 데이터 수집 주기, 데이터의 관리 주체 등 성과정보 혹은 측정지표에 대한 일종의 메타데이터라고 할 수 있다. 각 부처는 측정지표에 대한 성과정보 프로파일을 작성하고, 재무위원회 사무국은 관리정책프레임워크의 '결과관리' 영역에서 성과정보 프로파일의 품질의 완결성을 평가하여 이를 공시하고 있다.

이와 같이 성과정보의 품질을 체계적으로 관리하기 위한 노력은 부처와 기관이 자신들의 '결과'를 측정하고 파악하기 위한 성과정보를 도출하는 과정에서 정보의 신뢰성, 타당성을 확보할 수 있도록 한다. 또한 성과정보에 대한 구체적인 관리체계를 통해 성과정보의 품질을 개선하기 위한 노력을 지속할 수 있도록 한다.

5) 평가결과의 투명성과 책임성

부처결과프레임워크와 5개년 부처평가계획, 부처계획, 부처결과보고서에 담긴 성과정보는 웹 플랫폼을 통해 모든 사람들이 확인할 수 있도록 투명하게 공개되고 있다. 캐나다 재무위원회 사무국은 '캐나다 정부 인포그래픽(Infographic for Government of Canada)'을 통해 부처와 기관이 수행하는 프로그램의 결과를 종합적으로 파악할 수 있도록 함과 동시에 링크를 통해 각 부처의 계획과 결과와 관련한 보고서에 접근할 수 있도록 하여, 누구나 캐나다 연방정부 부처가 수행하는 정책과 프로그램의 결과를 파악할 수 있도록 한다. 또한 의회에 제출되는 문서이며, 시민들에게 공개되는 부처계획과 부처결과보고서는 평가정보와 재정지출 정보를 연계하고 있어 각 부처의 연방정부 프로그램 예산지출의 책무성 확보에 기여한다고 할 수 있다.

2. 우리나라 평가 · 성과관리에서의 시사점

1) 평가 거버넌스 측면에서의 시사점

평가 거버넌스 측면에서 캐나다 정부의 평가 및 성과관리체계는 우리나라의 중앙정부의 평가체계에 다음과 같은 시사점을 제시한다. 첫째, 우리나라는 중앙이 평가를 주도하고 있으나, 그 주체가 국무총리실과 기획재정부로 이원화되어 있고, 오랜 기간 이러한 구조가 지속되고 있다. 캐나다 연방정부의 평가 거버넌스는 재무위원회 사무국이 재무위원회로부터 그 권한을 위임받아 수행하고 있는데, 중앙이 주도하는 평가로 인한 분명한 한계에도 불구하고 유연성을 강화하는 등 평가체계에 대한 지속적인 개선 노력이 이루어질 수 있었던 것은 범정부 차원의 평가 주체가 재무위원회 사무국으로 일원화되어 있었기 때문이다. 과거와 비교하여 이원화된 평가 구조로 인한 부담은 상대적으로 완화되었다고 볼 수 있으나, 평가 제도의 개선 과정에서 서로 다른 평가 주체 간의 협의가 없을 경우 실효성 있는 제도의 개선이 이루어지기에는 한계가 있다. 평가의 활용성, 책임성, 투명성 측면에서 이러한 구조를 개선하기 위한 노력을 전개하여야 할 필요성이 제기된다.

둘째, 캐나다의 '결과에 대한 정책'과 '결과에 대한 명령'은 재무위원회 사무국 외에도 부처 내부의 평가 주체들에 대한 명확한 역할과 의무를 명시하고 있는데, 이는 부처 내부의 평가 책임성을 강화함과 동시에, 평가 과정에서 평가 이해관계자 간의 참여 및 조정과 검토 절차를 통해 평가의 품질을 지속적으로 개선하고, 평가에 대한 의사결정자의 관심을 제고할 수 있다. 부처와 기관의 부기관장이 평가를 총괄하면서, 5개년 부처 평가계획, 부처결과프레임워크 등 평가 과정에서 도출되는 결과물에 대한 검토, 승인 절차가 진행되도록 함으로써 부처 내부에서도 집권화된 평가체계가 작동함과 동시에 이해관계자의 참여를 촉진하도록 하는 제도적 개선방안을 마련할 필요성 또한 제기되는 부분이다.

2) 평가 활용성 측면에서의 시사점

평가의 목적은 정부 부처가 수행한 사업의 결과를 확인함과 동시에 이를 활용하여 기존의 프로그램을 개선함과 동시에 자원을 효과적, 효율적으로 배분하기 위한 목적도 지니고 있다. 캐나다 정부는 평가 활용성을 제고하기 위해 평가의 대상, 범위, 방법 등을 유연하게 적용하도록 제도를 개선하였다. 이는 경직된 평가체계로 인한 평가 활용의 제한을 극복하고, 이해관계자의 수요와 부처 프로그램의 특성에 맞는 평가를 수행할 수 있도록 하여 평가 활용성을 높이기 위함이다. 또한 캐나다는 측정지표 및 성과정보에 대해 '성과정보 프로파일'을 마련함으로써 성과정보에 대한 품질관리체계도 강화하고 있다. 이는 평가를 활용하는 평가 이해관계자가 평가에 관심을 갖도록 함과 동시에 성과정보의 품질을 지속적으로 개선하여 유용성을 확보할 수 있도록 한다는 점에서 의미를 지닌다.

이러한 측면에서 캐나다의 평가 및 성과관리 제도가 우리나라에 주는 시사점은 다음과 같다. 첫째, 정부의 모든 사업과 프로그램을 평가의 대상으로 삼기보다 지출 규모, 우선순위 등을 중심으로 정부가 중점적으로 달성하고자 하는 목표에 따라 유연하게 평가를 적용할 필요성이 있다. 이는 모든 사업을 평가함에 따른 평가 부담을 완화할 뿐만 아니라, 핵심적인 '결과'를 중심으로 평가를 진행하도록 함으로써 범정부 차원의 성과 제고를 위한 평가 자원의 효율적 활용을 가능하게 한다. 둘째, 성과정보의 품질을 관리하기 위한 체계를 구축할 필요가 있다. 성과정보와 관련한 메타데이터를 구축하기 위한 프레임을 마련하고, 성과정보에 대한 평가를 주기적으로 수행함으로써 성과정보, 지표의 신뢰성과 타당성을 검증하여 품질을 개선함과 동시에 평가 수요에 부합하는 성과정보의 축적을 기대할 수 있다.

3) 평가 투명성, 책임성 측면에서의 시사점

마지막으로 평가결과의 투명성 확보와 책임성 제고이다. 캐나다 연방정부는 평가에 참여하는 모든 연방정부 부처와 기관의 '결과', '지표', '평가결과'를 종합하여 누구나 확인할 수 있는 플랫폼을 구축하고 있다. 현재도 각 부처의 홈페이지 등을 통해 평가결과를 확인할 수 있으나, 개별적 접근에 따른 한계를 고려하여 평가 이용자뿐만 아니라 모든 시민들의 평가정보 접근성을 개선하기 위한 노력이 요구되는 부분이다.

참고문헌

이환성(2013). 성과관리계획 수립 · 운영실태 및 개선방안. 한국행정연구원 연구보고서, 2013-11. 160.

이환성 · 양홍석(2016). 정부업무평가 기본법제 개선방안. KIPA 연구보고서 2015-08. 233-234.

한국조세연구원(2012). 재정성과관리제도 효율화 방안. 기획재정부 연구용역보고서. 79.

한국행정연구원(2019). 해외 국정과제 평가사례 연구. 한국행정연구원 연구총서 2019-1: 121.

Lahly, R.(2010). The Canadian M&E System: Lessons Learned from 30 Years of Development. World Bank Independent Evaluation Group. 2, 12, 13.

Federal Accountability Act(2011.12.31). (https://laws-lois.justice.gc.ca/PDF/F-5.5.pdf)(검색일: 2022.7.12.). p.1.

Financial Administration Act(2022.9.1). (https://laws-lois.justice.gc.ca/PDF/F-5.5.pdf)(검색일: 2022.9.13.). p.1, 10, 45.

Global Affairs Canada(2021a). Departmental Plan. p.23. (https://www.international.gc.ca/transparency-transparence/assets/pdfs/departmental-plan-ministeriel/2021-2022-eng.pdf)(검색일: 2022.8.10)

Global Affairs Canada(2021b). 2020-21 Departmental Results Report. p.27, 71, 72, 76, 77, 89-93. (https://www.international.gc.ca/transparency-transparence/assets/pdfs/departmental-results-reports-rapport-resultats-ministeriels/2020-2021-en.pdf)(검색일: 2022.8.10)

Global Affairs Canada(2021.5.26). Five-Year Departmental Evaluation Plan 2021-22 to 2025-26. (https://www.international.gc.ca/gac-amc/assets/pdfs/publications/evaluation/2021/5-years-en.pdf)(검색일: 2022.8.10)

Global Affairs Canada(2022.7.28). Management Responses Action Plan(MRAP) Evaluations of International Assistance Programming in Middle-Income Countries-2014-15 to 2020-21. p.1-2. (https://www.international.gc.ca/transparency-transparence/assets/pdfs/audit-evaluation-verification/2022/2022-05-mic-pri-mrap-en.pdf)(검색일: 2022.9.3)

Government of Canada(2021.8.12). Evaluation in the Government of Canada. (https://www.canada.ca/en/treasury-board-secretariat/services/audit-evaluation/evaluation-government-canada.html)(검색일: 2022.8.15)

Justice Law Website, Consolidated Acts. (https://laws-lois.justice.gc.ca/eng/acts/)(검색일: 2022.7.12)

Privy Council Office(2017.12.13). Guidance for Deputy Ministers. (https://www.canada.ca/en/privy-council/services/publications/guidance-deputy-ministers.html#TOC1_4)(검색일: 2022.8.10)

Results Division(2019.10.24). The Policy on Results. p.2, 4, 5. (https://fmi.ca/wp-content/uploads/sites/4/2019/09/FMI-Capital-Chapter-October-24-2019-Presentation.pdf)(검색일: 2022.7.25)

Treasury Board of Canada Secretariat(2000). Results for Canadians. (https://www.tbs-sct.canada.ca/report/res_can/rc-eng.pdf)(검색일: 2022.7.12)

Treasury Board of Canada Secretariat(2008.6.24). Foundation Framework for Treasury Board Policies. (https://www.tbs-sct.canada.ca/pol/doc-eng.aspx?id=13616&section=html)(검색일: 2022.7.28)

Treasury Board of Canada Secretariat(2012). Policy on Management, Resources and Results Structure. (https://www.tbs-sct.canada.ca/pol/doc-eng.aspx?id=18218&section=html)(검색일: 2022.7.12)

Treasury Board of Canada Secretariat(2015.5.13). Evaluation of the 2009 Policy on Evaluation. p.6, 9, 8, 15, 16, 17, 18, 19, 20, 23, 24, 26, 28, 33, 34, 35, 37, 38-39. (https://publications.gc.ca/collections/collection_2018/sct-tbs/BT22-206-2015-eng.pdf)

(검색일: 2022.8.10)
Treasury Board of Canada Secretariat(2016.7.1a). Policy on Results. (https://publications.gc.ca/collections//collection_2017/sct-tbs/BT22-172-2016-eng.pdf)(검색일: 2022.7.15)
Treasury Board of Canada Secretariat(2016.7.1b) Directive on Results. (https://www.tbs-sct.canada.ca/pol/doc-eng.aspx?id=31306&section=html)(검색일: 2022.7.18)
Treasury Board of Canada Secretariat(2016.11.21) Departmental Results Report. (https://www.canada.ca/en/treasury-board-secretariat/services/departmental-performance-reports.html)(검색일: 2022.8.25)
Treasury Board of Canada Secretariat(2017.3.9). Departmental Plan. (https://www.canada.ca/en/treasury-board-secretariat/services/planned-government-spending/reports-plans-priorities.html)(검색일: 2022.8.10)
Treasury Board of Canada Secretariat(2020.11.20). Evaluation 101 Backgrounder. (https://www.canada.ca/en/treasury-board-secretariat/services/audit-evaluation/evaluation-government-canada/evaluation-101-backgrounder.html)(검색일: 2022.7.15)
Treasury Board of Canada Secretariat(2021.12.23). MAF 2021 to 2022 Results Management Methodology. (https://www.canada.ca/en/treasury-board-secretariat/services/management accountability-framework/maf-methodologies/maf-2021-2022-results-management-methodology.html)(검색일: 2022.8.30)
Treasury Board of Canada Secretariat(2022.9.7). Management Accountability Framework. (https://www.canada.ca/en/treasury-board-secretariat/services/management-accountability-framework.html)(검색일: 2022.9.10)
Treasury Board of Canada Secretariat(2022.9.6). 2021-22 Management Accountability Frame work Government-Wide Report. (https://www.canada.ca/en/treasury-board-secretariat/services/management-accountability-framework/2021-22-maf.html)(검색일: 2022.9.10)
Treasury Board of Secretariat. Infographic for Government of Canada. Results. (https://www.tbs-sct.canada.ca/ems-sgd/edb-bdd/index-eng.html#infographic/gov/gov/results/)(검색일: 2022.8.30)
Veterans Affairs Canada(2021.3). Evaluation of the Veterans Emergency Fund. Final Report. p.44, 45, 47, 48-49, 55. (https://duyxryp8txy49.cloudfront.net/pdf/about-vac/publications-reports/reports/departmental-audit-evaluation/2021-evaluation-veterans-emergency-fund/evaluation-of-the-veterans-emergency-fund-mar-2021.pdf)(검색일: 2022.9.1)

제5장 일본 평가 · 성과관리 동향분석

제 1 절

일본 평가 · 성과관리 현황 및 운영체계

1. 평가 · 성과관리 현황

1) 기본적인 개념정리

일본의 공공부문에서 성과관리에 관하여는 명확한 법적 근거가 없어 제도적 분석이 곤란한 측면이 있다는 점에서 "평가"를 중심으로 분석할 필요가 있으나(이윤식 외, 2006: 192), "평가"와 관련해서도 "정책평가"와 "행정평가"의 명확한 개념이 확립되어 있지 못한 것으로 보인다. 즉 "정책평가"는 국가가 실시하는 평가활동을 의미하는 용어로 사용되고 있지만, 평가 일반을 나타내는 용어로도 사용되고, 특정한 평가수단(비용편익분석으로 대표되는 정책분석수단)의 의미로 사용되는 경우도 있으며, 정책 · 시책 · 사무사업이라는 정책체계 중에서 최상위에 위치하는 정책에 대한 평가라는 의미로 사용되기도 한다(田中啓, 2009: 3). 이에 대하여 "행정평가"는 지방자치단체가 실시하는 평가를 의미하는 용어로 사용되는 경우가 많으나, 중앙성부를 비롯한 지방자치단체의 행정기관이 실시하는 평가라는 일반적 의미로 사용되는 경우도 있으며, 정책 · 시책 · 사무사업이라는 정책체계 중에서 시책 · 사무사업에 대한 평가의 의미로 사용되기도 한다(御船洋, 2016: 143).

한편 공식적으로는 현재의 총무성 행정평가국이 중앙행정기관 재편으로 종래의 총무청 행정감찰국의 행정감찰 기능까지 담당하게 되면서, 행정평가・감시 기능과 정책평가 기능을 함께 수행함으로써 "행정평가 등"이라는 용어로 사용하고 있다(宇賀克也, 2002: 2). 이와 같이 일본에서는 "정책평가"와 "행정평가"를 명확한 기준 없이 혼용하는 경우도 있으나, 기본적으로는 중앙정부가 실시하는 평가를 "정책평가"로, 지방자치단체가 실시하는 평가를 "행정평가"로 각각 이해하고 있는 것으로 보인다. 우리나라에서도 정책평가와 행정평가를 거의 같은 의미(계획에 따라 시행된 정책・시책・사무사업을 체계적으로 분석하고, 각 부・성이나 지방자치단체가 자기의 정책에 대하여 그 효과를 필요성, 효율성, 유효성 등의 관점에서 파악하는 것)로 정의한 후, 일본의 일반적인 용례를 참조로 하여, 중앙정부가 실시하는 평가를 정책평가로, 지방자치단체가 실시하는 평가를 행정평가로 표현하고 있다(이윤식 외, 2006: 193). 이하에서도 이러한 용례에 따라 정책평가(중앙정부)와 행정평가(지방자치단체)로 구분하여 서술하고자 한다.

2) 제도도입 주요 연혁

1980년대 후반부터 주요 외국에서는 신공공관리(New Public Management: NPM)의 이론을 응용한 공공부문의 행정・재정 시스템의 개혁을 추진하고, 재정적자의 축소나 장기채무의 감소 등 행정의 효율화 및 재정의 건전성 측면에서 상당한 효과를 거둔 바 있다(東信男, 2001: 103). 신공공관리의 이론에서는 공공서비스의 통제・관리와 사후적 결과나 성과를 중시함으로써 정부의 사후적 평가활동, 특히 업적측정(performance measurement)이 강조되었으며(田中啓, 2009: 3), 공공부문에서 신공공관리의 세계적 확산・보급은 업적측정의 급속한 확산・보급을 전제로 하고 있다. 이러한 평가・성과관리의 세계적 추세를 고려하여, 일본에서도 기업의 경영이념이나 평가・성과관리의 다양한 수단이 지방자치단체 및 중앙정부 차원의 공공부문에 도입되기 시작하였다.

첫째, 지방자치단체 차원에서 최초로 행정평가제도가 도입된 사례로서는 1996년 미에현(三重縣)의 "사무사업(事務事業)평가시스템"을 들 수 있다. 이 사무사업평가시스템은 미에현이 추진하는 모든 사무사업(당시 약 3,300건)을 대상으로 개개의 사무사업을 계속적으로 점검하기 위하여 도입된 것이다(田中啓, 2009: 4). 이와 관련하여 사무사업의 실적에 대한 사후적 평가에 주목하여, 정량적인 지표를 통하여 체계적・계속적으로 평가하는 구조라는 점에서 사무사업평가시스템의 참신성을 발견할 수 있으며, 일본에서의 "성과중시" 또는 "고객주의"라는 신공공관리의 이론을 실천한 행정평가의 예로 인식되고 있다(御船洋, 2016: 144). 그 후 미에현의 사무사업평가시스템은 일본 지방자치단체의 행정평가제도로서 홋카이도(北海道), 이와테현(岩手縣), 야마가타현(山形縣), 사이타마현(埼玉縣), 시즈오카현(靜岡縣), 삿포로시(札幌市) 등 다양한 형태로 도입·확산되어 오늘에 이르고 있다.

둘째, 중앙정부 차원에서는 1999년 9월 「민간자금 등의 활용에 의한 공공시설 등의 정비 등의 촉진에 관한 법률」의 시행에 따른 민간투자사업(Private Finance Initiative: PFI)의 도입이나 2001년 1월 「독립행정법인통칙법」에 따른 독립행정법인(agency)제도의 도입 등 행정개혁이 적극적으로 추진되고, 그 개혁의 일환으로서 공공부문에 신공공관리의 이론을 응용한 다양한 평가수단이 도입되기 시작하였다(東信男, 2001: 103). 이와 함께 중앙행정기관 등 개혁의 일환으로서 2001년에는 「행정기관이 행하는 정책의 평가에 관한 법률」(법률 제86호, 이하 "정책평가법"이라 함)이 제정되고, 이에 따라 정책평가제도가 도입되었다. 이러한 정책평가는 신공공관리의 핵심적 이념 중의 하나인 "업적·성과에 의한 통제"(東信男, 2001: 103)가 공공부문의 행정운영에 접목된 것으로서, 일본에서 중앙정부 차원의 공공부문 평가·성과관리를 위한 핵심적 제도로 자리잡고 있다.

이와 같이 일본의 경우, 정책평가법에 따라 모든 중앙행정기관에 대하여는 정책평가가 의무화되어 있으나, 지방자치단체의 경우 법령 등에 근거하여 행정평가가 의무화되어 있는 것은 아니다. 그럼에도 불구하고 대부분의 지방자치단체가 행정평가제도를 도입한 배경으로는 전술한 신공공관리의 이론, 지방자치단체 세수의 감소나 공공사업의 수익 악화, 자치사무차관통지를 통한 행정평가 도입 권고 등을 들 수 있다(田中啓, 2009: 6). 이러한 배경 외에도 정책평가법의 제정·시행은 중앙정부뿐만 아니라 지방자치단체에 행정평가가 급속하게 확산·보급됨에 있어서 매우 중요한 역할을 한 점은 부인할 수 없을 것이다. 이러한 점에서 정책평가제도의 도입 및 전개과정을 구체적으로 살펴볼 필요가 있으며, 이를 표로 정리하면 〈표 5-1〉과 같다.

표 5-1 정책평가제도의 주요 연혁

연도	월	주요 연혁
1997	12	• 행정개혁회의 최종보고: 정책평가의 도입을 제언
1998	6	• 중앙성청등개혁기본법 성립: 중앙성청 등 개혁의 기본방침에 정책평가 기능 강화가 포함

1999	4	• 내각부설치법안/국가행정조직법 개정안, 총무성설치법안: 7.16 성립(2001.1.6 시행) • 중앙성청등개혁의 추진에 관한 방침/정책평가의 실시 등에 관한 기본적인 방침 결정
2000	1	• 각 부성조직령: 각 부성에 정책평가담당조직을 설치 • 총무성조직령/정책평가 · 독립행정법인평가위원회령: 총무성 및 총무성에 설치되는 제3자 기관 체제를 정비
	7	• 법률의 조기 제정에 대한 총리 지시 • 정책평가에 관한 표준적 가이드라인안의 책정 · 공표: 정책평가의 기본적인 틀을 구축
	12	• 행정개혁대강
2001	1	• 정책평가제도 도입, 정책평가에 관한 표준적 가이드라인 제정, 각 부성이 실시요령 등 제정
	3	• 행정기관이 행하는 정책의 평가에 관한 법률안 국회 제출
	6	• 행정기관이 행하는 정책의 평가에 관한 법률안 국회통과 · 공포(2002.4.1 시행)
	12	• 정책평가에 관한 기본방침 각의결정 • 행정기관이 행하는 정책평가에 관한 법률 시행령 각의결정
2002	4	• 행정기관이 행하는 정책평가에 관한 법률 시행(4.1)
2004	10	• 규제영향분석의 시험적 실시
2005	6	• 정책평가제도에 관한 재검토의 방향: 중요 정책에 관한 평가의 철저, 평가결과의 예산요구 등 정책에 대한 반영
	9	• 규제의 정책평가에 관한 연구회 최종보고
	12	• 정책평가에 관한 기본방침 개정 및 정책평가의 실시에 관한 가이드라인 제정(12.16)
2007	3	• 행정기관이 행하는 정책평가에 관한 법률 시행령 일부개정 및 기본방침의 일부변경
	8	• 규제의 사전평가 실시에 관한 가이드라인 제정: 규제의 사전평가 내용, 절차 등의 표준적 지침 • 행정기관이 행하는 정책평가에 관한 법률 시행규칙 제정(8.24)
	10	• 규제의 사전평가 의무화 시작
2010	1	• 행정평가 기능의 근본적 강화 비전 책정
	2	• 행정평가 기능 강화 검토회 운영
	4	• 행정평가 기능의 기본적 강화방책 책정(4.13): 행정평가 등 프로그램에 반영, 행정평가 기능의 근본적 강화 비전을 기초로 하여 정책평가 추진 기능의 강화방책을 구체화
	5	• 행정기관이 행하는 정책평가에 관한 법률 일부개정(5.28) • 기본방침의 일부변경(5.25) 및 정책평가의 실시에 관한 가이드라인 일부변경(5.28)

2011	3	• "2011년도 행정사업 리뷰에 대하여" 작성 · 공표: 정책평가와의 관련성에 입각하여 정책평가와의 연계방안 모색
	4	• "2011년도 정책평가 실시에 대하여(목표관리형의 정책평가 개선방안에 관한 시험적 대응에 대하여)" 책정
	6	• "행정사업 리뷰의 실시에 대하여" 각의결정
2012	3	• 정책평가의 실시에 관한 가이드라인 일부개정(3.27) 및 "목표관리형의 정책평가 개선방안에 관한 대응에 대하여" 책정
	11	• 정책평가 포털사이트 개설(11.27)
2013	3	• "향후 행정사업 리뷰의 실시 등에 대하여" 행정개혁추진회의에서 정리 · 제출
	5	• "유효한 PDCA 사이클–정책평가와 행정사업 리뷰의 연계"(경제재정자문회의 제출(5.20)
	6	• 정책평가와 행정사업 리뷰의 상호 링크설정 시작(6.20)
	8	• 조세특별조치 등에 관한 정책평가의 실시에 관한 가이드라인 일부개정(8.5)
	12	• 목표관리형의 정책평가의 실시에 관한 가이드라인 책정(12.20)
2015	3	• 정책평가 · 독립행정법인평가위원회 제언(3.9)
	4	• 정책평가심의회 발족(4.1)
2016	4	• 정책평가제도 부회에 "공공사업평가 WG" 설치(4.1)
2017	7	• 정책평가에 관한 기본방침 일부개정 및 규제의 사전평가 실시에 관한 가이드라인 일부개정(7.28) • 민관데이터활용추진전략회의 민관데이터활용추진기본계획실행위원회에 "EBPM 추진위원회" 설치(7.31)
2018	3	• 목표관리형의 정책평가에 관한 평가서의 검증결과
2020	10	• 정책평가제도 부회에 "정책평가제도의 운용실태 파악 등에 관한 WG" 설치(10.9)
2021	3	• 정책평가심의회 제언(3.17)
	5	• 정책평사심의회 · 정책평가제도 부회에 설치하는 WG 개편(5.26)

출처: 總務省(2021a: 345–351) 그림의 내용을 요약 · 정리.

3) 정책평가 운영현황

일본의 정책평가는 각 행정기관이 실시하는 정책평가와 평가 전담기관인 총무성이 실시하는 정책평가로 구분할 수 있으며, 2021년도 정책평가 실시상황을 총무성(2022)의 자료에 기초하여 살펴보면 다음과 같다.

첫째, 각 행정기관에서는 총 2,227건의 정책에 대하여 평가를 실시하였으며, 그 중 사전평가가 838건, 사후평가가 1,389건으로 나타나고 있다(총무성, 2022: 15). 사전평가의 경우, 정책평가법에 따라 의무화되어 있는 5개 분야의 정책(연구개발, 공공사업, 정부개발원조, 규제, 조세특별조치 등)을 대상으로 한 것이 833건으로서 가장 많은 부분을 차지하고 있다(총무성, 2022: 15). 사후평가의 경우, 완료 후 · 종료 시의 사업 등(연구개발, 공공사업 등)을 대상으로 한 것이 507건으로서 가장 많고, 미착수 · 미완료의 사업(공공사업, 정부개발원조 등)을 대상으로 한 것이 501건, 일반 분야의 정책을 대상으로 한 목표관리형 정책평가(실적평가방식)가 256건으로 각각 나타나고 있다(총무성, 2022: 15).

둘째, 총무성은 통일성 또는 종합성 확보를 위한 평가(이하 "종합성 확보평가"라 함)와 정책평가의 객관적이고 엄격한 실시를 담보하기 위한 평가(이하 "객관성 담보평가"라 함)를 실시하고 있다. 종합성 확보평가의 경우, 2021년도에는 "외래종(外來種) 대책의 추진"과 "사인(死因)규명 등의 추진"을 테마로 실시하였으며, 그 결과를 관계 행정기관에게 송부하거나 총무성에 보고한 것으로 나타나고 있다(총무성, 2022: 45). 객관성 담보평가의 경우는 공공사업, 규제, 조세특별조치 등에 관하여 2020년도에 실시한 각 행정기관의 정책평가를 점검하였으며, 그 점검결과를 각 행정기관에 통보, 공표하고 있다. 예컨대 법령에 따라 신설 또는 개 · 폐된 규제에 관하여 각 행정기관이 2020년도에 실시한 총 156건(사전평가 117건, 사후평가 39건)의 정책평가를 점검하고, 그 결과를 각 행정기관에 통보, 공표한 것으로 나타나고 있다(총무성, 2022: 49).

4) 행정평가 운영현황

첫째, 지방자치단체의 행정평가 도입상황(2017년 기준)에 관한 총무성의 조사결과(총무성, 2017b)에 따르면, 도도부현 및 행정평가 시행 당시에 특별시 이상의 지방자치단체에서는 거의 대부분 도입한 상황이고, 그 밖의 시 · 구에서도 80%로 이상이 도입한 것으로 나타나고 있다. 구체적으로 살펴보면, 총 1,799개의 지방자치단체 중 1,099개의 지방자치단체가 이미 도입하고 있고, 66개의 지방자치단체가 시험적 시행을 추진하고 있으며, 420개의 지방자치단체가 도입을 예정하고 있는 것으로 나타나고 있다. 다만 118개의 지방자치단체는 도입할 예정이 없고, 85개의 지방자치단체는 과거에 도입 후 폐지한 것으로 나타나고 있다(총무성, 2017b: 1). 지방자치단체의 행정평가 도입상황을 정리하면 〈표 5-2〉와 같다.

둘째, 지방자치단체의 행정평가 실시상황과 관련하여 총무성의 조사결과(총무성, 2017b)에 따르면, 행정평가를 도입하고 있는 지방자치단체 중에서 약 50%가 내부평가에 더하여 외부평가(외부전문가에 의한 평가)를 실시하고 있으며, 이와 같이 내부평가에 더하여 외부평가를 실시하고 있는 지방자치단체의 수는 직전의 조사결과에 비하여

표 5-2 지방자치단체의 행정평가 도입상황(2017년)

구분	도도부현	지정도시	시구정촌	중핵시	특별시	시구	정촌	합계
도입완료	47 (47)	19 (19)	1,033 (994)	44 (41)	36 (40)	593 (588)	360 (325)	1,099 (1,060)
시험적 시행 중	0 (0)	0 (0)	66 (92)	0 (0)	0 (0)	20 (35)	46 (57)	66 (92)
도입예정 있음	0 (0)	0 (0)	420 (459)	1 (1)	1 (0)	42 (46)	376 (412)	420 (551)
도입예정 없음	0 (0)	0 (0)	118 (126)	0 (0)	0 (0)	12 (14)	106 (112)	118 (126)
도입 후 폐지	0 (0)	1 (1)	84 (51)	2 (0)	0 (0)	44 (27)	38 (24)	85 (52)
합계	**47 (47)**	**20 (20)**	**1,721 (1,722)**	**47 (42)**	**37 (40)**	**711 (710)**	**926 (930)**	**1,788 (1,789)**
도입비율	100% (100%)	95.0% (95.0%)	60.0% (57.7%)	93.6% (97.6%)	97.3% (100%)	83.5% (82.8%)	38.9% (34.9%)	61.4% (59.0%)

* (　)안은 2013년도 도입상황.
출처: 總務省(2017b: 1).

상당 수준 증가한 것으로 나타나고 있다(총무성, 2017b: 3). 지방자치단체의 전체적인 행정평가 실시상황을 정리하면 〈표 5-3〉과 같다.

표 5-3 지방자치단체의 행정평가 실시상황(2017년)

구분	도도부현		지정도시		시구정촌		합계	
	단체 수	비율(%)	단체 수	비율(%)	단체 수	비율(%)	단체 수	비율(%)
내부평가 외부평가	26 (24)	55.3 (51.1)	12 (14)	63.2 (73.7)	473 (425)	45.8 (42.8)	511 (463)	46.5 (43.7)
내부평가	20 (22)	42.6 (46.8)	7 (5)	36.8 (26.3)	548 (550)	53.0 (55.3)	576 (577)	52.3 (54.4)
외부평가	1 (1)	2.1 (2.1)	0 (0)	0.01 (0.0)	12 (19)	1.2 (1.9)	13 (20)	1.2 (1.9)

* (　)안은 2013년도 실시상황.
출처: 總務省(2017b: 3).

2. 운영체계

1) 평가제도 법적 근거

첫째, 중앙정부의 정책평가의 법적 근거로는 정책평가법(최종개정, 2021년 법률 제36호) 및 동 시행령(최종개정, 2021년 정령 제195호)·시행규칙(최종개정, 2016년 정령 제19호)을 들 수 있으며, 정책평가의 조직적 근거에 해당하는 총무성설치법(최종개정, 2021년 법률 제37호)과 총무성조직령(최종개정, 2021년 정령 제195호) 등을 들 수 있

표 5-4 정책평가법의 입법체계

장	조	규정내용
제1장 총칙	제1조	목적
	제2조	정의
	제3조	정책평가의 존재방식
	제4조	정책평가 결과의 취급
제2장 정책평가에 관한 기본방침	제5조	정책평가에 관한 기본방침
제3장 행정기관이 행하는 정책평가	제6조	기본계획
	제7조	사후평가의 실시계획
	제8조	사후평가의 실시
	제9조	사전평가의 실시
	제10조	평가서의 작성 등
	제11조	정책에의 반영상황 통지 및 공표
제4장 총무성이 행하는 정책의 평가	제12조	총무성이 행하는 정책의 평가
	제13조	총무성이 행하는 정책의 평가에 관한 계획
	제14조	준용
	제15조	자료의 제출 요구 및 조사 등
	제16조	평가서의 작성 등
	제17조	권고 등
	제18조	평가와 감시의 연계 확보
제5장 보칙	제19조	국회에의 보고
	제20조	정책평가 등의 방법에 관한 조사연구의 추진 등
	제21조	정책평가 등에 관한 정보의 활용
	제22조	소재에 관한 정보의 제공

다. 정책평가의 핵심적 근거가 되는 정책평가법은 "행정기관이 행하는 정책의 평가에 관한 기본적인 사항 등을 정함으로써 정책평가의 객관적이고 엄격하게 실시하고, 그 결과를 정책에 적절하게 반영함과 동시에 정책평가에 관한 정보를 공표함으로써 효과적·효율적인 행정의 추진에 기여함과 동시에 정부가 수행하는 다양한 활동에 대하여 설명책임을 지도록"(제1조) 하기 위하여 제정되었다. 이러한 입법목적을 달성하기 위하여 정책평가법에서는 정책평가에 관한 기본방침(제2장), 행정기관이 실시하는 정책평가(제3장), 총무성이 실시하는 정책의 평가(제4장) 등(총 5개의 장과 22개 조)을 규정하고 있다. 정책평가법의 입법체계 및 규정내용을 정리하면 〈표 5-4〉와 같다.

정책평가법 외에도 "정책평가에 관한 기본방침"(2001년 12월 28일 각의결정, 이하 "정책평가 기본방침"이라 함)을 비롯하여, "정책평가의 실시에 관한 가이드라인"(2005년 12월 16일 정책평가 각 부성연락회의 협의, 이하 "정책평가 실시 가이드라인"이라 함), "규제의 사전평가의 실시에 관한 가이드라인"(2007년 8월 24일, 이하 "규제 사전평가 가이드라인"이라 함), "조세특례조치 등에 대한 정책평가의 실시에 관한 가이드라인"(2010년 5월 28일, 이하 "조세 정책평가 가이드라인"이라 함), "정책평가에 관한 정보의 공표에 관한 가이드라인"(2010년 5월 28일, 이하 "평가정보 공표 가이드라인"이라 함), "목표관리형 정책평가의 실시에 관한 가이드라인"(2013년 12월 20일, 이하 "목표관리형 정책평가 가이드라인"이라 함) 등도 정책평가의 제도적 근거로 들 수 있다.

이상에서 서술한 정책평가 기본방침, 정책평가 실시 가이드라인, 규제 사전평가 가이드라인, 조세 정책평가 가이드라인, 평가정보 공표 가이드라인은 정책평가법 및 동 하위법령에서 규정하고 있는 정책평가제도의 원활한 운영을 위한 기본적인 방향 및 세부적인 내용을 규정하고 있다는 점에서, 일본 "정책평가제도의 제도적 자양분"으로 평가할 수 있으며, 법적 효력 정도 또는 여부를 떠나서 제도의 운용에 매우 중요한 기능을 수행하고 있다고 할 수 있다. 참조로 정책평가법 및 동 하위법령에서 규정하고 있는 정책평가제도의 전체적인 구조를 정리하면 [그림 5-1]과 같다.

둘째, 지방자치단체의 행정평가에 관한 국회 제정법 차원에서의 법적 근거는 존재하지 않으며, 지방자치단체의 조례, 규칙, 규정 및 요강 등을 근거로 다양한 형태의 행정평가제도를 운용하고 있다. 예컨대 "교토시(京都市) 행정활동 및 외부단체의 경영평가에 관한 조례(京都市行政活動及び外部団体の経営の評価に關する條例)"(2015년 조례 제3호, 이하 "교토시 행정평가조례"라 함)나 "신주쿠구(新宿區) 행정평가에 관한 규칙(新宿區行政評価に關する規則)"(2015년 규칙 제26호) 등 자치입법을 통하여 각 지방

그림 5-1 정책평가법상 정책평가제도의 구조

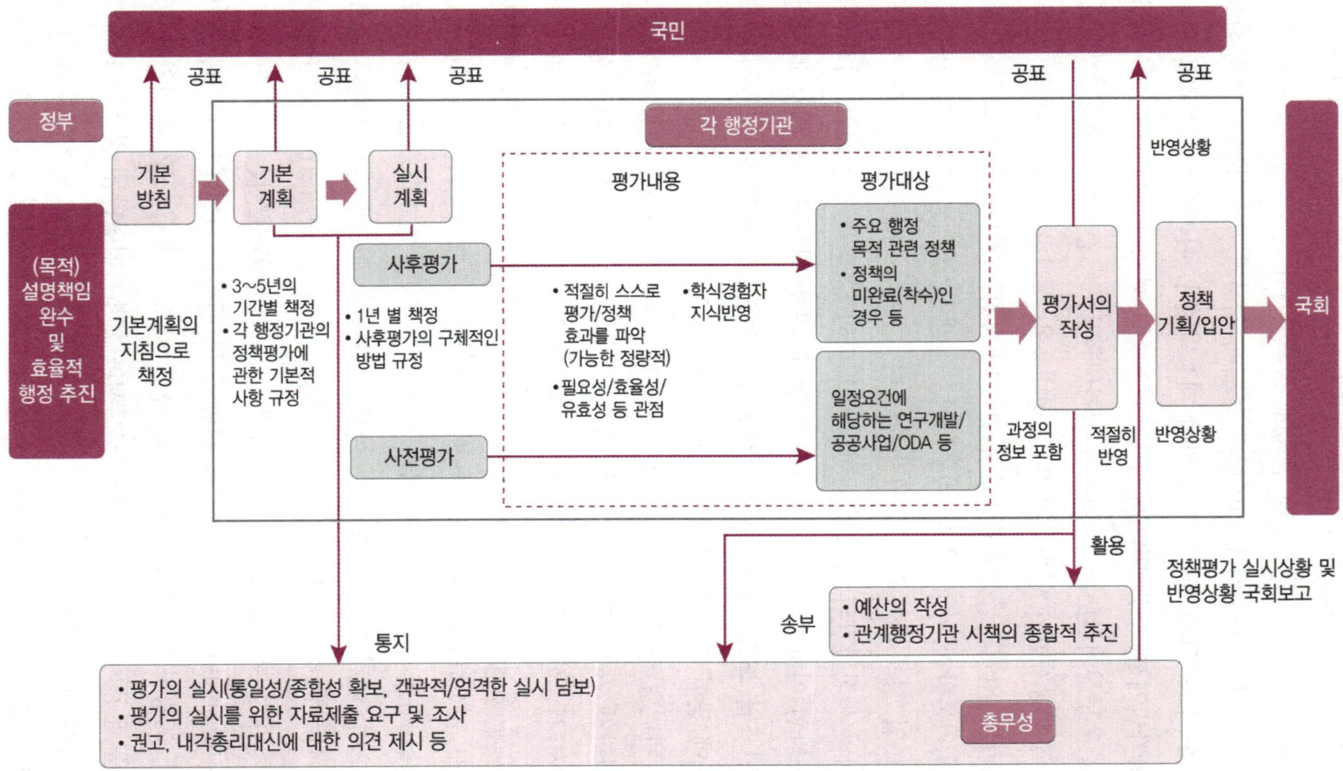

출처: 윤수재(2019: 156) 약간의 수정 후 재인용; 총무성(2021: 7) 참조.

자치단체의 특성을 고려한 제도를 도입·운영하고 있다. 예컨대 교토시 행정평가조례는 행정평가 등에 관하여 기본적인 사항을 정하여 종합적·체계적인 행정평가 등의 구조를 구축함으로써, 행정활동 및 외부단체의 경영을 객관적으로 엄격하게 평가한 결과를 행정활동의 기획·입안 등에 적극적으로 활용하고, 이를 통하여 효과적·효율적인 시정의 실현을 도모함과 동시에 시민의 참여를 통하여 실시한 행정평가 등의 결과를 공표함으로써, 시민에 대하여 설명책임을 다하고, 시민의 입장에 선 시정의 실현을 도모하기 위하여 제정되었다(제1조). 이러한 입법목적을 달성하기 위하여 제3장 행정평가에서는 정책 및 시책의 평가(제7조), 사무사업의 평가(제8조), 특정 분야의 평가(제9조), 시의회에의 보고(제14조), 시민의사의 반영(제15조), 행정평가 등의 결과 공표(제16조) 등을 규정하고 있다. 교토시 행정평가조례를 비롯한 행정평가의 제도적 근거가 되는 지방자치단체의 조례, 규정 및 요강 등을 예시하면 〈표 5-5〉와 같다.

표 5-5 지방자치단체 행정평가의 제도적 근거(예시)

제도적 근거	주요내용	
행정활동의 평가에 관한 조례 (宮城県)	제1장 총칙	• 목적(제1조) • 정의(제2조): 정책, 시책, 사업, 실시기관 • 평가의 기본적인 존재방식(제3조)
	제2장 지사가 실시하는 평가	• 평가의 실시(제4조), 서면의 작성 등(제5조) • 현민 참가기회의 확보(제6조) • 현민 만족도 등 파악(제7조) • 위원회의 의견청취(제8조) • 현민의 의견청취(제9조) • 평가서의 작성 등(제10조) • 평가결과의 반영 등(제11조) • 의회에의 보고(제12조)
	제3장	• 지사 외의 기관이 실시하는 평가(제13조)
	제4장 보칙	• 상호협력(제14조) • 평가체제의 정비(제15조) • 위임(제16조)
행정활동 및 외부단체 경영평가에 관한 조례 (京都市)	제1장 총칙	• 목적(제1조) • 정의(제2조): 실시기관, 외부단체, 행정평가, 외부단체경영평가, 행정평가 등
	제2장 행정평가 등의 기본원칙	• 합리적 수단의 원칙(제3조) • 계속적 창의학습의 원칙(제4조) • 적극적 활용의 원칙(제5조) • 시민의 입장에 선 직원자세의 원칙(제6조)

	제3장 행정평가	제1절 평가의 실시 • 정책 및 시책의 평가(제7조) • 사무사업의 평가(제8조) • 특정 분야의 평가(제9조) • 시장의 조정(제10조) 제2절 위원회(제11조)
	제4장 외부단체경영평가	• 평가(제12조) • 외부단체경영평가전문원(제13조)
	제5장 시의회의 관여 및 시민의 참여	• 시의회에 대한 보고(제14조) • 시민의식의 반영(제15조) • 행정평가등의 결과 등의 공표(제16조) • 시민의 의견제안(제17조)
	제6장 보칙	• 위임(제18조)
행정평가제도에 관한 규칙 (新宿区)	• 행정평가제도, 행정평가, 내부평가, 외부평가 등의 정의(제2조) • 내부평가의 실시 시기 및 방법(제3조) • 내부평가위원회의 설치(제4조) • 내부평가의 실시 및 그 결과의 공표(제5조) • 외부평가의 실시 및 그 결과의 공포(제6조) • 종합적 판단 및 그 결과의 공표(제7조)	
행정평가에 관한 규칙 (棟馬區)	• 행정평가, 구민, 결과, 정책, 시책, 사무사업, 지표의 정의(제2조) • 행정평가의 대상(제3조) • 행정평가의 방법(제5조) • 평가결과의 활용(제7조) • 행정평가위원회(제9조) • 임기(제11조) • 회의(제13조) • 의견청취(제16조)	 • 행정평가의 시기(제4조) • 평가자(제6조) • 평가결과 등의 공표(제8조) • 조직(제10조) • 위원장 및 부위원장(제12조) • 전문부회(제14조) • 위원회의 서무(제17조)
행정평가실시요강 (丸龜市)	• 시책, 사무사업, 행정평가의 정의(제2조) • 평가의 실시(제3조) • 평가의 방법(제5조) • 평가결과의 공표(제7조)	 • 평가의 종류(제4조) • 서무(제6조) • 평가결과의 반영(제8조)
행정평가실시요강 (札幌市)	• 사업, 시책, 행정평가, 기본평가, 특정 관점평가의 정의(제2조) • 평가의 대상(제3조) • 특정 관점평가(제5조) • 평가결과 및 시민의견의 활용(제7조)	 • 평가의 방법(제4조) • 시민의견(제6조)
행정평가규정 (日向市)	• 행정평가, 정책, 시책, 사무사업의 정의(제2조) • 행정평가의 대상(제3조) • 과장 등에의 통지(제5조) • 정책, 시책 및 사무사업의 개선(제7조) • 개선상황의 조사(제8조) • 日向市 행정평가위원회의 설치(제9조) • 시민에의 공표(제10조) • 행정위원회 등에 대한 조치(제11조)	 • 행정평가의 실시(제4조) • 협력의무(제6조)

2) 정책평가 운영체계

[그림 5-2]와 같이 중앙정부의 정책평가는 기본적으로 각 행정기관이 정책을 기획·입안·수행하는 입장에서 소관 정책에 대하여 스스로 평가를 실시하고, 평가 전담조직으로서의 총무성은 정책의 소관 행정기관과는 다른 입장에서 각 행정기관이 담당할 수 없거나 각 행정기관에 의한 정책평가만으로는 충분히 목적을 달성할 수 없는 평가를 실시하도록 되어 있다(총무성, 2022: 1). 즉 일본에서는 효율적·효과적인 행정의 추진과 정부의 활동에 대한 설명책임의 충실화를 위하여 각 행정기관이 소관 정책에 대하여 자체적으로 평가하고, 총무성이 각 행정기관의 평가를 점검하며, 여러 개의 행정기관이 관계되는 정책에 대한 평가를 객관적으로 엄정한 기준에 따라 실시하는 구조를 취하고 있다(윤수재, 2019: 161). 또한 정책평가의 결과 공표와 정책평가의 실시상황 등의 국회보고를 통하여 국민에 대한 설명책임을 강화하도록 하고 있다(윤수재, 2019: 161).

그림 5-2 일본 정책평가의 운영체계

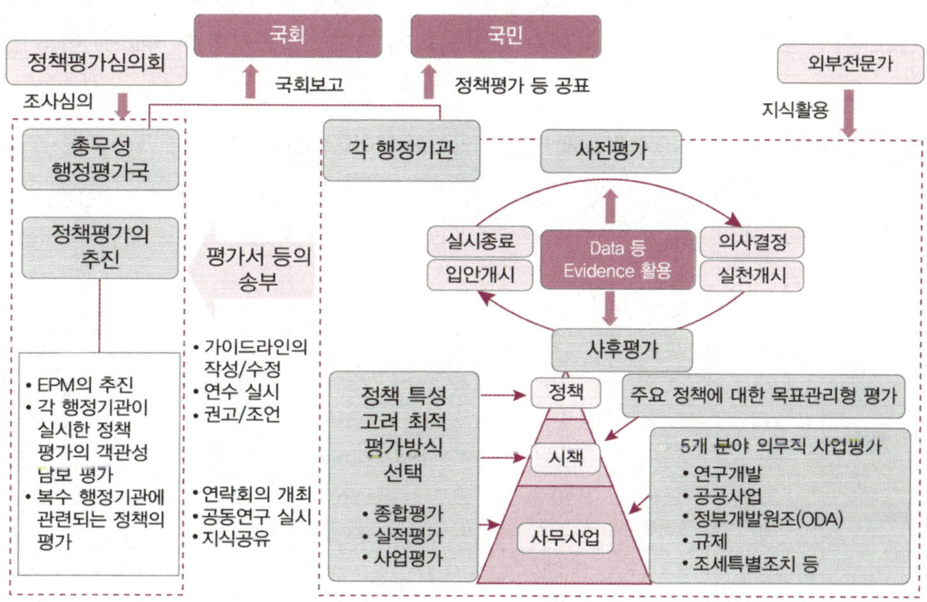

출처: 總務省(2022: 1).

3) 행정평가 운영체계

첫째, 행정평가를 도입하고 있는 지방자치단체의 내부평가 실시체제와 관련하여 총무성(2017b)의 조사결과에 따르면, 약 50% 이상의 지방자치단체가 사업담당과에 더하여 행정개혁담당과 등을 별도의 조직을 두어 평가를 실시하도록 하고 있는 것으로 나타나고 있다.

표 5-6 지방자치단체의 행정평가 실시체계(2017년)

구분	도도부현		지정도시		시구정촌		합계	
	단체 수	비율(%)	단체 수	비율(%)	단체 수	비율(%)	단체 수	비율(%)
사업담당과 행정개혁담당과	18	39.1	10	52.6	537	52.6	565	52.0
사업담당과	28	60.9	9	47.4	484	48.4	521	48.0

출처: 總務省(2017b: 3).

둘째, 행정평가에 대한 지방의회의 관여와 관련하여 총무성(2017b)의 조사결과에 따르면, 행정평가를 도입하고 있는 지방자치단체의 약 60%가 지방의회의 관여를 인정하고 있고, 이와 같이 행정평가의 결과를 지방의회에 보고 또는 설명을 하도록 하고 있는

표 5-7 지방자치단체의 행정평가에 대한 지방의회 관여현황(2017년)

구분	도도부현		지정도시		시구정촌		합계	
	단체 수	비율(%)	단체 수	비율(%)	단체 수	비율(%)	단체 수	비율(%)
심의	1 (2)	2.1 (4.3)	0 (0)	0.0 (0.0)	13 (11)	1.3 (1.1)	14 (13)	1.3 (1.2)
보고・설명	22 (26)	46.8 (55.3)	7 (9)	36.8 (47.4)	307 (271)	29.7 (27.3)	336 (306)	30.6 (28.9)
자료배부	9 (9)	19.1 (19.1)	10 (9)	52.6 (47.4)	245 (252)	23.7 (25.4)	264 (270)	24.0 (25.5)
기타	4 (0)	8.5 (0.0)	0 (0)	0.0 (0.0)	36 (29)	3.5 (2.9)	40 (29)	3.6 (2.7)
관여없음	11 (10)	23.4 (21.3)	2 (1)	10.5 (5.3)	432 (431)	41.8 (43.4)	445 (442)	40.5 (41.7)

* ( )안은 2013년도 실시상황.
출처: 總務省(2017b: 4).

지방자치단체가 점차 증가하고 있는 것으로 나타나고 있다.

셋째, 행정평가에 대한 주민참여와 관련하여 총무성(2017b)의 조사결과에 따르면, 행정평가를 도입하고 있는 지방자치단체의 약 40%가 주민 등으로부터 의견을 듣도록 하는 구조를 취하고 있으며, 이와 같이 주민의 의견을 반영하려는 지방자치단체가 점차 증가하고 있는 것으로 나타나고 있다.

표 5-8 지방자치단체의 행정평가에 대한 주민의 의견청취 여부(2017년)

구분	도도부현		지정도시		시구정촌		합계	
	단체 수	비율(%)	단체 수	비율(%)	단체 수	비율(%)	단체 수	비율(%)
유	31 (33)	66.0 (70.2)	14 (14)	73.7 (73.7)	451 (409)	43.7 (41.1)	495 (456)	45.0 (43.0)
무	16 (14)	34.0 (29.8)	5 (5)	26.3 (26.3)	582 (585)	56.3 (58.9)	604 (604)	55.0 (57.0)

* (　)안은 2013년도 실시상황.
출처: 總務省(2017b: 4).

이상에서 서술한 바와 같이 일본 지방자치단체의 행정평가제도는 지방자치단체에 따라 다양한 운영 실태를 보이고 있으며, 특히 내부평가조직의 구성, 의회의 관여 정도, 주민의 의견청취 여부 등에서 그 다양성을 확인할 수 있다. 이러한 지방자치단체에 따른 다양한 운영방식으로 인하여 지방자치단체의 행정평가에 관한 통일적 · 일률적 운영체계를 표준화하여 나타내기는 어려운 상황으로 보인다. 이로부터 먼저 일본 지방자치단체가 실시하고 있는 행정평가의 유형과 특징을 살펴보고, 특정한 지방자치단체를 선정하여 행정평가제도의 운영체계를 제시하고자 한다.

우선 일본의 지방자치단체가 실시하고 있는 행정평가의 종류를 살펴보면, 평가대상을 기준으로 하여 정책평가 · 시책평가 · 사무사업평가로, 평가시기를 기준으로 하여 사전평가 · 병행평가 · 사후평가 등으로 구분할 수 있다. 한편 행정평가를 평가대상과 평가시기를 비롯한 종합적 관점에서 분류하는 경우도 있다. 이에 따르면 행정평가는 업적평가형, 업무재고조사평가형, 벤치마크(benchmark) 평가형, 공공사업평가형, 사업재평가형, 분야별(segment) 평가형, 포괄평가형, 시민만족도 · 중요도 조사형, 행정서비스평가형, 사업평가수단에 의한 행정감사형 등으로 구분되고 있으며, 그 유형별 특징을 정리하면 〈표 5-9〉와 같다.

표 5-9 지방자치단체 행정평가의 유형과 특징

유형	평가목적	평가 대상	평가 기준	특징	실시 지방자치단체
업적 평가형	• 목표와 그 달성도에 착안한 업적평가 • 성과와 수치목표의 비교를 통하여 명확하게 하여 평가 • 목적, 목표, 의도나 수단의 타당성, 비용, 시민의 수요 등 다양한 관점에서 다각적으로 검토하여 평가	• 정책 • 시책 • 사무사업	• 목표 달성도 • 필요성 • 타당성 • 유효성 • 효율성 • 경제성 등	• 간소한 수단 • 결과 설정	• 행정평가를 도입하고 있는 대부분의 지방자치단체
업무 재고 조사 평가형	• 조직 단위(과·실)의 목표를 명확하게 하여 조직 단위가 가지는 임무를 대상으로 하는 정책평가 • 업무의 문제점 발견이나 불필요한 예산투입 등을 발견하고, 목적에 적절한 수단을 선택	• 정책 • 시책	• 목적 • 관리지표 • 실적 • 난이도 등	• 문제 발견의 용이성 • 모든 사업의 망라 • 간소성	• 静岡県, 四日市 등
벤치 마크 평가형	• 대형 테마의 구체적인 수치지표를 설정하여 그 달성도 제고를 도모 • 종합적인 정책의 성과평가, 목표 달성을 위한 개선, 시책의 입안	• 정책 • 시책 • 사무사업	• 목표 달성도 • 수준 • 고객만족 등	• 시민의 이해도 제고 • 시민참가 지향	• 青森県, 東京都, 滋賀県, 和歌山県, 兵庫県, 愛媛県, 福井市 등
공공 사업 평가형	• 경제성을 중시하여 주로 대규모 공공사업을 평가 • 예컨대 도로교통기능평가, 사업지출평가 등	• 도로, 항만, 항공 등 대규모 공공사업	• 비용편익 • 비용효과	• 전문가·과학적 수단 필요	• 北海道, 宮城県, 愛知県 등
사업 재평가형	• 재정적인 관점에서의 행정개혁 일환으로서 사업의 재검토 • 또한 시대의 변화에 대응하여 사업의 재검토 실시	• 성과부진 대규모 사업 등	• 목적 • 효과 • 긴급성 • 비용편익 등	• 사회·경제 상황의 변화에 따른 사업 재검토 가능	• 北海道, 宮城県, 東京都, 京都府, 大阪府, 河崎市, 大阪市 등
분야별 평가형	• 특정한 사업이나 분야(시설, 보조금, 연구) 등을 대상으로 하여 행정활동의 유형에 착안하여 개별적으로 평가	• 시설 보조금, 연구 등	• 목표 달성도 • 효율성 • 사업 영역(시설) • 필요성 • 사업의 방향성(보조금)	• 특정한 관점에서의 평가	• 北海道, 大阪府, 札幌市, 京都市 등
포괄 평가형	• 사업이나 시책이 아니라 조직, 관리 그 자체의 품질평가 • 시민의 수요에 대응한 조직이나 양질의 서비스 제공	• 조직, 관리의 품질	• 비전 • 고객만족	• 외부평가기관이 평가	• 岩手県, 三重県, 松阪市, 高知県 등

시민 만족도・중요도 평가형	• 시민 의견조사에 의한 정책・시책별로 만족도 파악 • 만족과 중요를 축으로 메트릭스 분석	• 시민만족	• 정성평가(중요도, 만족도)	• 실적평가와의 조합으로 평가 가능	• 宮城県, 太田市, 長野県, 京都市 등
행정 서비스 평가형	• 개별 행정서비스 자체를 평가 • 사무개선을 통하여 양질의 행정 서비스 제공	• 행정 서비스의 질(언어 사용, 태도, 설명방식 등)	• 정성평가(만족도)	• 시민의 의식조사에 의한 평가	• 青森市, 仙台市, 長岡市, 京都市, 山口市, 愛知県 등
사업평가수단에의한 행정 감사형	• 유효성・효율성・경제성을 중심으로 한 조사위원에 의한 행정조사	• 사업 등	• 유효성 • 효율성 등	• VFM(금액 중심 평가), BV(서비스 질과 개선가능성 파악 및 개선)	• 東京都, 三重県 등
외부 단체 등 경영 평가	• 외부단체의 경영을 중심으로 한 평가 • 자체평가와 소관부서의 평가 등을 조합하여 평가	• 수지, 이용 상황, 단체	• 경영의 건전성 • 개선방향	• 기업경영적 관점에서 경영상황 분석 • 경영과제 파악 및 개선	• 北海道, 秋田県, 愛知県, 福岡県, 札幌市, 名古屋市, 岡山市 등

출처: 京都市(2015), 津市(2006)의 서술내용을 바탕으로 저자가 작성.

그림 5-3 지방자치단체(京都市)의 행정평가 운영체계

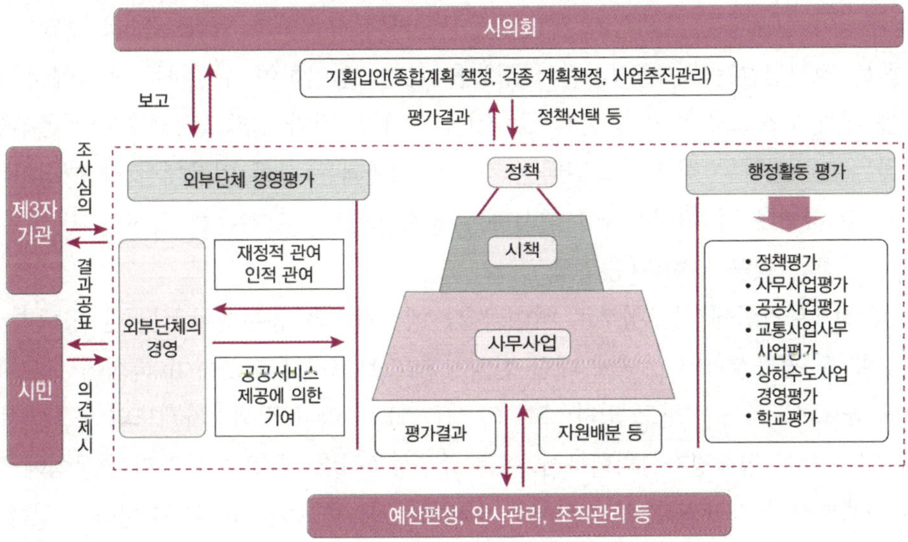

출처: 京都市(2015: 2).

이와 같이 일본의 지방자치단체가 도입·운영하고 있는 행정평가제도는 대부분 업적평가형을 기본으로 하면서 필요에 따라 그 밖의 다른 유형을 선택적으로 도입·운영하고 있는 것으로 보인다. 이하에서는 서술의 편의상 조례 자원, 즉 "京都시행정활동 및 외부단체 경영의 평가에 관한 조례"에 기초하여 행정활동에 대한 평가 외에 외부단체의 경영평가를 동시에 실시하도록 하고 있는 교토시(京都市) 행정평가제도를 소개하고자 한다. 교토시(京都市)의 해당 조례에서 규정하고 있는 행정평가제도의 구체적인 운영체계를 그림으로 제시하면 [그림 5-3]과 같다.

제2절

일본 평가·성과관리의 주요내용

1. 평가·성과관리의 이슈 및 구조

1) 정책평가의 이슈 및 구조

(1) 기본구조

정책평가법에서는 각 행정기관이 실시하는 정책평가(제3장)와 평가 전담조직으로서의 총무성이 실시하는 정책평가(제4장)로 구분하여 규정하고 있다. 즉 각 행정기관이 실시하는 정책평가는 각 행정기관이 정책을 기획·입안하여 수행하는 입장에서 소관정책에 대하여 스스로 평가를 실시하는 것을 말하고, 평가 전담조직으로서의 총무성이 실시하는 정책평가는 정책을 소관하는 각 행정기관과는 다른 입장에서 각 행정기관이 담당할 수 없거나 각 행정기관이 실시하는 정책평가만으로 충분히 달성할 수 없는 평가를 실시하는 것을 말한다(총무성, 2022: 1).

또한 정책평가법에서는 정부로 하여금 각 행정기관과 총무성이 실시한 정책평가의 실시상황 및 평가결과의 정책에 대한 반영상황을 보고서로 작성하여 국회에 보고하고, 일반에 공표하도록 규정하고 있다(제11조, 제17조). 그리고 정책평가제도의 구조에서 빠질 수 없는 것이 정책평가심의회로서, 이는 총무성조직령 제121조에 따라 총무성에 설치되어 정책평가에 관한 기본적인 사항을 심의하는 등 중요한 역할을 수행하고 있다. 이러한 일본의 정책평가법에 따른 정책평가제도의 기본적인 구조를 정리하면 〈표 5-10〉과 같다.

표 5-10 정책평가제도의 기본구조

<table>
<tr><th colspan="2">구분</th><th>주요내용</th></tr>
<tr><td rowspan="6">행정기관 실시 정책평가</td><td>기본사항</td><td>• 각 행정기관은 소관 정책에 대하여 적시에 그 정책효과를 파악하고, 이를 기초로 필요성 · 효율성 또는 유효성의 관점 및 그 밖에 해당 정책의 특성에 대응하여 필요한 관점에서 스스로 평가하고, 그 결과를 해당 정책에 적절하게 반영함</td></tr>
<tr><td>기본계획 실시계획 수립</td><td>• 행정기관의 장은 해당 행정기관이 소관하는 정책에 대하여 3년 이상 5년 이하의 기간마다 계획기간이나 계획기간 내의 사후평가 대상정책 등 해당 행정기관의 정책평가에 관한 기본적인 사항을 정한 "정책평가에 관한 기본계획"(기본계획)을 수립함
• 사후평가에 대하여는 그 구체적인 방법 등을 정한 "사후평가의 실시에 관한 계획"(실시계획)을 1년마다 수립함</td></tr>
<tr><td>사전평가 실시</td><td>• 행정기관은 ① 국민생활 또는 사회경제에 상당한 영향을 미치는 정책, ② 막대한 비용이 들 것으로 예상되는 정책, ③ 평가의 방법이 개발되어 있는 것으로서 연구개발 · 공공사업 · 정부개발원조 · 규제 및 조세특별조치 등에 관한 정책에 대하여 사전평가를 실시함</td></tr>
<tr><td>사후평가 실시</td><td>• 행정기관은 정책의 결정 후에 정책효과를 파악하고, 이를 기초로 정책의 재검토 · 개선이나 새로운 정책의 기획 · 입안 및 실시에 반영하기 위한 정보 제공이라는 관점에서 기본계획 및 실시계획에 기초하여 사후평가를 실시함</td></tr>
<tr><td>평가서 작성 · 공표</td><td>• 행정기관의 장은 정책평가를 실시한 경우 정책평가의 관점, 정책효과의 파악수단 및 그 결과, 관련전문가의 활용에 관한 사항, 정책평가의 결과 등을 기재한 평가서를 작성하여 총무대신에게 제출하고, 해당 평가서 및 그 요지를 공표함</td></tr>
<tr><td>평가결과 반영상황 공표</td><td>• 행정기관의 장은 평가서의 공표 외에 적어도 매년 1회 해당 행정기관의 정책평가 결과의 정책에 대한 반영상황을 총무대신에게 알리고, 이를 공표함</td></tr>
<tr><td rowspan="2">총무성 실시 정책평가</td><td>기본사항</td><td>• 총무성은 각 행정기관이 담당할 수 없거나 각 행정기관이 실시한 정책평가만으로 충분히 달성할 수 없는 평가를 효과적 · 효율적으로 실시한다는 관점에서 평가 전담조직으로서 아래의 종합성 담보평가와 객관성 담보평가를 실시함
• 총무대신은 필요한 경우 관계 행정기관의 장에게 해당 평가의 결과를 정책에 반영시키기 위하여 필요한 조치를 취하도록 권고하고, 해당 권고의 내용을 공표함
• 총무대신은 매년도, 해당 연도 이후의 3년 간의 평가에 관한 계획을 수립하여야 하고, 해당 계획에 대하여는 총무성이 매년 책정하고 있는 "정책평가 등 프로그램"에 게재함</td></tr>
<tr><td>종합성 담보평가</td><td>• 행정기관의 정책 중 ① 2 이상의 행정기관에 공통하는 각각의 정책으로서 정부 전체로서의 통일성 확보를 위하여 평가할 필요가 있다고 인정되는 것, ② 2 이상의 행정기관의 소관에 관계되는 정책으로서 그 종합적인 추진을 위하여 평가할 필요가 있는 것에 대하여 실시함</td></tr>
</table>

	객관성 담보평가	• 행정기관의 정책평가 실시상황을 고려하여 해당 행정기관이 다시 정책평가를 실시할 필요가 있는 경우 또는 사회적·경제적 상황 변화 등에 적절하게 대응하기 위하여 해당 행정기관에 의하여 정책평가 실시가 필요한 경우가 있을 수 있음 • 이러한 경우에 해당 행정기관에 의한 정책평가 실시가 확보되지 않는다고 인정되는 때 또는 행정기관으로부터 요청이 있거나 해당 행정기관과 공동으로 평가를 할 필요가 있다고 인정되는 때에는 총무성이 해당 행정기관의 정책에 대하여 정책평가의 객관적이고 철저한 실시를 담보하기 위하여 평가를 실시함
국회보고 및 공표		• 정부는 매년 각 행정기관이 실시한 정책평가 및 총무성이 실시한 정책평가의 실시상황 및 그 결과의 정책에 대한 반영상황에 관한 보고서를 작성하여 국회에 보고하고, 공표함
정책평가심의회		• 총무대신은 "정책평가에 관한 기본방침"(기본방침)의 책정·변경의 경우 정책평가심의회의 의견을 청취함 • 그 밖에 정책평가에 관한 기본적인 사항, 종합성 확보평가 및 객관성 확보평가에 관한 중요사항, 각 행정기관의 업무 실시상황 평가 및 감시에 관한 중요사항 등에 대하여 조사·심의하거나 의견을 개진함

출처: 總務省(2022: 1-3) 내용을 요약·정리.

(2) 평가시기

각 행정기관의 경우, 매년 업무시작에 대비하여 연도 말에 다음 연도의 실시계획을 수립하고, 이에 기초하여 정책평가를 실시하고 있다(총무성, 2022: 5). 즉 각 행정기관에 의한 정책평가는 예산요구 등에 반영하기 위하여 8월 말의 예산요구제출기한까지 다수가 실시되고 있고, 공공사업의 신규채택 등으로 인하여 연도 말에 실시되는 경우도 다수 있다(총무성, 2022: 5). 또한 총무성이 실시하는 통일성 담보평가의 경우, 해당 연도 이후의 3년 간에 대한 평가계획에 기초하여 실시하고 있으며, 해당 평가계획에는 행정을 둘러싼 상황의 변화를 고려하여 매년 재검토·개선하고 있고, 이는 총무성이 매년 책정하고 있는 행정평가 등 프로그램에 게재하고 있다(총무성, 2022: 5). 이러한 일본 정책평가의 실시시기를 정리하면 [그림 5-4]와 같다.

(3) 최근 이슈

일본의 경우, 지금까지 다양한 관점에서 정책평가제도의 문제점 및 개선방안에 관한 논의가 진행되어 왔으며, 예컨대 평가결과의 정책반영도 제고나 예산 및 유사 평가제도와의 연계성 강화 등에 관한 논의를 들 수 있다. 이와 관련하여 최근에는 "디지털 시대

그림 5-4 정책평가의 실시시기

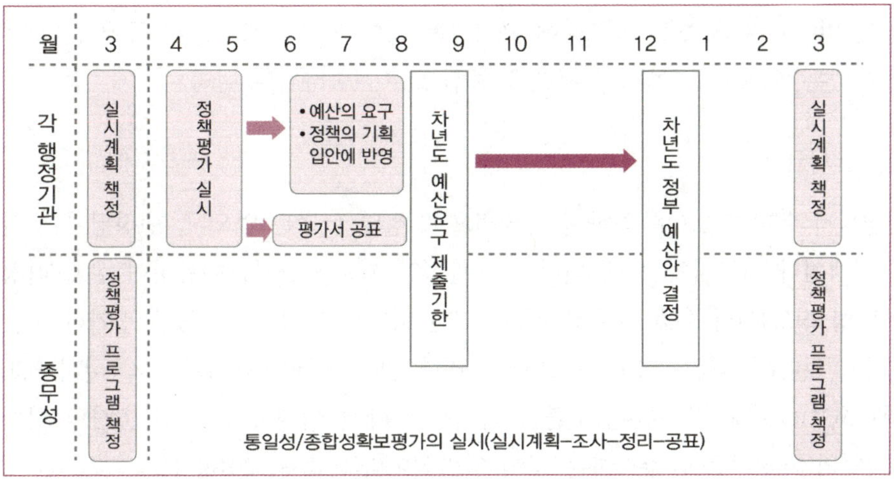

출처: 윤수재(2019: 167) 재인용.

에 적합한 정책형성 · 평가의 바람직한 방식"이 정책평가제도의 개선방향과 관련하여 주요한 이슈로 부각되고 있다. 즉 2019년 3월 11일에 발족한 "디지털임시행정조사회"의 동향에 주목하면서 총무성에서도 디지털 시대에 적합한 정책형성 · 평가의 바람직한 방식에 대하여 구체적인 검토를 진행하고 있다(총무성, 2022: ii). 또한 정책평가심의회에서도 디지털 시대에 적합한 정책평가제도의 재검토 등에 대하여 논의를 정리하고, 정책의 기획 · 입안 등의 프로세스 전체를 개선함으로써 정책에 대한 의사결정의 질을 높이기 위한 방향성을 모색하고 있다(총무성, 2022: ii).

2) 행정평가의 이슈 및 구조

(1) 분석대상의 선정

일본의 경우, 정책평가법에 따른 정책평가와는 달리 행정평가는 각 지방자치단체의 조례, 규칙 및 요강 등 다양한 근거에 입각하여 도입 · 운영되고 있기 때문에 이를 일률적으로 설명하기는 어려운 상황으로 보인다. 이러한 점에서 기본적으로는 총무성의 조사결과(총무성, 2017a, 2017b)에 기초하여 서술하고자 한다. 다만 구체적 운영사례와 관련하여 필요한 경우, 전술한 행정평가의 운영체계와 관련해서는 조례에 근거하여 행정평가를 도입·운영하고 있는 교토(京都)시를 중심으로 서술하였으나, 이하에서는 분석사례의 다양성 확보 등을 위하여 교토시와 같이 조례에 근거하여 행정평가를 실시하고 있는 미야기현(宮城縣)과 조례에 근거하는 것이 아니라 종합계획 등에 근거하여 실시하고 있는 오츠시(大津市)의 사례를 중심으로 서술하기로 한다.

(2) 실시체계

행정평가의 다양성으로 인하여 일의적으로 정의할 수는 없으나, 행정평가는 일반적으로 정책이나 사무사업 등에 대하여 객관적인 기준(지표)를 이용하여 유효성(정책목표의 달성 정도)이나 유효성(행정활동에 대한 비용의 투입 정도) 등을 평가하는 것으로 이해되고 있다(栃木縣, 2016: 1). 또한 이러한 활동을 "PLAN(계획)-DO(실시)-CHECK(평가)-ACTION(개선)"이라는 순환적 사이클 속에서 진행하여, 전체 조직의 정책이나 사무사업의 개선활동을 추진하는 것이 일반적이다(栃木縣, 2016: 1).

이러한 행정평가를 도입하고 있는 지방자치단체 중 46.5%가 내부평가에 더하여 외부평가를 도입하고 있고, 52.3%는 내부평가만을 실시하고 있으며, 1.2%는 외부평가만을 실시하고 있는 것으로 나타나고 있다(총무성, 2017b: 3). 내부평가와 외부평가를 병행적으로 실시하고 있는 지방자치단체의 수는 점차 늘어나고 있으며, 외부평가의 경우 주로 외부전문가에 의한 평가를 중심으로 하고 있는 것으로 보인다. 이러한 행정평가 실시체계를 정리하면 〈표 5-11〉과 같다.

표 5-11 지방자치단체 행정평가의 실시체계(2017년)

구분	도도부현		지정도시		시구정촌		합계	
	단체 수	비율(%)	단체 수	비율(%)	단체 수	비율(%)	단체 수	비율(%)
내부평가 외부평가	26 (24)	56.3 (51.1)	12 (14)	63.2 (73.7)	473 (425)	45.8 (42.8)	511 (463)	46.5 (43.7)
내부평가	20 (22)	42.6 (46.8)	7 (5)	36.8 (26.3)	548 (550)	53.0 (55.3)	576 (577)	52.3 (54.4)
외부평가	1 (1)	2.1 (2.1)	0 (0)	0 (0)	12 (19)	1.2 (1.9)	13 (20)	1.2 (1.9)

* ( )안은 2013년도 실시상황.
* "외부평가"는 외부전문가에 의한 평가 등을 의미하고, "외부전문가에 의한 평가"는 정책, 시책, 사무사업에 대하여 외부전문가의 특성이나 전문성을 활용하면서 더욱 효과가 큰 정책 등으로 개선하는 것을 목적으로 하여 평가를 실시하는 것을 말함.

출처: 總務省(2017b: 4).

(3) 평가대상

지방자치단체의 정책체계는 “행정의 목적과 그것을 달성하는 수단으로 형성되는 하나의 체계”로서, 일반적으로 “정책-시책-사무사업”의 3단계로 파악되고 있으나, 이러한 정책체계의 구분은 상대적인 것으로서 “시책”이 복수의 단계로 나누어지는 경우 또는 “사무사업”에 상당하는 것이 존재하지 않는 경우 등 더욱 복잡하게 구분되는 경우도 있다(총무성, 2017b: 5). 즉 “기본이념(정책)-기본방침(시책)-실시전략(시책)-중점사업(사무사업)-기본사업(사무사업)”이라는 5개의 정책체계로 구분되는 경우도 있으며(총무성, 2017b: 5), 지방자치단체에 따라서는 “정책”과 “시책” 및 “사무사업”이라는 용어를 사용하지 않는 경우도 있다(총무성, 2017b: 6).

일반적으로 “정책”은 대국적인 관점에서 지방자치단체가 목표로 하는 방향이나 목적을 나타내는 것, “시책”은 정책목적을 달성하기 위한 방책, “사무사업”은 시책목적을 달성하기 위한 구체적인 수단으로 각각 이해되고 있다(총무성, 2017b: 6). 이러한 개념정의에 입각하여 살펴보면, 행정평가를 도입·운영하고 있는 지방자치단체의 대부분은 “사무사업”을 대상으로 평가를 실시하고 있고, 지방자치단체의 규모가 클수록 “정책”과 “시책”을 대상으로 한 행정평가를 병행하여 실시하고 있는 것으로 나타나고 있으며(총무성, 2017b: 5), 그 구체적인 현황을 정리하면 〈표 5-12〉와 같다.

표 5-12 지방자치단체 행정평가의 실시대상(2017년)

<table>
<tr><th colspan="3" rowspan="2">지방자치단체 / 평가대상</th><th colspan="2">도도부현</th><th colspan="2">지정도시</th><th colspan="2">시구정촌</th><th colspan="2">합계</th></tr>
<tr><th>단체 수</th><th>비율(%)</th><th>단체 수</th><th>비율(%)</th><th>단체 수</th><th>비율(%)</th><th>단체 수</th><th>비율(%)</th></tr>
<tr><td colspan="3">행정평가도입 지방자치단체</td><td>47</td><td>100</td><td>19</td><td>100</td><td>1,033</td><td>100</td><td>1,099</td><td>100</td></tr>
<tr><td rowspan="5">사무사업</td><td colspan="2"></td><td>37</td><td>78.7</td><td>18</td><td>94.7</td><td>997</td><td>96.5</td><td>1052</td><td>95.7</td></tr>
<tr><td rowspan="2">공영기업 포함</td><td>전부</td><td>11</td><td>23.4</td><td>6</td><td>31.6</td><td>301</td><td>29.1</td><td>318</td><td>28.9</td></tr>
<tr><td>일부</td><td>12</td><td>25.5</td><td>7</td><td>36.8</td><td>307</td><td>29.7</td><td>326</td><td>29.7</td></tr>
<tr><td rowspan="2">공영기업 제외</td><td>전부</td><td>2</td><td>4.3</td><td>1</td><td>5.3</td><td>172</td><td>16.7</td><td>175</td><td>15.9</td></tr>
<tr><td>일부</td><td>12</td><td>25.5</td><td>4</td><td>21.1</td><td>217</td><td>21.0</td><td>233</td><td>21.2</td></tr>
</table>

시책		41	87.2	17	89.5	612	59.2	670	61.0
	전부	32	68.1	14	73.7	468	45.3	514	46.8
	일부	9	22.0	3	15.8	144	13.9	156	14.2
정책		27	57.4	6	31.6	262	25.4	295	26.8
	전부	19	40.4	5	26.3	187	18.1	211	19.2
	일부	8	17.0	1	5.3	75	7.3	84	7.6

* 행정평가를 도입하고 있는 지방자치단체를 대상으로 하고, 해당하는 것 모두를 선택하도록 하였기 때문에 지방자치단체의 수는 다를 수 있음.
출처: 總務省(2017b: 5).

이와 관련하여 미야기현의 경우, 정책과 시책 및 사업을 입안하고, 시책을 전개하거나 사업을 실시한 후에 그 실적에 대하여 또는 사업을 실시하기 전이나 실시 중에 그 계획에 대하여 "필요성"과 "유효성" 등의 관점에서 평가하고, 그 결과를 기획입안, 실시(계속) 가부판단 등에 반영시키는 형태로 행정평가를 운용하고 있다(宮城縣, 2022: 4). 즉 미야기현의 행정평가제도는 정책, 시책, 사업을 평가대상으로 하고, 사전·병행·

표 5-13 미야기현(宮城県)의 행정평가 실시대상

구분	목적	대상	외부평가	도입연도
정책평가	• 정책의 성과평가 및 과제 등의 검증	• "신·宮城의 장래비전"에서 정한 정책 및 그 정책을 구성하는 시책	유	• 2000년 시행 • 2001년 본격 시행
시책평가	• 시책의 성과평가 및 과제 등의 검증	• "신·宮城의 장래비전"에서 정한 시책 및 그 시책을 구성하는 사업	유	• 2000년 시행 • 2001년 본격적 시행
대규모 사업평가	• 대규모사업 추진의 타당성 측정	• 사업비 100억 엔 이상의 공공사업 • 사업비 30억 엔 이상의 시설정비사업(일부 제외)	유	• 1999년 도입
공공사업 재평가	• 실시 중인 공공사업 계속시행의 타당성 판단	• 시작 후 일정기간 지난 공공사업	유	• 1998년 도입

출처: 宮城県(2022: 5).

그림 5-5 미야기현(宮城県) 행정평가제도의 구성

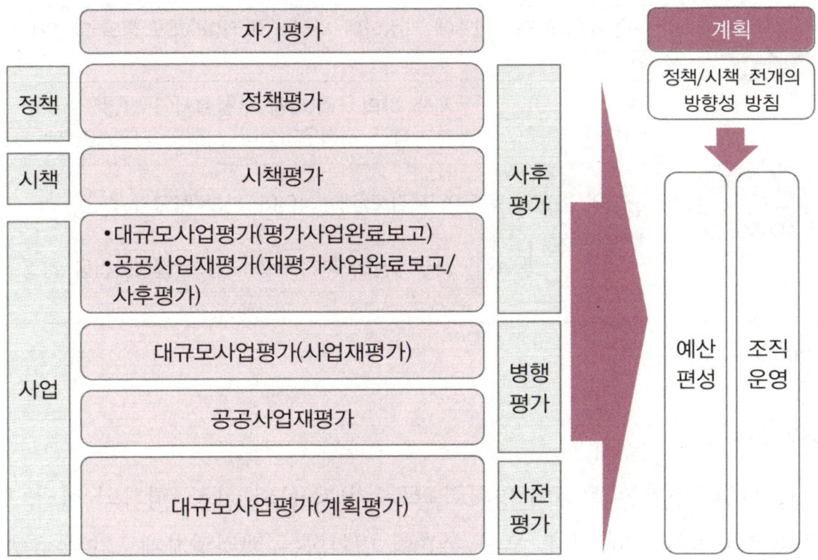

출처: 宮城県(2022: 6).

사후를 평가시점으로 하여, 정책평가, 시책평가, 대규모사업평가, 공공사업재평가라는 4개의 개별평가를 실시하고 있다(宮城縣, 2022: 4). 미야기현에서 행정평가의 실시대상 및 전체적인 구성을 표와 그림으로 정리하면 각각 〈표 5-13〉, [그림 5-5]와 같다.

한편 시가현(滋賀縣)에 속하는 오츠시(大津市)의 경우, 종합계획에서 열거하는 시책 추진의 일환으로서, 또한 "오츠시 행정개혁플랜"의 조치로서 기존에 실시되어 온 사무사업평가에 더하여 2010년도부터는 시책평가를 도입하는 등 행정평가제도를 구축·운영하고 있다(大津市, 2021: 3). 오츠시 행정평가제도의 특징으로는 종합계획 체계에 따른 시책평가와 사무사업평가의 실시, 시책별 성과지표 및 수치목표의 설정, 공통사무처리시스템에 의한 평가데이터 작성과 일괄관리, "계획-행정평가-예산편성"이라는 행재정운영공정의 일련성 강화를 들 수 있다(大津市, 2021: 3). 이러한 오츠시의 행정평가제도의 구성을 그림으로 정리하면 [그림 5-6]과 같다.

그림 5-6 오츠시(大津市) 행정평가제도의 구성

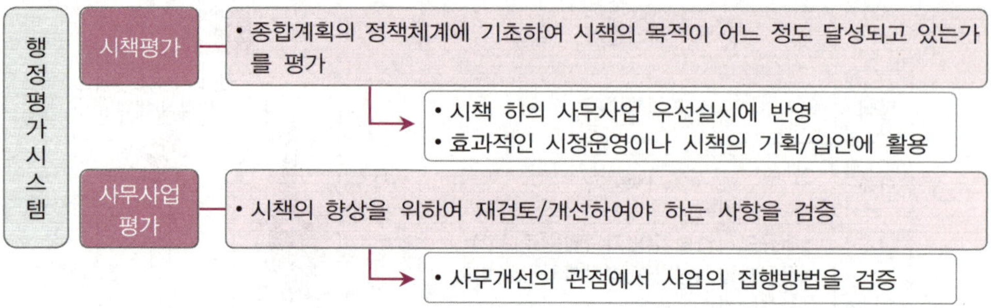

출처: 大津市(2021: 3).

(4) 평가절차

일반적으로 행정평가는 목표의 명확화, 목표치(지표)의 설정, 평가의 실시, 평가결과 반영의 절차로 이루어지고 있다. 우선 목표의 명확화는 행정평가제도가 유효하게 기능하기 위하여 매우 중요한 역할을 수행하므로, 정책 전체를 “목적”과 “목적 달성을 위한 수단”이라는 연쇄적 관계로 정리하여 체계화할 필요가 있으며, 이로부터 대부분의 지방자치단체에서는 종합계획에서 “정책-시책-사무사업”이라는 정책체계를 구축하고 있는 것이다(栃木縣, 2016: 4). 다음으로 추구하여야 하는 목표의 달성상황을 구체적 · 객관적으로 측정할 수 있는 척도, 즉 지표의 설정이 필요가 있고, 이와 같이 설정된 지표나 관련정보 등을 기초로 시책 또는 사업의 성과와 개선하여야 하는 과제를 파악하기 위하여 평가가 진행되며, 평가결과 파악된 과제에 대하여 개선책을 마련하여 향후 시책 또는 사업의 기획 · 입안 및 방향성을 선택하는 과정을 거치게 된다(栃木縣, 2016: 4).

행정평가의 절차와 관련하여, 전술한 미야기현 행정평가에서는 “행정활동의 평가에 관한 조례”에서 규정하는 절차에 따라 정책평가, 시책평가, 대규모사업평가 및 공공사업재평가라는 4개의 개별평가가 진행되고 있다. 구체적으로는 우선 미야기현이 자기평가를 실시하고, 그 평가내용에 대하여 미야기현 주민 및 행정평가위원회의 의견을 들은 후, 최종적으로 미야기현이 자기평가를 실시하는 절차로 진행된다(宮城縣, 2022: 6). 이러한 미야기현 행정평가의 세부적인 실시 절차를 정리하면 다음 〈표 5-14〉와 같다.

표 5-14 미야기현(宮城県)의 행정평가 실시 절차

구분	정책평가/시책평가	대규모사업평가	공공사업재평가
현민의 만족도 등 파악·공표 (조례 제7조)	• 현민의 의식(만족도·중요도)를 사회조사 방법 등으로 파악·공표		
	⬇		
서면(평가원안)·요지의 작성·공표 (조례 제5조)	• 평가대상이 되는 정책·시책·사업의 개요, 현민생활 및 사회경제에 대한 효과, 기타 평가에 관한 사항을 작성·공표		
	정책평가·시책평가 기본표	평가조서	재평가조서
이상 전년도 말~5월	⬇ 위 서면을 행정평가위원회에 재출하여 의견 청취		
행정평가위원회의 의견청취 (조례 제8조)	• 행정평가위원회: 15명 이내의 위원, 행정평가 전체에 관한 사항 심의 • 12명 이내의 위원으로 구성되는 행정평가부회, 대규모사업평가부회, 공공사업재평가부회 운영		
현민의 의견청취 (조례 제9조)	• 서면·요지에 대한 현민의 의견 청취, 청취한 의견을 정리·분류하여 공표		
	⬇		
평가서·요지의 작성·공표 (조례 제10조)	평가서	평가서	평가서
	• 대상 정책·시책·사업의 개요, 현민생활·사회경제에 대한 효과와 그 파악방법, 평가의 결과, 그 밖에 위원회 의견 등을 작성·공표		
의회보고(조례 제12조 제1항)	• 평가결과의 개요를 의회에 보고		
이상 5월~9월	⬇		
평가결과 반영상황 설명서·요지의 작성·공표 (조례 제11조) 및 의회보고(조례 제12조 제2항)	• 반영상황설명서의 형태로, 평가결과를 행정운영(기획입안, 예산, 조직)에 반영한 상황에 대하여 작성·공표 • 평가결과의 반영상황을 의회에 보고		
이상 10월~2월			

출처: 宮城県(2022: 7).

한편 오츠시의 행정평가 절차를 살펴보면, 시책평가나 사무사업평가의 점검결과를 고려하여 향후 대응방침을 검증하고, 예산이나 기획·입안에 반영하며, 행정활동의 질적 향상을 도모하고 있나(大津市, 2021: 6). 또한 이러한 평가의 결과나 과정을 평가시

트로 정리하여 공개함으로써 행정활동의 가시화와 시민에 대한 정보 제공을 도모하고, 설명책임을 완수하려는 절차를 취하고 있다(大津市, 2021: 6). 이러한 오츠시의 행정평가 실시 절차를 정리하면 [그림 5-7]과 같다.

그림 5-7 오츠시(大津市) 행정평가 실시 절차

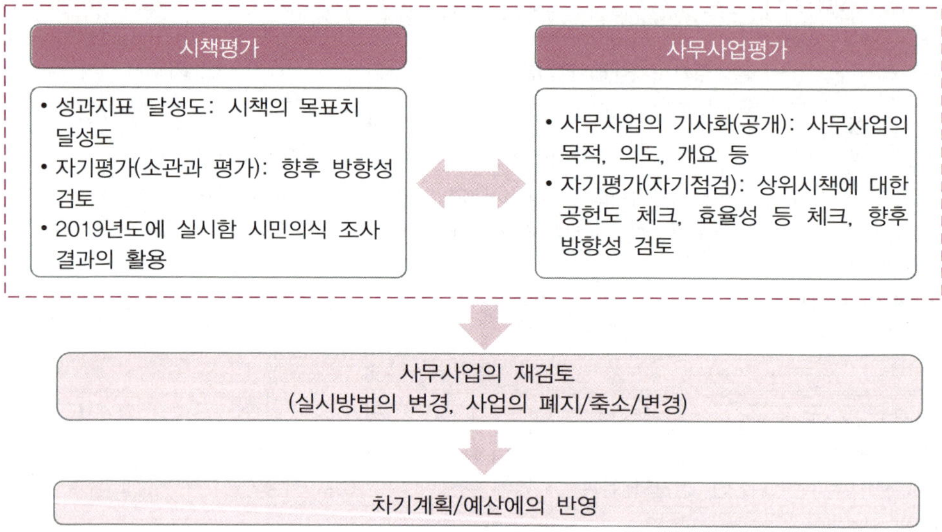

출처: 大津市(2021: 6).

(5) 최근 이슈

일본의 행정평가제도와 관련해서는 지금까지 다양한 논의가 진행되어 왔으며, 최근에는 행정평가업무의 효율화, 예산편성 등에 대한 활용 저조, 설명책임의 부족 등이 이슈로 제기되고 있다. 즉 행정평가업무 자체에 대한 피로도로 인하여 해당 업무를 어떻게 효율화할 것인가가 문제로 되고 있고, 행정평가의 결과를 실제로 예산삭감 등에 반영하는 지방자치단체가 많지 않으며, 행정평가결과의 공개에도 불구하고 주민에 대한 설명책임을 충분히 완수하고 있지 못하다는 상황이 발생하고 있다(NTTDATA, 2022: 9). 이와 함께 성과지표의 설정 필요성에 대해서는 대부분 공감하고 있으나, 성과지표 설정의 곤란성 극복도 이슈로 부각되고 있다(NTTDATA, 2022: 10)

2. 평가 · 성과관리의 지표 및 측정방법

1) 정책평가의 지표 및 측정방법

(1) 평가지표

정책평가법 제3조에서는 각 행정기관으로 하여금 소관사무의 정책효과를 파악하고, 이에 기초하여 필요성, 효율성 또는 유효성 등의 관점에서 평가하도록 규정하고 있다. 이와 함께 전술한 정책평가 기본방침에서는 정책평가법에서 평가 기준으로 제시하고 있는 필요성, 효율성, 유효성에 관하여 상세하게 규정하고 있으며, 그 밖에도 정책의 특성에 따라 선택적으로 활용할 수 있는 기준으로서, 공평성, 우선성을 제시하고 있다(I. 2). 정책평가법 및 정책평가 기본방침에서 규정하고 있는 평가 기준을 정리하면 〈표 5-15〉와 같다.

표 5-15 정책평가의 기준

기 준	세부내용
필요성	• 정책효과로부터 보아 대상이 되는 정책에 관한 행정목적이 국민이나 사회의 수요 또는 보다 상위의 행정목적에 비추어 타당성을 가지고 있는가를 명확하게 하는 것 • 행정관여의 방식으로부터 보아 해당 정책을 행정이 담당할 필요가 있는가, 즉 민간에 맡길 수는 없는가 등을 명확하게 하는 것
효율성	• 국민의 부담으로 형성되는 행정자원의 적절한 활용을 위하여 정책효과와 해당 정책에 기초한 활동의 비용 등의 관계를 명확하게 하는 것
유효성	• 얻으려고 하는 정책효과와 해당 정책에 기초한 활동으로 실제 얻을 수 있거나 얻을 수 있다고 예상되는 정책효과의 관계를 명확하게 하는 것
공평성	• 행정목적에 비추어 정책효과나 비용의 부담이 공평하게 분배되어 있는가 또는 분배될 것으로 되어 있는가를 명확하게 하는 것
우선성	• 정책의 실시에 필요한 행정자원의 한계로 인하여 이상의 기준을 적용하여 해당 정책의 실시가 인정되는 경우에도, 해당 정책을 다른 정책보다 우선적으로 실시하여야 할 것인가를 명확하게 하는 것

출처: 유수재(2019: 170-172) 참조하여 내용을 요약정리.

(2) 평가방법

정책평가 기본방침에서는 평가방식과 관련하여 사업평가방식, 업적평가방식 및 종합평가방식을 규정하고 있으며[I.1.(2)], 정책평가 실시 가이드라인에서는 이러한 평가방식의 세부적인 내용을 규정하고 있다. 이러한 3개의 대표적인 정책평가방식 외에도 목표관리형 정책평가에서 활용되는 실적평가방식을 들 수 있다. 이 목표관리형 정책평가는 이른바 "시책" 차원의 정책을 대상으로 하여 미리 설정된 목표의 달성 비율에 대하여 평가하는 것으로서, 평가방식으로는 실적평가방식을 사용하고 있는 것이다(총무성, 2022: 6). 그리고 사전평가와 사후평가, 정량평가와 정성평가 등 다양한 정책평가의 방법이 있을 수 있으며, 정책평가의 주체는 정책의 특성 등을 고려하여 가장 적절한 방법을 선택하여 평가를 실시하고 있다. 장체평가 기본방침, 정책평가 실시 가이드라인 등에서 제시하고 있는 대표적인 3개의 정책평가방식의 구체적 내용을 정리하면 〈표 5-16〉과 같다.

표 5-16 대표적인 정책평가의 방식

구분	대상	시점	목적	방법
사업평가	• 개개 사무사업 중심(시책도 포함)	• 사전평가 • 필요에 따라 사후 검증	• 사무사업의 채택 여부 · 선택 등에 기여	• 미리 기대되는 정책효과나 필요한 비용 등을 추정 · 측정
실적평가	• 각 행정기관의 주요 시책 등	• 사후평가 • 정기적 · 계속적으로 실적측정, 목표기간 종료 시 달성도 평가	• 정책의 지속적 재검토나 개선에 기여	• 미리 정책효과 중심의 달성목표를 설정, 목표의 달성 정도에 대하여 평가
종합평가	• 특정 주제(협의의 정책 · 시책)	• 사후평가 • 주로 일정한 기간이 지난 후	• 문제점을 종합적으로 분석, 그 원인을 파악	• 정책효과의 실현상황을 다양한 각도에서 종합적으로 분석

출처: 윤수재(2019: 169) 재인용.

2) 행정평가의 지표 및 측정방법

(1) 평가지표

행정평가는 민간에서 사용되는 목표관리(Management by Objective: MBO) 수단을 응용한 것으로서, 행정평가를 실시함에 있어서는 평가의 대상이 되는 정책 또는 사무사업 등이 추구하여야 하는 목표의 달성상황을 구체적 · 객관적으로 측정할 수 있는 척도, 즉 지표의 설정이 무엇보다 중요한 요소로 작용하고 있다. 일반적으로 지방자치단체에서는 행정평가의 목표치 설정지표로서, 투입지표(input), 산출지표 · 활동지표(output), 성과지표(outcome)를 활용하고 있다. 특히 정책평가 및 시책평가에서는 성과지표에 기초하여 유효성을 검증하고, 사무사업평가에서는 투입지표와 산출지표의 관계에서 효율성 · 경제성을 분석하는 것으로 나타나고 있다(栃木縣, 2016: 6). 이와 같이 일본의 행정평가 과정에서 적용되는 기본적인 평가지표로는 투입지표, 산출지표 · 활동지표, 성과지표를 들 수 있고, 실제적 현상분석의 지표로는 유효성, 효율성 및 경제성 등을 들 수 있다. 이러한 행정평가의 각종 지표를 정리하면 〈표 5-17〉과 같다.

표 5-17 지방자치단체 행정평가의 주요 지표

기준	세부내용
투입지표 (input)	• 행정이 시책을 집행함에 필요한 예산액이나 종사 직원 수 등 투입한 경영자원의 양으로 나타나는 행정 내부의 활동량
산출지표 · 활동지표 (output)	• 투입지표에 의한 직접적인 활동의 결과 필연적으로 산출되는 실시량
성과지표 (outcome)	• 산출지표 · 활동지표가 시민생활에 어떠한 변화 · 영향을 미쳤는가라는 효과나 성과 • 이 지표에 대하여는 행정의 활동뿐만 아니라 행정 외의 다양한 요인과 관계가 있어, 행정뿐만 아니라 사회 전반의 평가에도 활용
목표의 달성도	• 목표에 대한 도달의 정도
효율성	• 결과에 대한 인원 · 예산의 투입효율
유효성	• 효과 · 성과에 대한 실시한 사업의 유효성
필요성	• 지방자치단체가 실시할 필요성, 시민의 수요, 국가 등과의 기능분담
환경요인	• 사회경제상황의 변화
우선성	• 과제나 새로운 행정수요에 대한 적시성, 목표 실현에 대한 공헌도

출처: 栃木県(2016: 4, 6).

이와 관련하여 행정평가를 도입하고 있는 지방자치단체는 대부분(도도부현과 지정도시) 평가지표(구체적 지표 · 수치에 의한 정량적 지표)를 도입하고 있고, 평가지표를 도입하고 있는 지방자치단체 중 약 60%가 성과지표를 도입하고 있는 것으로 나타나고

표 5-18 지방자치단체 행정평가 평가지표 도입상황(2017년)

구분	도도부현		지정도시		시구정촌		합계	
	단체 수	비율(%)	단체 수	비율(%)	단체 수	비율(%)	단체 수	비율(%)
평가지표 있음	45	95.7	18	94.7	896	86.7	959	87.3
평가지표 없음	2	4.3	0	0	137	13.3	139	12.6

* 행정평가를 도입하고 있는 지방자치단체를 대상으로 한 것으로서, 회답하지 않는 경우도 있어 지방자치단체의 수에 차이가 있을 수 있음.

출처: 總務省(2017b: 6).

표 5-19 지방자치단체 행정평가 성과지표 도입상황(2017년)

구분	도도부현		지정도시		시구정촌		합계	
	단체 수	비율(%)	단체 수	비율(%)	단체 수	비율(%)	단체 수	비율(%)
성과지표	32	68.1	11	57.9	650	62.9	693	63.1
활동지표	20	42.6	11	57.9	548	53.0	579	52.7
구분없음	14	29.8	7	36.8	213	20.6	234	21.3

* 행정평가를 도입하고 있는 지방자치단체를 대상으로 함.
출처: 總務省(2017b: 6).

있으며(총무성, 2017b: 6), 각각의 도입상황을 정리하면 각각 〈표 5-18〉, 〈표 5-19〉와 같다.

(2) 평가방법

일반적으로 지방자치단체의 경우, "정책-시책-사무사업"의 정책체계를 통하여 목표를 명확화하고, 이러한 목표의 달성상황을 구체적·객관적으로 측정할 수 있는 척도, 즉 지표(input, output, outcome)를 설정한 후, 설정된 지표와 각종 관련 정보 등을 기초로 성과와 과제를 파악하는 방식으로 행정평가를 운용하고 있다. 특히 정책평가 및 시책평가에서는 성과지표에 기초하여 유효성을 검증하고, 사무사업평가에서는 투입지표와 산출지표의 관계에서 효율성·경제성을 분석하는 방식으로 실시되고 있다(栃木縣, 2016: 6). 이러한 일반적인 지방자치단체의 행정평가의 방식을 나타내면 [그림 5-8]과 같다.

그림 5-8 지방자치단체 행정평가의 방식

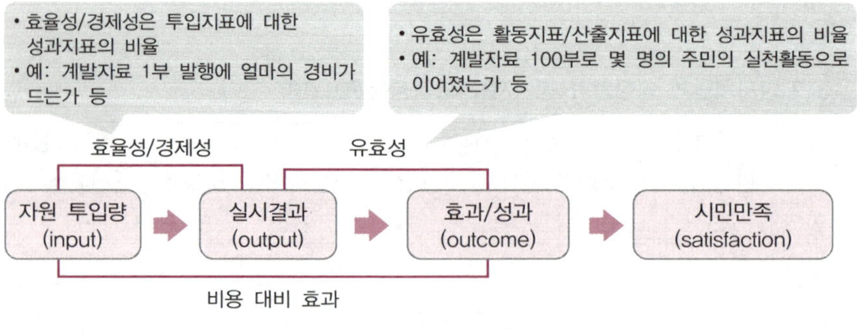

출처: 栃木県(2016: 6).

제 3 절

평가 · 성과관리의 동향분석

1. 평가 · 성과관리의 계획, 모니터링, 보고서

1) 정책평가의 계획 · 보고서

(1) 계획 수립의 현황

첫째, 행정기관이 실시하는 정책평가에 관한 기본계획 및 실시계획을 살펴보면 다음과 같다. 정책평가법에서는 각 행정기관에 대하여 3년 이상 5년 이하의 기간마다 기본계획을 수립하도록 의무화하고 있고(제6조 제1항), 1년마다 실시계획을 수립하도록 의무화하고 있다(제7조 제1항). 2021년도 각 행정기관이 수립하고 있는 기본계획 및 실시계획의 수립현황에 따르면, 기본계획의 계획기간을 5년으로 정하고 있는 기관이 20개, 4년으로 정하고 있는 기관이 1개, 3년으로 정하고 있는 기관이 2개로 각각 나타나고 있고, 실시계획을 수립하고 있는 모든 기관이 회계연도(4월부터 다음해 3월까지)를 기간으로 정하고 있는 것으로 나타나고 있다(총무성, 2022: 13).

각 행정기관이 수립하고 있는 기본계획 및 실시계획에서 정책평가의 실시에 관한 사항을 살펴보면, 우선 기본계획에서는 정책평가법 제6조 제2항 제5호에 기초하여 정하는 사전평가의 대상이 되는 정책에 대하여, 정책평가법 제9조에서 실시하도록 의무화되어 있는 정책(일정한 요건에 해당하는 연구개발, 공공사업, 정부개발원조, 규제 및 조세특별조치 등) 외에도 의무화되어 있지 않은 정책에 대하여도 사전평가를 실시하거나 실시하기 위하여 노력하도록 규정하고 있다. 또한 실시계획에서는 정책평가법 제7조 제2항에 기초하여 사후평가의 대상이 되는 정책 및 그 정책별 평가방식에 대하여 규정하고 있다. 2021년도 각 행정기관이 수립하고 있는 기본계획 및 실시계획의 현황을 정리하면 [그림 5-9]와 같다.

둘째, 정책평가 전담기관으로서의 총무성이 수립하는 정책평가에 관한 계획을 살펴보면 다음과 같다. 전술한 바와 같이 정책평가법은 총무성으로 하여금 종합성 확보평가와 객관성 담보평가를 실시하도록 의무화하고 있으며(제12조), 총무대신으로 하여금 이러한 평가에 관한 매년 해당 연도 이후 3년 간의 계획을 수립하도록 하고 있다(제13조

그림 5-9 기본계획 및 실시계획의 수립상황(2021년 기준)

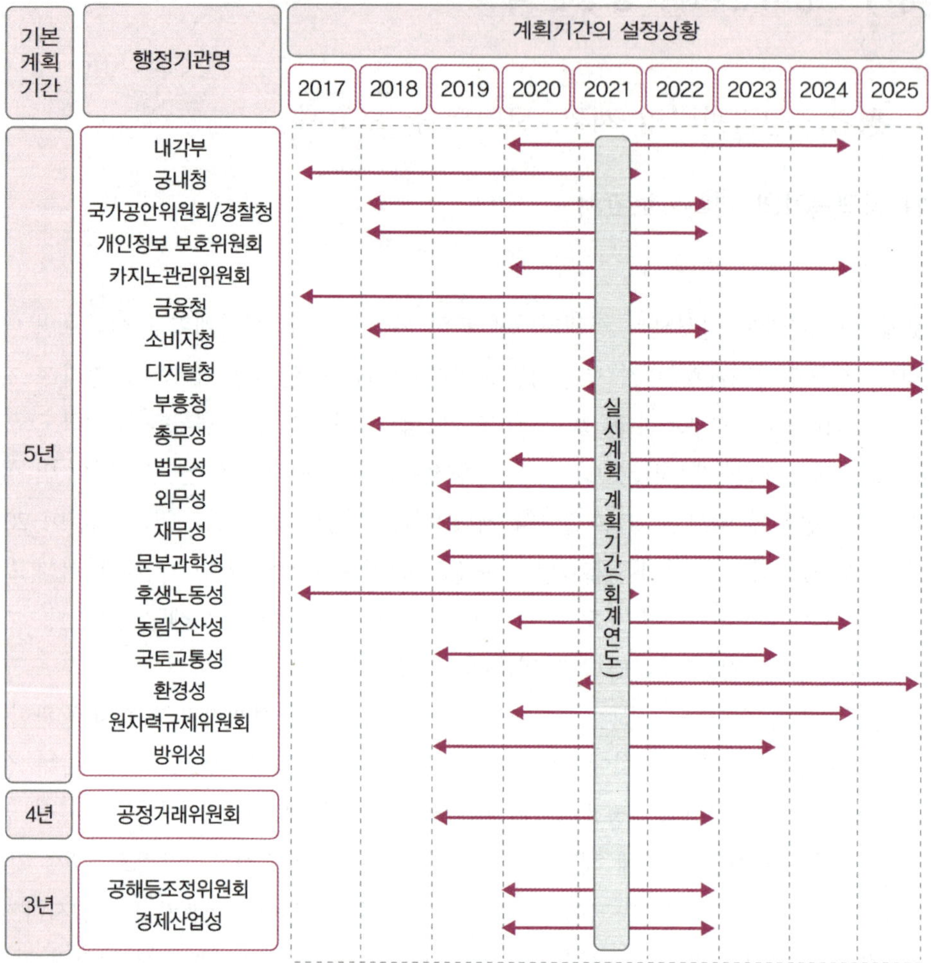

* 각 행정기관의 기본계획 및 실시계획을 기초로 작성하였으며, 기본계획의 계획기간은 "↔"로, 실시계획의 계획기간은 "□"로 표시함

출처: 總務省(2022: 14).

제1항). 이에 따라 총무성은 2021년도 이후 3년 간의 정책평가에 관한 계획을 수립하여 "2021년도 행정평가 등 프로그램"에 게재하고, 정책평가법 제12조에 기초한 평가를 중점적·계획적으로 실시하는 것으로 하고 있다. 2021년도 총무성이 실시하는 정책평가에 관한 계획 중 정책평가의 실시에 관한 주요내용을 정리하면 〈표 5-20〉과 같다.

표 5-20 총무성 정책평가에 관한 계획의 주요내용(2021년)

구분	주요내용
평가의 실시에 관한 기본적인 방침	• 총무성이 실시하는 통일성 또는 종합성을 확보하기 위한 평가(종합성 확보평가)는 정부 전체가 목표로 하는 일정한 방향성 하에 중요성·필요성 등의 관점에서 통일성 또는 종합성을 확보할 필요가 있는 정책에 대하여 적극적으로 실시함 • 또한 증거에 기초한 정책입안(EBPM) 추진을 위한 정책효과의 파악·분석수법의 실증적 공동연구의 성과를 활용하고, 총무성이 실시하는 통일성 또는 종합성을 확보하기 위한 평가의 충실·강화를 도모함 • 정책평가의 객관성을 담보하기 위한 평가(객관성 담보평가) 활동에 대하여는 아래와 같이 추진함 – 각 행정기관에서의 정책평가 실시상황에 대하여 관구행정평가국 등의 현지조사 기능을 활용하고, 정보를 수집·분석함 – 각 행정기관이 실시한 정책평가에 대하여 필요한 점검을 실시하여, 관계기관에 결과를 통지하고, 공개하며, 정책평가의 개선방안의 검토상황도 고려하면서 점검내용을 재검토하여 개선방안을 모색함
2021년부터 5년까지의 3년 간 실시하는 평가의 테마	• 통일성 또는 종합성을 확보하기 위한 평가 – 2021년도부터 실시: 부등교·자택고립 어린이 지원 – 조사의 구체화를 검토: 생활 분야의 교통안전대책
평가의 실시에 관한 주요 사항	• 평가의 실시에 있어서는 평가의 중립성과 공정성의 확보 및 평가의 질 향상 도모라는 관점에서 관련전문가의 의견을 활용하고, 특히 평가의 설계나 분석에 관하여는 정책평가심의회의 조사심의에 회부함 • 권고에 대한 각 행정기관의 개선조치상황을 적시적으로 모니터링하고, 정책의 반영상황과 정책효과를 충분히 확인함 • "정책평가에 관한 정보의 공개에 관한 가이드라인"을 기초로, 총무성이 실시하는 정책평가에 관한 정보를 공표함

출처: 總務省(2022: 44) 약간의 수정 후 인용.

(2) 평가의 실시현황

첫째, 2021년도에 각 행정기관이 실시한 정책평가의 실시건수 및 대상정책을 살펴보면 다음과 같다. 각 행정기관이 실시한 총 정책평가 건수는 2,227건(2020년에는 총 2,076건)으로서, 그 중 사전평가는 838건, 사후평가는 1,389건으로 각각 나타나고 있으며, 목표관리형 정책평가(실적평가방식)는 256건에 대하여 실시된 것으로 나타나고 있다(총무성, 2022: 15, 18). 구체적으로 살펴보면, 사전평가(838건)의 경우, 정책평가법에 따라 의무화되어 있는 특정 5개 분야(연구개발, 공공사업, 정부개발원조, 규제 및 조세특별조치 등)를 대상으로 평가가 833건이고, 그 중 상위 3개 분야의 건수를 보면 공공사업을 대상으로 한 평가가 가장 많은 549건, 규제를 대상으로 한 평가가 105건, 연구

개발을 대상으로 한 평가가 88건으로 각각 나타나고 있다(총무성, 2022: 15).

사후평가(1,389건)의 경우, 완료 후・종료 시의 사업 등(연구개발, 공공사업 중 각 행정기관이 자주적으로 완료 후 또는 종료 시에 평가를 실시한 정책)을 대상으로 한 평가가 507건, 미착수・미완료인 사업(공공사업, 정부개발원조 중 정책결정 후 5년이 지나도 착수하지 않은 정책, 정책결정 후 10년이 지나도 완료되지 않은 정책 및 각 행정기관이 정책결정으로부터 완료까지의 사이에 평가를 실시한 정책)을 대상으로 한 평가가 501건, 일반 분야의 정책(정책평가법에 따라 사전평가가 의무화되어 있는 특정 5개 분야를 제외한 정책)을 대상으로 한 목표관리형 정책평가(실적평가방식)가 256건으로 각각 나타나고 있다(총무성, 2022: 15).

목표관리형 정책평가(256건)의 경우, 각 행정기관 공통의 5개 분야에서 목표의 달성정도를 명시하고 있으며, 그 결과를 살펴보면, “목표초과 달성”이 2건(0.8%), “목표 달성”이 79건(30.9%), “상당 정도 진전있음”이 149건(58.2), “큰 진전없음”이 21건(8.2%), “목표와 관계없음”이 5건(2%)으로 각각 나타나고 있다(총무성, 2022: 18). 이상에서 서술한 2021년도 각 행정기관이 실시한 정책평가의 현황을 정리하면 [그림 5-10]과 같다.

둘째, 총무성이 실시하는 종합성 확보평가 및 객관성 담보평가의 실시상황을 살펴보기로 한다. 우선 2021년도 총무성의 종합성 확보평가는 2개의 테마, 외래종 대책의 추진, 부등교・외부단절 어린이정책에 대하여 실시되었으며, 이 중에서 후자는 평가 중에

그림 5-10 각 행정기관의 정책평가 실시상황(2021년)

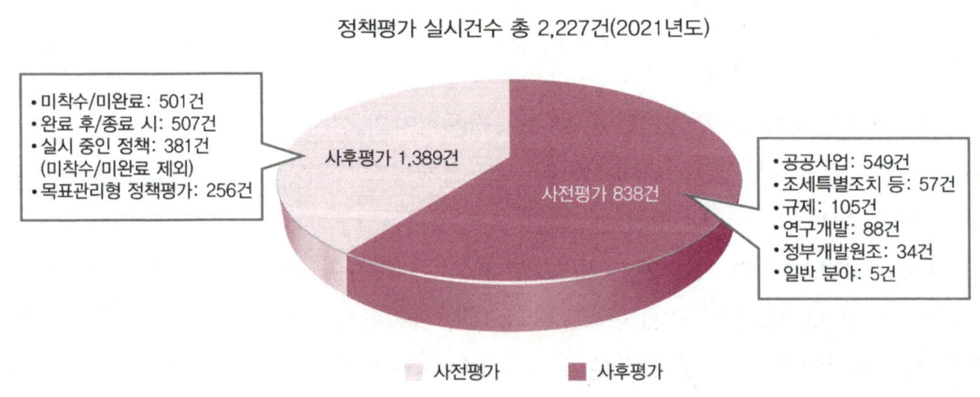

* 사후평가 중 목표관리형 정책평가는 실시 중인 정책(미착수/미완료 제외) 381건 중 256건에 대하여 실시함.
출처: 總務省(2022: 17–18) 수정 후 인용.

있고, 전자인 외래종 대책의 추진에 대하여는 평가서를 작성, 의견을 첨부하여 관계 행정기관의 장에게 송부함과 동시에 공표하고 있다. 총무성의 종합성 확보평가 사례로서 공개되어 있는 외래종 추진에 대한 평가결과를 제시하면 〈표 5-21〉과 같다.

표 5-21 총무성의 종합성 확보평가 사례(2021년)

테마명	외래종 대책의 추진에 관한 정책평가(종합성 확보평가) (의견통지 · 공표일: 2022년 2월 15일)
관계 행정기관	환경성

• 평가의 관점

「특정 외래생물에 의한 생태계 등에 관한 피해방지에 관한 법률」(2004년 법률 제78호, 이하 "외래생물법"이라 함), "생물다양성국가전략 2012~2020"(2012년 9월 28일 각의결정) 및 "외래종피해방지행동계획"(2015년 3월 26일, 환경성 · 농림수산성 · 국토교통성)에 따라 추진되고 있는 외래종 대책의 추진에 관한 시책 등에 대하여 관계 행정기관 등에서의 각종 조치 실시상황을 명확하게 함과 동시에 해당 조치의 결과를 검증하고, 관계행정의 향후 방향성 검토에 기여하기 위하여 실시

• 평가결과의 개요

(1) 정착예방외래종(붉은 불개미, red imported fire ant)

지방자치단체에서 관계기관과의 연락체제 등 실제적 방제에 도움이 되는 조치가 취해지지 않는 경우도 있고, 환경성이 각 지역에서 구체적으로 움직일 수 있도록 연락체제 등의 조치를 촉진하고 있는 활동도 보이지 않았다. 환경성이 정하는 조사 · 방제의 방침에 관하여 방제의 현장에서 대책이 정확하게 강구될 수 있도록 이러한 상황에 대한 평가 · 검증이 요청된다.

해당 붉은 불개미 방제대책에 대하여는 붉은 불개미 방제의 승패뿐만 아니라 앞으로의 외래종 대책에서의 실제적 작용이나 그것을 위한 조치의 방식을 진화시키는 것에 도움을 줄 목적으로 검증이나 평가를 실시할 필요가 있다.

(2) 종합대책외래종(아메리카 너구리, procyon lotor)

환경성은 지방자치단체에서 포획 등의 방제활동이 효과적으로 실시될 수 있도록 각 지역에서의 아메리카 너구리 생태분포상황 등 필요한 정보의 제공에 대하여 현재의 조치에 대한 검증이나 평가를 실시한 후, 그 바람직한 방식에 대하여 검토할 필요가 있다.

외래종 대책으로서의 아메리카 너구리 대응에서는 그 "우선적인 방제"가 실현되면 포획의 근거법이 무엇인가는 중요하지 않다. "아메리카 너구리의 방제"라는 목적을 위하여 외래생물법에 기초한 방제와 「조수의 보호와 관리 및 수렵의 적정화에 관한 법률」(2002년 법률 제88호)에 기초한 포획이라는 2개의 구조가 마련되어 있는 상황을 고려하면, 각각의 효과, 장점과 단점 등을 정리하여 평가하고, 2개의 구조가 서로 조화롭게 작용함으로써 방제가 더욱 효과적으로 이루어질 수 있도록 종합적인 대응방침을 시 · 군 · 구에 제시하는 등 실무에서의 적절한 수단의 선택을 지원할 수 있도록 검토할 필요가 있다.

(3) 종합대책외래종(큰금계국, coreopsis lanceolata)

국가(환경성)로서는 국가 외의 주체에 의한 방제를 추진하는 입장에 서 있다면 그 주체의 판단이 촉진되도록 행동할 필요가 있다. 적어도 개개의 주체가 스스로 적극적으로 방제에 대응할 의욕이 생기도록 국가 전체의 대층 중에서의 위치를 인식할 수 있도록 할 필요가 있다. 국가는 현재의 대처에 대한 평가나 지금까지 달성하고 있는 성과를 나타내는 정보를 제공해 가야 한다.

관상용이나 녹화용으로 도입되고, 이미 광범위하게 분표·생육하고 있는 큰금계국에 대하여 거래나 재배 등의 규제행정 비용까지 관련되는 대책을 취하는 이상, 비용에 적합한 성과가 제시되어야 한다. 그리고 그 성과가 현실적으로 명확한가, 외래종 대책에서 준비되어 있는 각종 조치 큰금계국에 대하여 문제없이 또은 효과적·효율적으로 성과를 거둘 수 있는가에 대한 판단재료도 얻지 못하고 있는 것은 문제로 지적될 수 있다. 또한 협동의 파트너가 되어야 하는 지방자치단체 등과도 공유할 수 없다는 점에서 발전적 대처를 기대할 수 없다.

환경성은 이러한 문제점에 대응하여 외래종 대책 중의 큰금계국 대책의 기본적인 사고방식을 제시하고, 해당 사고방식에 어울리는 목표 설정, 정보 제공을 실시하도록 한다.

(4) 농업관리외래종(서양뒤영벌, bombus terrestris)

(생략)

(5) 외래종 대책 평가의 과제

현장의 대처나 구체적인 활동을 하는 국가 외의 주체에 있어 판단에 유용한 정보는 외래종 대책의 개별성·다양성 등에 대응한 정보로 생각된다. 예컨대 지방자치단체가 당장 "유효성이 높은 분포확대의 방지, 국소적 근절, 저밀도화" 중 어느 하나를 선택하여야 하는 상황이라면, 해당 지방자치단체가 단독으로 특정한 종의 분포상황을 파악하는 것도 어렵고, 유효성의 판단도 특정한 종에 관한 분포정보 등이 없이는 불가능하다. 이번 조사에서 현장으로부터, 예컨대 아메리카 너구리에 대하여 "포획하면 효과적인가를 판단할 수 없다"는 의견이 제시된 점으로부터도 현재 국가가 충분히 필요한 정책의 현상·평가에 관한 정보를 제공하고 있는가의 여부에 대하여는 의문이 남고, 외래종 대책이라는 정책의 전개를 위한 PDCA에 필요한 정보의 제공은 충분하지 않다고 할 수밖에 없다.

정책평가는 정책효과를 파악·평가하고, 공표하여 정부의 활동을 국민에게 설명함과 동시에, 그 결과를 대상으로 한 정책에 적절하게 반영시키는, 즉 정책의 개선이나 효율적 운용으로 이어지는 것을 목적으로 하여 정책을 담당하는 행정기관이 실시하는 것이다. 외래종 대책의 전개에 필요한 정보를 제공하기 위해서는 그 정책평가를 활용할 필요가 있지만, 환경성에서의 정책평가 대처상황은 일부의 외래종에 대하여 수치목표를 들어 개별평가를 실시함에 머무르고, 전국적 대처상황에 대한 평가 관련 정보가 제공되고 있다고는 볼 수 없다.

한편 중앙환경심의회에서는 외래종 대책 전체에 대하여 심의가 진행되고, 답신의 형태로 일정한 현상인식과 향후 대처방안이 제시되고 있다는 점에서, 외래종 대책을 중심으로 보는 한 중앙환경심의회의 심의·답신이 정책평가가 수행하여야 하는 역할을 수행하고 있다고 할 수 있다.

따라서 환경성에 정책평가를 포함하여 외래종 대책의 PDCA를 적절하게 활용할 수 있는 방책을 검토할 것을 요청한다.

출처: 總務省(2022: 47) 약간의 수정 후 인용.

다음으로 2021년도 총무성이 실시한 객관성 담보평가를 살펴보면, 2020년도에 각 행정기관이 실시한 공공사업에 관한 정책평가, 규제에 관한 정책평가 및 조세특별조치 등에 관한 정책평가를 점검하는 형태로 실시되었다. 2021년도 총무성의 객관성 담보평가 실시상황을 정리하면 〈표 5-22〉와 같다.

표 5-22 총무성의 객관성 담보평가 사례(2021년)

2021년도 점검활동(객관성 담보평가)의 실시상황

[공공사업에 관한 정책평가의 점검]

• 목적

공공사업에 관한 정책평가의 점검은 공공사업을 소관하는 각 행정기관과는 다른 평가 전담조직으로서의 입장에서 각 행정기관이 실시한 공공사업에 관한 정책평가에 대하여 점검하고, 평가의 운용이나 내용의 재검토가 필요한 경우 각 행정기관에 개선을 요청함으로써 정책평가의 객관성 등을 확보하기 위한 것이다.

• 점검활동의 개요 등

작업의 합리화라는 관점도 고려하여, 2021년도에는 각 행정기관의 평가정보 수집・제공이나 향후 점검활동의 방식 검토 등을 실시하고, 횡단적인 점검은 실시하지 않았다.

공공사업평가 워킹그룹(정책평가심의회 정책평가제도부회에 설치)에서 논의된 사항을 고려하고, 향후 점검활동의 방식을 검토한 결과, 각 행정기관이 실시한 공공사업평가의 객관성을 확보하기 위하여, 예컨대 위 워킹그룹 등 전문가의 의견을 활용하는 등 ① 국민의 관심이 높은 사업에 대하여 평가가 실시된 경우, ② 평가 매뉴얼의 개정 등으로 지금까지 점검하지 않은 새로운 평가방법에 의한 평가가 실시된 경우 등을 중심으로 체크하고, 필요가 있는 경우 개선을 요구하는 것으로 하였다.

또한 2020년도의 점검(2021년 3월 3일 통지・공표)에서 지적된 사항에 대하여 관계 행정기관의 대응상황은 다음과 같다.

- 평가운용의 개선에 관한 지적 6건 중 평가하여야 하는 사항이 기재되어 있지 않은 것 등 5건이 대응 완료, 2건이 대응 중
- 평가의 개선에 관한 지적 2건에 대하여는 모두 대응 완료

[규제에 관한 정책평가의 점검]

• 목적

규제에 관한 정책평가의 점검은 각 행정기관에서 실시된 규제의 정책평가상황을 파악하고, 개선을 위한 구체적인 수단 제시나 장려사례의 발굴 등을 통한 평가수준의 향상을 도모함과 동시에 규제의 정책평가의 새로운 개선을 위한 검토에 기여하는 것을 목적으로 한다.

• 점검활동의 개요

법률 또는 정령에 따라 신설・개폐된 규제에 관하여 각 행정기관이 2020년도에 실시한 규제의 정책평가는 156건(사전평가 117건, 사후평가 39건)이고, 이에 대하여 점검을 실시하고, 2022년도 3월 30일 점검결과를 각 행정기관에 통지하고, 공표하였다.

• 점검결과의 개요

"규제의 정책평가 실시에 관한 가이드라인"을 고려하여 규제의 정책평가를 실시할 때 중점적으로 파악하여야 하는 사항(비용 및 효과의 정량화 등)의 실시상황을 중심으로 점검을 실시한 결과, 사전평가에서 준수비용이 정량화되어 있는 것은 117건 중 32건으로 나타나는 등, 계속적으로 비용이나 효과가 정량화되어 있지 않은 것이 많이 나타나고 있어, 개별사업에 대하여 정량화를 위한 수단 등을 지적함과 동시에, 정량화되어 있는 것을 장려사례로서 제시하였다.

또한 정책에 따라 세운 논리를 명확하게 설명하기 위하여 필요한 "과제", "과제의 발생원인", "비규제수단과의 비교" 및 "다른 규제수단과의 비교"의 기재사항에 대하여 확인한 결과, 제대로 기술되어 있지 않은 것이 아직 상당수 나타나고 있다.

(주된 지적사항)

- 발생할 것으로 생각되는 비용항목이나 시산방법을 구체적으로 제시하고, 비용 및 효과를 추계하도록 지적함과 동시에, 비용의 검증을 위하여 사업자 등에 대한 적극적인 의견수렴을 할 것을 요구하였으며, 특히 준수비용에 대하여는 정량화할 수 없는 경우 그 이유를 상세하게 설명할 것을 요구하였다.
- 정책에 따라 세운 논리를 명확하게 설명하기 위하여 규제의 도입 전에 발생하고 있는 장애 및 그 발생 원인을 명확하게 기재할 것, 규제 이외의 수단이나 다른 규제 수단에 의한 장・단점을 명확하게 하고, 해당 규제수단 선택의 타당성을 증명할 것을 요구하였다.
- 규제의 점검 단계 등에서 정량화된 비용과 효과 등 사전평가의 내용을 적극 활용할 것을 요구하였다.
- 사전평가서에서 사후평가 시에 사용할 지표(효과뿐만 아니라 발생한 준수비용이나 행정비용도 파악 가능한 지표)를 열거하고, 파악 방법과 함께 명시할 것을 요구하였다.

[조세특별조치 등에 관한 정책평가의 점검]

• 목적

조세특별조치 등에 관한 정책평가의 점검은 매년 세제개정요청 시에 각 행정기관이 실시한 조세특별조치 등에 관한 정책평가를 대상으로 하여 그 객관성 및 엄격성에 대한 점검을 실시함으로써, 세제개정작업에 대하여 유용한 정보를 제공함과 동시에, 국민에 대한 설명책임을 완수하는 것을 목적으로 한다.

• 점검활동의 개요

2021년도는 각 행정기관에 실시가 의무화되어 있는 법인세, 법인주민세 또는 법인사업세에 관한 조세특별조치 등에 관한 사전평가 30건(7개 행정기관)을 점검하고, 2021년 3월 25일 그 결과를 각 행정기관 및 세제당국에 통지・공표하였다.

점검에 있어서는 "조세특별조치 등의 정책평가 실시에 관한 가이드라인"에서 평가서에 기재하도록 하고 있는 사항 중에서, 정책목적의 실현을 위한 수단으로서 "유효성" 및 "상당성"에 중점을 두고, 점검항목으로서 "달성목표", "과거의 적용수", "장래의 적용수", "과거의 감수(減收)액", "장래의 감수액", "장래의 효과" 및 "다른 정책수단"을 설정하였다.

점검은 전체 정부 차원에서 추진되고 있는 EBPM을 고려하여 각 항목에 대하여 적절한 논리관계 및 객관적 데이터에 기초하여 분석・설명되고 있는가를 중심으로 실시하고, 분석・설명 내용이 충분하지 못한 점에 대하여는 점검과정에서 각 행정기관에 보충설명을 요구한 후, 그럼에도 개선되지 않은 경우 그 점을 과제로 지적하는 것으로 하였다.

• 점검결과의 개요

전체적으로는 점검과정에서의 각 행정기관의 보충설명을 통하여 각 항목에 대하여 분석・설명 내용에 개선이 있었던 것으로 보이나, "목표 달성", "과거의 효과" 및 "장래의 효과" 분석・설명은 충분하다고 할 수 없는 상황이었다.

또한 객관적 데이터가 그 산정근거와 함께 제시되어 있지 않은 경우를 점검항목별로 보면, 목표 달성은 46.6%(14/30건), 과거의 적용 수는 33.3%(9/27건), 장래의 적용 수는 36.6%(11/30건), 과거의 감수액은 55.5%(15/27건), 장래의 감수액은 60.0%(18/30건), 과거의 효과는 66.6%(18/27건), 장래의 효과는 93.3%(28/30건), 다른 정책수단은 0.0%(0/30건)으로 각각 나타나고 있다.

그리고 분석・설명이 없는 항목이 있는 등 매우 불충분한 것도 15건으로 나타나고 있다.

(주된 지적사항)

- 실현하여야 하는 달성목표가 적절하게 달성되어 있지 않아, 해당 조치가 정책목적의 실현에 어떠한 역할을 하였는가(조치의 필요성)가 명확하지 않다.

- 실현하여야 하는 달성목표가 적절하게 설정되어 있지 않아, 목표 달성에 대한 조치의 결과를 파악할 수 없고, 해당 조치가 정책목적의 실현에 어떠한 역할을 하였는가(조치의 필요성)가 명확하지 않다.
- 달성하여야 하는 달성목표가 해당 조치의 적용기간에 비하여 너무 장기적인 것이거나 그 목표도 다른 요인의 영향을 받기 쉬운 것이라는 점에서 해당 조치가 정책목적의 실현에 어떠한 역할을 하였는가(조치의 필요성)가 명확하지 않다.
- 달성목표의 실현에 어떠한 기여를 하였는가에 대한 분석·설명이 부족하여, 해당 조치가 정책목적의 실현에 어떠한 역할을 하였는가(조치의 필요성)가 명확하지 않다.

출처: 總務省(2022: 49-51).

2) 행정평가의 계획·모니터링·보고서

(1) 행정평가 실시현황

각 행정기관 및 총무성이 실시하는 정책평가와는 달리 지방자치단체가 실시하는 행정평가의 경우, 행정평가 실시에 관한 계획의 수립의무가 행정평가의 근거가 되는 조례 등에 명시되어 있지 않아, 행정평가에 관한 계획의 수립현황을 일괄적으로 설명하기 어려운 상황이다. 또한 각 지방자치단체에 따라 종합계획이나 실행계획 등의 행정계획에서 정하고 있는 “정책·시책·사무사업”을 대상으로 하거나 “정책·사무사업” 등을 대상으로 하는 등 매우 다양한 형태를 보이고 있어 행정평가의 실시현황을 일률적으로 제시하기도 어려운 상황에 있다. 이러한 점을 고려하여 행정평가의 실시현황을 행정평가의 공표현황을 중심으로 살펴보고, 구체적인 지방자치단체의 사례로서 미야기현(宮城縣)과 오츠시(大津市)의 행정평가 실시현황을 살펴보기로 한다.

2017년도 총무성의 조사(총무성, 2017b)에 따르면, 2017년도 현재 행정평가를 도입하고 있는 지방자치단체 중 도도부현과 지정도시의 대부분과 시·구·정·촌의 약 70%가 정책·시책·사무사업에 관한 행정평가의 결과를 공표하고 있는 것으로 나타나고 있으며, 이를 정리하면 〈표 5-23〉과 같다. 행정평가의 결과를 공표하지 않는 이유와 관련하여, 156개의 시·구·정·촌이 “내부적인 평가이므로 공표의 필요성이 없다”는 것으로, 1개의 도도부현과 80개의 시·구·정·촌이 “주로 직원의 의식개혁이 목적이므로 공표의 필요성이 없다”는 것으로 각각 나타나고 있다(총무성, 2017b: 11).

이와 같이 행정평가 공표현황을 다른 관점에서 보면, 행정평가를 도입하고 있는 지방자치단체 중 사무사업에 대하여는 94.8%가, 시책에 대하여는 61.0%가, 정책에 대하여는 27.6%가 각각 행정평가를 실시하고 있는 것으로 볼 수 있다. 결국 행정평가의 대상을 중심으로 보면, 시책과 정책의 경우 행정평가 실시비율이 상대적으로 낮은 반면, 사

표 5-23 지방자치단체 행정평가 결과 공표현황(2017년)

구분	도도부현		지정도시		시구정촌		합계	
	단체 수	비율(%)	단체 수	비율(%)	단체 수	비율(%)	단체 수	비율(%)
행정평가 미도입 지방자치단체	47	100	19	100	1,033	100	1,099	100
사무사업	37	78.7	19	100	986	95.5	1,042	94.8
공표	35	74.4	19	100	708	68.6	762	73.1
비공표	2	4.4	0	0	278	26.9	280	26.9
시책	41	87.2	17	89.5	612	59.2	670	61.0
공표	40	85.1	17	89.5	444	42.9	501	45.6
비공표	1	2.1	0	0	168	16.3	169	15.4
정책	27	57.4	5	26.3	272	26.3	304	27.6
공표	26	55.3	5	26.3	147	14.2	178	16.2
비공표	1	2.1	0	0	125	12.1	126	11.4

* 행정평가를 도입하고 있는 지방자치단체를 대상으로 한 조사이고, 해당하는 것 모두를 선택함으로써 지방자치단체의 수가 다를 수 있음.

출처: 總務省(2017b: 11).

무사업에 대한 행정평가의 실시비율이 상대적으로 매우 높게 나타나고 있어, 일본의 경우 사무사업 중심의 행정평가로 운용되고 있음을 할 수 있다.

한편 구체적인 지방자치단체의 사례로서 미야기현(宮城縣)과 오츠시(大津市)의 행정평가 실시현황을 살펴보면, 우선 미야기현은 정책평가, 시책평가, 대규모사업평가 및 공공사업재평가가 실시되고 있으며, 2021년도의 경우 전년도에 추진한 "미야기(宮城)의 장래비전" 및 "미야기현 진재(震災)부흥계획"의 체계에 기초한 21건의 정책과 5건의 시책에 대하여 정책평가와 시책평가가, 3개의 대규모사업평가와 1건의 공공사업재평가가 실시된 것으로 나타나고 있다(宮城縣, 2022b: 1). 다음으로 오츠시의 경우는 시책평가와 사무사업평가가 실시되고 있으며, 2020년도의 경우 "제1기 실행계획"에서 열거한 총 40개의 시책, 425건의 사무사업에 대하여 각각 평가가 실시된 것으로 나타나고 있다(大津市, 2021: 7, 56).

(2) 행정평가 실시결과

오츠시의 경우, 전술한 바와 같이 시책과 사무사업에 대한 행정평가를 실시하고 있으며, 매년 실시한 행정평가의 실시결과는 "행정평가보고서"의 형태로 공개되고 있다. 이 보고서에서는 "○○년도 시책평가시트"와 "○○년도 사무사업평가시트"에 성과지표의 목표치에 대한 달성도 및 평가지표 등을 기재하는 형태로 실시된 자기평가(시책・사무사업 담당부서에 의한 평가)의 결과가 포함되어 있다. 이하에서는 "사무사업 중심의 행정평가"라는 일본적 특징을 고려하여 편의상 오츠시의 "2021년도 행정평가보고서"(大津市, 2021)에서 공개하고 있는 사무사업평가의 실시결과를 살펴보기로 한다.

오츠시의 사무사업평가는 후술하는 "2021년도 사무사업평가시트"로부터 알 수 있는 바와 같이 항목별 평가와 이에 기초한 종합평가, 시책에의 공헌도, 앞으로의 방향성 등으로 구분하여 각 지표를 적용하여 실시되었다. 예컨대 항목별 평가의 경우, 타당성(시가 실시하여야 하는 사업인가, 목적 달성을 위한 수단이 타당한가), 유효성(당초 설정한 성과를 거두었는가), 효율성(사업수단은 효율적인가)을 기준으로 평가되었다(大津市, 2021: 60). 그 결과 타당성에 대하여는 "A. 타당하다"가 384개 사업(90.4%), "B. 약간 타당하다"가 35개 사업(9.2%)으로서, 전체의 98.6%가 타당성을 인정받았고, 유효성에 대하여는 "A. 성과를 거두고 있다"가 222개 사업(52.2%), "B. 약간 성과를 거두고 있다"가 142개 사업(33.4%)으로서, 전체의 85.6%가 유효성을 인정받았으며, 효율성에 대하여는 "A. 효율성이 높다"가 282개 사업(66.4%), "B. 약간 효율성이 높다"가 124개 사업(29.2%)으로서, 전체의 95.6%가 효율성이 높은 것으로 나타나고 있다(大津市, 2021; 60-61).

2. 평가・성과관리의 성과

1) 정책평가의 성과

(1) 평가결과의 반영현황

전술한 바와 같이 일본의 정책평가제도는 국민에 대한 행정의 설명책임 강화, 국민중심의 효율적이고 질 높은 행정의 실현, 국민적 관점에 선 성과중시 행정으로의 전환을 위하여 2001년 정책평가법의 제정으로 도입되었다. 정부가 수립하는 기본방침에 따라 각 행정기관은 기본계획을 수립하고, 이에 따라 실시한 정책평가의 결과는 법령에 따른 제도개선, 예산요구 등에 반영하는 구조를 취하고 있으며, 이러한 정책평가 결과의 반영구조를 정리하면 [그림 5-11]과 같다.

각 행정기관이 2021년도에 실시한 정책평가 결과의 반영상황을 살펴보면, 사전평가

그림 5-11 각 행정기관의 정책평가 실시결과 반영구조

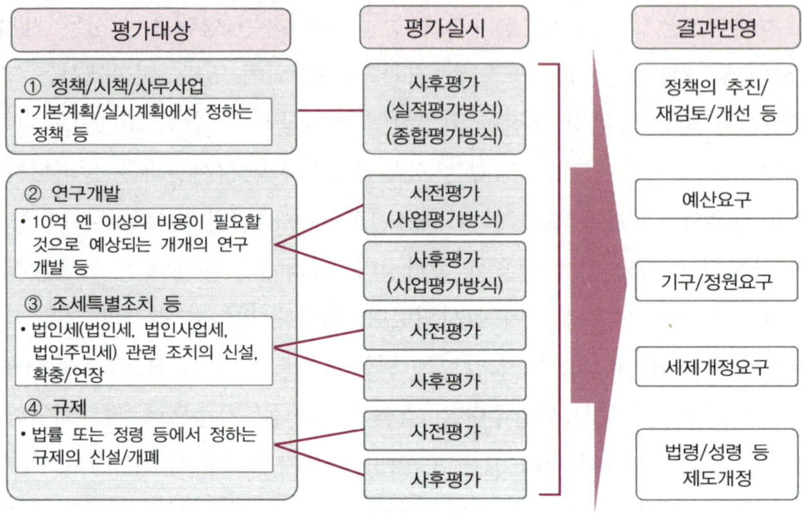

출처: デジタル庁(2022: 1) 수정 후 인용.

가 실시된 정책에 대하여는 법령개정, 세제개정요구, 사업의 채택, 예산요구 등에 반영하도록 하고, 이 중 124건은 예산요구에 반영된 것으로 나타나고 있다(總務省, 2022a: 20). 사후평가가 실시된 정책에 대하여는 현재와 같이 계속 추진하도록 한 것이 845건, 평가대상정책의 재검토・개선을 실시하도록 한 것이 32건, 예산요구에 반영한 것이 336건, 기구・정원요구에 반영한 것이 69건으로 나타나고 있다(總務省, 2022a: 20).

표 5-24 2021년도 정책평가 실시결과의 반영상황

(사전평가) (단위: 건)

구분	연구개발	공공사업	정부개발원조	규제	조세특별조치 등	일반분야	합계
정책평가 실시건수	88	549	34	105	57	5	838
평가결과 반영상황	88	549	34	105	57	5	838
예산요구 반영	68	16	34	1	0	5	124
기구 정원요구	1	0	0	0	0	1	2
기구	1	0	0	0	0	0	1
정원	1	0	0	0	0	1	2

(사후평가) (단위: 건)

구분	실시 중 정책(미착수/미완료 제외)				미착수/미완료 사업(공공사업/정부개발원조 등)	소계	완료 후/종료 시 사업 등 (연구개발/공공사업 등)	합계
	일반 분야		규제	조세특별조치 등				
	목표관리형 정책평가	목표관리형 외의 정책평가						
정책평가 실시건수	256	13	78	34	501	882	507	1,389
평가결과 반영상황	256	13	78	34	501	882		
기존대로 계속 추진	243	13	78	34	477	845		
개선/재검토 실시	12	0	0	0	20	32		
중점화 등	11	0	0	0	20	31		
일부폐지 등	1	0	0	0	0	1		
폐지/휴지/중지	0	0	0	0	4	4		
기타	1	0	0	0	0	1		
예산요구 반영	236	7	1	0	92	336		
기구/정원요구 반영	68	1	0	0	0	69		
기구요구 반영	24	0	0	0	0	24		
정원요구 반영	68	1	0	0	0	69		
사전분석표의 변경	109							
달성목표 변경	13							
측정지표 변경	90							
달성수단 변경	36							
기타 변경	11							
사전분석표의 변경 없음	136							
미정/검토 중 등	11							

출처: 總務省(2022: 21).

2021년도에 실시된 정책평가 결과의 정책에 대한 반영상황을 정리하면 〈표 5-24〉와 같다.

(2) 제도적 성과의 한계

이상에서 살펴본 바와 같이 정책평가의 결과는 어떠한 형태로든 대부분 정책에 반영되고 있음을 알 수 있으며, 결국 반영의 건수를 중심으로 보면 정책평가제도의 도입목적에 따른 충분한 성과를 거두고 있는 것으로 분석할 수 있다. 다만 실무적으로는 평가를 정책입안・개선에 활용한다는 목적의식이 희박하고, 정책적 수요를 명확하게 하고, 충실한 평가결과를 제공하려는 노력이 충분하지 못하다는 문제점이 지적되고 있다(總

務省, 2022b: 3). 또한 고정적인 평가업무 형태로 인하여 정책평가의 도입목적의 실현에 크게 도움이 되지 못하다는 지적도 있다(總務省, 2022b: 3).

결국 이러한 지적은 현행 정책평가에서는 평가서를 작성하는 작업이 자기목적화되고, 실제의 정책입안이나 재검토 및 개선 과정에서 활용되어야 한다는 본래의 목적이 경시되고 있다는 것을 의미한다(總務省, 2022b: 5). 또한 정책의 질 개선을 목표로 하는 새로운 대응(행정사업리뷰나 EBPM의 추진)과의 관계가 정리되지 못하고 있어, 유사·중복적 작업이 행해짐으로써 평가에 대한 피로도가 증가하고 있다는 것을 의미하기도 한다(總務省, 2022b: 5). 또한 목표관리형 평가의 획일적인 실시로 인하여 무리하게 목표나 지표를 설정하거나 시책의 근본적인 재검토에 도움이 되는 정보를 얻기 어렵다는 한계도 지적되고 있다(總務省, 2022b: 5).

2) 행정평가의 성과

(1) 평가결과의 반영현황

전술한 바와 같이 지방자치단체의 행정평가제도는 직원의 의식개혁, 성과의식의 양성, 업무개혁의 추진, 주민에 대한 설명책임 강화를 목적으로 도입·운영되고 있다. 행정평가를 도입하고 있는 지방자치단체 중 약 80%가 평가결과를 예산요구에 반영 또는 참조하고 있고, 약 90%가 평가결과를 예산사정(査定)에 반영 또는 참조하고 있는 것으로 나타나고 있다(總務省, 2017b: 8). 이러한 지방자치단체가 실시하는 행정평가 결과

표 5-25 지방자치단체 행정평가 결과의 반영현황(2017년)

구분		도도부현		지정도시		시구정촌		합계	
		단체 수	비율(%)	단체 수	비율(%)	단체 수	비율(%)	단체 수	비율(%)
예산요구		46		19		1,033		1,098	
	반영○	44	95.7	16	84.2	778	75.3	838	76.3
	반영×	2	4.3	3	15.8	255	24.7	260	23.7
예산사정		46		19		1,033		1,098	
	반영○	46	100	19	100	910	88.1	975	88.8
	반영×	0	0	0	0	123	11.9	123	11.2

* 행정평가를 도입하고 있는 지방자치단체를 대상으로 하고, 회답하지 않은 경우도 있어 지방자치단체의 수는 다를 수 있음.
출처: 總務省(2017b: 8).

의 반영현황을 정리하면 〈표 5-25〉와 같다.

또한 행정평가의 한 축으로서 외부평가를 도입하고 있는 지방자치단체의 경우, 약 90%가 그 외부평가 결과를 예산요구와 예산사정에 반영・참고하고 있는 것으로 나타나고 있고, 외부평가를 실시하고 있는 지방자치단체는 내부평가만을 실시하고 있는 지방자치단체에 비하여 평가결과의 반영비율이 높게 나타나고 있다. 이러한 외부평가 결과의 예산요구 등 반영상황을 정리하면 〈표 5-26〉과 같다.

표 5-26 지방자치단체 외부평가 결과의 반영현황(2017년)

구분		도도부현		지정도시		시구정촌		합계	
		단체 수	비율(%)	단체 수	비율(%)	단체 수	비율(%)	단체 수	비율(%)
예산요구		26		12		483		521	
	반영○	24	92.3	10	83.4	448	92.7	482	92.6
	반영×	2	7.7	2	16.7	35	7.2	39	7.5
예산사정		26		12		483		521	
	반영○	24	92.3	10	83.4	426	88.2	460	88.4
	반영×	2	7.7	2	16.7	57	11.8	61	11.7

* 행정평가를 도입하고 있는 지방자치단체를 대상으로 하고, 회답하지 않은 경우도 있어 지방자치단체의 수는 다를 수 있음.
출처: 總務省(2017b: 8).

이와 관련하여 2017년의 총무성 조사(總務省, 2017b)에 따르면, 행정평가의 성과를 긍정적으로 인식되고 있음을 알 수 있다. 즉 도도부현, 지정도시의 대부분과 시구정촌의 약 80%가 행정평가의 성과로서 "성과의 관점에서 시책이나 사업이 검토되었다"고 판단하고 있고, "직원의 의식개혁에 기여하였다"고 판단하고 있는 지방자치단체는 약 70%, "개별 사무사업의 유효성이 향상되었다"고 판단하고 있는 지방자치단체는 약 50%로 각각 나타나고 있다(總務省, 2017b: 9). 이러한 지방자치단체가 실시하는 행정평가의 성과에 대한 인식을 정리하면 〈표 5-27〉과 같다.

표 5-27 지방자치단체 행정평가의 성과(2017년)

구분	도도부현		지정도시		시구정촌		합계	
	단체 수	비율(%)	단체 수	비율(%)	단체 수	비율(%)	단체 수	비율(%)
주민의 관심이 높아졌다	21	44.7	10	52.6	210	20.3	241	21.9
성과의 관점에서 시책이나 사업이 검토되었다	45	95.7	18	94.7	798	77.3	861	78.3
사무사업의 폐지나 예산의 삭감으로 이어졌다	28	59.6	13	68.4	551	53.3	592	53.9
업무체제의 재검토로 이어졌다	23	48.9	8	42.1	454	43.9	485	44.1
개별 사무사업의 유효성이 향상되었다	27	57.4	13	68.4	542	52.5	582	53.0
개별 사무사업의 효율성이 향상되었다	24	51.1	11	57.9	522	50.5	557	50.7
예산배분을 크게 변경할 수 있었다	1	21.0	1	5.3	67	6.5	69	6.3
인원배분을 크게 변경할 수 있었다	0	0	1	5.3	8	0.8	9	0.8
직원의 기획·입안능력이 향상되었다	15	31.9	3	15.8	119	11.5	137	12.5
직원의 의식개혁에 기여하였다	27	57.4	13	68.4	714	69.1	754	68.6
의회에서 평가결과가 거론되기에 이르렀다	19	40.4	11	57.9	236	22.8	266	24.2

* 행정평가를 도입하고 있는 지방자치단체를 대상으로 하고, 해당하는 것을 모두 선택할 수 있도록 함으로써 지방자치단체의 수는 다를 수 있음.

출처: 總務省(2017b: 9).

(2) 제도적 성과의 한계

이와 같이 대부분의 지방자치단체가 실시한 행정평가 결과는 예산요구나 예산사정에 반영 또는 참조됨으로써, 평가의 대상이 되는 시책·사무사업 등의 유효성과 효율성 향상에 기여한 것으로 평가할 수 있을 것이다. 다만 행정평가의 결과가 예산이나 정원의 삭감에 이르는 경우가 약 50%에 그치고 있고, 예산배분 또는 인원배분에 반영되지 못한 것으로 나타나고 있다. 이로부터 행정평가와 관련해서는 "평가의 피로도"와 그에 따른 "행정평가 불요론"까지 제기되기도 한다(NTTDATA, 2022: 4). 또한 1996년 미에현에서 도입된 후 20년 넘게 운용되는 과정에서 다수의 지방자치단체가 도입하는 등의 적극적인 움직임이 있었으나, 도입 후 폐지 또는 운용을 중지한 지방자치단체도 점차 늘어나고 있는 것으로 나타나고 있다. 따라서 일본의 행정평가제도는 전체적으로 보아 당초 기대하였던 제도적 목적의 상당 부분을 달성한 것으로 볼 수 있으나, 제도적 한계로 인한 피로도 또한 점차 증가하고 있는 것으로 보인다.

제4절

결론: 정책적 시사점

1. 일본 평가 · 성과관리의 특징

1) 정책평가의 특징

일반적으로 일본 정책평가제도의 특징으로는 정책평가 전담조직으로서의 총무성이 실시하는 평가(종합성 확보평가, 객관성 담보평가)와 각 행정기관이 실시하는 정책평가라는 이원적 평가체계로 구성되어 있다는 것을 비롯하여 의무화된 자체평가, 예산 중심 결과반영, 정책효과의 정량화, 평가대상의 자율성 등을 들 수 있다(윤수재, 2019: 199-201). 그 밖에도 평가방식의 유연성, 예산 · 결산과의 연계부족 등 다양한 특징과 이에 따른 문제점이 제시되고 있으나, 이하에서는 가장 일반적으로 지적되고 있는 일본 정책평가제도의 특징과 문제점을 정리하여 제시하면 〈표 5-28〉과 같다.

표 5-28 일본 정책평가제도의 특징과 문제점

특징	주요내용과 문제점
평가체계의 이원성	• 각 행정기관의 평가(사업평가, 실적평가, 종합평가)와 그에 대하여 총무성이 실시하는 객관성담보평가, 통일성 · 종합성담보평가 등이 병행적으로 실시되는 구조를 취하고 있음(石橋順三, 2007: 35) • 이로부터 각 행정기관의 설명책임 대상인 국민의 입장에서 보면 정책평가제도의 전체적인 구조를 알아보기 어려운 구조를 취하고 있다는 비판이 제기되고 있음(石橋順三, 2007: 35)

평가방식의 유연성	• 평가방식과 관련하여 정책평가법에서는 기본적인 사항만 규정하고, 구체적인 평가방식은 각 행정기관이 사업평가, 실적평가, 종합평가 중에서 독자적 재량으로 자유로이 선택하여 실시하는 유연한 구조를 취하고 있음(石橋順三, 2007: 35) • 예컨대 공공사업 등에 대하여는 복수의 행정기관이 실시하고 있지만, 동일한 방식으로 평가를 실시하는 것이 바람직한 경우에도 정부 차원의 통일적 평가방식 및 평가 기준을 설정하고 있지 않음(石橋順三, 2007: 35) • 이러한 평가방식의 유연성은 정책평가방식의 혼란을 초래하고, 초점이 흐려지는 평가결과를 발생시킬 수 있음(石橋順三, 2007: 35)
의무화된 자체평가	• 정책평가법은 각 행정기관에 대하여 기본계획과 실시계획을 수립하여 자체적으로 적절한 방식을 선택하여 평가를 실시하도록 의무화하고 있음(제6조, 제7조) • 자신이 실시하고 있는 정책에 대하여 부정적인 평가를 하고, 사업 등을 중지하는 것에 대하여 소극적인 자세를 취하기 쉬운 각 행정기관의 본성에 객관적으로 도출되어야 하는 평가결과가 영향을 받을 수 있어, 평가결과의 객관성이 저하될 수 있음(石橋順三, 2007: 35).
예산 중심의 결과반영	• 정책평가법에서는 예산의 작성 등에 평가결과를 적절하게 활용할 것을 규정하고 있고(제4조), 정책평가의 실효성을 높이기 위한 각종 논의에서도 정책평가와 예산・결산의 연계 필요성이 강조되고 있음 • 정책평가의 결과 유효성・필요성 등이 낮은 정책을 중지・폐지함으로써 필요한 정책을 새로이 기획・입안할 수 있는 환경이 조성될 수 있으나, 실제로 평가결과가 예산요구와 직접 연동되지 못하고 있어 이러한 환경의 조성을 어렵게 하고 있다는 비판이 제기되고 있음(石橋順三, 2007: 36)

출처: 윤수재(2019: 199-201) 내용을 표로 정리.

2) 행정평가의 특징

(1) 사무사업 중심의 평가

미에현(三重縣)을 비롯한 행정평가의 선구적 지방자치단체에 영향을 받아 대부분의 지방자치단체는 행정평가의 대상을 "사무사업"으로 하고 있다는 점을 특징으로 들 수 있다(田中啓, 2009: 10). 여기에서 말하는 "사무사업"이란 행정기관이 실시하는 가장 기본적인 업무 단위로서, 법령 등의 근거가 없이 각 지방자치단체가 독자적으로 정의나 내용을 정하고 있으며, 행정평가가 도입되면서 "사무사업"을 정책체계의 하나로 정리한 지방자치단체도 적지 않은 것으로 나타나고 있다(田中啓, 2009: 10). 여하튼 지방자치단체에서 행정평가를 실시하는 경우, 일반적으로 사무사업을 주요한 평가대상으로 하여 가능한 많은 사무사업을 평가하려는 경향을 보이고 있다고 한다(田中啓, 2009: 10).

(2) 업적측정 중심의 평가

지방자치단체의 행정평가에서는 신공공관리의 영향을 받아 사후적 성과평가가 중시됨으로써 업적측정이 행정평가의 중심적 수단이 되고 있다는 점도 특징으로 들 수 있다(田中啓, 2009: 11). 즉 업적측정을 도입함으로써 평가대상(대부분 사무사업)에 대하여 업적지표와 업적목표(performance target)를 설정하고, 그 목표의 달성 여부를 사후적으로 검증하는 것이 행정평가의 주된 관점이 되고 있다는 것이다(田中啓, 2009: 11). 또한 업적지표는 투입지표(input), 산출지표・활동지표(output), 성과지표(outcome)로 구분할 수 있지만, 최근의 성과 지향의 경향을 반영하여 행정평가에서는 성과지표를 중시하는 것도 특징으로 들 수 있다(田中啓, 2009: 11).

(3) 자기평가 중심의 평가

행정평가는 주로 지방자치단체 내부의 행정직원, 특히 사무사업의 직접적인 담당자 또는 해당 사무사업 소관 부서장에 의해 이루어지고 있다는 점에서, 일본 행정평가의 특징으로서 자기평가 중심으로 운영되고 있다는 점이 지적되고 있다(田中啓, 2009: 11). 이러한 행정평가에 대하여는 전술한 정책평가의 경우와 같이 "자기에게 유리하도록 평가"하는 제도라는 비판을 받고 있으며, 이로부터 행정평가의 "신뢰성 제고"가 과제로 제기되고 있고, 그 해결방안으로서 제3의 기관에 의한 외부평가를 혼용하고 있는 경우가 점차 증가하고 있는 것으로 나타나고 있다(田中啓, 2009: 11-12).

(4) 평가시트 활용의 평가

일본의 경우, 행정평가를 도입하고 있는 지방자치단체는 일반적으로 "평가시트"라는 공통의 양식을 준비하고, 이를 평가대상별로 작성하도록 하고, 이를 행정평가의 중심적 활동으로 인식되고 있다(田中啓, 2009: 12). 즉 행정평가제도의 운용일정에 따라 평가시트를 평가자에게 배포하게 되는데, 이 평가시트에는 업적지표와 성과목표를 비롯한 평가에 필요한 세부적 사항을 기재하도록 되어 있고, 평가시트의 작성이 완료되면 거의 행정평가가 종료되는 상황에 이르는 구조를 취하고 있다(田中啓, 2009: 12). 이와 같이 평가시트를 활용함으로써 평가의 질과 내용을 표준화하려는 긍정적인 효과가 기대되고 있으며, 이로부터 새로이 행정평가를 도입하려는 지방자치단체는 먼저 평가시트를 설계하는 작업부터 시작하는 경향이 있다고 한다(田中啓, 2009: 12).

예컨대 오츠시의 행정평가 양식인 “2021년도 사무사업평가시트”에서는 기본사항(종합계획의 성격, 관련 사업, 예산사업, 사업개요, 운영방식), 사업분석(PLAN), 경비(DO), 지표(DO, 활동지표, 성과지표), 평가(CHECK, 환경변화 및 항목별 평가 기준), 앞으로의 방향성(ACTION), 평가의 분석 등 매우 구체적인 사항을 기재하도록 되어 있으며, 이를 정리하여 제시하면 〈표 5-29〉와 같다.

표 5-29 2021년도 사무사업평가시트(오츠시)

<table>
<tr><td>정리번호</td><td></td><td colspan="4">(2020년도 사후평가)</td></tr>
<tr><td>부국명</td><td>부</td><td>소속명</td><td>과</td><td>소속장</td><td></td></tr>
<tr><td>사무사업명</td><td colspan="3"></td><td>기입자</td><td></td></tr>
</table>

1. 기본사항

<table>
<tr><td rowspan="6">종합계획 성격</td><td>구분</td><td>코드</td><td>명칭</td><td rowspan="3">근거 법령 등</td><td></td></tr>
<tr><td>방침</td><td></td><td></td><td></td></tr>
<tr><td>정책</td><td></td><td></td><td></td></tr>
<tr><td>시책</td><td></td><td></td><td rowspan="3">관련 개별 계획</td><td></td></tr>
<tr><td>시점</td><td></td><td></td><td></td></tr>
<tr><td>중사
(重事)</td><td></td><td></td><td></td></tr>
<tr><td rowspan="2">관련 사업</td><td colspan="2">코드</td><td>사무사업명칭</td><td>코드</td><td>소속명칭</td></tr>
<tr><td colspan="2"></td><td></td><td></td><td></td></tr>
</table>

<table>
<tr><td rowspan="3">예산사업</td><td>회계</td><td>건</td><td>사업종별</td><td>예산사업명</td><td>시기(始期) · 종기(終期)</td></tr>
<tr><td></td><td></td><td></td><td></td><td></td></tr>
<tr><td></td><td></td><td></td><td></td><td></td></tr>
<tr><td>사업개요</td><td colspan="5">• 사무사업의 개요, 추진내용을 명시</td></tr>
<tr><td>운영방법</td><td colspan="5">☐ 직영 ☐ 지정관리자 ☐ 민간위탁 ☐ 출자단체위탁 ☐ 보조금교부 ☐ 기타</td></tr>
</table>

2. 사업분석(PLAN)

목적	• 무엇을 위하여 사업을 할 것인가, 실시함으로써 얻은 효과를 기재
대상	• 무엇 또는 누구를 대상으로 한 사업인가를 기재
수단	• 어떠한 방법으로 사업을 실시해 갈 것인가를 기재
성과	• 해당 사업이 목표로 하고 있는 성과를 기재

3. 경비(DO)

구분		2018년도 결산액 (천 엔)	2019년도 결산액 (천 엔)	2020년도 결산액 (천 엔)	2021년도 결산액 (천 엔)	2022년도 결산액 (천 엔)	비고
직접경비(A)							
인건비(B)							
합계(A+B)							
시업비 재원 내역	국가						
	현						
	기채						
	기타						
	일반재원						
직원 수(명)							
직원 수 내역	정규						
	촉탁						
	임시						

4. 지표(DO)

구분		지표명	단위	목표 · 실적	2018년도	2019년도	2020년도	2021년도	2022년도
활동 지표	1			목표					
				실적					
		• 어떠한 행정서비스를 어느 정도 제공하였는가를 나타내는 지표(활동지표)와 각 연도별 목표치와 실적치를 기재							
	2			목표					
				실적					
성과 지표	1			목표					
				실적					
		• 사무사업의 목적 달성 정도를 나타내는 지표(성과지표)와 각 연도별 목표치와 실적치를 기재							
	2			목표					
				실적					

5. 평가(CHECK)

사업을 둘러싼 사회환경 상황	• 사업을 시작한 시점과 현재까지 사회경제정세나 주민수요의 변화, 법개정 등 사업의 방향성을 검토하기 위하여 고려하여야 하는 외부요인 변화에 대하여 그 내용·영향을 기재
지금까지 재검토 또는 개선 경위	• 지금까지 사업을 재검토하고, 수단이나 내용을 개선한 경우 그 세부내용을 기재

항목별 평가	평가	평가이유
타당성	☐ A: 타당하다 ☐ B: 거의 타당하다 ☐ C: 별로 타당하지 않다 ☐ D: 타당하지 않다	• 해당 사업을 시가 자원을 투입하여 실시할 필요가 있는가, 다른 주체에 맡길 수는 없는가, 민간·국가·현·시의 역할분담의 관점에서 검토 후, 실시 주체의 타당성에 대하여 4단계로 평가하고, 그 이유를 기재
유효성	☐ A: 달성하고 있다 ☐ B: 거의 달성하고 있다 ☐ C: 별로 달성하고 있지 못하다 ☐ D: 달성하고 있지 못하다	• 성과지표 등으로부터 성과목표가 달성되어 있는가 등 성과의 상황을 분석한 후, 사업의 유효성에 대하여 4단계로 평가하고, 그 이유를 기재
효율성	☐ A: 높다 ☐ B: 거의 높다 ☐ C: 약간 낮다 ☐ D: 낮다	• 사업의 실시에 필요한 노력과 비용에 적합한 효과를 거두고 있는가, 사업수단의 재검토 등에 따라 성과를 유지하면서 비용을 줄일 수 없는가 등 효율적·효과적인 관점에서 4단계로 평가하고, 그 이유를 기재
종합평가	☐ 1: 계획대로 사업을 진행하는 것이 적당하다 ☐ 2: 사업의 진행방식에 개선이 필요하다 ☐ 3: 사업규모나 재검토가 필요하다 ☐ 4: 사업의 근본적인 재검토나 폐지가 필요하다	
시책에의 공헌도	☐ A: 공헌도가 있다 ☐ B: 약간 공헌도가 있다 ☐ C: 거의 공헌도가 없다 ☐ D: 공헌도가 없다	• 해당 사업이 시책의 목적을 달성하기 위한 공헌도에 대하여 4단계로 평가하고, 그 이유를 기재

6. 앞으로의 방향성(ACTION)

방향성	☐ 1: 현상대로 계속 ☐ 2-3: 효율화 ☐ 3: 종기의 설정	☐ 2: 재검토 후 계속 ☐ 2-4: 간소화·축소 병합 ☐ 4: 종료	☐ 2-1: 확중·중점화 ☐ 2-5: 병합 ☐ 5: 휴지	☐ 2-2: 수단 등의 개선 ☐ 2-6: 기타 ☐ 6: 폐지
	• 종합평가의 결과를 고려하여 해당 연도 이후의 사업 방침 및 향후 재검토 방향, 개선 방향에 대하여 위의 단계를 기준으로 평가하고, 그 이유를 기재			
부국장 코멘트	• 타당성·유효성·효율성에 입각한 평가, 시책에의 공헌도, 앞으로의 방향성을 기초로 부국장의 해당 사업에 대한 의견을 기재			

7. 평가의 분석 ※성과증감률, 비용증감률은 전년도 대비(단위: %)

구분		2018년도	2019년도	2020년도	
목표 달성률	지표1				• 경비, 활동지표, 성과지표의 도달치, 실적치에 기초하여 목표달성률, 성과증감률, 비용증감률을 전년도 대비로 표시
	지표2				
성과 증감률	지표1				
	지표2				
활동 단위 비용	지표1				
	지표2				
성과 단위 비용	지표1				
	지표2				
비용증감률					

출처: 大津市(2021: 57-58) 수정 후 인용.

2. 우리나라 평가 · 성과관리에서의 시사점

1) 제도적 비교

우리나라에서는 기존의 "정부업무 등의 평가에 관한 기본법"(법률 제6347호)에서 제기된 평가업무의 과중, 자체평가제도의 형식적 운영, 평가결과의 활용미흡, 성과관리와의 연계미흡 등의 문제에 대응하기 위하여 2006년 "정부업무평가 기본법"(법률 제7928호, 이하 "정부업무평가법"이라 함)을 제정 · 운용하고 있다(강정석 외, 2020: 8). 우리나라의 정부업무평가 기본법에 따른 정부업무평가제도와 일본의 정책평가법에 따른 정책평가제도를 비교하면 〈표 5-30〉과 같다.

이와 같이 우리나라와 일본의 경우, 약간의 차이는 있으나, 정부(정책)에 대한 국민의 신뢰를 향상시키고, 정부의 효율성을 증진시키기 위하여 평가제도를 도입 · 운영하고 있다. 우리나라 정부업무평가법 제20조에서는 특정평가의 실시에 관하여 규정하고 있으며, 이는 일본 정책평가법과는 규정방식에 차이를 보이고 있다. 다만 일본의 총무성이 실시하는 정책평가는 우리나라의 특정평가에, 각 행정기관이 실시하는 정책평가는 우리나라의 자체평가에 각각 해당되는 제도적 요소로 볼 수 있으며, 이러한 기본적인 구조 하에 평가의 기준 · 주체 · 방식 및 평가결과의 활용 등에서 차이를 보이고 있는 것이다.

표 5-30 우리나라와 일본의 정책평가제도 비교

구분		우리나라 - 특정평가	우리나라 - 자체평가	일본
환경평가	도입배경	• 국정의 통합적인 성과관리체계 구축	• 중앙행정기관의 성과관리	• 경제불황의 극복
	근거법률	• 정부업무평가기본법(2006)		• 행정기관이 실시하는 정책의 평가에 관한 법률(2001)
	평가목적	• 국정의 통합적 관리	• 국정의 효율성·책임성 확보	• 국민 중심의 효율적인 질 높은 행정의 구현 • 국민에 대한 설명책임 강화 • 국민의 관점에서 성과중시 행정 실현
투입평가	평가주체	• 국무조정실	• 중앙행정기관	• 중앙행정기관, 총무성
	평가대상	• 중앙행정기관의 정책(업무)		• 중앙행정기관의 정책·시책·사무사업
	평가지표	• 국무조정실장 결정(9개 분야 56개 지표)	• 중앙행정기관이 자율적 결정, 행정안전부·인사혁신처 등이 결정	• 총무성이 주관하여 정성적 평가지표 제시 • 중앙행정기관이 정책 등의 특성을 고려, 세부적 평가지표 설정
과정평가	평가과정	• 평가대상 및 지표를 정한 후 정량 및 정성평가를 실시	• 자체평가계획에 따라 평가대상 및 지표 설정 후 정량·정성평가(상대·절대평가)	• 중앙행정기관의 자체평가, 총무성이 메타평가, 다부처 관련 사업은 총무성이 종합평가
산출평가	평가결과	• 평가결과 공개, 국회에 보고하지 않음	• 평가결과 공개, 국회에 보고	• 평가결과 공개, 국회에 보고
	결과반영	• 중앙행정기관에 포상, 공무원에 포상금 지급	• 내부 조직관리에 반영, 차년도 예산편성 시 반영	• 평가결과를 정책의 기획·입안, 예산의 요구 등에 반영

출처: 류영아(2017: 10) 수정 후 인용.

2) 시사점

일본의 정책평가제도 운영에서도 다양한 문제점이 발생하고 있으며, 그 개선방안 또는 과제로서 적절한 평가지표의 설정, 평가의 객관성 향상, 평가결과의 효율적 활용, 직원의 의식개혁과 성과 지향의 조직구성 등이 제시되고 있다(栃木縣, 2016: 7-8). 또한 정책평가의 질 향상, 정책체계를 명시한 평가의 실시, 철저한 사후평가, 정책평가의 중점화 · 효율화, 평가의 전제가 된 데이터나 평가수단의 철저한 공표, 국민에 대한 평가결과의 알기 쉬운 공개 · 전달 등의 과제도 제시되고 있다(畠基晃, 2015: 163). 그리고 지방자치단체가 실시하는 행정평가의 과제로서는 행정평가를 도입하고 있는 지방자치단체의 79.5%가 행정평가사무의 효율화를, 78.5%가 평가지표의 설정을, 71%가 예산편성 등에의 활용을 들고 있는 것으로 나타나고 있다(總務省, 2017b: 10).

이상의 이러한 정책평가제도의 개선방안 또는 과제를 종합적으로 고려하여, 총무성의 정책평가심의회는 정책평가제도의 바람직한 모습으로서 "도움이 되는 평가"와 "탄력적인 평가" 및 "납득할 수 있는 평가"를 제시하고 있다(總務省, 2021b: 4). 여기에서 "도움이 되는 평가"는 "이용자의 입장에서 사용하기 쉽고, 알기 쉬운 평가"를 의미하고, "탄력적인 평가"는 "평가자의 입장에서 하나의 형식 · 방법 · 절차에 얽매이지 않고, 필요한 개선의 적시적 실현을 중시한 평가"를 의미하며, "납득할 수 있는 평가"는 "이용자 및 평가자의 입장에서 연구나 데이터, 명확한 논리에 근거한 평가"를 의미한다(總務省, 2021b: 4). 이러한 정책평가제도의 바람직한 모습을 정리하면 [그림 5-12]와 같다.

그림 5-12 일본 정책평가제도의 바람직한 모습

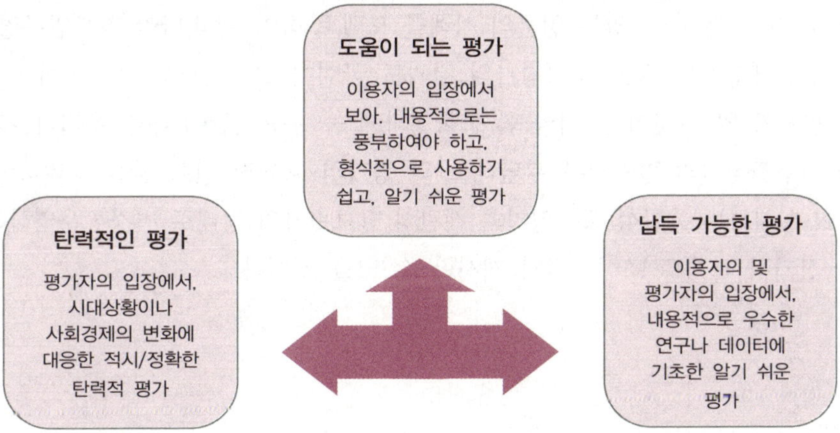

출처: 總務省(2021b: 4) 수정 후 인용.

이상에서 서술한 일본 정책평가제도의 바람직한 모습은 지금까지 우리나라 정부업무평가법에 따른 정부업무평가제도의 개선방안 또는 과제를 해결하기 위해서도 필요한 것으로 보인다. 이는 일반적으로 제시되고 있는 우리나라 정부업무평가제도의 과제, 즉 증거기반 강화를 위한 정부업무평가의 역할 정립, 개방적·탐색적·도전적 성격의 강화, 객관성 및 과학성 강화, 피드백 및 개방·공유의 강화, 전문성 강화 등(강정석 외, 2020: 15-18)은 일본 정책평가제도의 과제와 거의 유사하기 때문이다. 이와 같은 일본의 정책평가제도에 관한 미래상의 구축은 우리나라 정부업무평가제도에 관한 큰 틀에서의 방향성을 제시하고 있는 것으로 볼 수 있다.

끝으로 세부적인 시사점으로 제시할 수 있는 것으로는 평가결과의 국회보고에 관한 사항을 들 수 있다. 일본의 정책평가법에서는 정부로 하여금 매년 정책평가의 실시상황 및 그 결과의 정책에 대한 반영상황을 국회에 보고하도록 의무화하고 있다(제19조). 이와 관련하여 우리나라 정부업무평가법에서는 중앙행정기관이 실시한 자체평가의 결과보고서를 국회 상임위원회에 보고하도록 하고 있을 뿐(제27조 제2항), 국무조정실이 실시한 특정평가의 결과에 관하여는 국회에 대한 보고의무를 규정하고 있지 않은 상황이다(국회 소관위원회에서 요청하는 경우에 제출). 특정평가는 중앙행정기관이 소관하는 국정과제 등 주요 현안에 관한 평가라는 점을 고려할 때, 자체평가보다 오히려 국회의 점검·확인이 더욱 필요한 분야에 해당할 수 있다.

따라서 중앙행정기관이 실시하는 정책평가와 총무성이 실시하는 정책평가의 결과를 국회에 보고하도록 하고 있는 일본의 사례를 모델로 하여, 우리나라 정부업무평가법에 명문으로 자체평가는 물론 특정평가의 결과도 국회에 보고하도록 의무화하는 방안을 검토할 필요가 있을 것이다. 이와 함께 국정과제 등 주요현안에 대한 우리나라의 특정평가를 국무조성실의 평가업무 부담해소 및 평가의 효율적 실시 등을 고려하여, 일본 총무성이 실시하는 종합성 확보평가와 객관성 담보평가의 형태로 변경·운영하는 방안도 중·장기적 과제로 조심스럽게 제시할 수 있을 것이다.

참고문헌

강정석 · 윤수재 · 정서화(2020). 정부업무평가제도의 현황과 개선방안: 특정평가를 중심으로. 한국정책학회 동계학술발표논문집.

김신 · 이화진(2006). 『주요국 성과평가시스템 비교연구』. 한국행정연구원.

김주환(2006). 한국과 일본의 중앙정부 정책평가제도 비교연구: 정책평가관련 법 및 제도를 중심으로, 『정책분석평가학회보』, 16(4): 57-87. 정책분석평가학회.

김창도(2016). 정부업무평가제도의 운영실태와 개선방안. 『2016 한국정책학회 동계학술대회 발표논문집』. 665-691. 한국정책학회.

김태곤(2014). 일본의 정책평가제도와 농정추진의 시사점. 『세계농업』, 172: 63-81. 한국농촌경제연구원.

류영아(2017). 『주요국 정부업무평가 제도의 비교와 시사점』. 국회입법조사처.

박병식(2018). 제4차 산업혁명시대의 정부업무 평가제도 발전방안. 『2018년 한국정책분석평가학회 추계학술대회 발표논문집』. 77-116. 한국정책분석평가학회.

신흥철(2012). 현행 성과관리 관련법제에서의 성과보고서 운영현황 평가: 입법적 개선을 위한 제언. 『홍익법학』, 13(4): 603-634. 홍익대학교 법학연구소.

신흥철 · 음선필(2014). 정부성과관리제도의 개선방안: 한국과 미국의 비교를 중심으로. 『홍익법학』, 15(1): 471-503. 홍익대학교 법학연구소.

오영민 · 이광희 · 오윤섭 · 이상열(2017). 『우리나라 정부성과평가제도에 대한 메타평가 연구』. 한국조세재정연구원.

윤병섭 · 박천일(2005). 정부업무평가제도의 활성화 방안에 관한 연구. 『한국인간관계학보』, 10(1): 63-106. 한국인간관계학회.

윤수재(2011). 『성과평가모형 적용을 통한 정부업무평가의 실태분석 및 개선방안 연구』. 한국행정연구원.

윤수재 외(2019). 『해외 국정과제 평가사례 연구』. 한국행정연구원.

윤수재 · 임동진(2009). 『중앙행정기관 성과관리시스템의 실태분석 및 개선방안 연구』. 한국행정연구원.

이근주(2007). 정책평가제도 간 비교를 통한 「정부업무평가기본법」의 개선방안 모색. 『국정관리연구』, 2(1). 성균관대학교 국정관리대학원.

이윤식 · 제갈돈 · 김주환 · 김흥률 · 심광호 · 윤기석 · 박재선(2006). 『정부성과관리와 평가제도: 주요 선진국 사례를 중심으로』. 서울: 대영문화사.

이환성(2014). 국정과제평가 실태 분석 및 개선방안. 『2014 한국행정학회 동계학술대회 자료집』. 349-359. 한국행정학회.

조선일(2016). 성과관리 관리체계 효율성 분석: 새성사업 성과관리제도를 중심으로. 『한국인

사행정학회보』, 15(3): 67-89. 한국인사행정학회.
조태제(2002). 일본의 정책평가법. 『법과 정책연구』, 2(1). 한국법정책학회.
홍재환・윤수재・공병천・윤기석(2005). 『정책평가제도에 대한 외국사례 연구: 영국, 프랑스, 호주, 일본을 중심으로』. 한국행정연구원.
홍재환・함종석(2007). 『한국과 일본의 정책평가제도 변천과정 비교 분석』. 한국행정연구원.
황혜신・조문석(2016). 『정부업무평가제도의 운영효과에 관한 연구』. 한국행정연구원.

畠基晃(2015). 政策評價制度の現狀と課題: 見直し決議から10年、その檢証を踏まえて. 『立法と調査』, 360: 153-167. 參議院事務局.
石橋順三(2007). 政策評價制度: 制度運營の課題と展望. 『立法と調査』, 269: 30-40. 參議院事務局.
東信男(2001). わが國の政策評価制度の課題と展望. 『會計檢查研究』, 24: 103-126. 日本公認會計士協會.
新谷浩史(2001). 中央府省の政策評価制度の動向. 『會計檢查研究』, 24: 55-64. 日本公認會計士協會.
澤田普治(2009). 『都道府縣における行政評価の現狀と課題』, 4: 99-110. 西學院大學.
NTTDATA(2022). 行政評価制度の在り方檢討に關する調查結果報告書、株式會社エヌ・テイ・テイ・データ經營研究所.
總務省(2017a). 『地方公共団体における行政評価の取組狀況等に關する調査結果』. 總務省 自治行政局 市町村課 行政運營支援室.
總務省(2017b). 『地方公共団体における行政評価の取組狀況等に關する調査結果』の概要. 總務省 自治行政局 市町村課 行政運營支援室.
總務省(2019). 『行政評価年報: 令和元年度』. 總務省 行政評價局.
總務省(2021a). 『政策評価に關する基礎資料集』. 總務省 行政評價局.
總務省(2021b). 『政策評価審議會提言』. 總務省 行政評價審議會.
總務省(2022). 『令和3年度 政策評価等の實施狀況及びこれらの結果の政策への反映狀況に關する報告』. 總務省 行政評價局.
田中啓(2009). 日本の自治体政の行政評価. 『分野別自治制度及びその運用に關する說明資料』, 14. 自治体國際化協會(CLAIR)/政策研究大學院大學比較地方自治研究センター(COSLOG).
山村和宏(2010). 自治体行政評価システムの運用實態と課題. 『創造都市研究』, 5(1): 19-42. 大阪市立大學.
宇賀克也(2002). 『政策評価の法制度』. 有斐閣.
御船洋(2016). 地方自治体の行政評価と財政運營. 『商學論叢』, 58(1-2): 125-158. 中央大學.
宮城縣(2022). 『宮城縣の行政評価制度の概要』. 宮城縣 企畵部 總合政策課.

京都市(2015). 『行政評価条例の概要について』. (http://www.city.kyoto.lg.jp/sogo/cmsfiles/contents/0000055/55032/shiryo1-1.pdf)(검색일: 2022.6.14)

津市(2006). 『行政評価システムの構築』. (http://www.info.city,tsu.mie.jp/www/contents/1001000000456/simple/5357.pdf)(검색일: 2022.6.28)

大津市(2021). 『令和3年度 行政評価報告書』. (https://www.city.otsu.lg.jp/material/files/group/115/R3(P1-P6).pdf)(https://www.city.otsu.lg.jp/material/files/group/115/R3(P7-P55).pdf)(https://www.city.otsu.lg.jp/material/files/group/115/R3(P56-P77).pdf)(검색일: 2022.7.12)

栃木市(2016). 〈栃木市行政評価システム實施要項〉 (https://www.city.tochigi.lg.jp/uploaded/attachment/8425.pdf)(검색일: 2022.7.19)

제6장 스웨덴 평가 · 성과관리 동향분석

제 1 절 스웨덴 평가 · 성과관리 현황 및 운영체계

1. 평가 · 성과관리 현황[1]

1) 스웨덴 개황[2]

스웨덴의 성과관리 특징과 그 동향을 파악하기 위해서는 스웨덴의 정치 및 행정의 특징에 대한 이해가 필요하다. 스웨덴은 복지 수준이 높은 국가로 알려져 있지만, 그 외에 부패인지지수는 세계 4위(2021년),[3] 언론자유지수는 세계 3위(2022년),[4] 민주주

---

1) 여기서는 비록 평가 · 성과관리를 언급하고 있으나, 스웨덴의 경우에는 평가와 성과관리를 구분할 필요가 있으며, 이 장에서는 성과관리에 초점을 두었다. 정책입안을 담당하는 스웨덴의 정부부처에서는 그 준비 과정에서 관련 이슈에 대해 위원회 및 특별조사관을 임명하여 과거 정책의 성과에 대한 사후평가 및 대안탐색 등을 실시한다. 그러한 활동은 정책설계 및 결정을 위한 임시적인 것으로 볼 수 있다. 반면에 정책집행을 담당하는 행정기관의 성과에 대해서는 공식 절차에 따라 정기적인 보고 및 검토 등의 성과관리가 이루어지고 있다. 이 장에서는 후자의 활동을 중심으로 관련 제도의 절차 등을 소개하였다.

2) 미국과 영국 등은 이미 많은 연구에서 다루어져 평가 · 성과관리의 맥락과 배경에 대해 비교적 많이 알려져 있다. 상대적으로 스웨덴에 대한 연구가 많지 않아 기본적인 정보에 대한 이해가 부족하다. 평가 · 성과관리의 제도 및 절차를 이해하기 위해서는 스웨덴의 일반적인 상황 및 특징에 대한 배경지식이 필요하므로, 여기서는 스웨덴의 일반적인 특징들을 간략하게 소개하였다.

3) 이 부분은 국제투명성기구(www.transparency.org/cpi)가 발표한 부패인식지수(Corruption Perceptions Index) 자료를 참고하였으며, 한국의 순위는 32위였다.

4) 국경 없는 기자회(Reporters Without Borders)가 매년 발표하는 세계언론자유지수(Worldwide Press Freedom Index) 자료(www.rsf.org)를 참고하였으며, 한국의 순위는 43위였다.

의지수는 세계 4위(2021년)[5]로서 정치적으로도 선진국으로 인정받고 있다. 경제적으로는 국민 일인당 GDP는 $57,980(2022년 4월),[6] GDP 예상 성장률 2.9%,[7] 실업률 7.8%,[8] 정부의 채무 구조(대출/차입 비율)도 -0.7%[9]로 매우 양호한 수준이다. 제조업 기반이 매우 강한 것으로 알려져 있으며, 자동자 제조업체인 SAAB, COVID-19 백신으로 유명한 AstraZeneca, Volvo 등 유명한 브랜드의 기업들이 있다. 소득격차는 매우 낮은 수준으로 2022년 지니 계수(Gini Index)는 30이지만,[10] 자산에 대한 지니계수는 87.2[11]로서 매우 높은 수준이다. 세계에서 가장 높은 소득세 최고세율을 가지고 있을 정도로 소득 자체는 그 격차가 낮은 편이지만, 발렌베리 가문(Wallenberg family)처럼 특정 기업 가문이 국가 경제에서 차지하는 비중이 매우 높아 자산배분 불평등은 심하다.

스웨덴은 입헌군주제 국가로서 국왕이 국가원수다. 현임 국왕은 1973년부터 재위하고 있는 베르나도트(Bernadotte) 왕조의 칼 구스타프 16세(Carl XVI Gustaf)다.[12] 국왕은 명목상 여러 권한이 있지만, 실제로는 상징적인 존재로 활동한다고 볼 수 있으며, 내각이나 여타의 정치적 성격을 가진 기구의 심의에 참여하지 않는다(외교부, 2019: 20).

스웨덴 정치는 의회를 중심으로 운영되는 의원내각제를 실시하고 있다.[13] 스웨덴 의회에서 총리를 선출하면 그 총리가 내각과 더불어 국정 책임을 지며, 동시에 의회는 내각에 대한 불신임권을 가지고 있다. 스웨덴의 의원내각제는 영국과 같은 양원제가 아니라 단원제로 운영된다. 1968년 헌법 개정을 통해 1971년부터 단원제를 채택하고 있다. 현재 349석의 4년 임기로 의회가 운영되며 의원 전원이 비례대표로 선출된다는 특징을 가지고 있다(310명은 권역별 비례대표, 39명은 전국구 비례대표). 기본적으로는 정당 중심의 비례대표제를 통해 의원이 선출되지만, 후보자 투표 결과 일정 비율 이상의 결

---

5) 영국 〈이코노미스트〉 산하의 The Economist Intelligence Unit(www.eiu.com)에서 매년 세계 각국의 민주주의 수준을 나타내는 지수(Democracy Index)이며, 한국은 16위였다.
6) International Monetary Fund(IMF, www.imf.org) 자료를 참고하였으며, 한국은 $34,990였다.
7) International Monetary Fund(IMF, www.imf.org) 자료를 참고하였으며, 한국은 2.5%였다.
8) International Monetary Fund(IMF, www.imf.org) 자료를 참고하였으며, 한국은 3.6%였다.
9) International Monetary Fund(IMF, www.imf.org) 자료를 참고하였으며, 한국은 -1.6%였다.
10) 지니계수는 worldpopilatonreview.com의 자료를 참고하였으며, 한국은 31.4였다.
11) Credit Suisse 은행의 The Global Wealth Report(www.credit-suisse.com/about-us/en/reports-research/global-wealth-report.html)를 참고하였으며, 한국은 67.6이었다.
12) 주스웨덴 대한민국 대사관 홈페이지(https://overseas.mofa.go.kr/se-ko/index.do)에 공개되어 있는 자료를 참고하였다.
13) 스웨덴 정치에 대한 내용은 주스웨덴 대한민국 대사관 홈페이지 및 외교부(2019) 자료를 참고하였다.

과가 발생하면 당선자가 될 수 있다. 각 정당에서의 작성하는 후보 명단, 즉 후보자 공천이 중요한데, 기본적으로 그러한 공천은 상향식이며, 철저히 공개된 방식으로 이루어진다.

총선 결과를 참고하여 의회 의장은 의회 의원 과반수의 지지를 얻을 수 있을 것 같은 의원을 총리 후보로 지명한다. 지명을 받은 총리 후보자에 대한 신임 투표가 이루어지며, 과반 이상의 반대를 받지 않으면 총리로 선정되고, 그 총리가 내각을 구성한다. 다당제로 운영되어, 총선에서도 특정 정당이 의회의 과반 의석을 차지하기가 어렵다. 따라서 이념이 유사한 정당들의 연립이 빈번하게 발생하며, 파트너 정당과의 관계가 정국의 안정에도 큰 영향을 미친다.[14)]

스웨덴 인구는 1,000만 명 정도이지만, 의회 의원은 그 수가 상대적으로 많고, 정치인이 되는 진입 장벽도 낮은 편이어서 의원에게 주어지는 권한이나 혜택도 크지 않다. 정당 역사가 오래되어 다양한 정치학교들이 운영되고 있어 국민이 정치에 참여하는 루트가 공개되어 있고, 정당 중심의 의회가 운영되고 있어 개인의 성향이나 특성보다도 정책 중심의 정당 간 경쟁이 매우 치열하다. 스웨덴 의회 의원들의 청렴도는 전 세계적으로 유명할 정도다. 의원들이 도보나 자전거로 출퇴근하는 경우들도 있고, 비서가 없는 경우도 상당하며, 집무실도 사용료를 내야만 한다. 1995년에는 장관이 법인 카드를 사용하여 사적인 물품을 구입하였다는 이유로 사퇴할 정도로 비리에 대해 매우 엄격하게 대처하고 있다.

내각제를 운영하고 있으므로, 행정관리에 있어서 의회의 역할이 매우 중요하다. 그러한 의회를 이끄는 의회 의장은 관례적으로 집권 여당의 인사가 선출되며, 국가 서열이 국왕에 이어 제2위로 총리보다도 높다. 의장은 선출된 이후에 의원직을 상실한다. 당적은 보유할 수 있지만, 후순위자에게 의원직을 승계하고, 본인은 의원직을 가지지 못하며, 상임위원회 활동이나 관련된 토론 및 투표에도 참여하지 않는다. 정치적 중립성을 지키기 위한 조치로 볼 수 있다. 그럼에도 불구하고 의회 의장이 중요한 역할을 하는 것은, 총리 후보자에 대한 제안권을 가지고 있으며, 실세 임명권도 의장이 가지고 있기

14) 예를 들어 2021년에 취임한 사회민주당 출신의 총리 막달레나 안데르손(Magdiena Andersson)은 11월 24일 의회 승인을 얻어 총리에 임명된 당일 사임을 하기도 하였다. 연립 파트너 정당이었던 녹색당이 파트너 자리를 포기하였고, 그에 따라 여소야대 정국이 형성되었으며, 신임 총리는 그 정당성이 의심받는 상황이었다(BBC Korea, 2021.11.25). 안데르손: 스웨덴 첫 여성 총리, 취임 당일 사임… 이유는?(https://www.bbc.com/korean/international-59398640)(검색일: 2022.8.4)

때문이다. 동시에 의회는 총리에 대한 불신임권을 가지고 있으며, 내각 전체 및 개별 각료를 그 대상으로 할 수 있다.

의회는 기본적으로 입법권을 가지고 있으며, 예산심의권, 조세권, 정부 및 행정기관에 대한 감독권을 가지고 있다. 그러한 감독권의 하나가 의회 내에 설치되어 있는 감사원이다. 스웨덴은 독특하게 행정부에 소속되어 있는 감사원과 의회에 소속된 감사원이 공존하고 있다. 의회의 활동은 주로 본회의를 통해 운영된다. 상임위원회에서 부결된 안건이라도 본회의에서 직접 상정 및 의결이 가능하다. 그러한 본회의는 기본적으로 공개원칙이나 정부 요구에 의해 비공개로 진행될 수 있다. 의회 내 상임위원회는 법률에 의해 정해져 있지는 않지만 관례에 따라 야당에서 위원장 및 부위원장을 선출하고 있다. 상임위원회는 자유토론을 통해 진행되지만 비공개를 원칙으로 하고 있다(외교부, 2019: 23).

2) 평가 · 성과관리 현황

(1) 스웨덴 평가 · 성과관리 개혁[15)]

스웨덴 중앙정부는 11개의 정부 부처(ministry)와 그 산하의 300여 개 행정기관(agency)으로 구성되어 있다. 행정기관들이 실질적인 행정업무를 수행하고 있으면서 동시에 상당히 높은 수준의 자율성과 재량권을 보장받고 있다는 것이 특징이다. 그러한 기관들은 정부 부처의 관리를 받지만 공식 · 비공식 협의를 통해 정책집행 방식 및 성과관리에 있어서도 영향력을 행사한다(Modell, 2021: 274). 스웨덴의 성과관리 개혁은 1980년대 후반부터 진행되었으며, 다른 국가에서와 마찬가지로 신공공관리론(New Public Management: NPM)의 영향이 매우 컸다. 그러나 스웨덴의 경우, 정확히 NPM 방식에 부합하는 형태의 개혁이 이루어졌다기보다는, 다소 변형된 형태인 신공공거버넌스(New Public Governance: NPG)의 특징을 나타내고 있다(Modell, 2021: 270)(〈표 6-1〉 참조).

그 과정을 모델(Modell, 2021: 270-279)은 크게 세 가지 시기로 구분하고 있다.

---

15) 이 부분의 내용은 Modell(2021)의 내용을 참조하였다.

표 6-1 PA, NPM, NPG와 관련된 거버넌스 이론

구분	전통적 행정관리 (Public Administration: PA)	신공공관리론 (New Public Management: NPM)	신공공거버넌스(New Public Goveranance: NPG)
시민에 대한 인식	민주사회의 구성원 혹은 납세자	합리적(경제적) 의사결정을 하는 고객	공공서비스의 공동 생산을 통한 참여자
조직구조	단일화된 관료제	경쟁 시장	협력적 네트워크
행정기관의 업무	정책집행과 규제	시장 교환	네트워크를 통한 조정
통제의 대상	투입과 조직 내 프로세스	산출물	조직 간 협력 업무의 절차와 결과
핵심 성과	합규성	능률성, 재정 성과	효과성, 시민 만족

출처: Wiesel & Modell(2014: 178).

① 첫 번째 시기: NPM 이론 적용(1988~1998)[16)]

NPM의 영향은 1998년 '결과 기반의 관리(Managing for Results: MFR)'이라는 개혁에서 발견할 수 있다(Modell, 2006; Sundström, 2003; Modell, 2021: 273 재인용). 이 개혁은 행정기관(agency) 운영에 있어서의 규제 완화에 관한 것으로, 정부 예산편성 과정에서 미시적인 규제들로 인해 실질적인 자율성과 재량권이 제한되고 있다는 문제를 해소하는 데 초점을 두고 있다(Modell, 2021). 행정기관으로 하여금 보다 명확하고 장기적인 목표를 세우도록 하면서도, 사업집행 과정이나 추진 실태를 통제하는 내용의 규제들을 완화하고, 대신 사업추진 결과 및 성과를 가지고 통제(control)하는 방식으로 전환하는 것이다. 예산 과정을 통한 통제와 성과관리를 분리하는 것이 MFR을 통한 개혁 의도라고 할 수 있다(Modell, 2021: 273).

MFR 개혁의 방향은 기관운영 규제 완화와 더불어, 민간시장 계약 및 협정 등이 도입되기도 하였다(Andersson et al., 2017; Ottosson & Andersson-Skog, 2013; Modell, 2021: 273 재인용). 초기에는 사회기반시설 공급 및 유지보수 분야를 중심으로 민간과의 계약 및 협정 등이 이루어졌지만, 점차 공공서비스에서의 경제적 성과를 향상시키기 위한 수단으로서 그 활용 범위가 점차 확대되었다. 그에 따라 개혁은 공공 독점의 해체에서부터 정부서비스의 민영화까지 그 범위가 다양해졌고, 안데르손 외(Andersson et al., 2017)에 따르면 행정기관의 1/4 정도가 민간시장 및 기업과의 계약 및 협정 방식을 활용하게

16) 이 부분은 Modell(2021: 270-274)의 내용을 참고하였다.

되었다. 이 결과에 대해 비젤과 모델(Wiesel & Modell, 2014)은 MFR 개혁이 공공서비스 제공 및 자원 재분배에 있어서 그 대상을 단순히 시민이 아닌 고객 또는 소비자로도 인식하는 경향이 있어, NPM 논리와 부합한다고 보았다(Modell, 2021: 273).

성과관리와 관련하여 MFR 개혁의 특징 중 하나는, 성과보고에 있어서 결과물(outcome)이나 다수의 기관의 협력을 통해 도출되는 장기적인 효과보다는 개별 기관의 단기적이고 측정 가능한 산출물에 중점을 두었다는 것이다(Modell, 2021: 273). 처음부터 그러한 산출물에만 중점을 두려는 것은 아니었고, 기관의 사업과 인과성을 확보한 결과물을 성과보고의 내용 혹은 성과지표로 활용하고자 하였으나, 결과를 나타낼 수 있는 적절한 성과지표의 발굴 자체도 어려운 일이었으며, 기존의 사업집행 및 추진 과정에 대한 미시적인 규제들의 영향이 있었다(Modell, 2006; Sundström, 2003; Modell, 2021: 273 재인용). 과정 및 집행과 관련된 각종 규정에의 준수에 초점을 두었던 기존의 전통적인 행정 관리 방식(Public Administration: PA)에 NPM 요소가 도입됨에 따라 기관이 생산한 공공재 및 공공서비스의 생산량 및 능률성을 주시하는 변화가 있었다(Wiesel & Modell, 2008; Wiesel & Modell, 2014; Modell, 2021: 274 재인용).

기관의 사업 및 특징에 따라서 NPM 요소가 반영된 수준은 달랐지만, MFR 개혁은 기존의 PA와 NPM 논리가 혼합되기 시작한 것으로 볼 수 있다(Modell, 2021: 274). 스웨덴에서는 1980년대 중반까지 경제 분야의 고도 성장이 있었으나, 그 이후 성장률 저하와 인플레이션 발생에 따라 정부 지출에 대한 엄격한 관리가 요구되었다. 그러한 배경에서 NPM 요소의 도입은 불가피한 흐름으로 볼 수 있으며, 그 흐름의 하나가 MFR 개혁이라고 할 수 있다. 동시에 NPM 방식으로 획기적인 전환이 이루어지지 않은 것도 특징이다. 이는 스웨덴의 행정기관이 다른 국가에 비해 상대적으로 높은 재량권과 자율성을 행사한다는 특징을 가지고 있어 전방위적인 하향식 개혁이 이루어지기 힘들었고, 공식 · 비공식적 절차를 통해 기관들이 성과관리 방식에 개입하는 관행이 남아 있었기 때문으로 볼 수 있다(Modell, 2021: 274).

② NPG 논리의 등장(1998~2007)

1990년대 후반부터는 NPG 논리가 점차 부각되기 시작하였는데, 이는 1990년대 초에 발생한 금융위기를 극복한 후 스웨덴의 경제성장률이 유럽의 평균 수준을 회복하기 시작한 시기와도 유사하다. NPG는 기존 NPM 개혁 과정에서 발생한 각종 부작용에 대한 대안 또는 스웨덴의 특성과 NPM 논리와의 상호작용 속에서 도출된 결과물이다. NPG

는 오스본(Osborne, 2006)에 의해 제시된 개념으로서, 주요내용은 공공서비스의 보다 효과적인 제공을 위해 시장경쟁 방식의 도입만이 최선이 아니며, 오히려 시민과의 협력과 참여 유도를 그 대안으로 보았다(Modell, 2021: 269). 시민을 고객 또는 소비자로 보는 인식에서 능동적인 공동 생산자로 보는 인식으로의 전환이 NPG의 핵심이다. 여기에는 디지털 기술 및 네트워크 구조의 중요성이 확대됨에 따라 공공서비스 공급 방식의 다변화, 시민공동체 형성의 거래비용 저하, 기관 간 협력사무의 증가 등의 변화에 따른 것이기도 하다(Modell, 2021: 269).

NPG 등장의 계기는 1998년의 법률 개정이었으나, 그 변화는 점진적이었다. 법률 개정의 주된 내용 중 하나는 시민 지향성(citizen orientation)의 강화로서, 시민 지향성 강화는 민주주의와 법치주의를 강화하면서도 동시에 시민의 수요에 대응하는 행정의 중요성을 강조한다. 그러나 법률 개정에도 불구하고 시민들의 수요에 대응하려는 행정기관의 노력과 역량을 결과지표(outcome indicators)로 나타내려는 노력은 거의 이루어지지 않았다. 그와 반대로, 예산 과정의 개선 및 비용 효과성을 강조하는 재무부(Finans-departementet)의 영향으로 인해 기존의 MFR 개혁의 여파가 지속되어 공공서비스 산출물 및 능률성이 성과관리에 있어서 계속 강조되었다. 그 결과는, 지속적으로 정부사업의 성과(outcome)에 대한 관심이 크게 증가하였음에도 불구하고 측정하는 성과지표가 외적 통제 혹은 외부 보고에만 활용되는 결과로 이어졌다. 행정기관의 성과관리에는 기존의 산출물 및 능률성 위주의 성과지표들이 주로 활용되었다(Modell, 2011: 274-275).

NPG 방식으로의 전환 혹은 성과 중심 성과관리로의 전환이 순조롭게 이루어지지 않는 상황은 곧 기관 간 협력 및 수평적 협조체제의 중요성과 필요성에 대한 관심의 저하로 연결되었다. 법률 개정을 통해 정부조직도 다양한 정책 영역 간 협력이 가능하도록 통합되었지만, 실질적인 업무수행 방식에서는 거의 변화가 없었다(Jacobsson, 2021; Modell, 2021: 275 재인용). 산발적 혹은 개별 기관 차원에서의 그러한 수평적 협력을 위한 시도들이 있었으나, 그러한 시도에 대한 체계적 지원은 이루어지지 않았으며, 그 시도의 부담은 전적으로 해당 기관에게 주어졌다. 모델과 그론룬드(Modell & Grönlund, 2007)는 이러한 상황의 원인 중 하나로 오랫동안 지속되어왔던 행정기관의 자율성 및 재량권 존중의 전통을 지적하였다(Modell, 2021: 275 재인용). 기관 간 협력을 요구하는 것 자체가 행정기관의 자율성 및 재량권과 대립될 수 있었기 때문이었다. 그러나 기관 간 협력의 확대가 저해됨에 따라서 그러한 협력을 통한 성과의 도출 및 성과지표의 개발이 어려워졌고, 그에 따른 최종 결과물(outcome) 중심의 성과관리의 도입도 저해되었다(Modell, 2021: 275).

그러나 이러한 상황은 오히려 NPG의 등장을 유도하였다. 기관 간 협력이 미흡한 상황에서의, 1999년 시민 지향성 향상을 위한 중앙정부의 질적 성장을 추구하는 '국가 질적 성장 위원회(Natioal Council for Qaulity and Development)가 설립되었다(Modell, 2021: 275). 위원회의 역할도 엄밀한 의미에서는 조직 간 혹은 기관 간 협력(inter-agency collaboration)에 대한 것이라기보다는 기관 내 협업 및 업무 품질관리(intra-organiuzational quality improvement)에 관한 것이었으나, 위원회의 활동으로 인해 품질관리의 기반이 되는 고객 만족도(customer satisfaction) 지표의 중요성에 대한 공감대가 확산되었다(Modell, 2021: 276). 일부 기관들은 공공서비스 효과성에 대한 측정 도구로서 고객 만족도를 활용하기 시작하였다(Modell & Grönlund, 2007; Modell, 2021: 276 재인용).

③ NPM과 NPG 이론의 지속적 성장(2007년 이후)

중앙정부에서의 산출물(output) 또는 비용 대비 산출 관련 지표 활용을 강화할수록 성과물(outcome) 중심의 관리 방식으로의 전환은 그 추진력을 잃어갔다. 정부의 이러한 입장은 스웨덴의 성과관리에 있어 NPM 성향을 강화시키는 것이었다. 하지만 다른 한편으로 2007년에 제정된 법률은 정부개혁의 방향의 하나로서 시민 지향성(citizen orientation as the basis for governance reforms)을 강조하고 있었다(Modell, 2021: 277). 그러한 시민 지향성 강화는 기관 간 협업의 필요성으로 연결되는 것이었는데, 시민들의 다양한 수요에 대응하기 위해, 시민들의 참여와 협력을 토대로 공공서비스를 공급하면서, 그 질적 수준을 높이기 위해서는 개별 기관의 노력보다는 기관 간 협력이 필요해진 것이다. 그러나 기관 간 협력의 경험이 부족하고, 그러한 협력을 원활하게 추진하기 위한 지침이나 가이드라인이 마련되어 있지 않은 상황이 장애물이었다(Modell, 2021: 277). 행정기관에서는 시행착오를 겪으면서 자발적으로 그러한 협력을 추진하여야 하는 상황이었고, 중앙정부 차원에서의 구체적인 지원 방안이 마련되어 있지 않은 상황에서 기관 간 협력을 이끌어낼 유인은 충분하지 않았다. 기관 간 협력을 통해 생산한 성과(outcome) 및 그에 대한 지표로는 성과에 대한 평가(value for money)가 어렵다는 것도 결과(outcome) 중심의 성과관리로의 개혁을 더욱 어렵게 하는 요인이었다(Modell, 2021: 277).

그렇지만 이러한 장애물의 존재가 NPG 개혁의 실패 또는 중단을 의미하는 것은 아니었다. 2014년 중도좌파 내각이 들어서면서, NPM 이론을 따르던 기존의 개혁들이 결과적으로 규제 완화를 이끌어내지 못하고, 오히려 규제 부담을 가중시켰으며, 그로 인해 의회와 정부 간 불신을 조장하였다는 비판을 받게 되었다(Modell, 2021: 278). 이러한 문제를 해결하기 위해 정부는 신뢰 기반 공공관리 대표단(Delegation for Trust-Based Public Management)이라는 TF(task force)를 구성하고, 어떤 형태의 신뢰 기반 거버넌스 모델이 필요한가에 대해서 조사하였다(Modell, 2021: 278). 그 결과 행정기관 간 협력과 조정을 가로막는 상당한 장벽이 존재한다는 결론을 내렸으며, 이 결론은 그 장벽을 극복하는 것이 정부개혁의 방향이었던 시민 지향성 향상이라는 목표 달성 및 행정기관 수준에서 진행되어 온 기관 간 협력을 보완하는 데 필요하다는 것을 의미하였다(Modell, 2021: 278).

기존 MFR 개혁 과정에서 중추적 역할을 하였었던 관료적 거버넌스 구조를 보완하면서도 언급된 장벽을 극복하는 수단으로 강조된 것이 행정기관 간 협력을 위한 신뢰였다(Modell, 2021: 278). 신뢰 기반 관리가 중앙정부 차원에 확산되어야 한다는 것을 전파한 것이 대표단의 최근 업적 중 하나였다. 대표단의 2019년 보고서에서는 신뢰기반 거버넌스 구축에의 장애물로서 단기적이고 일관성이 부족한 거버넌스(short-term and inconsistent governance) 및 과도하게 미시적인 행정 조치(over-detailed and administratively onerous follow-up)를 언급하기도 하였다(스웨덴 정부, 2019: 23).

이러한 신뢰 기반 거버넌스 및 행정기관 간 협력의 중요성에 대한 인식은 강화되고 있었으나, 기존 MFR 구조에서의 관료적인 조직구조와 적절한 성과지표 개발의 어려움 등의 문제는 여전히 남아 있었다(ESV, 2016: 39). 인과성 증명이 어려운 성과(outcome) 지표에 대해 부정적이었던 감사원(National Audit Office: NAO)처럼 정부 부처는 대체로 최종 성과물(outcome) 위주의 성과관리로의 전환에 부정적이었다(ESV, 2016: 36). 하지만 변화의 필요성에 대한 공감대는 점진적으로 확대되었는데, 최종 결과(outcome) 위주 성과지표의 필요성은 곧 행정기관 간 협력에 의한 사업의 필요성 및 기존의 비용 중심의 능률성 점검만으로는 정부사업의 효과성을 평가하기 어렵다는 인식과도 연결되었다(Modell, 2021: 279). 그에 따라 행정기관에서는 정량지표(quantitative performance indicators)의 활용은 줄어들기 시작하였고, 대신에 정성지표를 활용하기 시작하였다(Holmgren Caicedo et al., 2019: 379-381). 즉 대표단은 행정기관의 성과관리에 있어 재량권과 자율성을 존중하면서, 사업집행과 산출물 위주의 미시적 통제를 줄이면서 기관 간 협업에 따른 결과물(outcome) 위주의 성과관리를 지향하고, 그 수단으로 신뢰 기반 거버넌스 구축을 실천적 목표로 제시하고 있다.

표 6-2 스웨덴 중앙정부에서의 성과관리 개혁 개괄

시기	첫 번째 시기 (1988~1998)	두 번째 시기 (1998~2007)	세 번째 시기 (2007~)
주요내용	• MFR 집행	• 시민 지향성을 강조하는 법률 개정 • 정책 분야별 협력을 지원하는 조직화 • 품질관리를 위한 자문기구 설립	• MFR에 대한 비판적 검토 • 기관 간 협력과 신뢰의 강조
PA 관점의 특징	• 전통적 관료조직으로서의 통제와 정책 집행의 책임성 강조	• 전통적 관료조직으로서의 통제와 정책집행의 책임성 강조	• 전통적 관료조직의 특징은 유지하면서, 부분적으로 행정기관에 대한 간섭과 통제 감소
NPM 관점의 특징	• 규제완화 추구 • 시장 메커니즘 적용 • 산출물 및 능률성 강조	• 시장 메커니즘, 산출물, 능률성에 대한 강조	• 시장 메커니즘, 산출물, 능률성에 대한 강조
NPG 관점의 특징	• 결과물과 효과성에 대한 제한된 관심	• 시민 지향성에 대한 강조 • 효과성 및 결과에 대한 관심 증가	• 시민 지향성에 대한 강조 • 조직간 협력 및 조정에 대한 강조

출처: Modell(2021: 277-278) 재구성.

(2) 스웨덴 성과관리 관련 규정

스웨덴 성과관리는 매년 행정기관(agency)이 제출하는 연차보고서를 통해 이루어진다. 모든 행정기관은 연차보고서를 통해 성과보고서와 재무제표를 보고하고 있는데, 성과보고서에는 일반적으로 알려져 있는 성과관리의 주요내용, 즉 목표 설정, 성과정보의 수집, 성과목표 달성 및 관련된 분석이 포함된다. 이러한 성과관리에 관한 법적 근거는 크게 예산법과 관련 규칙에서 찾을 수 있다.

1996년에 의회를 통과한 예산법(Lagen om statsbudgeten, Budget Act)은 정부의 의회에 대한 책임성 확보를 위하여 '정부 각 영역의 활동에 관해 의도되었던 목표와 성과를 보고'하는 내용을 담고 있다(한국조세연구원, 2011: 128). 기관의 활동에 대한 정보를 제공하는 과정에서 보고 양식이나 항목 선정을 통해 기관의 활동을 간접적으로 통제할 수가 있었고, 비공식적 협의 및 논의 과정을 통해서도 그러한 통제가 이루어져왔다. 예산법은 그러한 비공식적 통제를 공식화한 것으로 볼 수 있다.

기존 예산법은 2011년에 폐지되었고, 같은 해 새로운 예산법(Budgetlag)이 제정되었다. 해당 법률의 제10조에는 책임성과 감사에 대한 내용을 담고 있다. 특히 제5항과 제6항에는 연차보고서에 대한 내용을 적시하고 있다.

표 6-3 책임성과 감사에 대한 예산법 조항

예산법 제10조 책임성과 감사(Redovisningsskyldighet och revision)[17]

§5. 중앙정부의 연차보고서는 예산 연도 다음해의 4월 15일까지 의회에 제출되어야 한다(5§ Årsredovisningen för staten ska lämnas till riksdagen senast den 15 april året efter budgetåret).

§6. 중앙정부의 연차보고서에는 다음과 같은 항목이 포함되어야 한다(Årsredovisningen för staten ska innehålla).

1. 재정 절감, 지출한도 및 기타 재정정책의 목표에 대한 의회의 결정에의 후속 조치[en uppföljning av riksdagens beslut om den offentliga sektorns finansiella sparande(överskottsmålet), utgiftstaket och andra övergripande budgetpolitiska mål]
2. 세입과 예산분배 결과 및 채권 현황(utfallet på budgetens inkomsttitlar och anslag samt av statens lånebehov)
3. 제6조 제1항과 제3항(국가 채권 발행 관련)에 따른 채권 발행 현황(en redovisning av hur regeringen har utnyttjat bemyndiganden som den fått med stöd av 6 kap. 1§ första stycket och 6 kap. 3§)
4. 결과(성과)보고서, 대차대조표, 재무분식 및 관련 주석(en resultaträkning, en balansräkning, en finansieringsanalys och noter)
5. 국가 부채 증감에 대한 현황(en redovisning av utvecklingen av statsskulden)
6. 제6조 제3항(정부 채무 현황) 관련 예상되는 손실 및 리스크(upplysningar om förväntade förluster och väsentliga risker i statens utlåning och utställda garantier som beslutats enligt 6 kap. 3§)
7. 감사원 조사결과에 대한 조치 내용(en samlad redovisning av vilka åtgärder regeringen vidtagit med anledning av Riksrevisionens iakttagelser)
8. EU 자금(보조금 및 현금 등)과 관련된 현황(en resultaträkning och en balansräkning avseende EU-medel samt en kassamässig redovisning av anslag och inkomsttitlar avseende in-och utbetalningar till och från EU, samt)
9. 다음 사항들에 대한 정부방침(ett uttalande av regeringen om huruvida)
   - EU의 자금은 공정한 회계관리 절차에 따라 작성되고 검토되며(räkenskaperna enligt 8 har upprättats enligt god redovisningssed och ger en rättvisande bild, och)
   - EU 자금관리를 위한 안정적인 제도와 시스템 보유(det finns regler och system som syftar till att skapa en betryggande intern styrning och kontroll av EU-medel)

출처: 스웨덴 의회(2011).

17) 1997년 1월 1일 폐지되었다.

한편 연차보고서와 관련된 규정에는 보다 상세한 지침을 제시하고 있다. 1989년에 제정된 '예산 조례[Budgetförordnig(1989: 400)]'에도 관련된 내용이 있지만, 본격적인 규정은 1993년에 제정된 '정부 연차보고서 및 세출에 관한 조례[Förordning(1993: 134) om myndigheters årsredovisning och anslagsframställning]',[18] 이후 1996년에 제정된 '정부 연차보고서 등에 관한 조례[Förordning(1996: 882) om myndigheters årsredovisning m.m.]',[19] 2000년에 제정된 '연차보고서 및 예산 문서에 관한 조례[Förordning (2000: 605) om årsredovisning och budgetunderlag]가 있다(ESV, 2017: 49-51). 가장 중요한 조례인 '연차보고서 및 예산 문서에 관한 조례(Förordning(2000: 605) om årsredovisning och budgetunderlag)'에 성과보고에 대한 내용은 〈표 6-4〉와 같다.

표 6-4 연차보고서 및 예산 문서에 관한 조례

연차보고서 및 예산 문서에 관한 조례[Förordning(2000: 605) om årsredovisning och budgetunderlag]

제2장 연차보고서에 대한 일반 조항(Allmänna bestämmelser om årsredovisning)

§1 행정기관은 직전 회계연도에 관한 연차보고서를 매년 2월 22일까지 정부 부처에 제출하여야 한다(Myndigheten skall senast den 22 februari varje år lämna en årsredovisning till regeringen avseende det senast avslutade räkenskapsåret).

§2 행정기관은 연차보고서를 정부 부처에 제출함과 동시에 그 사본을 감사원과 재정관리청[20]에 제출하여야 한다(2003: 282)(Myndigheten skall, samtidigt som den lämnar årsredovisningen till regeringen, lämna kopior av årsredovisningen till Riksrevisionen och Ekonomistyrningsverket).

§3 행정기관은 매년 2월 15일 이전에 연차보고서에 대해 재정관리청이 요구하는 문서를 제출하여야 한다(Myndigheten skall senast den 15 februari varje år lämna det underlag Ekonomistyrningsverket behöver för årsredovisningen för staten).

§4 연차보고서는, 성과보고서(resultatredovisning), 손익계산서(resultaträkning), 대차대조표(balansräkning), 보조금 내역서(anslagsredovisning), 관련 설명(noter)으로 구성한다.

---

18) 스웨덴 의회 웹사이트(https://www.riksdagen.se/sv/dokument-lagar/dokument/svensk-forfattningssamling/budgetlag-2011203_sfs-2011-203).

19) 2021년 1월 1일 폐지되었다.

20) 스웨덴의 Ekonomistyrningsverket는 영어로는 The Swedish National Financial Management Authority로 번역되고, 약어로는 ESV로 불린다. 이에 대해 국내 연구에서는 금융감독청, 재무관리청, 재정관리청, 재정감사원 등으로 번역하고 있는데, 이 책에서는 재정관리청 및 ESV로 표현하였다.

제3장 성과보고서(Resultatredovisning)

§1. 성과보고서는 행정기관의 집행과 그 결과에 대해 평가를 받을 수 있도록 구성되어야 한다. 여기에는 각종 지침 및 규제를 통해 요구하였던 항목과 목표뿐만 아니라 해당 행정기관의 방침 등이 반영된 정보에 기반하여야 한다. 또한 보고서에는 성과에 대한 설명 및 분석이 포함되어야 한다(Resultatredovisningen ska utformas så att den kan utgöra ett underlag för regeringens bedömning av myndighetens resultat och genomförande av verksamheten. Den ska utgå från de uppgifter som framgår av myndighetens instruktion samt de mål och krav som regeringen har angett i regleringsbrev eller något annat beslut. Redovisningen ska innehålla analyser och bedömningar av verksamhetens resultat och dess utveckling).
다수의 사례들로 구성되어 있는 경우에는 사례의 수와 더불어 사례별 투입된 비용에 대한 정보가 보고되어야 한다(För ärendeslag som omfattar ett stort antal ärenden ska antalet och styckkostnaden för handläggningen av dessa ärenden redovisas).
개인 단위로 수집된 통계 자료의 경우에는 특별한 사유가 있지 않는 한 성별에 따른 구분이 있어야 한다(2018: 1342)(Den individbaserade statistik som ingår i resultatredovisningen ska vara uppdelad efter kön, om det inte finns särskilda skäl mot detta).

§2. 행정기관의 성과보고서는 공식적인 분류 방식에 따라 제출되어야 하며, 그렇지 않은 경우에는 부처에서 그 방식을 결정한다. 행정기관은 그러한 분류에 따라서 총수입 및 총지출에 대한 정보를 제공하여야 한다. 만약 정부 부처가 특정 사업을 위한 재정지출 및 기금 관련 계획을 세웠다면, 행정기관은 그에 대한 진행 상황이나 후속 조치를 보고하여야 하며, 계획과 부합하지 않는 상황에 대해서는 설명을 제시하여야 한다(2018: 1342)(Resultatredovisningen ska lämnas enligt en indelning som myndigheten bestämmer, om inte regeringen har beslutat annat. Myndigheten ska fördela verksamhetens totala intäkter och kostnader enligt indelningen. Om regeringen har beslutat en investeringsbudget eller en avgiftsbudget för verksamheten, ska myndigheten följa upp dessa och kommentera väsentliga avvikelser).

§3. 행정기관은 §1에서 제시한 업무의 수행 역량 및 준비를 위한 각종 조치들에 대해서도 보고하여야 한다. 또한 보고서는 그러한 업무의 수행에 있어 행정기관의 조치들이 어떤 역할을 하였는가에 대해서도 보고하여야 한다(2008: 747)(Myndigheten ska redovisa de åtgärder som har vidtagits i syfte att säkerställa att kompetens finns för att fullgöra de uppgifter som avses i 1 § första stycket. I redovisningen ska det ingå en bedömning av hur de vidtagna åtgärderna sammantaget har bidragit till fullgörandet av dessa uppgifter).

출처: 스웨덴 의회(2000).

2. 운영체계[21)]

스웨덴 행정기관의 연치보고서는 그 성과를 보고하는 데 주된 목적이 있다기보다는 재정관리 및 예산집행 결과에 초점을 두고 있다. 따라서 스웨덴의 예산 절차와 그러한 절차 내에서의 성과관리는 어떻게 이루어지고 있는가를 살펴볼 필요가 있다.

21) 이 부분은 국회예산정책처(2020)의 '주요국의 재정제도'와 Downes, Moretti, & Shaw(2017)의 'Budgeting in Sweden'의 내용을 참조하였다.

스웨덴의 예산 과정은 다른 국가에서 발견되는 형태와 기본적인 골격은 유사하다. 예산안 편성, 심의와 승인, 집행, 결산 및 회계감사로 구성되며, 회계연도는 매년 1월 1일부터 12월 31일까지다. 정부 예산안은 크게 춘계재정정책안(the Spring Fiscal Policy Bill)과 본예산으로 구분되는데 춘계재정정책안은 일종의 재정 및 경제정책에 대한 가이드라인으로 정부가 의회에 제출한다. 본예산안은 총지출 수준 및 27개 지출 분야별 한도(총액)를 담고 있다. 일반적으로 춘계재정정책안과 본예산안을 의회에 제출할 때 추경예산안이 같이 제출된다. 의회는 총지출 범위 내에서 세부 분야별 예산배분 및 세부 지출내역을 심의하는데 그 과정은 하향식으로 이루어지며, 이 과정에서 재정위원회가 지출한도를 관장하며 상임위원회는 각 소관별로 세부적 지출 내역을 다룬다(국회예산정책처, 2020: 240-244).

먼저 예산안의 편성 과정은, 재무부가 1월 초에 경제전망을 제시하면 각 정부 부처가 사업별 전망을 실시하고, 2월 초에는 예산요구안과 4개 연도 전망을 재무부에 제출한다. 재무부는 3월 초까지 부처에서 제출한 예산안과 4개 연도 전망을 수집하고, 그 내용에 대해 재정정책목표 달성 여부 또는 가능성을 기준으로 분석한 후 그 결과를 토대로 예산 삭감 및 증대를 제안한다. 3월에는 예산심의회를 개최하여 경제 및 재정정책 방향에 대해 논의하고 재원조달 방안과 지출조정 방안을 조정한다. 4월에는 지금까지의 검토내용을 포함하여 춘계재정정책안을 의회에 제출한다. 따라서 이 춘계재정정책안에는 경제 및 재정정책의 방향 또는 가이드라인과, 최근 경제상황 진단 및 향후 3~4년 간의 경제상황에 대한 전망, 중・장기 재정여건 등에 대한 정부의 검토 의견이 담겨져 있다. 의회가 춘계재정정책안을 의결하면, 재무부는 춘계재정정책안에 제시된 총지출한도 내에서 정부 부처와의 협의를 통해 세부적인 본예산 초안을 편성하여 9월 20일까지 의회에 제출한다. 이를 위해 부처에서는 5월 중순까지 본예산 구성을 위한 부처 예산요구안을 작성하여 제출한다. 재무부가 이를 취합하는데, 그렇게 구성된 정부 본예산안에는 총지출한도액, 27개 분야별 재원배분 및 세부지출내역, 3년 후의 지출한도 등이 포함된다(국회예산정책처, 2020: 240-243).

의회는 재무부가 4월 15일까지 제출한 춘계재정정책안을 심의하여 6월에 의결하는데, 심의 과정에서 각 정당들이 정부가 내놓은 경제전망과 재정정책 방향에 대해 논의한다. 재정위원회가 그러한 논의 및 야당의 의견을 종합하여 본회의에 보고를 하고, 본회의에서의 토의를 거쳐 6월에는 춘계재정정책안의 의결이 이루어진다. 이러한 춘계재정정책안을 바탕으로 10월 말까지 각 상임위원회는 정부가 제출한 본예산안을 검토하여 검토보고서를 작성하고, 재정위원회는 그러한 검토보고서를 종합 및 검토한 후에 11월 20일까지 총지출한도, 분야별 지출상한, 총수입 등의 사항을 의결한다. 각 소관별 세부지출내역에 대한 조정은 그 이후에 이루어지며, 각 소관 상임위원회를 중심으로 분야별 지출한도 내에서 세부 조정이 12월 중순까지 이루어진다(국회예산정책처, 2020: 243).

이러한 예산 과정에서 정부의 연차보고서는 4월 15일까지 의회에 제출되고, 의회는 춘계재정정책안과 함께 연차보고서를 심의하여 의결한다. 제출된 연차보고서에 대해서는 1개월 내에 감사원이 감사를 실시하여 감사보고서를 작성한 후 의회에 제출하여야 한다(국회예산정책처, 2020: 246). 즉 연차보고서는 춘계재정정책안과 같이 제출되는 것인데, 연차보고서에는 전년도 재정지출 및 재무 현황에 대한 상세한 정보가 담겨져 있는 것에 반해 상대적으로 성과에 대한 정보는 많지 않다. 그로 인하여 연차보고서에 제시된 성과정보와 다음해의 행정기관별 예산 책정 내역서(the annual budget appropriation letter 또는 Regleringsbrev för budgetåret)[22]에 제시된 기관의 목표와의 연계가 다소 취약하지만, 동시에 행정기관의 사업이나 업무추진에 있어서의 재량권 및 독립성을 보장하는 수단이 되기도 한다(Downes, Moretti, & Shaw, 2017: 19-20).

스웨덴의 예산 과정에서 정부 목표와 그에 따른 성과에 대한 지표에 대해서는 엄격한 관리나 통제가 있지는 않다. 정치적 중요성이 매우 높은 특수한 경우를 제외하고는 대부분의 목표는 실무를 담당하는 행정기관에서 개발한다. 정부 부처나 장관은 이에 대해 검토하여 승인하는 역할을 맡고 있으며, 일반적으로 의회의 공식적인 동의 절차를 거쳐 확정된다. 대개의 목표들은 다소 추상적이고 광범위한 분야의 업무와 얽혀 있고, 모든 목표들이 명확하고 측정가능한 성과지표를 가져야만 하는 것은 아니지만, 다수의 성과지표들은 과거 실적과의 비교 및 목표 달성 여부를 파악할 수 있다.

그렇지만 성과지표의 형태나 수준에 대해서는 구체적인 규정이나 지침이 있는 것은 아니며, 정책 분야 및 목표에 따라 그 형태가 매우 다양하다. 산출(output)이나 결과(outcome)가 혼합된 경우도 있으며, 장기적으로 변동이 적은 추상적인 영향(faraway impacts)이 성과지표로 활용되기도 하지만, 동시에 시간 범위가 명확하고 측정가능한 형태의 성과지표도 활용된다. 경우에 따라서는 국제 지표나 다른 국가와의 비교 자료가 정책목표 및 그 지표로 활용되기도 한다. 단적으로 스웨덴의 성과관리에 있어서 성과목

---

22) 12월 중순에 예산안이 확정되면 의회는 각 행정기관에 다음해에 수행하기로 계획한 지출의 승인 결정 내용이 담긴 문서를 전달한다. 이 문서에는 그 행정기관의 다음해 하여야 할 목표와 사명 등이 세시되어 있어, 이후 성과관리에 있어서의 기준이 된다(Downes, Moretti, & Shaw, 2017: 20).

표 및 그 지표의 형태나 수준에 대해서 일관된 지침이나 양식을 가지고 있지 않다. 정책목표와 지표는 해당 분야에서 정부정책이 미치는 영향의 범위와 수준에 맞춰서 설정되기 때문에, 각 분야와 정책 내용에 따라서 성과목표 및 지표의 형태와 유형이 각기 다를 수밖에 없다는 것을 고려하면 실용적인 접근(pragmatic approach)이라고도 볼 수 있다(Downes, Moretti, & Shaw, 2017: 28-29).

정책목표 및 성과지표 선정 과정에서 행정기관의 재량권을 인정하는 것은 행정기관으로 하여금 성과관리에 보다 집중할 수 있도록 하며, 동시에 과도한 정보 생산으로 인한 정보 과부하(overload) 문제를 방지할 수 있다는 장점이 있다(Downes, Moretti, & Shaw, 2017: 29-30). 다른 국가에서와 마찬가지로 성과관리를 통해 생산되는 정보들은 정치 영역에서 정부의 책임을 묻기 위한 중요한 수단이다. 1990년대 예산 개혁 이후로 스웨덴 의회는 정기적인 성과보고를 조건으로 행정기관의 운영에 있어서 많은 재량권을 부여하였으며, 이를 통해 의회는 성과관리라는 측면에서 실질적이면서 적정 규모의 성과정보를 얻을 수 있다.

물론 정책목표와 성과지표 구성 및 형태에 대한 엄밀한 지침이 없으므로, 정부의 연차보고서에 제공되는 성과정보의 수준은 제각각이며, 정책과 그 성과 간의 인과성이 항상 높은 수준으로 유지되는 것은 아니다. 특히 모든 성과지표가 정량지표인 것은 아니고, 경우에 따라서는 포괄적이거나 추상적인 형태인 경우도 있으므로, 예산지출 규모와 그 효과 간의 관계에 대한 파악에 어려움이 있다(Downes, Moretti, & Shaw, 2017: 28-30). 이러한 어려움을 해결하기 위한 제도적 장치가 각종 조례(ordinances)와 예산책정 내역서(appropriation letters)다. 조례를 통해 각 행정기관의 권한, 영향력, 일반 지침 등을 규정하지만 주로 예산책정 내역서를 통해서 행정기관의 운영에 관한 재정 조건을 명시하고 해당 연도의 사업 방향을 제시한다(Downes, Moretti, & Shaw, 2017: 30-32). 이외에 스웨덴에서는 정부 부처와 기관 간 지속적이고 비공식적인 대화 채널을 통해 이 문제를 보완하고 있다(Downes, Moretti, & Shaw, 2017: 31, 59).

언급한 것처럼 스웨덴은 행정기관에 많은 자율성과 재량권을 보장하는 전통이 매우 강하다. 공식적인 절차로서 조례와 예산책정 내역서가 있지만, 행정기관 운영의 구체적인 사안까지 통제하는 것은 아니다. 그러한 전통은 최근에 더욱 강화되어, 각종 조례에서는 행정기관의 운영 방향에 대한 세부적인 조건이나 정보가 사라졌고, 예산책정 내역서에도 정치적 중요성이 매우 높은 사안을 제외하고는 구체적인 정책목표를 제시하지 않는다. 이로 인해 예산 과정이 보다 간결해지고 갈등이 감소하며, 중·장기적 사업의 추진에 있어 일관성 확보가 용이해졌다. 2007년 행정 통제에 대한 공식 조사보고서(Att styra staten-regeringens styrning av sin förvaltning)(SOU, 2007: 75)에서도, 정부의 연례적 예산 과정에서 행정기관의 근시안적 운영, 단순히 의회가 필요로 하는 정보를 생산하기 위해 경직적이고 때로는 비합리적인 요건을 준수하여야 하는 부담과 파생되는 업무 부담이(a short-term perspective in the steering of agencies and to unreasonable and uniform requirements on agencies to provide information)[23] 크게 줄어들었다고 제시하였다. 더 나아가 행정기관의 성과와 상위 목표와의 연계성 확보 부담도 줄어들어 기관운영에 있어서 상위 목표와 관련된 책임성도 크게 줄어든다. 즉 행정기관의 노력 및 성과가 그 상위 목표에 구속되는 정도가 약해, 행정기관의 성과지표는 기관의 역량 범위 내에서 확보될 있는 것(can be achieved within the framework of the agency's powers)으로 한정할 수 있다.[24]

그렇다고 해서 스웨덴에서 행정기관의 활동 및 성과에 대한 관리가 소홀하다고 보기는 어렵다. 예산 과정이라는 단일의 절차보다는, 정부 지출에 대해 다양한 조사 수단을 통해 관리가 이루어지고 있다. 크게 세 가지 방식이 있는데(Downes, Moretti, & Shaw, 2017: 32-35), 우선 비상설 기관인 각종 조사위원회(commissions of inquiry)가 있다. 스웨덴에서는 정책 문제에 대한 탐색 및 제도 개선안 도출을 위한 다수의 조사위원회를 운영하며, 그 조사위원회는 기존 정책 및 정부사업에 대한 조사, 분석 및 평가를 수행한다. 정부가 위원회를 운영할 때에는 위원회가 조사하여야 할 대상, 문제, 조사 기간 등 업무에 대한 지침을 설정하며, 위원회는 전문가, 공무원, 정치인들도 포함될 수 있다. 조사위원회가 다른 조사기관과 구분되는 특징은 조사의 대상이 다소 광범위하고 여러 행정기관의 업무에 걸쳐 있다는 것이다. 또한 조사결과는 스웨덴의 정부 공식 보고서 시리즈(Statens Offentliga Utredningar: SOU)로 정부와 일반국민들에게도 공개된다. 그에 따라 다양한 이해관계자 및 시민사회에서도 조사위원회의 조사에 참여하거나 혹은 위원회의 보고서를 가지고 그들의 의견을 제출할 수 있다. 조사위원회의 활동은 예산 주기와 별개로 이루어진다.

다른 조사기관으로 감사원(National Audit Office: NAO)이 있다. 감사원은 연간 감사(Årlig revision)와 효율성 감사(Effektivitetsrevision)를 통해 행정기관의 사업과 지출 행태를 조사할 수 있다. 연간 감사를 통해 정부의 연차보고서를 검토하여 그 의견을 의회

23) Downes, Moretti, & Shaw(2017: 31).
24) Downes, Moretti, & Shaw(2017: 32).

에 제출하거나 감사 정보로 활용한다. 감사원의 효율성 감사는 감사 대상이 목표를 얼마나 잘 달성하였는지, 조직이나 운영 프로세스가 해당 목적에 적합한지 등 그 범위가 매우 다양하다. 일반적으로 감사원은 연간 약 30건 정도의 효율성 감사 보고서를 의회에 제출하는데, 의회는 감사원 결과를 가지고 성명을 발표하고 정부에 제출하여 4개월 이내에 어떤 사후 조치가 취해졌는지 혹은 후속 조치 계획에 대한 보고를 받는다(스웨덴 감사원 홈페이지). 의회 내 각종 위원회에서는 감사원의 보고서를 가지고 예산 및 정책에 대한 토론을 하며, 이러한 토론의 결과가 예산 프로세스에 반영되므로 감사원의 감사 결과는 간접적으로 예산 절차에 영향을 미친다. 그러나 조사위원회와 마찬가지로 감사원의 감사도 간헐적으로 이루어지며, 예산 외의 다양한 주제를 다루고 있어, 예산 과정에의 영향은 제한적이라고 할 수 있다.

이외에 특정 이슈에 국한되어 있지만, 행정기관의 하나로서 다수의 조사기관들이 있다(Downes, Moretti, & Shaw, 2017: 33-34). 특정 분야에 전문화되어 있는 조사기관으로서 해당 분야와 관련된 다수의 행정기관들과 연결되어 그들의 업무를 지원하기도 하지만 동시에 성과에 대한 검사 역할도 수행한다. 예를 들어 2009년에 조성된 스웨덴 사회보험 조사국(Inspektionen för Social Försäkringen: ISF)은 스웨덴 사회보험 기관(Försäkringskassan), 스웨덴 연금 기관(Pensionsmyndigheten) 및 스웨덴 세무기관(Skatte-

그림 6-1 스웨덴 평가 · 성과관리체계

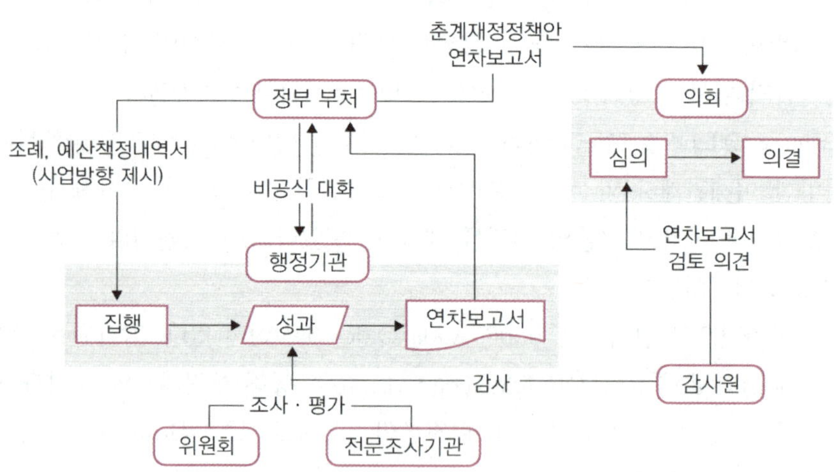

출처: 저자가 직접 작성.

verket)의 업무를 조사한다(사회보험 조사국 홈페이지). 조사기관의 업무는 해당 분야에서의 외부 조사기구부터 관련 행정기관에 대한 지원 업무까지 다양하다.

제 2 절

스웨덴 평가 · 성과관리의 주요내용

1. 평가 · 성과관리의 이슈 및 구조

1) 스웨덴 평가 · 성과관리에서의 이슈[25)]

지난 20년 동안 행정기관의 평가 · 성과관리에 있어서 가장 큰 변화는 2001년의 개혁과 2008~2009년 개혁으로 볼 수 있다. 2001년 개혁은 예산 절차를 하나의 체계로 정리한 것이다. 그 개혁에는 크게 두 가지 목적이 있었다. 하나는 실제 투입된 예산에 비추어 정부 성과를 살펴보는데 있어, 정부 성과를 종합적으로 집계된 형태로 살펴볼 수 있는 구조를 만드는 것이었다. 다른 목적은 하나의 공통된 목표를 달성하기 위해 다양한 행정기관의 활동들이 협력할 수 있는 방안을 마련하는 것이었다(ESV, 2021: 5-6). 즉 평가 · 성과관리에 있어서 개별 행정기관 단위로 살펴보기보다는 하나의 목표 또는 그에 따른 성과에 초점을 두어, 다수의 행정기관의 활동이 연계되어 도출된 결과물 및 그러한 결과물이 도출되기까지 행정기관 간 협력적 활동을 할 수 있는 구조를 만드는 것이었다.

2008~2009년 개혁은 2001년에 있었던 정부의 개혁의 결과물 위에서 이루어졌다. 2008~2009년의 개혁은 정부 거버넌스 자체를 보다 중 · 장기적인 목표에 맞춰 전략적으로 운영하는 것이었다. 기존의 중간관리조직을 폐지하고, 대신에 지속적인 관리와 성과 보고의 기반이 될 수 있는 지침과 규제를 마련하도록 하였다. 지침(instructions)은 다소 포괄적인 수준으로 행정기관의 중 · 장기적 평가 · 성과관리의 목표와 방향성 및 임무를 제시한다. 반면 규제는 정부 부처의 기관에 대한 공식적인 통제 수단의 하나로

25) 이 부분은 스웨덴 재정관리청(ESV)의 2021년 보고서 'Regeringens resultatstyrning av myndigheterna: En kartläggning av instruktioner och regleringsbrev under två decennier(행정기관의 성과에 대한 정부의 관리: 지난 20년 동안의 지침과 규제에 대한 조사)'를 참조하였다.

서, 구체적 목표, 과제, 성과보고 요건 등을 명시하고 있다. 또한 의회를 통해 결정된 정부 예산에 비추어 행정기관에서의 재정운용 방향이나 범위 등을 구체적으로 제시하기도 한다(ESV, 2021: 6).

스웨덴 평가・성과관리 개혁은 중앙정부에서의 평가・성과관리를 위한 통제와 행정기관 운영의 자율성 간의 균형에 관한 것이었는데,[26] 결과적으로 개혁을 통해 행정기관의 자율성 및 재량권은 더욱 확대되었다. 행정기관의 자율성은 기관이 목표 달성을 위한 효과적인 방안을 얼마나 독립적으로 결정할 수 있는지에 대한 것인데, 이러한 자율성의 저해요인에는 세 가지가 있었다. 상위 기관에서 설정한 목표의 수 또는 그 목표의 달성 방법에 대한 요구사항의 구체성 수준(antalet mål eller krav på hur mål ska nås), 성과에 대한 보고서 작성 시 요구하는 사항이나 항목(vilka och hur många krav på återrapportering som åläggs myndigheten), 보조금 할당 시 그 사용요건(i vilken utsträ-ckning som myndighetens tilldelade) 등이 그것들이다. 그 외에도 정부 부처에서 기관의 사업집행 과정에 대해 빈번한 검토 및 검토 결과에 대한 후속 조치 보고요구도 일종의 통제 행위라고 할 수 있다(ESV, 2021: 7).

기본적으로 현재의 구조는 2001년 재무부의 예산 프로세스 개혁 작업의 결과였다. 2000년 재무부가 작성한 제안서에서는[27] 예산 과정에서의 의사결정을 지원할 수 있는 정보를 개선할 필요가 있다고 제시하였다. 기존의 정보들은 내용의 적절성이나 예산 과정과의 관련성 측면에서 문제가 있어 의사결정에도 좋지 않은 영향을 미치고 있다고 보았다. 그러한 문제를 해결하기 위한 방법 중 하나는 정책의 목적과 행정기관의 거버넌스 간 연계를 강화하는 체계를 도입하는 것이었으며, 그 실천방안 중 하나는 정기적으로 수입 및 지출과 관련해 행정기관이 성과정보를 제공하도록 하는 성과보고체계였다. 즉 업무 지시를 통해 구체적으로 성과보고 양식이나 항목을 요구하여, 행정기관으로 하여금 그러한 요구에 따르도록 하는 것이었다. 이를 통해 행정기관, 부처, 의회의 3단계의 수직적 구조를 형성하고, 각 행정기관 수준에서의 사업 목표의 구체화와 정해

---

26) 1998년에 제정된 예산법(kompletteringspropositionen från år 1988)에서도 행정기관으로 하여금 의사결정을 통해 사업을 운영할 권한을 부여하여야 한다는 내용(ges successivt ansvar att driva verksamheten med egen beslutskompetens)과 더불어, 정부로 하여금 행정기관의 성과에 대한 달성 수준 및 관련 분석에의 보고요구를 강화하고, 예산보다는 사후조치 및 평가에 관심을 가져야 한다(kraven på redovisning och analys av vilka resultat som uppnåtts [⋯] och intresset bör förskjutas från budgetering till uppföljning och utvärdering)고 제시하였다(스웨덴 의회, 1988: 69).

27) 스웨덴 재무부(2000). Prop. 2000/01:1, Budgetpropositionen för 2001.

진 양식에 따른 성과보고를 통해 평가 · 성과관리체계가 이루어질 것으로 기대하였다(스웨덴 재무부, 2000: 17-22).

그러나 2006년에 구성된 행정기관의 거버넌스 개선을 위해 별도의 조사위원회는 다른 의견을 제시하였다. 이른바 '거버넌스 조사단(Styrutredningen)'으로 불린 그 위원회는 2001년에 구성한 운영체계를 비판하는 보고서를 제출하였다. 그 보고서에 따르면, 정부가 규제를 통해 요구하는 성과보고 항목이 지나치게 많고 광범위하여 행정기관에서는 그러한 요구에 대응하기 위한 자원 투입 부담이 과도하다는 것이었다. 더욱이 기존 체계가 지향하였던 수직적 구조에서는 하나의 목표를 가지고 각기 다른 수준의 세부 목표를 세워야 하지만, 그러한 구분이 매우 어려우며, 협업의 필요성이 증가하는 현실과도 부합하지 않았다. 더불어 조사위원회는 정치적 중요성이 높은 중 · 장기 목표 달성을 위해 다양한 행정기관의 협력 도출에 초점을 둔 전략적 거버넌스에 더 많은 자원 투입이 필요하다고 제안하였다.

그에 따라 2009년 예산부터 정부의 평가 · 성과관리 방식이 수정되었다. 기존의 수직적 운영 구조는 폐지되고, 행정기관에 요구되는 사항들은 중 · 장기 거버넌스를 고려하여 구성되었다. 개별 행정기관의 특성에 맞춘 평가 · 성과관리 방식을 도입하려고 하였다. 이러한 수정 노력이 지향하는 것은 행정기관으로 하여금 본래 사업이 추구하였던 효과를 도출할 수 있도록 행정기관에 불필요한 통제를 줄이는 것이었다. 보다 구체적으로는 예산할당에 따른 업무지시[28](Regleringsbrev för budgetåret)를 통해 요구하였던 성과보고 항목과 성과목표의 수(antalet mål och återrapporteringskrav)를 줄이는 것이었다. 즉 조사위원회는 평가 · 성과관리에 있어 성과목표의 수와 보고 항목을 통해 통제가 이루어진다고 보고, 그 수를 줄이면서 행정기관의 자율성을 향상시킬 필요가 있다고 제안한 것이다. 그에 따라 재정관리청(ESV)이 2008년과 2009년의 155개 행정기관의 평가 · 성과관리 실태를 조사한 보고서(Kartläggning av regleringsbrev)에 따르면, 성과목표의 수와 성과보고 항목이 크게 줄어들었음을 발견하였다. 또한 동시에 최종 성과물(impact target)에 대한 정보가 증가하였음을 발견하였다.

---

28) Regleringsbrev för budgetåret에 대한 번역은 연구마다 조금씩 상이한데, 지출의향서, 규정서신, 예산운용지침서라고도 표현하고 있다. 엄밀한 의미를 따지자면, 의회가 예산안을 승인한 후 정부 부처에서 각 행정기관에 정부 부처가 행정기관에 예산을 할당하면서 그 기관이 회계연도에서 수행하여야 할 목표와 그에 따른 성과보고 항목을 지정한 것이므로, 여기서는 예산할당에 따른 업무지시로 표현하였다.

이후 재정관리청(ESV)은 2021년 보고서(Regeringens resultatstyrning av myndigheterna)를 통해 개혁의 효과에 대해 다섯 가지 가설을 설정하여 검증을 실시하였다.

표 6-5 재정관리청 2021년 보고서에 제시된 다섯 가지 가설

가설 1)	2009년 이후로 성과목표의 수와 성과보고요구 항목의 수는 줄어들었다.
가설 2)	예산할당에 따른 업무지시에서 성과목표의 수가 줄어든 대신 2009년 이후로 정부지침(instruktionerna)에 성과목표에 대한 내용이 증가하였다.
가설 3)	지침에서의 성과보고 항목에 대한 내용은 예산할당에 따른 업무지시 속에서 그러한 내용이 줄어든 만큼 증가하였다.
가설 4)	평가·성과관리에 관한 예산할당에 따른 업무지시에서 성과목표 및 성과보고요구 항목에 대한 내용이 감소한 후, 해당 규제에서 세부 과제에 대한 수는 증가하였다(다른 방식으로 통제 수준 유지).
가설 5)	성과관리에 관한 예산할당에 따른 업무지시에서의 성과목표 및 성과보고요구 항목에 대한 내용이 감소한 후, 정부 보조금과 관련한 예산할당에 따른 업무지시에서 평가·성과관리에 관한 통제 내용이 증가하였다(다른 방식으로 통제 수준 유지).

출처: ESV(2021: 10-11).

부처별 하나씩의 행정기관을 선택하여 1999년, 2006년, 2013년, 2020년 연차보고서 및 평가·성과관리 관련 지침 등의 내용을 조사한 결과를 보면 [그림 6-2]와 같다.

그림 6-2 중앙 예산할당에 따른 업무지시에서의 성과목표 및 성과보고요구 항목의 수(평균)

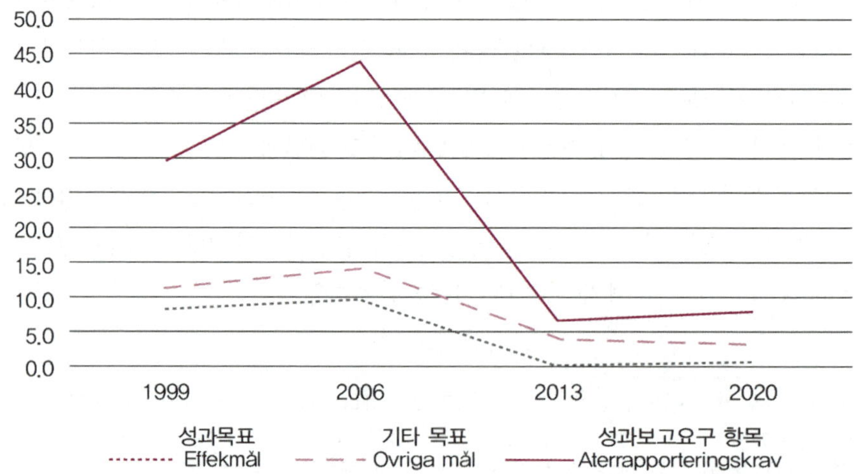

출처: ESV(2021: 15).

그림 6-3 예산할당에 따른 업무지시 및 지침에서의 성과목표 수(평균)

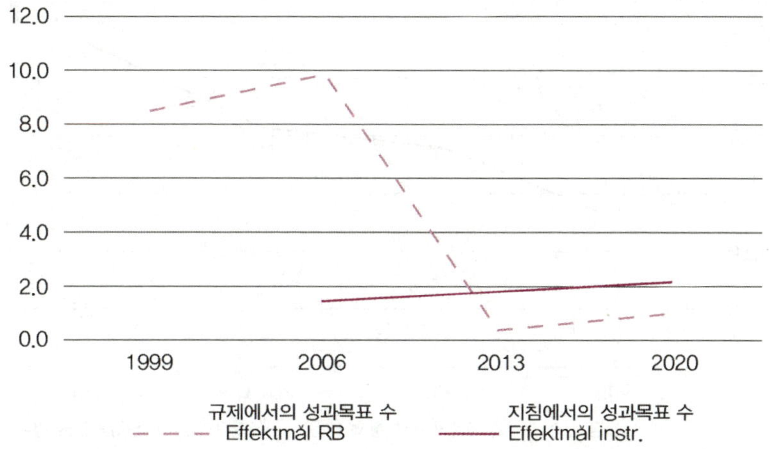

출처: ESV(2021: 16).

그림 6-4 정부지침에서의 성과목표 수 및 성과보고요구 항목 수(평균)

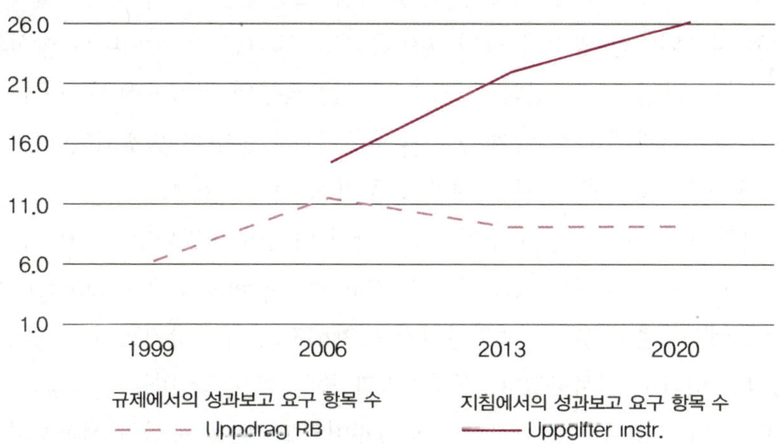

출처: ESV(2021: 17).

그림 6-5 보조금 및 통제 내용의 수(평균)

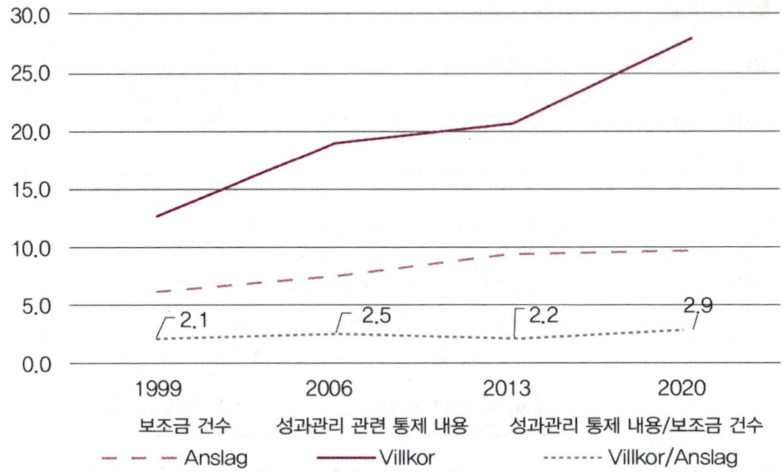

출처: ESV(2021: 19).

분석결과를 보면 가설 1과 3의 내용은 타당한 것으로 볼 수 있으나, 가설 2, 4, 5는 현실과 다른 것을 알 수 있다. 즉 2006년을 기점으로 행정기관의 평가·성과관리를 통제하기 위해 사용되었던 방법이 크게 줄어들었고, 그러한 감소는 다른 방식의 통제로 대체되는 현상이 발견되지 않았다. 이러한 결과는 정부의 평가·성과관리에 있어 실무를 담당하는 행정기관에 대한 통제와 자율성 존중 간 균형이 변경되었다는 것을 의미하며, 더 구체적으로는 행정기관의 자율성 증가로 볼 수 있다.

2006년 개혁 이후 2009년부터 평가·성과관리 방식이 변경되었고, 2010년 ESV의 행정기관을 대상으로 한 조사한 보고서에서는(Resultatstyrning i rätt riktning), 통제가 줄어든 이후에 행정기관의 평가·성과관리가 명확해지고 중·장기적이고 논리적인 방식으로 운영되고 있다고 제시하였다. 행정기관과 중앙 부처 간 비공식 접촉과 대화가 증가하였으며, 그러한 접촉은 건설적이고 효과적이었고, 비용 중심의 성과보다는 행정기관의 특성을 반영한 성과(prestationer)를 강조하는 성과보고서가 이루어졌다고 보았다. ESV는 전반적으로 이러한 변화가 바람직한 것으로 보았다(ESV, 2010: 7-8).

2) 스웨덴 연차보고서를 통한 평가 · 성과관리 구조

언급한 것처럼 스웨덴의 행정기관(agency)은 부처에 소속되어 있으나, 상당히 높은 수준의 독립성과 재량권을 보장받는다. 부처가 소속 행정기관의 업무에 관여하는 경우는 매우 드물며, 오히려 행정기관은 부처에서 계획한 정책이나 사업 가이드라인의 실천 방안에 대해 다양한 제안을 할 수 있다. 이러한 행정기관이 작성한 연차보고서는 부처 수준에서 수집되어 의회에 보고되기 전에 먼저 재무부 산하의 행정조사처(Statskontoret)의 검토를 받게 된다. 사실상 행정조사처는 정부사업에 대한 공식적인 조사 및 평가를 담당한다. 국가 행정 자체의 개선을 위한 각종 조사 및 연구 업무와 더불어 재정 지원을 받은 모든 활동들에 대한 평가를 실시하며, 이를 통해 국가 행정의 효율성과 민주성을 높이는 데 그 목적을 두고 있다. 공식적인 평가기관으로서 모든 분야의 정책과 사업들을 그 대상으로 하고 있으며, 조사와 연구를 통해 행정관리제도 개선을 추구하고, 올바른 행정 문화를 조성을 위한 반부패 행정기관 협의회(the Authority Network against Corruption)를 운영하고 있다.[29]

행정기관이 제출한 연차보고서에서 성과보고서 부분은 행정조사처가 1차적인 검토를 하는데, 그렇다고 해서 모든 연차보고서에 대해 점검하는 것이 아니라 주제별, 이슈별로 일부 연차보고서를 선정해서 점검을 실시한다. 연차보고서에서 성과보고서 외의 부분들, 즉 재정운용과 관련된 사항 및 재무 상태에 대한 부분은 재정관리청(Ekonomistyrningsverket)에 전달된다. 재정관리청 역시 모든 기관의 보고서에 대한 조사를 하는 것이 아니라, 특정 이슈를 선정하여 특별 조사를 실시한다. 즉 모든 기관이 연차보고서를 작성하여 제출하지만, 모든 보고서에 대해 점검이 실시되는 것이 아니므로, 기관별 비교가 가능한 형태의 조사결과는 도출되지 않는다. 또한 점검이 이루어지는 대상기관이 매년 다르므로, 전년도 점검 결과와의 비교가 어렵다.

따라서 사실상 연차보고서에 행정기관들이 일괄적으로 정량(quantitative)지표를 사용할 부담이 없으며, 동시에 정성(qualitative)지표의 활용 또는 정량과 정성 지표 모두 활용이 가능하다.[30] 즉 스웨덴의 경우에는 모든 기관의 연차보고서를 면밀히 점검하는

29) 행정조사처 홈페이지(https://www.statskontoret.se/om-oss/).

30) 점수화된 지표는 일정한 기준을 적용하여 객관화된 표현 방식으로 점검 결과를 나타내며, 따라서 그 결과인 점수는 동일한 점검 기준이 적용된 다른 기관 및 이전의 점검 결과와도 비교할 수 있다는 장점이 있다. 반면에 일부 성과는 정량적인 방식으로 측정이 어렵다. 점검 기준이 모든 기관 사업의 성과에 적용 가능한 것도 아니며, 그러한 적용이 적절치 않을 수 있다. 정성지표는

것이 아니며, 점검 대상도 해마다 바뀔 수 있으므로, 정량 및 정성 지표에 대한 점검도 이루어진다. 행정기관의 연차보고서에 대해 재정관리청이나 행정조사처의 검토는 평가보다는 조사에 가깝다. 두 기관의 점검 결과는 재무부에 보고되며, 중대한 문제가 발견된 경우에는 재무부가 해당 기관에 보완을 지시하거나 혹은 직접 조사를 실시할 수도 있다. 그러므로 재정관리청이나 행정조사처는 행정기관이 작성한 연차보고서의 개선을 위한 검토 의견을 제시한다고 볼 수 있다.

앞서 관련 규정에서도 행정기관이 작성한 연차보고서는 감사원에도 전달된다. 재정관리청이나 행정조사처가 재무부 산하의 기관이라면, 감사원은 의회 소속 기관이다. 감사원은 모든 기관의 연차보고서를 검토한 후 감사보고서를 작성하며, 검토 과정에서 문제가 발견된 경우에는 그에 대한 의견을 추가할 수 있다. 중대한 문제에 대해서는 별도의 감사를 실시할 수 있으며, 그렇지 않은 경우 재무부를 통한 재조사도 가능하다. 감사원의 요구가 있는 경우, 재무부는 직접 조사를 실시하기보다는 재정관리청이나 행정조사처로 하여금 조사를 하도록 한다.

그림 6-6 연차보고서 관련 체계

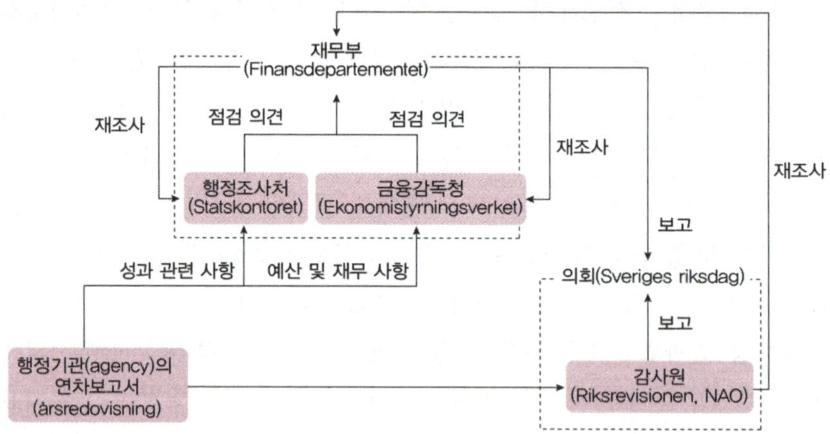

출처: 저자가 직접 작성.

명확한 평가 기준을 설정하기가 어렵고, 평가자의 주관이 개입될 여지가 있으므로 평가결과의 객관성에 대한 신뢰성이 다소 낮다는 문제점이 있지만, 이슈별 특징을 반영한 평가 기준의 적용하고 다양한 측면에 대한 점검이 가능하므로, 점검의 합리성을 강화할 수 있다는 강점이 있다.

2. 평가 · 성과관리의 지표 및 측정방법

스웨덴 평가 · 성과관리는 평가의 성격보다는 정보 제공의 성격이 더 강하다고 볼 수 있다. 또한 각 행정기관마다 연차보고서에 성과에 대한 정보를 제시하는 방식이 제각각이다. 특정 지표를 설정하고 그에 대한 회계연도의 목표치를 제시한 후 그 목표치를 달성하였는지 혹은 얼마나 달성하였는가를 나타내기보다는, 해당 행정기관이 주요 실적이 무엇이었는지를 서술하는 방식도 활용하고 있다. 스웨덴은 경제와 복지 측면에서 선진국으로 평가받고 있으므로, 여기서는 경제와 복지 분야 행정기관의 연차보고서 사례를 통해 실제로 어떤 방식으로 평가 · 성과관리가 이루어지고 있는지 살펴보았다.

1) 보건복지 분야 사례: 공중보건청(Folkhälsomyndighetens verksamhe)

스웨덴의 공중보건 업무를 담당하는 공중보건청은 질병과 감염병 예방, 그 외의 다양한 건강 위협으로부터 국민의 건강을 보호하는 업무를 담당하고 있다. 세대 내 건강 격차를 줄여 평등한 건강 사회를 조성하는 것을 조직의 목표로 삼고 있다. 2021년에는 COVID-19에 대한 대응이 주된 업무였다. 현장 보건 업무보다는 건강 증진 및 예방과 관련된 지식과 정보를 수집하고 분석하여 전달하는 데 초점을 두고 있다. 그 대상에는 HIV 및 성병, 정신건강, 자살예방도 포함되어 있으며, 그 외에 술, 마약, 담배, 도박 등의 중독 방지 노력도 포함된다. 한국의 질병관리청과 유사한 업무를 담당하고 있다고 볼 수 있다(공중보건청, 2021: 1-2).

공중보건청의 성과정보가 담겨져 있는 연차보고서는 다음과 같이 구성되어 있다. 재무 상황에 대한 설명이 별도로 구성되어 있고(7장), 보고서의 대부분은 사업성과에 대한 설명과 분석으로 구성되어 있다. 공중보건청의 업무 분야는 크게 지식정보 분야(Kunskap), 규제 및 감독 분야(Regelgivning, tillståndsgivning och tillsyn), 연구개발(Uppdrags-och forskningsverksamhet), 예방(Beredskap), EU 업무 및 국제협력(EU-arbete och internationellt samarbete)이다(공중보건청, 2021: 4-7).

여러 가지 업무 분야 중 지식정보(Kunskap)에 관한 부분을 살펴보면, 크게 네 가지 세부 업무 분야로 나뉜다. 각각에 대한 성과는 특정 지표를 중심으로 그 실적을 측정한 것이 아니라, 주요 추진사항을 기술하는 방식으로 되어 있다. 현장에서 직접 치료 및 진료를 하는 것이 아니라, 관련 지식과 정보를 수집하고 개발하여 전파하는 역할을 맡고 있으므로, 정량지표를 활용하여 특정 성과를 측정하기보다는, 추진한 사업이 무엇이

표 6-6 공중보건청 연차보고서의 목차

1. Folkhälsomyndighetens verksamhet(공중보건청 업무)
   - 1.1 Myndighetens arbete med hantering av pandemin 2021(코로나 대응 업무)
   - 1.2 Övergripande uppdrag och organisation(전반적인 미션과 조직)
   - 1.3 Verksamhetsöversikt(사업 개요)
   - 1.4 Ekonomisk översikt utifrån verksamhetsområden(분야별 재무 현황)
2. Resultatredovisning verksamhetsområde: Kunskap(성과보고: 지식정보)
   - 2.1 Följa folkhälsan och dess bestämningsfaktorer(공중보건 모니터링)
   - 2.2 Främja hälsa och förebygga ohälsa(공중보건 정책 지원)
   - 2.3 Stödja smittskyddsarbetet(감염예방 업무 지원)
   - 2.4 Generationsmålet och miljökvalitetsmålen(발전 목표 및 환경품질목표)
3. Resultatredovisning verksamhetsområde: Regelgivning, tillståndsgivning och tillsyn(성과보고 분야: 규제, 인허가 및 감독)
   - 3.1 Smittskydd(감염예방 관련)
   - 3.2 Alkohol(알코올)
   - 3.3 Tobak och elektroniska cigaretter(담배 및 전자 담배)
   - 3.4 Nya psykoaktiva substanser och vissa hälsofarliga varor(향정신성 물질 및 건강 유해 물품)
   - 3.5 Tillsynsvägledning miljöbalken(관리감독 지침, 환경 규정)
   - 3.6 Bekämpningsmedel(살충제)
4. Resultatredovisning verksamhetsområde: Uppdrags-och forskningsverksamhet(성과보고 분야: 연구개발 활동)
5. Resultatredovisning verksamhetsområde: Beredskap(성과보고 분야: 예방)
   - 5.1 Utbrottsberedskap(폭발 사고 예방)
   - 5.2 Säkerhetslaboratorium(연구실 사고 예방)
   - 5.3 Laboratorienätverk i Sverige(실험실 네트워크)
   - 5.4 Pandemiberedskap(전염병 대비)
   - 5.5 En förbättrad krishanteringsförmåga(위기관리 능력 향상)
6. Resultatredovisning verksamhetsområde: EU-arbete och internationellt samarbete(성과보고 분야: EU 업무 및 국제협력)
   - 6.1 Samarbete inom FN och WHO(UN 및 WHO 협력)
   - 6.2 Samarbete inom EU(EU 내 협력)
   - 6.3 Nordliga dimensionen och Östersjösamarbetet(북방 지역 및 발트해 협력)
   - 6.4 Samarbete inom Norden(북유럽 지역 내 협력)
   - 6.5 Bilaterala samarbeten(양자간 협력)
7. Finansiell redovisning(재무회계)

출처: 공중보건청(2021: 4-7).

며 어떤 의미를 가지는가를 제시하고 있다(공중보건청, 2021: 44-67). 특히 기관의 업무가 자료수집 및 분석과 같은 장기적으로 지속되는 업무이며, 조사 및 분석결과는 즉시 도출되는 것이 아니라는 특성, 그리고 공중보건과 관련된 다양한 기관과의 협력사업이 많다는 특징이 반영되었다고 볼 수 있다.

표 6-7 공중보건청 지식정보 업무 분야에의 성과정보(지표)

Följa folkhälsan och dess bestämningsfaktorer(공중보건 모니터링)
- 전국 공중보건조사(Hälsa på lika villkor: HLV) 실시
  - 전국 16~84세 인구를 대상으로 2016년부터 2년마다 실시
  - 2021년은 정기조사 대상 연도가 아니지만, COVID-19 상황을 고려하여 추가조사 살시
  - 40,000개의 설문지를 발송하여, 응답률은 44%였으며, 그 외에 85세 이상 인구 10,000명에 대해 추가로 설문조사 실시
  - 설문조사 결과는 웹사이트를 통해 공개
- 도박 중독에 관한 시계열조사(Folkhälsomyndighetens undersökning om spel om pengar och hälsa, 또는 Swelogs)
  - 16~84세 인구의 도박 활동에 대한 세계에서 가장 포괄적이고 장기적인 연구
  - 2008년부터 운영하고 있으며, 2021년에는 25,000명을 포본으로 설문조사
  - 2018년 조사의 후속 조사로서 5,000명을 대상으로 설문조사
  - 결과는 2022년에 공개

Främja hälsa och förebygga ohälsa(공중보건 정책 지원)
- 건강 관련 경제 분석(Hälsoekonomiska analyser)
  - 75세 이상 인구를 대상으로 폐렴구균 백신 접종에 대한 경제분석
  - 백신 접종을 특별 백신 프로그램의 하나로 포함시켜 집행할지에 대해 평가
  - 백신 접종이 건강에 미치는 영향 및 그에 따른 비용분석
  - 75세 이상 노인을 대상으로 한 백신 접종 프로그램 추진이 필요하다는 결론
- 정신건강 및 자살예방을 위한 정책 조정(Psykisk hälsa och suicidprevention)
  - 25개 당국이 협력하는 정신건강 및 자살예방 관련 국가 전략 개발
  - 정신건강 및 자살예방 분야 전략 개발 진행 보고서 발표
  - 대체로 국민들의 정신건강은 양호한 편이나, 최근 정신건강 문제를 보고하는 비율이 증가하였음을 발견
  - 지난 20년 동안 대부분의 연령대에서 자살률은 감소하였으나, 젊은 세대에서는 그러한 감소가 발견되지 않았음을 제시

Stödja smittskyddsarbetet(감염예방 업무 지원)
- 감염관리 시스템 운영(SmiNet)
  - 감염병 모니터링을 인터넷 기반 시스템인 SmiNet을 통해 실시
  - 2021년 관련 보고 사례가 증가하면서 시스템 부하의 발생, 유지 보수 작업 실시
  - COVID-19와 관련된 실험 결과를 공유할 수 있도록 추가로 다수의 실험실이 SmiNet와 연결됨
  - 새로운 SmiNet을 위한 시스템 개발 및 시운전 완료
  - 예상치 못한 정지 사태에 대비하여 안정성과 보안을 강화

• 공지 프로세스를 단순화하고 디지털화
– 신고 대상 질병 모니터링 보고서 발간
• 위장병을 유발하는 캄필로박터 감염 사례 감소(2019년 대비 절반 수준)
• 살모넬라, A형 감염 등도 감소
• 혈액 매개 감염과 성병은 감소하였으나, 상대적으로 감소폭은 작은 편

Generationsmålet och miljökvalitetsmålen(**발전 목표 및 환경품질목표**)
– 환경품질목표 및 협력 작업에 참여
• 환경보호국이 주제하는 환경품질목표 설정 작업에 참여
• 발전 목표 및 연간 후속 조치에 대한 제안
– 환경정책위원회(Miljömålsrådet) 참여
• 환경정책위원회의 전략 개발 참여
• 두 개의 프로젝트 참여(지속 가능한 식품 시스템(Syntesarbete för ett hållbart livsmedels-system) 및 국가 전략 수립을 위한 프레임워크 작업(Ramverk för nationell planering) 참여
• 환경정책위원회의 연구 사업 지원

출처: 공중보건청(2021: 44-67) 재편집.

2) 경제산업 분야 사례: 에너지청(Energimyndighetens)

에너지청의 역할은 효율적인 에너지 시스템을 통해 경쟁력 있는 에너지 공급을 확보하면서 생태적 지속가능성과 결합하는 데 있다. 이를 위해 에너지 시스템에 관한 연구와 혁신 및 신기술의 상용화를 지원한다. 이외에 에너지 관련 통계자료를 생산 및 수집하고, 배출권 거래제의 관리와 국제기후협력에의 참여 임무도 담당하고 있다. 2015년 UN 총회에서 제창된 ‘지속가능한 발전 목표(Sustainable Development Goals: SDGs)’ 혹은 ‘AGENDA 2030’의 내용이 에너지청의 임무에 반영되어 있다. 에너지청의 2021년 연차보고서의 목차는 〈표 6-8〉과 같다.

특이한 점은 에너지청의 사업 영역이 일곱 가지로 나뉘어져 있어, 각 사업 영역별 주요 추진 상황 및 성과보고 내용이 포함되어 있다. 즉 에너지청의 주요 성과에 대해서 별도의 정리나 소개를 하는 것이 아니라, 보고서 전체에 그 내용들이 산개되어 있는 형태다.

또 다른 특징은 일곱 개 주요사업 분야에 대한 설명 중 정부가 요구한 성과보고 항목에 해당하는 내용이 있는 정확한 위치에 대해 별도의 챕터(Mål, återrapporteringskrav och regeringsuppdrag enligt regleringsbrev samt särskilda regeringsuppdrag)에서 구체적인 페이지 번호 정보를 제공하고 있다.

표 6-8 에너지청 연차보고서 주요 목차

Energimyndighetens uppdrag och roll(에너지청의 사명과 역할)
Resultatredovisning 2021(결과보고서)
Intäkter och kostnader(수입과 지출)
① Hållbar och inkluderande arbetsplats(지속가능하고 포용적인 업무환경)
  Arbetsmiljö och hälsa(작업환경 및 건강)
  Kompetensförsörjning(역량 향상)
  Sjukfrånvaro(건강 상태)
  Jämställdhet och likabehandling(평등한 처우)
  Miljömålsarbetet(환경 목표를 위한 임무)
  Arbete med Agenda 2030(아젠다 2030 임무)
② En myndighet i ständig förbättring(지속적인 성장 추구)
  Strategi för digitalisering samt nya IT-stöd och arbetssätt(작업 환경에서의 디지털화 및 IT 지원)
  Effektivare styrning mot målen(목표 달성을 위한 보다 효과적인 관리 방안)
  Rättssäker och trovärdig myndighetsutövning(합법적인 권한 활용)
  Energiutblick 2021 och resultatkommunikation(2021년 에너지 동향)
  Fortsatt hantering och påverkan av coronapandemin(COVID-19 상황에서의 관리)
③ Utvecklad aktörssamverkan(이해관계자 간 협업의 개선)
  Ökad förmåga till samverkan(협업 역량 강화)
  Ökad samverkan inom prioriterade områden(주요 분야에서의 협업 강화)
  Samverkan i praktiken(협업 실무)
④ Oberoende, trovärdig och relevant kunskap för en hållbar energiomställning(지속가능한 에너지로의 전환을 위한 연구 개발)
  Utredningar, uppföljningar och prognoser(조사, 후속소치 및 전망)
  Officiell statistik(공식 통계)
  Myndighetsutövning och tillsyn(관리 감독 업무)
⑤ Utvecklad flexibilitet och robusthet i energisystemet(에너지 시스템의 안전성과 유동성 개선)
  Förnybar energi(신재생에너지)
  Resurseffektiv energianvändning(자원 효율성이 높은 에너지)
  Trygg energiförsörjning(안전한 에너지 공급)
⑥ Innovativa lösningar på morgondagens utmaningar(내일을 향한 혁신)
  Forskning och innovation ur ett jämställdhetsperspektiv(연구와 혁신)
  Samordningsgrupp för forskning och innovation(연구 개발 동반자)
  Tvärgående och övergripande insatser(융합적이고 포괄적인 노력)
  Temaområde Affärsutveckling och kommersialisering(사업화 및 상업화 분야)
  Temaområde Allmänna energisystemstudier(일반 에너지 시스템 분야)
  Temaområde Bioenergi(바이오에너지 분야)
  Temaområde Byggnader i energisystemet(에너지 시스템 구축 분야)
  Temaområde Elproduktion och elsystem(전력 생산 및 시스템 분야)
  Temaområde Hållbart samhälle(지속가능한 사회 분야)
  Temaområde Industri(산업 분야)
  Temaområde Transportsystemet(운송 시스템 분야)

⑦ Internationella samarbeten(국제 협력)
Strategiskt inflytande i internationell klimatpolitik(국제 기후 정책에서의 전략적 영향)
Policyfrågor med fokus på EU och internationellt(EU와 국제 협력 관련 정책 이슈)
Sveriges program för internationella klimatinsatser(국제 기후 행동을 위한 스웨덴의 정책)
Forsknings-och innovationssamarbeten inom EU(EU 내에서의 연구 개발 협력)
Implementering på internationella marknader(국제 시장에서의 활동)

Mål, återrapporteringskrav och regeringsuppdrag enligt regleringsbrev samt särskilda regeringsuppdrag(예산할당에 따른 업무지시 및 특별 사업과 관련한 목표, 보고 항목 및 사업추진 현황)
Uppgifter i instruktion(세부적인 지침)
Genomförda utvärderingar 2021(2021년에 수행된 평가)
Avgiftsbelagd verksamhet(비용 내역)
Finansiell redovisning(회계)
Sammanställning över väsentliga uppgifter(핵심 데이터 병합)
Resultaträkning(수입 내역)
Balansräkning(대차대조표)
Anslagsredovisning(전용 회계)
Redovisning mot inkomsttitel(수입 항목에 대한 회계)
Redovisning mot bemyndigande(승인 항목 회계)
Finansiella villkor enligt regleringsbrev 2021(규정 서식에 따른 재정 상태)
Noter och tilläggsupplysningar till resultat-och balansräkningen(추가 정보)

출처: 에너지청(2021: 1-3).

표 6-9 에너지청 연차보고서 내 성과 관련 안내 자료

보고요구 항목	관련 내용의 위치
Agenda 2030 (아젠다 2030)	Hållbar och inkluderande arbetsplats(sid. 15)('지속가능하고 포용적인 업무 환경' 편 15페이지)
Samhällsekonomiska analyser (사회경제적 분석)	Oberoende, trovärdig och relevant kunskap för en hållbar energiomställning(sid. 30)('지속가능한 에너지로의 전환을 위한 연구 개발' 편 30페이지)
Förstärkning av totalförsvaret (안보 강화)	Utvecklad flexibilitet och robusthet i energisystemet(sid. 53)('에너지 시스템의 안전성과 유동성 개선' 편 53페이지)
Energiforskning (에너지 연구)	Innovativa lösningar på morgondagens utmaningar(sid. 62)('내일을 향한 혁신' 편 62페이지)
Resurseffektivitetskrav inom ekodesign och energimärkning (에코디자인 및 에너지 라벨링의 자원 효율성 강화)	Utvecklad flexibilitet och robusthet i energisystemet(sid. 52ff) och Internationella samarbeten(sid. 79)('에너지 시스템의 안전성과 유동성 개선' 편 52페이지와 '국제 협력' 편 79페이지)

Sekonderingar av personal (인력 파견)	Internationella samarbeten(sid. 88)('국제 협력' 편 88페이지)
Export-och investeringsstrategi (수출 및 투자 전략)	Internationella samarbeten(sid. 88)('국제 협력' 편 88페이지)

출처: 에너지청(2021: 96).

정부의 보고요구 항목인, UN 총회에서 제창된 '지속가능한 발전 목표(Sustainable Development Goals: SDGs)' 혹은 'Agenda 2030'과 관련된 성과에 대해서 에너지청은, Agenda 2030의 17개 세부 목표 중 여덟 가지가 에너지청의 업무와 밀접하게 관련이 되어 있다고 밝히고, 주요 성과에 대해 다음과 같이 간략하게 보고하고 있다. 정량지표를 활용하여 구체적인 정보를 제공하는 것이 아니라, 에너지청의 사업 내용에 대한 간략한 정보를 제공하고 있다. 보다 구체적인 내용은 일곱 개 사업 영역에 대한 설명에 흩어져 있으므로, 에너지청은 정부가 지침이나 규제를 통해 요구한 항목들을 선별하여 구체적인 정보를 제공하고 있지는 않다.

표 6-10 에너지청 연차보고서 내 Agenda 2030 성과정보(지표)

Agenda 2030의 세부 목표	에너지청의 성과
Mål 7 Hållbar energi för alla (모두를 위한 지속가능한 에너지)	에너지 효율 및 재생 에너지 관련 지침을 개정하는 데 있어 EU의 조정 및 협상 업무에 참여
Mål 8 Anständiga arbetsvillkor och ekonomisk tillväxt(양질의 근로조건과 경제성장)	파리협정 제6조(국가온실가스 감축목표 달성을 위한 국가 간 협력)에 따른 협력 관련 협정을 추진하고, 협력을 모으는 과정에서 직장 내 인권과 안전 존중의 중요성 강조에 따름
Mål 9 Hållbar industri, innovationer och infrastruktur (지속가능한 산업, 혁신 및 인프라)	연구 프로젝트를 추진하고 있으며, 그 중 5개의 결과가 산업화에 활용됨
Mål 11 Hållbara städer och samhällen (지속가능한 도시와 커뮤니티)	'지속가능한 도시 위원회(Rådet för hållbara städer)' 활동 지원 지원
Mål 12 Hållbar konsumtion och produktion (지속가능한 소비와 생산)	지속가능한 배터리 개발 연구
Mål 13 Bekämpa klimatförändringarna (기후변화 대응)	온실가스 배출 저감 장치 개발 연구 지원
Mål 17 Genomförande och globalt partnerskap (실천 및 글로벌 파트너십)	파리협정 제6조에 따른 해외 국가와의 협력 협정 체결

출처: 에너지청(2021: 15-16).

다른 정부 보고요구 항목인 'Energiforskning(에너지 연구)'와 관련해서는, 에너지 관련 연구 및 혁신 자금 지원이 양성평등 지침에 부합하게 이루어졌는가를 설명하고 있다. 에너지청은 성별에 상관없이 연구, 혁신 및 개발 활동을 위한 기금 지원을 받을 동등한 기회를 제공하여 지속가능한 에너지에 대한 연구에의 자금 지원이 주요내용이다. 그에 따른 성과지표로 활용한 것은 에너지청이 지원하고 있는 박사과정 학생 및 선임 연구원의 수와 그 내에서의 성별 비율이 활용되었다. 2020년 대비 2021년에는 그러한 지원을 받는 수혜자가 5% 증가하였으며, 여성의 비율은 더 크게 늘어나 여성의 비율은 34.3%가 되었다. 또한 에너지청의 연구 개발 사업에 참여 지원자에게는 양성평등에 대한 조사를 실시하여, 관련된 세 개의 세미나를 개최하였다. 이 경우, 정량지표를 일부 활용하기는 하였지만, 어떤 목표치를 제시하고 그 달성도를 평가하는 형태는 아니었다.

그림 6-7 에너지청 성과지표 예시: 정부 지원금 수혜자 내 성별 비율

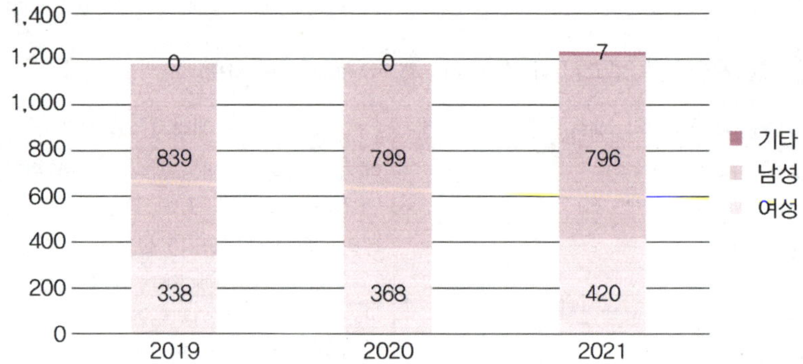

출처: 에너지청(2021: 62).

제 3 절

스웨덴 평가 · 성과관리 동향분석

1. 평가 · 성과관리 계획, 모니터링, 보고서

1) 스웨덴의 예산 과정에서의 평가 · 성과관리

한국과 마찬가지로 스웨덴에서 평가 · 성과관리의 중요성은 그 결과 정보가 예산 과정에 반영되기 때문이다. 정부 부처가 연차보고서 작성과 관련된 지침이나 지시를 통해 정책목표를 제시하면, 행정기관은 그 목표에 달성하기 위한 노력 결과를 보고서를 통해 제출하고, 그 보고서 내용은 차년도 예산 획득을 위한 검토자료로 활용된다. 언급한 것처럼 정부의 지출 분야는 대략 27개 영역으로 구분되며, 정부는 각 영역별 목표를 제안한다(국회예산정책처, 2020: 186-211). 이 목표들을 검토하여 의회는 예산안을 비준하는 것인데, 이 목표를 설정하는 과정에서 실제 그 목표 달성을 위한 집행을 하는 행정기관의 의견도 수렴한다.

물론 스웨덴의 평가 · 성과관리에 있어서 한국과 같은 엄밀하고 구체적인 평가 · 성과관리 가이드라인이 없는 것은 아니다. 최근의 평가 · 성과관리 방식의 변화가 있기 전인 2000년대 중반의 보고자료에 따르면 평가 · 성과관리를 위해 목표 대비 실적 측정, 성과지표의 선정에 대한 구체적인 가이드라인을 제시하고 있다. 예를 들어 ESV(2006)의 '목표 달성 분석: 목표 달성, 성과 및 효과의 조사와 보고 방법(Måluppfyllelseanalys: Hur måluppfyllelse, effekter och effektivitet kan undersökas och rapporteras)'에서는 기술적 목표 달성 분석, 설명적 목표 달성 분석, 효과와 비용분석으로 목표 달성 정도를 분석하는 방법을 구분하고, 비용편익분석, 실험군 및 대조군 활용, 시계열 분석 등 다양한 분석 기법을 지침으로 제시하고 있다. 또한 ESV의 2007년 보고서 '성과지표(Resultatindikatorer)'에서는 성과지표를 정의하고 선정하는 모델을 구체적으로 제시하고 있다. 양적 지표와 질적 지표의 의미와 특징, 로직모델, 성과지표 선정을 위한 절차와 모델, 좋은 성과지표의 기준 등을 구체적으로 제시하고 있다.

이 과정에서 평가 · 성과관리에 대한 의회의 영향력은 제한적이다. 원칙적으로는 평가 · 성과관리가 정부의 책임을 묻는 의회의 중요한 수단이지만, 스웨덴에서는 행정기관의 경영진에게 상당한 재량권을 부여하고 있다. 또한 평가 · 성과관리에 활용되는 지표를 설정하는 데 있어 구체적인 관리를 하지 않고 있어, 기관마다 성과지표의 수준이나 유형이 매우 다양하다. 또한 연차보고서를 통해 제공되는 성과정보는 행정기관의 의사가 주로 반영되어 그 측정 대상과 측정 방식이 결정되었으므로, 성과정보가 예산안 심사에서 큰 영향을 가진다고 보기 어렵다.

2010년 ESV의 보고서 '성과관리의 올바른 방향(Resultatstyrning i rätt riktning)'에 따르면, 17개 기관을 대상으로 조사한 결과 대부분의 기관들이 정부의 연차보고서 작성 관련 지침이나 지시가 줄어들면서 기관운영에 있어서 장기적 관점과 명확성이 향상되었다고 응답하였다. 또한 부처와의 비공식 소통을 통해 건설적이고 유용한 논의가 이루어졌으며, 성과에 초점을 둔 연차보고서를 작성하는 방향으로 변화하고 있다고 보았다(ESV, 2010).

10년 뒤인 ESV의 2020년 보고서 '요구사항 변경 조치에 따른 연차보고서와 기관의 업무(Resultatredovisningarna och myndigheternas arbete med dessa efter ändrade krav)'에서는, 연차보고서 작성에 관한 조항[3 kap. 1 § förordningen(2000: 605) om årsredovisning och budgetunderlag]의 개정이 행정기관의 연차보고서 작성에 미친 영향을 분석하였다. 13개 행정기관의 책임자와의 인터뷰 및 2019년 연차보고서를 작성한 24개 기관을 대상으로 심층 분석을 실시한 결과, 일부 기관에서 새로운 요구사항에 맞도록 연차보고서 작성 방식을 수정한 것으로 나타났다(ESV, 2020). 그런데 행정기관의 재량권을 향상시키는 노력은 행정기관의 방임과는 다른 것이다. 스웨덴 정부의 조사보고서를 보면 두 가지 세부적인 변화가 발견된다.

첫 번째 변화는 성과보고의 효과성 향상 또는 합리화라고 볼 수 있다. ESV는 2000년에 작성된 84개의 연차보고서를 25개의 품질 기준에 따라 평가하고, 4개의 상위 점수 기관과 4개의 하위 점수 기관을 선택하여 비교하였다. 그 결과 점수가 높은 기관들은 연차보고서 작성에 있어서 프로젝트 형식으로 진행되는 가운데 회의와 소통이 빈번하게 이루어지면서, 부처에서 전달하는 성과목표가 해당 행정기관 차원에서는 실현 가능한 수준의 구체적인 세부 목표로 전환되고, 그 과정에서 가시적인 성과 및 지표를 활용하고 있었다. 반면에 점수가 낮은 기관에서는 작성 담당자가 분산되어 있었고, 전체 구성 및 조정을 담당하는 기관의 관리자는 각 파트의 담당자와 개별적 소통을 함으로써, 담당자 간 소통 및 회의는 적었다(ESV, 2002).

ESV의 2003년의 조사보고서 '연차보고서 활용 실태 조사(En kartläggning av användningen av myndigheternas årsredovisningar)'에서는 5개 부처별로 3개 기관을 선택

하여 그들의 연차보고서가 부처에서 어떻게 활용되고 있는지를 인터뷰를 통해 조사하였다. 조사 결과 연차보고서의 정보들은 다양한 정보들을 가지고 있었지만, 주로 부처에 의한 행정기관의 통제 및 후속 조치를 위한 근거로서 활용되고 있었고, 정부 부처가 실시하는 평가에 있어서의 참고자료로 활용되었다. 연차보고서에 기재된 내용만으로는 예산이 어떤 목적에 의해서, 그리고 어떤 성과를 얻는 데 활용되었는지를 파악하는 데 어려움이 있었다(ESV, 2003).

ESV의 2007년 조사보고서 '행정 결과 및 거버넌스(Resultat och styrning i statsförvaltningen)'[31]는 활용되지 않는 정보들이 연차보고서에 과도하게 많다는 문제점에서 시작되었다. 애초의 의도대로 연차보고서에는 계획하였던 목표와 그에 따른 성과에 대한 정보로 충분한데, 실제 활용 여부가 증명되지 않은 정보들이 너무 많아, 불필요한 업무 부담을 늘린다는 것이다.

2012년의 보고서 '집행, 규모 및 비용: 연차보고서 규칙 평가(Prestationer, volymer och kostnader: Utvärdering av reglerna för resultatredovisningen)'[32]는 118개의 연차보고서(2009~2011년) 및 해당 행정기관에 대해 조사하였다. 대부분의 연차보고서는 정부 지침에 따라서 성과를 보고하고 있었으나, 동시에 대다수의 기관에서는 정부 부처의 연차보고서 작성에 관한 지침이 모든 기관에 공통적으로 적용되기는 어렵다는 인식을 가지고 있었다. 비록 정량지표를 통해 성과를 측정하고 관련 비용을 제시하고 있었으나, 그러한 방식이 모든 기관이 적용되기는 어려우며, 그러한 정보들이 부처의 의회를 대상으로 한 성과보고에도 큰 도움이 되지 않는다고 보았다. 또한 행정기관에서는 지표와 핵심 성과의 선정에 있어서는 행정기관의 재량이 필요하다고 주장하였다. 이에 대해 ESV는 규정은 그대로 유지하더라도, 그에 대해서는 다양한 해석이 가능하도록 하여야 하며, 규정을 모든 기관에 적용하기는 어려우므로 예외의 경우를 허용하여야 한다는 결론을 내렸다.

ESV의 2016년 보고서 '행정기관 성과지표의 가시화(Att synliggöra myndigheters resultat)'에서는 무작위로 20개 행정기관의 연차보고서를 검토하여, 그 성과정보의 내용과 그 정보가 어떻게 활용되고 있는지를 분석하였다. 그 결과 연차보고서에 제시된 성과에 대한 분석은 다소 부족하였으며, 관련 설명도 미흡하였다. 정량적인 정보 제공에

31) ESV(2007: 23). Resultat och styrning i statsförvaltningen. Stockholm: Ekonomistyrningsverket.

32) ESV(2012: 27). Prestationer, volymer och kostnader. Utvärdering av reglerna för resultatredovisningen. Stockholm: Ekonomistyrningsverket.

중심을 둔 현재의 지침이 실제로 부처가 필요로 하는 정보 외의 것들을 생산하도록 하고 있으며, 부처가 의회를 대상으로 하는 성과보고에서도 그러한 경향이 발견되었다. 더욱이 그러한 불필요한 정보를 생산하기 위해 행정기관이 부담하여야 하는 비용은, 작은 규모의 기관일수록 상대적으로 큰 것이었다. 이에 대해 ESV는 현재의 지침이 과도하게 정량적인 성과를 보고하도록 유도하는 데 문제가 있다고 보고, 그러한 지침을 수정할 필요가 있으며, 기관으로 하여금 연차보고서에 성과에 대한 설명을 제시하여야 한다는 결론을 내렸다.

이에 스웨덴 정부는 각종 보고서 작성을 간소화하여 효율성을 높이는 방안을 최근에 제시하였다. ESV의 2019년 보고서 '간소화 지원(Stöd för effektivisering)'에는 연차보고서의 효율성을 향상시키기 위한 방안 다섯 가지를 제시하면 〈표 6-11〉과 같다.

표 6-11 연차보고서 효율성 향상 방안

보고서 작성의 간소화를 위한 방안(Tillvägagångssätt för effektivisering)
① 정책 대상집단의 수요 파악(Målgruppsorientering): 이해 수준이 높아질수록 구체적으로 필요한 것이 무엇인지가 보다 명확해질 수 있으므로, 행정기관은 보다 효율적으로 운영될 수 있음
② 보고 규정의 간소화(Regelförenkling): 정기적으로 기존의 규정이 적절한 것인지에 대해서 점검
③ 업무 과정 및 방법의 개선(Utveckla processer och arbetssätt): 업무의 흐름을 시각화하고 정책 수례자의 관점에서 그 흐름이 어떻게 보일지에 대해 검토하여, 의도한 가치를 생산하는 데 적합한지 파악. 이외에 숨겨져 있거나 혹은 방치되고 있던 업무 과정(fallit mellan stolarna)을 찾아내어 제거
④ 협업(Samverkan): 단순히 공동으로 업무를 한다는 것이 아니라, 공동 목표에 대해서는 책임 분담을 명확히 하고, 공동 목표의 추구 과정에서 발생하는 행위자 간 업무 격차 및 공백을 줄이고, 상호간의 정보의 공유 및 축적의 기반을 확보
⑤ 디지털화(Digitalisering): 단순히 업무의 자동화를 통한 비용 절감을 의미하는 것이 아니라, 새로운 업무 프로세스 및 사업 모델이나 시스템과 같은 업무 환경 변화를 의미

출처: ESV(2019: 6).

다섯 가지 방안 모두 보고서 작성 업무의 간소화를 위한 방안이지만, 특히 두 번째 방식인 보고 규정의 간소화는 연차보고서와 관련한 스웨덴의 정책 기조를 잘 드러낸다. 실무를 담당하고 보고 업무를 수행하는 행정기관 차원에서 관련 규정의 적절성에 대한 점검을 하도록 하고, 그 결과를 토대로 규정의 개선 요구를 할 수 있도록 하는 내용을 구체적인 개선방안으로 제시하고 있다. 수직적 구조에서 하향식 개선방안보다는 상향식의 개선을 유도하는 방식이라고 볼 수 있다.

두 번째 변화는 신뢰 기반의 거버넌스 구축이다. 이는 기존 NPM 개혁의 부작용에 대한 처방의 수단으로 제기된 신공공거버넌스(New Public Governance: NPG)의 논리 중 하나이기도 하다. 2014년 선거 이후 스웨덴 정부는 중앙 및 지방 정부의 거버넌스에 대한 검토를 실시하였다. 2015년에 발표한 2016년 정부 예산안을 통해 정부는 평가・성과관리 개선을 위해서는 행정기관이 정부 정책을 실현할 수 있도록 장기적인 여건을 제공하고, 세세한 관리보다는 전문 지식을 활용할 수 있는 있도록 신뢰와 확신이 있어야 한다고 제시하였다(정부 예산안, 2016: 485). 2016년에는 공공 영역에서의 신뢰 향상을 위한 조사단(delegation)을 구성하면서 '참여자 간 상호 신뢰에 기반을 둔 믿을 수 있는 복지서비스 관리방안을 개발할 필요(det finns ett behov av att vidareutveckla en tillitsfull styrning av välfärdstjänster-na som bygger på ett ömsesidigt förtroende mellan berörda aktörer)'[조사단 지침(2016: 1)]를 밝혔다.

다만 문제는 신뢰 기반 거버넌스의 정의 및 개념을 모호함이었다. 준거로 삼을 수 있는 좋은 사례가 마련되어 있지 않은 상황이었으므로, 신뢰에 기반한 새로운 거버넌스의 모습이 무엇인지에 대해 명확한 아이디어를 제시하지 못하고 있었다. 이 상황에서 공공관리청의 두 가지 보고서(Utvecklat medarbetarskap och ledarskap i staten, Forskning i praktiken. Om praktikrelevant forskning och praktiknära forskningsmiljöer)는 신뢰 기반 거버넌스의 형태를 제시하였다.[33] 두 보고서 모두 공공관리청을 대상으로 한 사례 연구였으며, 정치인과 공무원 간의 신뢰관계에 초점을 두었다.

스웨덴 정부는 2016년 중앙 및 지방정부의 거버넌스에 관한 분석 및 개선안 마련을 위한 과제를 공공관리청(Statskontoret)에 맡겼고, 그 과제는 다시 7개 하위 과제로 나뉘어 각각의 보고서가 작성되었는데, 그 중 하나가 '거버넌스 개선: 정부의 일관성과 신뢰(Utvecklad styrning: om sammanhållning och tillit i förvaltningen)'이다(공공관리청, 2016c). 그 보고서는 몇 가지 기본적인 출발점을 가지고 있었고, 그 중 하나가 '신뢰 기반 거버넌스'였다(〈표 6-12〉 참조).

33) 공공관리청(2016: 20). Utvecklat medarbetarskap och ledarskap i staten., 공공관리청(2016a: 20). Forskning i praktiken. Om praktikrelevant forskning och praktiknära forskningsmiljöer(Om offentlig sektor 26).

표 6-12 정부 보고서에 제시된 거버넌스 개선의 출발점

① 스웨덴의 행정관리의 기초는 위임: 정부 부처는 과제를 형성하고 집행 결과에 대한 후속 조치를 하지만, 실제 집행은 행정기관에서 담당
② 역량 투입의 우선순위 지정: 정부는 모든 사안을 통제할 수는 없으므로, 효과적인 거버넌스를 위해 역량을 투입하는 데 있어 수요와 우선순위 고려
③ 정책수단으로서 신뢰 기반 거버넌스와 응집력 있는 거버넌스
④ 시민의 관점은 시민이 직면하고 있는 행정에 대한 인식을 의미: 행정의 일관성이 충분한지 여부는 시민과 기업에 의해 판단

출처: 공공관리청(2016).

이 보고서에서는, 일반적으로 행정기관 간 자발적인 협력이 잘 작동할 수 있으므로, 정부는 불필요한 간섭이나 통제를 줄이면서, 오히려 모호한 규정을 제거함으로써 행정기관의 자발적 협력을 촉진할 수 있다고 보았다.

그 보고서에 따르면 신뢰 기반 거버넌스는 일종의 보다 나은 행정을 위한 수단이며, 그러한 거버넌스에는 두 가지 구성요소가 있다. 하나는 집행을 담당하는 행정기관에 명확한 업무 내용과 더불어 재량권을 부여하는 것이며, 다른 하나는 행정기관이 신뢰기반 거버넌스의 중요성과 정당성을 받아들일 수 있도록 하는 관리 또는 통제가 그것들이다. 이 두 가지 요소가 중요한 이유는 각각의 요소가 충분히 확보되지 않을 경우에는 신뢰에 부정적인 영향을 미칠 수 있기 때문이다. 업무 내용이 불명확하여 달성하여야 할 대상이 확실하지 않다는 사실은 신뢰를 저해할 수 있다. 그리고 행정기관의 재량권을 저해하거나 혹은 집행 자체를 과도하게 감독 및 간섭하는 것은 정부의 집행기관에 대한 신뢰가 부족한 것으로 해석되어 신뢰 기반 거버넌스의 유지를 어렵게 할 수 있다. 즉 정부 부처가 기관에 사업추진 실적에 대한 정보를 요구할 수 있지만, 과도하게 많은 정보를 요구하거나 혹은 요구하는 대상이 불분명한 경우에는 오히려 행정기관의 부처에 대한 신뢰가 낮은 것으로 해석될 수 있다.

이에 따라 공공관리청이 제시한 신뢰 향상 방안은 크게 두 가지로서, 행정기관에 대한 불필요한 통제는 줄이고, 행정기관으로 하여금 관리받는 방식을 선택할 수 있도록 하는 것이다. 다른 방안은 행정기관의 기관장에게 과도한 간섭을 사전에 방지할 수 있는 기능이나 권한(grindvakter)을 부여하는 것이다. 이 두 가지 방안을 실천하는 데 있어 필요한 실행 수단으로서 그 보고서에 제시된 것은 정부 부처와 행정기관 간 원활한 비공식 소통 및 행정기관장의 리더십이다.

공공관리청의 다른 보고서 '정부 부처의 신뢰 기반 거버넌스: 공공관리청이 방안을 제시할 수 있는가?(Tillitsbaserad styrning i statsförvaltningen: Kan Regeringskansliet visa vägen?)'(스웨덴 공공관리청, 2016b)에서는 기존 연구 및 관계자 인터뷰를 통해 신뢰 기반 거버넌스의 개념 및 신뢰 향상 방안에 대한 아이디어를 제시하였다. 마찬가지로 정치인과 공무원 간 역할에 근거한 신뢰에 초점을 두었으며, 정치인 및 공무원이 지향하는 규범, 역할 기대, 정부조직의 성향, 부처 내에서 정치인과 공무원 간의 관계 형성 방식 등을 논의하였다. 보고서를 통해 제시한 신뢰 향상 방안은 다소 추상적이지만, 크게 다섯 가지였다. ① 공공관리청이 모범사례를 보여줄 것, ② 양방향의 원활한 소통을 통해 정치인과 공무원 간의 연계성 강화, ③ 신뢰 기반 거버넌스로의 과감한 선택, ④ 추가적인 지식 생산과 축적, ⑤ 신뢰 기반 거버넌스를 통한 통제 및 관리 방식 형성이 그것들이다(스웨덴 공공관리청, 2016b: 47-60).

공공관리청이 보고서에서 특히 강조하는 것은 신뢰 기반 거버넌스를 통한 새로운 형태의 통제 및 관리 방식이다. 신뢰 기반 거버넌스는 정치인의 공무원에 대한 통제와 신뢰 사이의 균형점을 찾는 것이지만, 이 보고서에서는 우선 기존의 관리 및 통제를 줄이는 것에 초점을 두고 있다. 정치인이 공무원의 행정에 대해 불신의 시각으로 접근하여 관리하고 통제를 하게 되면, 공무원은 스스로 핵심 업무에의 집중하기보다는 감사를 회피하는 데 자원을 투입하고 재량권을 축소시킬 우려가 있다. 더욱이 행정은 완벽히 합리적으로 운영되는 것이 아니며, 그 과정과 절차가 다소 복잡하고 전문성이 요구되는 부분이 많지만 그에 비해 정치인은 그에 대한 지식과 정보가 부족하므로, 관리 및 감독 시스템이 완벽하게 작동하기는 어렵다. 또한 소수의 정치인이 다수의 공무원을 관리 및 감독하여야 하는 상황이므로, 시간이 갈수록 관리 및 감독 시스템은 정교해지고 엄격해질 것이며, 그러한 시스템에는 더 많은 시간과 비용이 요구된다. 결국 점차 더 많은 자원이 관리 및 감독 시스템에 투입되면서, 공무원과 정치인 간의 불신이 더욱 확대되는 악순환과 비효율이 발생한다는 것이다. 이에 대해 신뢰 기반 거버넌스에서는 정치인이 관리 감독의 권한은 가지고 있되, 공무원의 역할에 대한 기대와 신뢰를 통해 공무원의 재량권 범위를 정해 간접적으로 통제하는 방식을 가지고 있다. 여기에 비공식적 소통은 신뢰를 형성하는 수단이면서 동시에 갈등을 해소하고 사업추진 과정 및 실적에 대한 관리가 가능하다.

이후 신뢰 기반 거버넌스의 효과를 보여주는 후속 보고서들이 발간되었다. FSV의 2018년 보고서 '신뢰를 바탕으로 한 행정 재량의 증가: 신뢰 기반 거버넌스와 복지 영역에서의 관리(Med tillit växer handlingsutrymmet: tillitsbaserad styrning och ledning av välfärdssektorn)'(SOU, 2018: 47)에 따르면, 공공신뢰 향상을 위한 조사단(Tillitsdelegationen)이 2017년에 신뢰 향상을 위해 실시하였던 12개 시범 사업 결과를 분석하여, 신뢰 향상의 구체적 방안을 제시하였다. 정치인과 공무원 간의 원활한 대화(Tillitsfull dialog mellan tjänstemän och politiker), 사업추진 방식에서의 위임(Delegerad verksamhetsutveckling), 적절한 여건을 조성하는 리더십 및 관리(Medledarskap och chefer som skapar förutsättningar) 등 열 가지 제시한 방법 중 하나가 성과보고에 있어서 목표, 규칙 및 요구사항의 수를 제한(Begränsat antal mål, regler och krav på återrapportering)하는 것이었다. ESV의 2019년 보고서 '신뢰를 통한 성과 개선: 신뢰 기반 거버넌스와 정부 관리(Med tillit följer bättre resultat: tillitsbaserad styrning och ledning i staten)'(SOU, 2019: 43)에서는 공공신뢰 향상을 위한 조사단(Tillitsdelegationen)의 조사 결과를 총정리하였다. 조사단은 여섯 개 정부 부처가 참여하는 프로젝트를 수행하고, 신뢰 향상을 위한 방안들을 실험하여 그 결과를 분석하여 행정 현장에서의 업무 처리 시간의 단축과 자율성 증가, 공무원들의 동기 부여와 같은 긍정적 결과를 발견하였다. 더 나아가 시민들의 수요에 부응하는 공공서비스의 개발 및 개선 성과, 공무원 및 조직 간 지식 공유 현상도 발견되었다.34)

2. 평가 · 성과관리의 성과

스웨덴의 평가 · 성과관리는 한국과 마찬가지로 예산편성 절차의 하나로서 예산안 심의 과정에서의 참고자료로 활용되면서, 실제 집행을 담당하는 행정기관에 대한 관리 수단이기도 하다. 예산편성 과정의 하나로서, 평가 · 성과관리의 결과물인 연차보고서는 매년 봄에 시작되는 예산안 과정에서 제출된다. 연차보고서에는 사업 내용, 목표, 주요 실적에 대한 정보, 관련된 분석 내용이 담겨져 있어 예산안 결정 과정에서의 협상에서 활용된다. 하지만 연차보고서의 내용도 매우 제한적이며, 보고서의 내용과 예산편성과의 연계는 약한 수준으로 알려져 있다(한국조세연구원, 2011: 132). 연차보고서의 정

34) 물론 기존의 문제점들도 여전히 확인되었다. 신뢰형성 과정에서 포괄적인 관점이 부족하여 단기적이면서 일관성이 미흡한 부분들이 있었다. 무엇보다 정부 부처로부터 여전히 지나치게 상세하고 일선 공무원에게 부담이 되는 다양한 지침이나 후속 조치들이 있었다. 그러므로 스웨덴의 성과관리에 있어서 신뢰 기반 거버넌스는 정부 부처 및 정치인으로부터의 행정기관에 대한 과도한 간섭이나 통제를 줄여 재량권과 자율성을 확대하는 방향으로 이루어지고 있다고 할 수 있다.

보 자체가 정치권이나 예산심사 과정에서의 평가를 받기 위해서 작성된 것이 아니다. 따라서 사업집행을 담당하는 행정기관에 대한 관리 및 통제의 수단으로서의 연차보고서도 그 역할은 크다고 보기 어렵다.

한편 연차보고서는 감사원에 전달되어 검토받는다. 스웨덴 감사원은 다소 독특한 구조를 가지고 있는데, 의회의 감사원(Riksdags revisioner)과 정부 산하의 회계감사국(Riksrevisionsverket)으로 분리되어 있었다가 2002년 조직법(Regeringsformen)의 개정을 통해 2003년 의회 산하의 독립적인 감사원(Riksrevisionen)으로 변경되어 지금까지 운영되고 있다(심재승, 2012: 91). 의회 소속이지만 헌법에 의해 신분과 독립성이 보장받고 있으며, 그에 따라 정부나 의회의 지도 및 지침 등을 받지 않으면서 자율적으로 감사대상과 감사방법을 설정할 수 있다(감사원 소개).

평가 · 성과관리와 관련하여, 정부의 연차보고서는 감사원에도 전달되며, 감사원은 연차보고서를 검토하여 그에 대한 보고서를 작성하여 의회에 제출한다(연간 감사, Årlig revision). 행정기관이 규정에 따라 연차보고서를 작성하였는지(om den är upprättad i enlighet med gällande föreskrifter), 공정한 정보를 제공하고 있는지(om den ger en rättvisande bild och), 행정기관의 자원이 적절히 활용되었는지(om resurser använts i enlighet med gällande villkor och föreskrifter)를 중심으로 검토한다. 검토 과정을 통해 문제점이 발견될 경우 본격적인 효율성 감사(Effektivitetsrevision)를 실시하거나 혹은 연차보고서의 수정 및 재조사를 재무부에 지시한다. 따라서 평가 · 성과관리와 관련하여 감사원의 기능은 연간 감사와 효율성 감사의 형태로 이루어진다고 볼 수 있다. 효율성 감사는 정부의 예산, 집행, 운영 방식 및 집행과 관련된 사항을 조사하는데(granskar förhållanden som rör statens budget, genomförande och den statliga verksamhetens åtaganden och resultat), 그 목적은 행정기관이 자원 투입 대비 효과적인 결과물을 얻는 데 기여하는 것(utveckling som gör att staten, för allmänhetens bästa, får ett effektivt utbyte av sina insatser)이다(감사원 업무).

감사원의 2022년 연간보고서에 따르면, 감사원 감사에 있어 가장 중요한 정보는 연차보고서 검토를 통해서 수집된다(De viktigaste iakttagelserna från effektivitetsrevisionen och den årliga revisionen ska samlas i en årlig rapport)(감사원 연간 감사보고서, 2022: 1). 그만큼 행정기관 연차보고서에 대한 검토(연간 감사)는 매우 중요하다. 연간 감사의 주요내용과 절차는 다음과 같다. 연간 감사에서의 주요 초점은 연차보고서에 중대한 오류가 있는지를 찾아내는 것이며, 연차보고서의 모든 정보를 검토하지는 않는다. 보통은 봄에 검토가 끝나지만 사안에 따라서는 1년 내내 검토가 이루어질 수도 있으며, 공간적으로 대부분의 검토는 해당 행정기관에서 실시한다. 검토가 끝나면 그에 대한 보고서를 작성하는데, 그 보고가 반드시 서면으로 이루어져야 하는 것은 아니지만, 중대한 오류가 발견되었을 경우에는 반드시 그에 대한 서면 보고서가 제출되어야 한다(감사원 단계별 연간 감사).

연간 감사의 보고서는 크게 다섯 가지 내용으로 구성된다. ① 연차보고서가 관련 규정에 따라서 작성되었는가에 대한 판단, ② 연차보고서가 기관의 성과정보를 정확히 제시하고 있는지에 대한 판단, ③ 연차보고서 내 성과보고 내용이 다른 부분들과 괴리되는 부분은 없는지에 대한 판단, ④ 의회에서 지시한 기관의 목표와 관련 규정에 따라 예산 자원을 사용하였는지에 대한 판단, ⑤ 기관 내 거버넌스 및 운영에 관한 규정을 기관이 준수하였는지에 대한 판단이 그것들이다. 만일 중대한 오류가 발견되었다면, 그 심각성에 따라 감사관은 별도의 검토 의견이 담긴 일종의 수정 감사보고서(Modifierade revisionsberättelser)를 제출할 수 있다(감사원 단계별 연간 감사). 여기서 별도의 검토 의견은 크게 세 가지 종류를 정리하면 〈표 6-13〉과 같다.[35)]

표 6-13 감사원 수정 감사보고서에의 검토 의견 종류

① 의심 의견(Uttalande med reservation) 감사관이 하나 이상의 중대한 오류를 연차보고서에서 발견하였으나, 그 오류가 연차보고서 전반에 걸쳐 있는 것은 아닌 경우 및 관련된 감사 정보를 충분히 확보할 수 없는 경우
② 반대 의견(Uttalande med avvikande mening) 감사관이 해당 연차보고서가 중대한 오류를 가지고 있으며, 그러한 오류가 연차보고서 전반에서 발견되고 있어 연차보고서가 정확한 정보를 제공하지 못한다고 판단한 경우
③ 유보 의견(Avstår från att uttala oss) 검토 과정을 통해 충분한 감사 증거를 확보할 수 없었는지에 대해 말할 수는 없지만, 아직 확인되지 않은 문제들의 영향이 매우 중대하고 연차보고서에 확산되어 있을 수 있다고 판단한 경우

출처: 감사원 홈페이지.

연차보고서에 대한 감사보고서가 의회에 제출되면 일단 연차보고서에 대한 검토는 종료된다. 연차보고서에 대한 감사보고서는 어떤 평가나 판단에 대한 내용보다는 의회 정치인들이 참고할 의견 정도로 작성된다(En upplysning är inte en modifierad revi-

35) 감사원 홈페이지(https://www.riksrevisionen.se/metoder/arlig-revision.html).

sionsberättelse utan ska ses som en läsanvisning. Upplysningar innebär inte någon kritik från revisorn). 의회에 제출된 보고서에 기재된 연차보고서의 오류나 문제점은 다시 재무부를 거쳐 수정 및 보완이 이루어질 수 있어, 감사원의 연차보고서 검토는 순수한 감사 행위보다는, 감사 정보의 수집 및 연차보고서 개선을 위한 검토 과정이라고 볼 수 있다(감사원 단계별 연간 감사).

행정기관의 연차보고서를 검토한 결과에 있어 어떤 이슈를 강조하거나 추가 설명을 제시하여야 할 필요가 있다고 판단한 경우에는 별도의 의견을 서면으로 작성하여 의회에 전달할 수는 있다. 또한 감사관이 중대한 문제가 있다고 생각한 경우에는, 서면으로 별도의 감사보고서를 작성할 수 있으며, 그러한 감사보고서에는 발견한 문제점, 문제점으로 인한 영향, 잠재적인 개선방안에 대한 의견(I revisionsrapporten beskrivs de identifierade bristerna, vilka eventuella effekter dessa kan få samt förslag på lämpliga åtgärder)이 포함된다. 작성된 감사보고서의 내용에 대해서는 일차적으로 해당 행정기관이 사실 확인을 할 수 있는 기회가 먼저 제공된다(감사원 단계별 연간 감사).

감사원의 연간보고서(Riksrevisorns årliga rapport)에는 그러한 연차보고서 검토에 대한 의견이 종합 정리되어 일반인에게 공개된다. 2022년 감사원의 연간보고서에 따르면 226개 연차보고서를 검토하였고, 그 결과 10건의 중대한 문제점이 발견되어 수정 감사보고서(modifierade revisionsberättelser)를 제출하였다[감사원 연감 감사보고서(2022: 3-4)]. 일반적으로 연차보고서에 중대한 문제점이 없다면, 감사원이 작성하는 연차보고서에 대한 감사보고서는 위에서 언급한 다섯 가지 판단사항에 대한 진술 내용을 제시하면 〈표 6-14〉와 같다.

표 6-14 감사보고서의 다섯 가지 판단사항에 대한 의견

① 연차보고서는 현행 규정에 따라 작성되었다.
② 연차보고서는 12월 31일 현재 재무 결과 및 성과에 대한 진실하고 공정한 정보를 제공하고 있다.
③ 연차보고서에 제시된 성과보고 내용은 연차보고서의 다른 부분에서의 내용들과 일맥상통한다.
④ 행정기관은 의회 및 관련 규정에서 제시한 목적 및 용도에 따라 보조금 및 예산을 사용하였다.
⑤ 행정기관의 운영진이 내부 거버넌스 및 통제에 관한 규정을 준수하지 않았음을 나타내는 어떠한 증거도 발견되지 않았다.

출처: 감사원 연간 감사보고서(2022: 24).

중대한 문제가 발견된 경우에는 감사원의 보고서에는 이 다섯 가지 판단사항에 대한 진술이 바뀔 수밖에 없기 때문에 수정 감사보고서라고 한다. 2021년 연차보고서에 대한 검토 결과를 정리한 감사원의 연간보고서에 제시되어 있는 10건의 수정 감사보고서의 요약된 내용은 〈표 6-15〉와 같다. 또한 언급한 것처럼 중대한 이슈나 문제가 있는 경우에는 별도의 의견이나 설명 자료(Upplysning av särskild betydelse)를 추가할 수 있는데, 연간보고서에 따르면 1건의 그러한 추가 의견이 있었다.

표 6-15 2022년 감사원 연간보고서 주요내용

- Norrbotten 카운티의 행정 위원회(Länsstyrelsen i Norrbottens län)
  - 연차보고서 7장에 고위 임원에 대한 보수 및 업무 정보가 없음
- Värmland 카운티 행정 위원회(Länsstyrelsen i Värmlands län)
  - 연차보고서 7장에 고위 임원에 대한 보수 및 업무 정보가 없음
- 현대 박물관(Moderna museet)
  - 기일(2월 22일)을 넘겨 연차보고서 제출
  - 수입과 지출에 대한 정보 오류
- 성장정책 평가 및 분석 기관(Myndigheten för tillväxtpolitiska utvärderingar och analyser)
  - 기일(2월 22일)을 넘겨 연차보고서 제출
- 기상 및 수문 연구소(Sveriges meteorologiska och hydrologiska institut)
  - 기일(2월 22일)을 넘겨 연차보고서 제출
- 인종차별 반대 대표단(Delegationen mot segregation)
  - 정부가 결정한 한도를 초과하여 지출
- Gävleborg 카운티 행정 위원회(Länsstyrelsen i Gävleborg)
  - 청구 액수 오류
- 국립기록물보관소(Riksarkivet)
  - 이자 계정에 있어 정부 결정액보다 초과
- 사미족 의회(Sametinget)
  - 보조금 지출에 있어서 필요 요건을 충족하지 않음
- 교통국(Transportstyrelsen)
  - 수수료 과다 축적

※ 중요 정보(Upplysning av särskild betydelse)

- 수출신용위원회(Exportkreditnämnden)
  - 15개 국가에 미결재 보증을 하였으나 그 규모가 매우 큼(연차보고서 p.34)
  - 그 중 러시아가 있는데, 연차보고서 제출(2월 22일) 직후 수출신용위원회는 러시아의 우크라이나 침공으로 인해 러시아에 대한 모든 보증을 중단하기로 결정(2월 24일)
  - 수출신용위원회는 러시아의 위험 등급을 최상의 수준(7등급)으로 올렸으므로, 러시아에 대한 미결재 보증의 불확실성이 존재

출처: 감사원 홈페이지.

감사원의 연간보고서에는 연차보고서에 대한 종합적인 의견이 담겨져 있다. 연간보고서에는 크게 세 가지 이슈가 제시되었는데 〈표 6-16〉과 같다. 〈표 6-16〉의 내용을 살펴보면, 엄격한 감사보다는 감사원의 종합 의견에 가깝다.

표 6-16 2022년 감사원 연간보고서에 제시된 세 가지 이슈

① 전년도에 결정된 보조금에 대해 중앙정부가 지급 기준을 조정함으로써 행정기관의 사업관리에 애로사항 발생

- 일반적으로 의회의 결정보다 과도하게 많은 보조금 사업을 하게 되면 감사원이 문제점으로 지적하지만, 이번의 경우에는 2021년에 중앙정부가 보조금 기준을 보다 엄격하게 변경하였기 때문에 발생한 것이므로 문제점으로 지적하지 않음
- 비록 전반적으로 미결재 약정액이 의회가 결정한 한도를 초과하지는 않았으나, 연차보고서에는 마치 행정기관이 재정 관리 기준을 충족하지 못한 것처럼 보일 수 있다는 문제점은 있음
- 현재 COVID-19로 인한 불확실성이 더욱 커진 상황이므로, 중앙정부는 보조금 관련 규정에 있어서 행정기관과 지속적인 대화를 할 필요가 있음

② 다자간 채무 구제방안에서 스웨덴의 역할에 대한 명확한 규정 필요

- 2018년부터 감사원은 다자간 채무 구제방안에서 스웨덴의 역할이 무엇이고 어떻게 보고할 것인가를 명확히 밝히는 규정이 필요하다고 제시하였으나 여전히 그러한 규정은 마련되지 않고 있음

③ 공기업이나 공사는 비록 규정에서 감사원 검토를 받은 연차보고서를 제출하도록 되어 있으나, 실질적으로 불가능함

- 규정상으로는 2월 22일까지 제출하도록 되어 있으나, 감사원 검토를 받기 위해는 적어도 한 달 이전에 연차보고서를 제출하여야 하는 상황이므로, 관련된 규정을 수정하여 감사원 검토 없이 연차보고서를 제출할 수 있도록 하여야 함

출처: 감사원 연간 감사보고서(2022: 5-8).

행정기관의 연차보고서에 대한 검토 외에 감사원은 효율성 감사를 실시할 수 있다. 효율성 감사를 위한 정보를 연차보고서 검토 과정을 통해 얻을 수 있으므로, 효율성 감사 역시 평가·성과관리의 수단 중 하나로 볼 수 있다(〈표 6-17〉 참조).

표 6-17 스웨덴 감사원의 효율성 감사 사례

- 2021년 스웨덴 감사원은 에너지청(Energimyndighet)과 주택청(Boverket)의 에너지 신고 시스템(Systemet med energideklarationer)에 대해 검토
- 2009년부터 스웨덴에서 매매되는 모든 주택과 건물은 사용되는 에너지 및 그 효율에 대한 정보를 담은 에너지 신고서(energideklaration)를 작성하여 신고하여야 함. 이 제도는 주택의 에너지 효율화를 위한 효과적인 관리수단으로 설계되어 시행되고 있음. 이 신고 내용은 주택의 가치 및 에너지 효율 개선을 위한 정부 지원에 활용되므로, 그 중요성이 매우 높음
- 이에 대해 감사원이 2021년 감사를 실시하여 몇 가지 미흡한 부분을 지적하고 그에 대한 권고사항을 제시(일부 사항은 2009년 감사에서도 지적된 바 있음)

① 에너지 신고 제도가 주택 선택이나 에너지 효율 개선에 영향을 미치지 않음
- 구매자의 절반 정도가 주택 구매시 에너지 신고 내용을 신경쓰지 않음
- 에너지 효율이 주택 가격에 미치는 영향은 분명함에도 불구하고 에너지 신고 제도가 유용한 정보로 활용되지 않음

② 정부의 에너지 신고 제도에 대한 조정 및 보완 노력 부족
- 에너지 신고 제도는 EU의 관련 지침을 이행하는 데 중요한 수단이나, 정부는 에너지 신고 제도의 활용을 위한 조정 노력을 하지 않았음
- 에너지 신고 내용의 정확성을 확보하기 위한 노력 부족
- 에너지 신고 제도 도입 이후 제도의 운영 실태나 주택 시장에의 영향에 대한 분석 부족

③ 에너지 신고와 관련된 협업 및 후속 조치 필요
- 에너지 신고 제도가 주택의 에너지 효율 개선에 어떤 영향을 미치는지에 대한 평가와 지식 부족
- 에너지 신고 내용에 오류가 있음에도 불구하고 그에 대한 후속 조치가 없었음
- 감독 임무를 맡은 주택청은 에너지청과 협업은 제한적 범위에서만 진행됨

④ 에너지청의 후속 조치 체계화 필요
- 2018~2020년 기간 동안 에너지 효율화 상담을 받은 주택구매자의 비율은 그 전에 비해 크게 증가하지 않았음
- 지방자치단체의 에너지 및 기후 관련 상담 서비스가 수요자를 대상으로 제대로 집행되고 있는지에 대한 에너지청의 체계적인 후속 조치 부족
- 또한 에너지청은 서비스 수요자의 인식을 확산시키는 지방자치단체의 노력에 있어 구체적인 목표를 설정하도록 요구하지 않았음
- 에너지청은 상담 서비스 제공에 있어 에너지 효율화를 중점사항으로 두지 않았음

권고사항
- 정부는 에너지 선언 제도가 효율적인 관리 수단이 될 수 있도록 연구 및 조사 필요
- 주택청은 에너지 신고서가 주택 소유주로 하여금 에너지 효율을 개선하는 데 효과적으로 활용되고 있는지에 대한 실태 조사
- 에너지청과 협력하여 에너지 효율에 대한 EU 지침 및 조언을 개별 가구에 제공
- 에너지청은 에너지 신고에 따른 후속 조치를 체계화

출처: 스웨덴 감사원, Systemet med energideklarationer–tydligt syfte men oklart mål(RiR 2021: 21)(https://www.riksrevisionen.se/rapporter/granskningsrapporter/2021/systemet-med-energideklarationer-tydligt-syfte-men-oklart-mal.html)(검색일: 2022.8.30).

제4절

결론: 정책적 시사점

1. 스웨덴 평가 · 성과관리의 특징

평가 · 성과관리의 궁극적 목적은 더 나은 성과를 도출하는 것이며, 스웨덴의 경우도 마찬가지다. 일반적으로 관리의 의미는 점검과 평가와 같은 통제의 성격으로 인식되지만, 스웨덴의 경우에는 반대의 의미가 강조되고 있다. 실무를 담당하는 행정기관에게 더 많은 재량과 자율성을 보장하는 방식으로 성과관리가 이루어지고 있었다. 오히려 엄격한 점검과 평가와 같은 통제가 평가 · 성과관리의 효과성을 저해하는 요인으로 인식되고 있다. 그러한 측면에서 통제와 평가 위주의 엄격한 평가 · 성과관리를 실시하고 있는 한국과는 많은 차이가 있다. 이해를 돕기 위해 스웨덴과 한국의 평가 · 성과관리를 간략하게 비교하면 〈표 6-18〉과 같다.

표 6-18 스웨덴과 한국의 평가 · 성과관리 비교

구분		스웨덴	한국
평가 · 성과관리의 복잡성		단순한 구조	다소 복잡(다층적)
평가 · 성과관리의 성격		점검 및 정보 생산	평가
평가 · 성과관리의 목적		예산 과정에서의 정보 생산 주요 실적에 대한 모니터링	예산 과정에서의 정보 생산, 성과급 책정 자료 생산, 부처평가
성과보고 양식		비정형	정형
	성과지표 유형	다양한 지표 인정 높은 자율성	정량지표 위주 낮은 자율성
	관련 지침의 구체성	낮음 비표준화된 구성	높음 표준화된 구성
평가 · 성과관리 결과의 활용		예산 과정에의 참고자료	평가
성과보고 주체		행정기관	정부 부처
검토 주체		감사원, 정부 부처	감사원, 전문가
성과목표의 구체성		낮음	높음
성과목표 설정 방식		하향식	상향식
평가 · 성과관리를 위한 소통 방식		비공식	공식

출처: 저자가 직접 작성.

스웨덴의 평가·성과관리에서의 주요 특징을 정리하면 다음과 같다. 첫째, 스웨덴은 다른 국가와 마찬가지로 NPM의 영향을 크게 받았지만, 그 문제점을 인지하고 NPM 시스템을 수정하여 NPG를 도입하였다. 스웨덴에서도 경제위기를 통해서 예산의 효율적 활용이 중요해졌고, 그에 따라 엄격한 관리와 통제에 기반한 NPM 방식의 평가·성과관리가 한 때 이루어졌었다. 그러나 그 부작용을 인지하고, 시민참여와 소통을 강조하는 NPG가 등장하면서 엄격한 통제 위주의 평가·성과관리에서 탈피하고 있다. NPG의 중요성이 강조되었지만, 아직 구체적인 정의나 실체가 모호한 상태이며, 그로 인해 최근까지도 관련 연구가 진행 중이라는 것을 고려하면, NPG는 NPM의 대체제라기보다는 보완재의 성격이 강하다고 볼 수 있다.

둘째, 의회에서 직접적인 평가·성과관리를 하는 것이 아니라, 정부 부처가 행정기관에 전달하는 '예산 할당에 따른 업무지시(Regleringsbrev för budgetåret)'에 따라 행정기관이 연차보고서를 통해 성과 및 실적으로 보고하는 형태이다. 예산이 결정된 후 정부 부처는 산하의 행정기관에 예산을 할당하면서 업무 지시를 한다. 업무 지시에는 해당 기관이 무슨 일을 하여야 하는지, 실적에 대한 보고는 언제까지 하여야 하는지, 투입 예산에 대한 정보 등이 담겨져 있다. 정부 부처가 지시한 사항에 대해서 행정기관에서는 개별 성과에 대한 보고 외에 연차보고서를 통해 기관의 종합적인 성과를 보고한다. 이런 관계를 일종의 성과 계약으로 보는 인식도 있다(Rubin & Kelly, 2005: 575). 성과정보는 내년도 예산안 결정에는 참고자료 정도로 활용되고 있어, 평가·성과관리는 행정기관의 관리 및 운영 모니터링 수단 정도로 활용되고 있다. 오히려 행정기관 내 인사 및 임금 결정에 있어 자율성이 매우 높은 점을 고려할 때 평가·성과관리가 행정기관 수준에서의 운영 지원을 위한 시스템 중 하나로 보는 시각도 있다(하혜수, 2015: 174).

셋째, 성과보고 방식 및 성과지표 선정과 같은 평가·성과관리의 실무에 대해서는 행정기관에 매우 높은 수준의 자율성과 재량을 허용하고 있는데, 그 이유도 일종의 평가·성과관리의 효과성 향상에 있다. 비록 목표는 부처에서 정하지만 그 구체적인 실행방식과 주된 성과지표의 선정, 연차보고서 내 성과보고 내용과 구성 등에 있어서는 행정기관의 재량권을 인정하고 있다. 그런데 이렇게 재량권을 보장하는 것은, 다수의 연구와 조사를 통해서 부처에서의 요구가 많을수록 오히려 행정기관의 업무 부담을 가중시키고, 그러한 요구에의 대응에만 초점을 둔 성과보고가 이루어진다는 문제점에 대한 해결방안이다. 행정기관의 통제를 위해서는 그들의 업무와 실적에 대한 다양한 정보들이 필요한데, 그러한 정보가 실제 사업의 핵심 성과와 일치하는 않는 경우에는, 부처의 요구는 평가·성과관리의 효과성 측면에서는 결과적으로 불필요한 정보의 생산 및 행정자원의 낭비를 의미한다. 또한 행정기관마다 담당하는 사업이나 과제의 성격이 매우 다양하므로, 부처의 일괄적인 성과정보 요구나 성과보고 방식 관련 지침은 합리적이지 않다는 것이다. 따라서 평가·성과관리 자체의 효과성을 향상하기 위한 방안의 하나로 오히려 행정기관의 평가·성과관리에 대한 요구와 간섭을 줄이는 것을 선택한 것이다.

넷째, 평가·성과관리제도에 있어서 취약점 또는 부족한 부분을 비제도적 수단인 비공식 소통과 신뢰형성으로 대응하고 있다. 행정기관의 자율성과 재량을 보장하는 것은 평가·성과관리의 효과성을 향상시키는 방안이기는 하지만, 과도한 재량권은 평가·성과관리의 본래 목적인 성과모니터링 자체를 어렵게 할 수 있다. 더욱이 부처에서 사업목표나 과제를 제시하지만 그 내용이 구체적이지 않으므로 부처의 의도가 제대로 전달되지 않을 우려가 있다. 이러한 문제점을 해결하기 위해 스웨덴 정부 부처와 행정기관 사이에서는 비공식적 소통이 활발하게 이루어지고 있다. 즉 정부지침이나 지시가 구체적이지 않은 것은, 구체적인 내용을 비공식 소통을 통해 정립할 수 있기 때문으로 볼 수 있다. 비공식적 소통은 수시로 이루어질 수 있고, 그 방식이 특정 절차로 제한되지 않기 때문에, 서로 간의 의견 차이를 좁히고 갈등을 원만하게 해결할 수 있는 효과적 수단이다. 또한 스웨덴에서는 최근에 '신뢰 기반 거버넌스'를 강조하고 있다. 구체적으로 신뢰를 향상시킬 수 있는 방안에 대한 연구와 조사가 진행 중이다. 의회-부처-행정기관 간 신뢰가 약화되면, 행정기관의 재량과 자율성은 축소되고, 감시와 통제를 위한 행정 자원의 투입이 증가한다. 그로 인해 행정기관은 소극적 행정 또는 통제에만 대응하는 형식적 행정으로 대응하게 되며, 그 결과 상호 간의 불신이 더욱 악화되는 악순환이 발생한다. 이러한 악순환을 중단하거나 방지하기 위한 수단이 신뢰인 것이다.

2. 우리나라 평가·성과관리에서의 시사점

2007년의 스웨덴 특별 조사단에 의해 작성된 정부 보고서(SOU, 2007: 75)에서는, 당시의 평가·성과관리는 그 목적에 부합하지 않고 형식적이며, 정부 부처의 통제와 간섭이 지나치게 많다고 평가하였다. ESV 역시 평가·성과관리가 예산의 내용과 사업 결과 간 연결고리 역할을 하여야 한다는 것과 더불어, 기존의 평가·성과관리가 그러한 역할에 부적절하며, 형식에 구속되어 각 기관의 특성이 반영되지 않는다는 지적을 하였다(ESV, 2009: 16).

이러한 지적사항들이 지금의 한국의 평가 · 성과관리에도 적용될 수 있는 부분이 있다고 생각된다. 평가 · 성과관리에 관한 제도, 방식, 지침 등이 빈번하게 바뀌고 있는 상황이며, 대체로 평가 · 성과관리는 보다 복잡해지고 엄격해지고 있어 일선 행정 부서에의 상당한 업무 부담으로 작용하고 있다. 이러한 흐름은 1990년대 후반 IMF 경제위기 이후 NPM 방식이 도입된 이후 지금까지도 이어지고 있다. 평가 · 성과관리제도의 합리화를 위한 많은 고민과 노력들이 있어왔음에도 불구하고 오히려 관련 제도는 더 복잡해지고 평가 · 성과관리를 위한 준비 부담과 자원 투입은 많아졌다.

이러한 상황에서 스웨덴의 사례는 벤치마킹의 대상이 될 수 있다. 다만 그러한 고려에 앞서 우선 스웨덴 사례에서의 특징이 나타날 수 있었던 요건들이 무엇인지에 대해 살펴볼 필요가 있다. 대략적으로 그 요건들은 스웨덴의 정치적, 제도적, 역사적 배경으로 구분할 수 있다.

우선 정치적으로는 의원내각제라는 정치 구조라는 특징이 있다. 스웨덴은 단원제 의원내각제를 운영하고 있다. 의원내각제의 주된 특징 중 하나는 의회 다수당이 내각을 구성하며, 그로 인해 내각은 의회와 연대책임을 진다는 것이다. 스웨덴에서 행정 실무는 내각 산하의 행정기관들이 담당하고 있다. 의회 다수당이 야당으로부터의 공격이나 비판을 받지 않기 위해서는 내각에서의 성공적인 사업과 문제 해결이 필요하고, 그렇게 하기 위해서는 실무 집단인 행정기관과의 협력이 불가피하다. 환언하면 행정기관과의 불화와 비협조는 내각과 의회 모두에게 상당한 리스크가 될 수 있으므로, 협력관계 유지의 중요성이 매우 높다. 이는 대통령제 하에서 국회와 행정부가 상호 견제 관계에 있어, 국회가 행정부의 사업이나 성과에 대해 지속적으로 엄격한 감시와 통제를 요구하고 있는 한국의 상황과는 크게 다르다.

제도적으로는 스웨덴 인사관리의 특징으로서, 행정기관의 기관장은 정치권이나 내각의 변화에 상관없이 그 임기가 보장되며, 행정기관 내 인사 및 임금에 있어서도 기관장이 결정권을 가지고 있다. 즉 스웨덴 행정기관은 예산 제약은 받지만 관련 법을 어기지 않는 한, 기관 내 직위의 수와 유형, 급여, 인건비 등에 대한 예산 할당 비율을 조절할 수 있는 재량권을 가지고 있다. 임용 절차도 마찬가지로, 스웨덴 정부가 행정기관장을 임명하지만, 각 기관의 임용 절차에 대한 관리는 법률에 기술된 임용 규정에 따라 각 기관장들이 담당한다. 더 나아가 공무원에 대한 성과평가도 의무화되어 있지 않아 성과연계급여(performance-related pay) 체계를 갖추고 있지 않고, 대신 개인별 차등적 급여제도를 운영한다.

기관장과 같은 고위공무원은 외부채용을 통해 선발하며, 상근직 판사를 제외한 대부분의 직위는 계약제로 운영된다(OECD Korea, 2012: 30-31). 기관장의 임기는 5~6년이며, 내각 교체 및 정권 변화와 상관없이 그 임기는 보장된다. 따라서 스웨덴 행정기관의 기관장은 독립성이 보장되어 평가 · 성과관리 결과에 큰 영향을 받지 않는다. 일반적으로 통제 중심의 평가 · 성과관리 시스템에서는 인사관리에서의 인센티브와 평가 · 성과관리 결과가 연계되므로, 평가 · 성과관리의 중요성 및 영향력이 크다. 스웨덴은 그러한 유인 구조를 가지고 있지 않고, 기본 시스템이 행정기관 및 기관장의 자율성과 재량권을 보장하고 있다.

다른 제도적 특징은 행정기관이 실질적인 실무를 담당하고 있어 높은 전문성과 많은 정보를 가지고 있는 반면에, 의회 및 정부 부처는 그 수가 적고 충분한 정보를 가지고 있지 않다는 것이다. 이러한 특징으로 인해 통제 중심의 평가 · 성과관리 자체가 매우 어렵다. 소수의 의회 정치인 및 정부 부처 인력이 다수의 행정기관들을 엄밀하게 관리하는 것이 현실적으로 어렵다. 각 행정기관들이 고유의 업무 영역과 맥락을 가지고 있기 때문이며, 대개 기관장은 외부채용을 통해 해당 분야에서 오랜 경력이나 지식을 갖춘 전문가가 채용되므로 전문성 측면에서도 의회나 부처보다 높을 수 있다.

역사적으로 스웨덴은 전통적인 PA(Public Administration) 구조에서 NPM 방식을 도입하였다가, 그로 인한 폐해와 문제점을 인지하여 보다 보완된 형태인 NPG 구조로 전향하여가는 경험을 가지고 있다. 이러한 경험이 가지는 의미는 방만한 행정관리의 문제점과 더불어 과도하게 엄밀한 평가 · 성과관리 방식의 문제점을 인지하고 있다는 점이다. 그러한 측면에서 스웨덴의 평가 · 성과관리가 행정기관의 자율성과 재량권 보장이라는 특징을 가지고 있지만 그렇다고 해서 방임하고 있다고 보기 어려우며, 오히려 정부의 통제와 행정기관의 자율성 간의 균형점을 찾는 과정이라고 볼 필요가 있다. 비록 평가 · 성과관리에 있어 행정기관의 자율성과 재량권 보장이라는 입장을 가지고 있지만, 동시에 연차보고서 작성에 관한 규정을 통해 명확히 성과보고의 필요성과 자원 투입과 성과 간의 인과성이 있는 성과지표 선정 등을 명시하고 있다. 즉 평가 · 성과관리 자체의 필요성은 지속되지만, 그 방식에 있어서 과도한 개입이나 엄밀한 통제의 부작용이 있었으므로 행정기관의 자율성을 보장하는 방식으로 변경된 것이다. 이러한 전환 과정은 전통적 PA와 NPM 방식에 대한 경험과 반성에서 비롯한 것이며, 보완책으로 제시된 NPG는 그러한 역사적 맥락에서 등장하였다고 생각된다.

이렇듯 스웨덴의 여건은 한국과는 큰 차이가 있다. 한국 역시 NPM의 영향을 크게 받았고, 그 이후로 평가·성과관리에 있어 NPM의 문제점에 대한 연구가 다수 이루어지기는 하였지만, 그 이후의 변화 내용은 스웨덴과 크게 다르다. 따라서 스웨덴의 방식을 그대로 벤치마킹하기에는 주의가 요구된다. 그럼에도 불구하고 스웨덴 사례가 한국의 행정 상황에 던져주는 중요한 함의가 있다고 생각한다.

그 함의는 크게 세 가지로서, 첫째, 평가·성과관리의 개선에 있어서 정치, 행정 제도, 역사적 배경 등을 종합적으로 고려할 필요가 있다. 스웨덴의 PA-NPM-NPG로의 전환 과정은 신제도주의(new institutionalism) 측면에서 보면, 평가·성과관리와 관련된 일련의 제도 변화도 행위자들이(의회, 내각, 행정기관들) 기존 제도의 문제점을 인식하고 제도의 구성요소를 변화시키는 방식으로 이루어졌다. 제도 변화는 행위자와 제도 간의 지속적인 상호작용 속에서 이루어진다는 것을 보여주는 사례라고 할 수 있다. 그렇다면 한국의 평가·성과관리제도의 변화를 정확히 이해하고 그 의미와 개선 방향을 찾기 위해서는 제도 변화 과정에서의 행위자와의 상호작용이 어떤 방식으로, 그리고 어떤 내용으로 이루어졌는가를 살펴볼 필요가 있다.

둘째, 스웨덴 사례에서는 평가·성과관리제도에 대해 정부가 자체적으로 문제점에 대한 지속적인 조사와 연구를 실시해왔다. 정부가 스스로 공식 보고서 시리즈(SOU)를 발간하고 있으며, 그 보고서를 통해서 정책이나 제도의 문제점 및 개선방안을 자발적으로 찾아내는 노력을 하고 있다는 점이다. 물론 한국에서도 정책 및 제도에 대한 연구가 활발하게 이루어지고 있으나, 스웨덴 연구사례에서 발견되는 특징 중 하나는, 우리나라에서와 같이 공무원 대상 설문조사나 국가 간 제도 비교보다는 많은 연구들이 주로 인터뷰 방식을 활용하고 있었으며, 그 인터뷰 대상이 현직 기관장, 전직 기관장 등의 고위 공무원들이었다. 행정기관의 특성상 그러한 고위 공무원들은 기관 내 직원들의 인사 및 보수에 대한 결정을 하고 있으면서 부처 및 의회의 요구에 대응하는 역할을 담당하고 있었기 때문으로 생각된다. 또한 신뢰 기반 거버넌스는, 평가·성과관리 실태에 대해 비판적인 연구와 더불어 개선방안의 방향성을 제시한 사례였다. 신뢰 기반 거버넌스는 그 개념이 다소 추상적이어서 구체적인 실천방안이 제시되기 어려운 수준이었음에도 불구하고 연구를 통해 그 필요성이 제기되었고, 동시에 그 개념을 구체화하는 방안 및 추진 방식에 대한 후속 연구가 이루어졌다.

셋째, 비제도적 혹은 비공식적 정책 수단의 활용 가능성에 대한 검토가 필요하다. 스웨덴의 평가·성과관리는 엄격하게 이루어지지 않지만 그로 인해 발생할 수 있는 문제나 부작용에 대해서는 비공식적 소통을 통해 대응하고 있었으며, 최근에는 신뢰 기반 거버넌스라는 개념으로 상호 역할에 대한 신뢰를 주요 목표이자 수단으로 활용하려고 하고 있다. 사실상 신뢰는 정량적으로 측정하거나 조정하기가 매우 어려운 추상적인 가치다. 그로 인해 스웨덴에서도 구체적인 개념과 방안을 고민하고 있는 상황이지만, 비공식적 소통이나 신뢰와 같은 다소 비정형적인 수단을 활용하고 있다는 것은 정부의 전략 수립 및 정책 수단 선별 과정에서 선택지를 넓히고 사고의 폭을 넓힐 수 있는 방안이라고 할 수 있다. 따라서 비공식 소통을 정책 수단으로 활용한다는 것은 인식의 전환이 될 수 있을 것으로 생각한다. 정형화된 절차를 따르는 공식적 소통 방식은 그 운용이 경직적이고 복잡한 준비 과정에서 많은 자원이 투입된다. 성과개선이라는 목적에 따라 비공식적·자율적 소통을 활용하는 것은 자율성 및 재량권의 확대와도 연결되는 부분이다. 물론 그러한 비공식적 수단이나 추상적 개념의 신뢰를 활용할 수 있는 것은 스웨덴 고유의 정치 구조나 문화의 영향이 컸을 것으로 의심되나, 정형화되고 가시적인 정책 수단을 선호하는 한국의 상황에서는 새로운 접근이므로 그 의미가 있을 것이다.

한국에서도 평가·성과관리를 위한 다양한 실험과 제도 변화가 이루어져왔다. 어떤 방식이 최선인가에 대한 고민은 지속적으로 이루어질 것이며, 그것은 스웨덴도 마찬가지였다. 경제와 복지에서 선진국으로 손꼽히는 스웨덴은 우리와는 결이 크게 다른 평가·성과관리 방식을 운용하고 있었는데, 실무를 담당하는 행정기관에 재량권과 자율성을 보장해주고 있었다. 환언하면 정부 부처나 의회에서는 행정기관의 성과를 엄격하게 감독 및 평가하기보다는 오히려 그러한 개입을 줄이려는 노력을 하고 있었다. 이런 특징은 한국의 상황과 비교할 때 큰 차이점이라고 할 수 있다.

그러나 스웨덴의 사례에 대해 접근할 때 혹은 그 사례를 한국 상황에 적용하려는 시도 자체는 신중할 필요가 있다. 언급한 것처럼 스웨덴과 한국은 정치 구조, 평가·성과관리의 제도 변화, 관련 연구 등이 매우 다르기 때문이다. 반대로 스웨덴의 상황은 한국과 매우 다르기 때문에 오히려 한국의 평가·성과관리를 바라보는 데 도움이 될 수 있다. 공무원 및 행정기관이 책임성을 강화하여 예산 투입의 효과(value for money)를 확보하려는 목표는 바람직하지만, 그 목표 달성을 위한 과정에서 한국은 평가·성과관리제도가 점차 복잡해지고 더욱 엄밀한 감독이 이루어지고 있으며, 그로 인한 행정 비효율과 업무 부담도 커져있는 상황이다. 이렇듯 통제를 강화하는 방향으로의 변화는 불가피한 것이 아니라는 것을 스웨덴 사례는 보여주고 있다. 비록 한국과는 많이 다른 상황과 맥락을 가지고 있지만, 스웨덴의 평가·성과관리는 한국의 평가·성과관리 개선을 위한 방향성 설정 및 구체적 제도 개선방안 마련에 있어서 새로운 시각이라는 함의를 가지고 있다.

참고문헌

국회예산정책처(2020). 『주요국의 재정제도』 Ⅶ. 스웨덴. 186-211.

심재승(2014). 스웨덴 감사원의 운영과 시사점. 『한국부패학회보』, 19: 83-101.

외교부(2019). 『스웨덴 개황』.

하연섭(2015). 성과주의 예산개혁의 비교제도분석. 『현대사회와 행정』, 25(1): 161-191.

한국조세연구원(2011). 『주요국의 성과관리제도』 Ⅶ. 스웨덴. 127-138. 한국조세연구원.

Andersson, C., Erlandsson, M., & Sundström, G.(2017). *Marknadsstaten(The market state)*. Malmö: Liber.

Downes, R., Moretti, D., & Shaw, T.(2017). Budgeting in Sweden. *OECD Journal on Budgeting*, 16(2): 9-74.

Holmgren Caicedo, M., Hoglund, L., & Martensson, M.(2019). When calculative practices are no more: On de-accountingization of the operational level of a public sector agency. *Financial Accountability and Management*, 35: 373-389.

Jacobsson, B.(2001). Hur styrs regeringskansliet?-Om prat, procedurer och politik(How are the government offices governed-On talk, procedures and politics). Stockholm: Stockholm University.

Modell, S.(2006). Institutional and negotiated order perspectives on cost allocations: the case of the Swedish university sector. *European Accounting Review*, 15(2): 219-251.

Modell, S.(2021a). 13 The (Non-) Adoption of Outcome-based Performance Management. Public Sector Reform and Performance Management in Developed Economies: Outcomes-Based Approaches in Practice.

Modell, S.(2021b). New developments in institutional research on performance measurement and management in the public sector. *Journal of Public Budgeting, Accounting & Financial Management*, 34(3): 353-369.

Modell, S. & Gronlund A.(2007). Outcome-based performance management: Experiences from Swedish central government. *Public Performance and Management Review*, 31: 275-288.

OECD(2008). Performance Budgeting in Sweden. *OECD Journal on Budgeting*, 8(1).

Osborne, S. P.(2006). The new public governance. *Public Management Review*, 8: 377-387.

Ottosson, J. & Andersson-Skog, L.(2013). Stat, marknad och reglering i historiskt perspektiv (The state, the market and regulation in an historical perspective). Stockholm: Swedish Competition Authority.

Pierre, J., & de Fine Licht, J.(2019). How do supreme audit institutions manage their autonomy and impact? A comparative analysis. *Journal of European Public Policy*, 26(2): 226-245.

Rubin Irene, S., & Kelly, J.(2005). *Budget and Accounting Reforms in Ewan Ferlie*. Laurence E. Lynn, Jr. & Christopher Pollitt.

Sundström, G.(2003). *Stat på villovägar: Resultatstyrningens framväxt i ett historisk-institutionellt perspektiv*(Doctoral dissertation, Statsvetenskapliga institutionen).

Wiesel, F., & Modell, S.(2014). From new public management to new public governance? Hybridization and implications for public sector consumerism. *Financial Accountability & Management*, 30(2): 175-205.

BBC Korea(2021.11.25). 안데르손: 스웨덴 첫 여성 총리, 취임 당일 사임… 이유는? https://www.bbc.com/korean/international-59398640)(검색일: 2022.8.4)

ESV(2002). Resultatredovisningarna och myndigheternas arbete med dessa efter andrade krav. https://www.esv.se/publicerat/publikationer/2020/genomslaget-resultatredovisningarna-och-myndigheternas-arbete-med-dessa-efter-andrade-krav/(검색일: 2022.8.19)

ESV(2003). En kartlaggning av anvandningen av myndigheternas arsredovisningar. https://www.esv.se/publicerat/publikationer/2003/Budgetprognos-20034/(검색일: 2022.8.12)

ESV(2006). Maluppfyllelseanalys: Hur maluppfyllelse, effekter och effektivitet kan undersokas och rapporteras. https://www.esv.se/publicerat/publikationer/2006/Maluppfyllelseanalys/(검색일: 2022.8.2)

ESV(2007). Resultat och styrning i statsforvaltningen. https://www.esv.se/publicerat/publikationer/2007/Resultat-och-styrning-i-statsforvaltningen/(검색일: 2022.8.19)

ESV(2009). Kartlaggning av regleringsbrev. https://www.esv.se/publicerat/publikationer/2009/Kartlaggning-av-regleringsbrev/(검색일: 2022.6.30)

ESV(2010). Resultatstyrning i ratt riktning. https://www.esv.se/publicerat/publikationer/2010/resultatstyrning-i-ratt-riktning(검색일: 2022.7.13)

ESV(2012). Prestationer, volymer och kostnader: Utvardering av reglerna for resultatredovisningen. https://www.esv.se/publicerat/publikationer/2012/Prestationer-volymer-och-kostnader-utvardering-av-reglerna-for-resultatredovisningen/(검색일: 2022.8.22)

ESV(2016). Att synliggora myndigheters resultat. https://www.esv.se/publicerat/publikationer/2016/att-synliggora-myndigheters-resultat/(검색일: 2022.8.23)

ESV(2017). Behovsanpassad esultatredovisning: Forslag till regelandringar for att synliggora resultat. https://www.esv.se/contentassets/7696dbb087d84e2b8723b4628bc7fafd/esv-2017-72-behovsanpassad-resultatredovisning.pdf(검색일: 2022.7.14)

ESV(2019). Stod for effektivisering. https://www.esv.se/publicerat/publikationer/2019/stod-for-effektivisering/(검색일: 2022.7.15)

ESV(2020). (https://www.esv.se/publicerat/publikationer/2020/genomslaget-resultatredovisningarna-och-myndigheternas-arbete-med-dessa-efter-andrade-krav/)(https://www.esv.se/publicerat/publikationer/2020/genomslaget-resultatredovisningarna-och-myndigheternas-arbete-med-dessa-efter-andrade-krav/)(검색일: 2022.7.15)

ESV(2021). Regeringens resultatstyrning av myndigheterna: En kartlaggning av instruktioner och regleringsbrev under tva decennier. https://www.esv.se/publicerat/publikationer/2021/regeringens-resultatstyrning-av-myndigheterna/(검색일: 2022.8.3)

IMF 스웨덴 자료. https://www.imf.org/en/Countries/SWE#countrydata(검색일: 2022.5.3)

IMF 한국 자료. https://www.imf.org/en/Countries/KOR(검색일: 2022.5.3)

민주주의지수. https://www.eiu.com(검색일: 2022.7.3)

부패인식지수. https://www.transparency.org/cpi(검색일: 2022.7.3)

세계언론자유지수. https://www.rsf.org(검색일: 2022.7.3)

스웨덴 감사원 단계별 연간 감사. Årlig revision steg för steg. https://www.riksrevisionen.se/metoder/arlig-revision.html(검색일: 2022.7.24)

스웨덴 감사원 소개. Om Riksrevisionen. https://www.riksrevisionen.se/om-riksrevisionen.html(검색일: 2022.7.26)

스웨덴 감사원 업무. Riksrevisionens uppgifter. https://www.riksrevisionen.se/om-riksrevisionen/riksrevisionens-uppgifter.html(검색일: 2022.7.25)

스웨덴 감사원 연간 감사보고서. Riksrevisorns arliga rapport 2022. https://www.riksrevisionen.se/rapporter/uppfoljning/arliga-rapporten/riksrevisorns-arliga-rapport-2022.html(검색일: 2022.8.11)

스웨덴 공공관리청(2016). Utvecklat medarbetarskap och ledarskap i staten. https://www.statskontoret.se/publicerat/publikationer/publikationer-2016/utvecklat-medarbetarskap-och-ledarskap-i-staten/(검색일: 2022.7.26)

스웨덴 공공관리청(2016a). Forskning i praktiken. Om praktikrelevant forskning och praktiknara forskningsmiljoer. https://www.statskontoret.se/publicerat/publikationer/publikationer-2016/forskning-i-praktiken.-om-praktikrelevant-forskning-och-praktiknara-forskningsmiljoer/(검색일: 2022.7.26)

스웨덴 공공관리청(2016b). Tillitsbaserad styrning i statsforvaltningen: Kan Regeringskansliet visa vagen?. https://www.statskontoret.se/publicerat/publikationer/publikationer-2016/tillitsbaserad-styrning-i-statsforvaltningen.-kan-regeringskansliet-visa-vagen/(검색일: 2022.7.27)

스웨덴 공공관리청(2016c). Utvecklad styrning: om sammanhållning och tillit i förvaltningen. https://www.statskontoret.se/siteassets/publikationer/2016/201626.pdf(검색일: 2022.7.26)

스웨덴 공중보건청 연차보고서(2021). Folkhalsomyndighetens Arsredovisning 2021. https://www.folkhalsomyndigheten.se/publikationer-och-material/publikationsarkiv/aa/arsredovisning-2021/(검색일: 2022.7.27)

스웨덴 사회보험조사국. https://isf.se/(검색일: 2022.7.14)

스웨덴 에너지청 연차보고서(2021). Energimyndighetens Arsredovisning 2021. https://energimyndigheten.a-w2m.se/Home.mvc/View?view=c&folderId=51629&siteId=733&pageSize=25&offset=0(검색일: 2022.7.28)

스웨덴 의회(1988). 1988/89 예산연도에 대한 국가 예산의 최종 규정 제안 등. Med förslag till slutlig reglering av statsbudgeten för budgetåret 1988/89, m.m.(kompletterings proposition) Proposition 1987/88:150. https://www.riksdagen.se/sv/dokument-lagar/dokument/proposition/med-forslag-till-slutlig-reglering-av_GB03150(검색일: 2022.7.14)

스웨덴 의회(2000). Forordning(2000: 605) om arsredovisning och budgetunderlag. https://www.riksdagen.se/sv/dokument-lagar/dokument/svensk-forfattningssamling/forordning-2000605-om-arsredovisning-och_sfs-2000-605#K3(검색일: 2022.7.22)

스웨덴 의회(2011). Redovisningsskyldighet och revision. https://www.riksdagen.se/sv/dokument-lagar/dokument/svensk-forfattningssamling/budgetlag-2011203_sfs-2011-203(검색일: 2022.8.27)

스웨덴 재무부(2000). 예산안 제안서. Prop. 2000/01:1, Budgetpropositionen för 2001. https://www.regeringen.se/49bb21/contentassets/531e218c0bbf47dd93d569279bc49000/forslag-till-statsbudget-for-budgetaret-2001(검색일: 2022.8.1)

스웨덴 정부(2007). Att styra staten-regeringens styrning av sin forvaltning(SOU, 2007: 75). https://www.regeringen.se/rattsliga-dokument/statens-offentliga-utredningar/2007/11/sou-200775/(검색일: 2022.8.3)

스웨덴 정부(2016). 정부 법안. Regeringens proposition 2015/16:1. https://www.riksdagen.se/sv/dokument-lagar/dokument/proposition/budgetproposition-for-2016_H3031(검색일: 2022.7.19)

스웨덴 정부(2018). Med tillit vaxer handlingsutrymmet: tillitsbaserad styrning och ledning av valfardssektorn(SOU, 2018: 47). https://www.regeringen.se/rattsliga-dokument/statens-offentliga-utredningar/2018/06/sou-201847/(검색일: 2022.7.29)

스웨덴 정부(2019). Med tillit foljer battre resultat: tillitsbaserad styrning och ledning i staten (SOU, 2019: 43). https://www.regeringen.se/rattsliga-dokument/statens-offentliga-utredningar/2019/10/sou-201943/(검색일: 2022.8.3)

스웨덴 행정조사처. https://www.statskontoret.se/om-oss/(검색일: 2022.7.14)

자산 지니계수. https://www.credit-suisse.com/about-us/en/reports-research/global-wealth-report.html(검색일: 2022.4.22)

정부 조사단 지침(2016). Kommittédirektiv, Dir. 2016:51. https://www.regeringen.se/rattsliga-dokument/kommittedirektiv/2016/06/dir.-201651/(검색일: 2022.7.22)

주스웨덴 대한민국 대사관. https://overseas.mofa.go.kr/se-ko/index.do(검색일: 2022.5.18)

지니계수. https://worldpopilatonreview.com(검색일: 2022.5.30)

제7장 호주 평가 · 성과관리 동향분석

제1절

호주 평가 · 성과관리 현황 및 운영체계

1. 평가 · 성과관리 현황

1) 호주 평가 · 성과관리의 도입과 발전과정

호주는 1970~1980년대 각종 규제와 낮은 저축률 경기 악화로 인한 인플레이션, 스테그플레이션에 시달리며 심각한 경기침체에 빠지게 되었다. 호주 정부는 경제위기에 대응하기 위해 연방정부의 규모를 축소하고 정부운영의 생산성과 효율성을 높이기 위한 목적으로 성과관리를 도입하였다(한국조세재정연구원, 2018; Wanna & Bartos, 2003).

호주에서는 노동당의 집권으로 취임한 호크(Robert Hawke) 수상이 1983년 공무원 개혁백서(Reforming the Australian Public Service)와 1984년 예산개혁(Budget Reform)을 발표하며 본격적인 정부개혁을 통한 성과관리가 도입되었다.

호주 연방정부는 재정부(Department of Finance: DoF)를 중심으로 정부에서 수행하는 사업의 효과성을 제고하기 위해 이를 정기적으로 평가하도록 제도화하였다. 특히 프로그램 관리 예산 제도(Program Management and Budgeting: PMB)와 재무관리개선프로그램(Financial Management Improvement Program: FMIP) 등이 도입되며 효율성과 효과성 관점에서 사업의 운영결과에 대한 평가를 실시하기 시작하였다.[1]

1) FMIP는 영국의 재무관리계획을 기반으로 도입되었다.

FMIP의 일부로 포트폴리오 예산(portfolio budgeting)이 도입되었고, 1988년부터는 사업평가전략을 수립하여 각 부처에서 시행하는 정책사업에 대해 3~5년마다 주기적 평가를 의무화하고, 포트폴리오를 대상으로 평가계획을 작성하여 의회에 보고하도록 하였다(Mackay, 2011). 또한 ① 각 부처의 사업의 명확한 목표를 설정하고, ② 사업들은 목표와 관련한 세부 프로그램과 단위사업 등에 대한 계층적으로 분화된 예산구조를 갖게 되며, ③ 예산 집행 후 이를 평가할 수 있는 성과지표를 마련하여 체계적인 성과평가를 하도록 하였다(Wanna et al., 2000).

호크의 뒤를 이어 출범한 노동당 키팅(Paul J. Keating) 정권에서도 지속적인 경제침체에 대응하기 위해 경기회복을 최우선과제로 국정평가를 실시하였다. 키팅 정권에서는 지출억제를 위해 노력하며 복지프로그램 대상을 엄밀히 관리하고, 호크 정권에서 도입된 효율성 배당제도를 의무화하며, 공공기금 분배에 있어 사용자 부담원칙 등을 도입하였다.

노동당이 집권하던 시기(1983~1995년) 호주 정부는 정책의 결과를 평가하기 위한 포괄적인 체계가 부족하고, 각 부처의 성과정보를 수집 및 활용하는 수준이 매우 낮아 성과관리 역량이 부족하다는 점에 문제의식을 느끼게 되었다(Mackay, 2011). 이에 호주 연방정부는 사업평가전략(Evaluation Strategy)을 통해 각 부처가 정책의 예산편성 및 결정과정에서 책무성을 높이고자 하였다(박중훈, 2013; Mackay, 2011). 이에 성과관리는 비교적 중앙집권적으로 추진되었으며 재정부 주도로 사업평가지침서를 배포하는 등 성과관리의 전반적 조정을 담당하고 각 기관은 평가계획을 수립하여 실행하는 역할을 담당하였다. 이 시기부터 1997년 이후 보수연립정부가 집권하기 전까지 호주의 사업평가전략(Evaluation Strategy)은 호주 성과관리체계의 핵심제도로 운영되었다. 또한 노동당 정부에서 도입한 성과관리체계가 공공 영역의 성과관리 및 평가제도 정착에 이바지하였다고 평가된다(ANAO & DoF, 1996). 다만 사업평가전략의 평가수행주제가 모호하고 평가수행 시간이 충분하지 못하였으며, 평가 근거의 부재와 방법론의 부적절함 등의 문제가 지속적으로 제기되었다. 더욱이 평가 경험이 부족한 일선 공무원들의 전문성 결여 문제는 단기간에 해결하기 어려웠다(ANAO, 1997; 이정욱 외, 2014: 293).

1996년 호주에는 보수연립정부가 출범하게 되었고 성과평가 및 관리제도에도 변화가 생긴다. 하워드(John W. Howard) 정권(1996~2007년)에서는 76억 호주 달러에 이르는 재정적자를 이어받고 출범한 만큼 재정건전성을 확보하고자 하는 노력의 일환으로 국방을 제외한 모든 부처의 예산을 삭감한다. 또한 1996년 국가감사위원회(National

Commission of Audit: NCA)를 설립하고 정부 기능의 지방이양을 추진하였다.

하워드 정권 초기의 가장 중요한 변화는 발생주의 예산체계 및 성과와 연동된 재원배분 및 관리방식을 도입한 것이다. 1997년 발생주의 방식에 의한 예산 및 회계제도를 도입하였고, 1999~2000년 회계연도부터 완전한 발생주의 회계와 예산을 바탕으로 한 결과 및 산출체계가 도입되었다. 이 과정에서 집권화된 포트폴리오 예산편성 대신 기관 중심의 예산편성이 시작되었다. 즉 재정부가 집권적으로 주도한 성과관리 방식을 부처별로 자율적으로 평가하도록 하였으며, 그 결과에 대해 각 부처가 책임지도록 '결과-산출체계(Outcome and Outputs Framework)'로 개편하였다.[2] 성과-산출체계에서 성과사정(assessment)을 위한 활동은 성과모니터링, 프로그램 평가, 성과평가가 하나의 틀로 실시되었다.

그림 7-1 호주 성과관리에서 결과-산출체계(1996~2007)

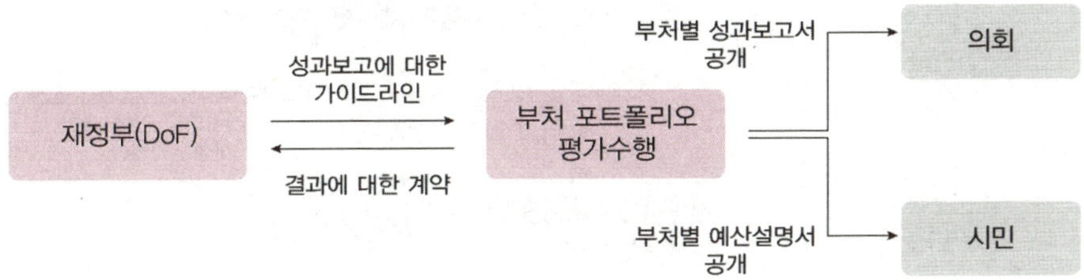

출처: Mackay(2011: 17); 강정석 · 이환성(2011: 141)에서 재인용.

2007년 노동당 정권이 출범하며 과거 정부에서 각 부처에서 자율적으로 운영하던 성과관리의 질적 제고를 위해 재정규제완화부(Department of Finance and Deregulation: DoFD) 주도의 성과관리 표준화가 이루어지며 다시 집권화되었다. 이 시기에는 결과-산출체계를 개선하여, 결과-사업(프로그램) 보고 프레임(Outcomes and Programmes Reporting Framework)을 도입하고 사업예산이 부활하였으며, 공공서비스 선날에 대한 성과 연차보고서 의무화를 통해 서비스의 성과를 관리하였다. 또한 성과지표 신뢰성 부

2) 1997년 재정관리책임법(Financial Management and Accountability Act)에 근거하여 재정부 중심의 집권적 성과관리 방식이 폐지되었다. 대신 DoFA(Department of Finance and Administration)에서 성과관리지침을 마련하고, 각 부처는 이를 바탕으로 자율적 성과관리를 시행하도록 개편되며 자체평가가 양적 · 질적으로 간소화되었다.

족 문제를 보완하고 투명성을 높이기 위하여 리포트카드 제도를 도입하기도 하였으며(Mackay, 2011: 25), 주요 성과지표(Key Performance Indicators: KPIs)를 개발하고, 옴니버스 보고서를 작성하여 공개하였으며 감사원(ANAO)은 각 부처가 제출한 결과-사업 보고(outcomes and programs reporting)를 바탕으로 성과 감사를 실시하였다.

그림 7-2 결과-사업체계 호주 정부업무 성과관리체계

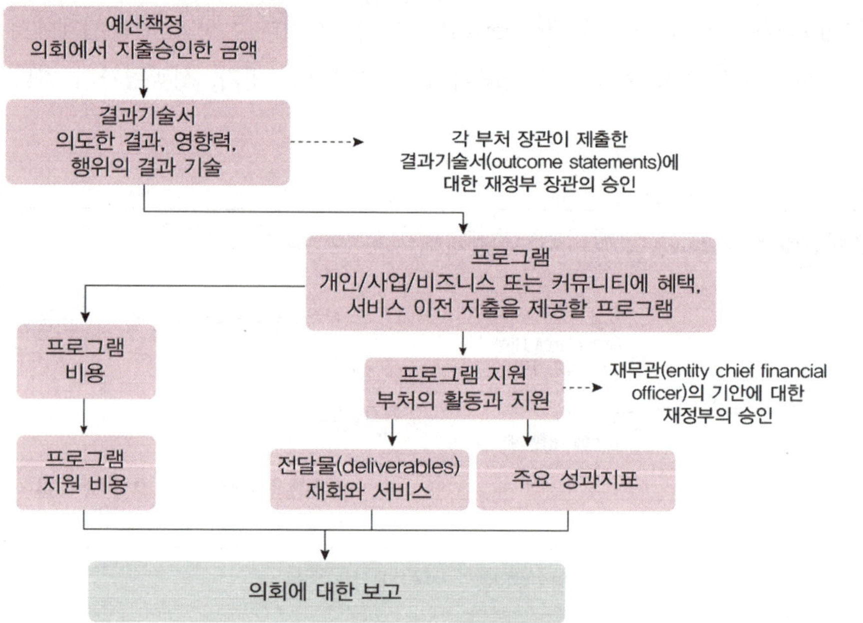

출처: DoFD(2009); ANAO(2013); 이환성(2013)에서 재인용.

다시 자유당이 집권한 2013~2022년 동안에는 성과관리제도와 관련된 법령이 재정비되었다. 먼저 2013년 성과관리와 관련하여 산재하던 다수의 법을 재정정책관리 및 공공기관 관리, 수행, 책임에 관한 법인 「Public Governance, Performance and Accountability Act 2013(PGPA Act 2013)」 제정을 통해 단일체계로 통합하였으며, 기존 FMA Act 1997과 CAC Act 1997은 폐지되었다. 또한 PGPA 2013으로 인해 2015년 호주 연방 성과 개선 계획(Enhanced Commonwealth Performance Framework)이 도입되었다.

표 7-1 호주 정권별 평가·성과관리의 도입과 발전과정

<table>
<tr><th colspan="2">정권</th><th>연도</th><th>주요 정책</th></tr>
<tr><td rowspan="4">노동당</td><td rowspan="4">Hawke ('83~'91)/ Keating ('91~'96)</td><td>1984</td><td>재무관리개선 프로그램(Financial Management Improvement Programme: FMIP) 도입</td></tr>
<tr><td>1987</td><td>포트폴리오 예산(Portfolio Budgeting) 도입</td></tr>
<tr><td>1988</td><td>프로그램관리·예산(Programme Management and Budgeting: PMB) 도입</td></tr>
<tr><td>1992</td><td>발생주의 회계에 의한 재무제표 작성 의무화</td></tr>
<tr><td rowspan="3">자유당</td><td rowspan="3">Howard ('96~'07)</td><td rowspan="2">1997</td><td>Department of Finance → Department of Finance and Administration 개편(1997.10.9)</td></tr>
<tr><td>재정관리책임법(Financial Management and Accountability Act) 제정</td></tr>
<tr><td>1999</td><td>발생주의 예산 도입(adoption of 'full-cost' budgeting through accrual budgeting)</td></tr>
<tr><td rowspan="2">노동당</td><td rowspan="2">Rudd ('07~'10)/ Gillard ('10~'13)</td><td>2007</td><td>Department of Finance and Administration → Department of Finance and Deregulation 개편(2007.12.3)</td></tr>
<tr><td>2008</td><td>전략예산위원회(Strategic Budget Committee) 설립</td></tr>
<tr><td rowspan="4">자유당</td><td rowspan="4">Abbott ('13~'15)/ Turnbull ('15~'18)/ Morrison ('18~'22)</td><td rowspan="2">2013</td><td>Department of Finance and Deregulation → Department of Finance 개편</td></tr>
<tr><td>Public Governance, Performance and Accountability Act 2013 제정</td></tr>
<tr><td>2014</td><td>Public Governance, Performance and Accountability Rule 2014 제정</td></tr>
<tr><td>2015</td><td>호주 연방 성과 개선 계획(Enhanced Commonwealth Performance Framework) 도입</td></tr>
</table>

출처: 한국조세연구원(2012)의 〈표 2-1〉 재구성.

2) 호주 평가·성과관리 관련 주요 법률 및 지침

(1) 재정관리책임법(Financial Management and Accountability Act 1997)

이 법은 공공자금 및 공공재산의 적절한 관리를 위한 틀을 제공하고자 하는 목적으로 제정되었다가 2013년 PGPA가 제정되며 폐지되었다.

성과관리와 관련하여 이 법에서는 각 행정기관의 장에게 재정관리권을 위임하며 그 책임을 부여하였다. 특히 각 행정기관의 장은 기관별 감사위원회를 설치하여야 하고(제46조), 재정부 장관 훈령에 따라 작성된 연간 재정운영서류를 감사원장에게 제출하여야 한다는(제49조) 내용을 담고 있다. 또한 감사원장은 재정운영설명서가 훈령에 따라 적절하게 작성되었는지 검토 후 의견을 표명하여야 하며, 부족할 시 해당 기관의 장에게 부족한 내용을 보충하도록 하여야 한다고 명시되어 있다(제57조).

(2) 감사원장법(Auditor–General Act)

이 법은 행정부의 책임성을 제고하기 위해 감사원장의 책무와 정보 수집 권한 등의 역할을 규정하고 있다. 구체적으로 감사원이 연방정부의 재정지출에 따른 재무감사, 성과감사, 위기관리 및 내부 감사, 모니터링 등의 역할을 수행할 수 있도록 독립적인 감사원의 권한과 책임이 명시되어 있다. 감사원은 독립기구로 연방의 부처, 기관, 위원회, 기업 및 자회사에 감사권한이 부여된다. 또한 감사원은 연방정부 및 기관들에 대한 감사를 수행한 후 그 보고서를 의회와 각 행정기관 장에게 전달하도록 되어 있다.

(3) 공공관리, 업무성과 및 책임에 관한 법(Public Governance, Performance and Accountability Act 2013)

이 법은 기존의 재정관리 관련 법령들을 통합・개선하고 공공기관의 예산, 성과관리, 재정관리, 정부회계 등을 관리하고자 도입하였다. 4장 112개 조문으로 구성된 이 법에서 성과관리에 관한 내용은 제2장에 명시되어 있다. 이 법은 전체 부처, 의회 기관, 공기업 등 공공부문의 조직을 대상으로 하고 있으며, 성과관리는 연방정부의 전 행정부처에 적용된다.

이 법은 연방정부 전체에 적용할 수 있는 일관된 성과체계를 수립하고, 정부의 책임성을 확보하여 의회와 국민에게 유의미한 정보를 제공하는 것을 목적으로 한다.

PGPA 2013, Part 2-3에 명시된 바에 따르면, 성과의 적절한 측정, 기록, 평가에 대해 중요성을 강조하고 연간성과보고서(annual performance statement)에 해당 내용이 포함되도록 규정하고 있으며, 감사원은 이를 감사하고 국회에 제출하도록 명시되어 있다.

표 7-2 PGPA 2013의 성과관리 관련 주요내용

[참고] PGPA 2013의 성과관리 관련 주요내용

■ Part 2-3-2 기획과 예산(Planning and Budgeting)
- 제35조(Corporate plan for Commonwealth entities)
- 제36조(Budget estimates for Commonwealth entities)
  → 연방정부 모든 기관은 매년 사업계획과 예산 추계를 하고 그 결과를 의회에 보고 하도록 명시

■ Part 2-3-3 연방기관의 성과(Performance of Commonwealth entities)
- 제37조(Records about performance of Commonwealth entities)
- 제38조(Measuring and assessing performance of Commonwealth entities)
- 제39조(Annual performance statements for Commonwealth entities)
- 제40조(Audit of annual performance statements for Commonwealth entities)
  → 성과기록, 측정, 평가, 보고 의무 등을 규정

자료: https://www.legislation.gov.au/Details/C2013A00123

출처: PGPA Act.[3)]

(4) 공공관리, 업무성과 및 책임에 관한 규칙(Public Governance, Performance and Accountability Rule 2014)

PGPA 2013의 내용을 구체화하고자 2014년 「Public Governance, Performance and Accountability Rule」이 마련되었다. 성과관리와 관련하여서는 Part 2-3 'Planning, performance and accountability'에 명시되어 있다. 여기에는 연방정부의 각 기관들이 사업계획서(corporate plan) 작성에 포함시켜야 할 내용이 제시되어 있으며, 연간성과보고서의 작성지침을 제시하고 있다.

2. 운영체계

1) 각 기관별 역할과 거버넌스 구조

(1) 재정부(Department of Finance)

연방 재정부는 공공정책이 지속가능하고 호주 공동체를 위한 최고의 가치를 반영하도록 우선순위를 정하고 전달하는 데 도움을 주는 핵심역할을 담당하고 있다. 특히 재

3) PGPA Act(https://www.legislation.gov.au/Details/C2013A00123)(검색일: 2022.7.2).

정부는 정부기관들의 지출에 대해 조언하고 효율적인 서비스를 제공하여 재정 및 정책 목표를 달성할 수 있도록 지원한다.

즉 재정부는 정부 성과관리의 주무부처로 정부의 예산을 주관하며 그에 따라 광범위한 정책 영역에서 정부가 성과를 달성할 수 있도록 지원하는 데 중요한 역할을 한다. 재정부는 PGPA 2013에 따라 정부기관의 성과관리가 효율적으로 이루어질 수 있도록 평가 및 보고서 작성 등의 지침을 제공해준다.

그림 7-3 재정부 조직도

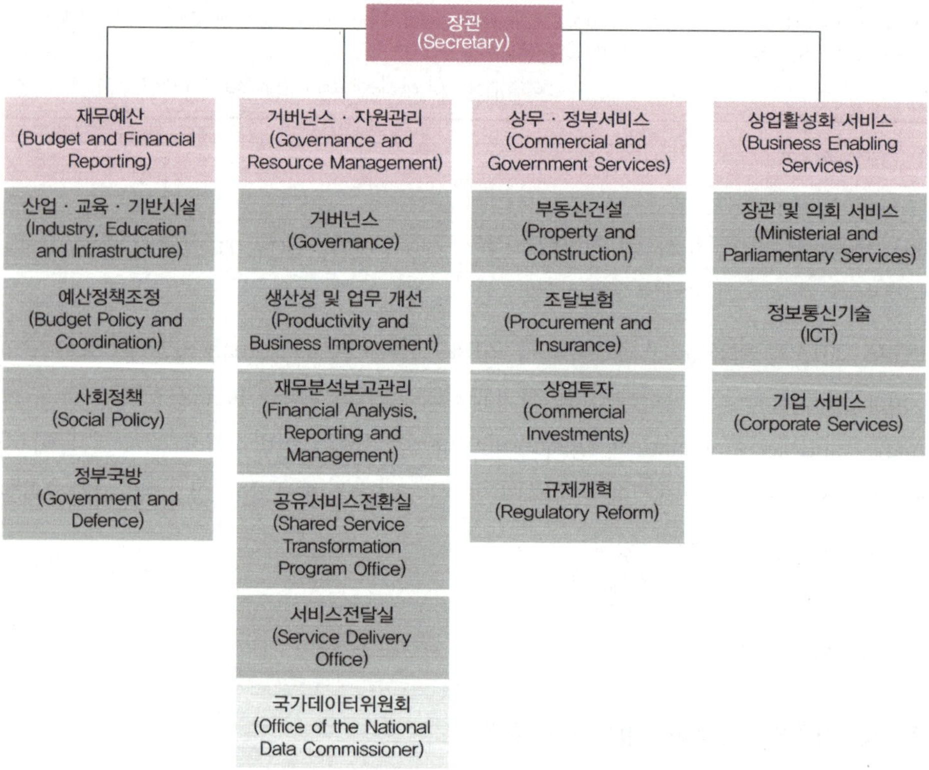

출처: 호주 재정부 홈페이지.[4]

4) 호주 재정부 홈페이지(https://www.finance.gov.au/about-us/department). 〈About us〉. (검색일: 2022.7.2).

(2) 호주국립감사원(The Australian National Audit Office: ANAO)

호주국립감사원(이하 감사원)은 정부기관에 대한 광범위한 감사를 수행하는 독립기구이다. 감사원은 의회에 독립적인 보고를 통해 호주 정부의 책임성과 투명성을 증진하고 공공부문 성과 향상 증진에 목적을 두고 있으며, 특히 정부가 공공자원을 경제적·효율적·효과적·윤리적으로 사용하였는지 감독한다. 감사원의 핵심 활동으로는 재정보고서 감사 및 확인평가, 성과감사 및 성과측정 감사, 의회에 대한 정보 및 전문가 지원 등이 있다(ANAO, 2022). 감사원은 이러한 활동의 일환으로 중립적인 관점에서 재무부가 의뢰한 성과보고서를 검토하고 외부기관에 공정하고 객관적으로 공표하는 역할을 한다.

그림 7-4 호주 국립감사원의 기능

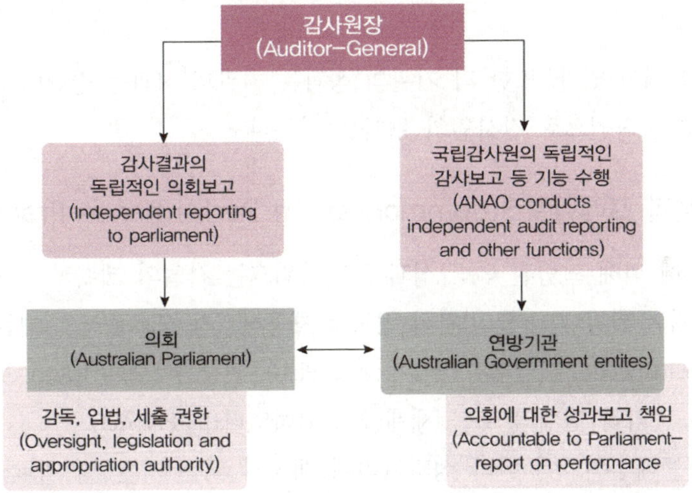

출처: ANAO Corporate Plan 2022-23.

(3) 연방 부처 및 관련 기관

PGPA 2013에는 연방정부의 모든 행정기관이 성과관리 대상이 된다고 명시되어 있으며 그 대상을 재정부 홈페이지에 Flipchart list로 공개하고 있다. PGPA 2013의 적용 대상이 되는 모든 기관은 사업시행 전 포트폴리오 예산서(Portfolio Budget Statement)를 의회에 보고하여야 하고, 성과연도가 끝난 후 의회와 국민에 연간성과보고서를 제출

그림 7-5 기관별 역할과 거버넌스 구조

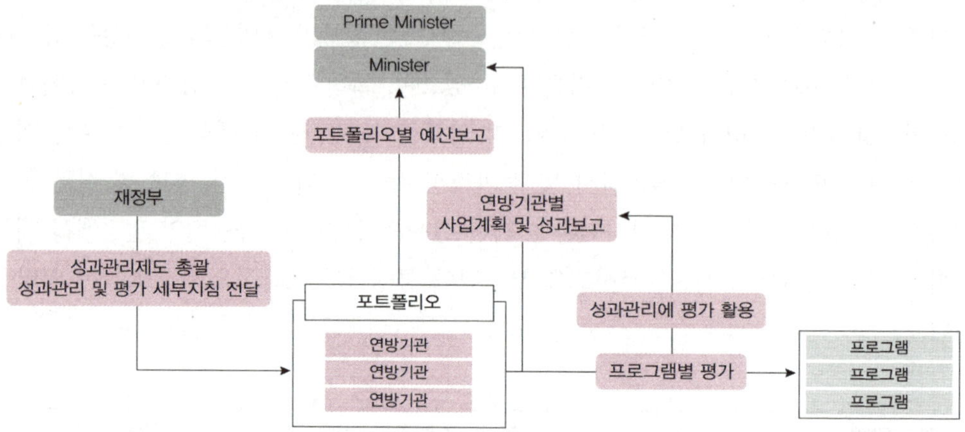

출처: 저자 작성.

및 공개하도록 되어 있다. 또한 각 기관의 성과는 기관의 성과를 장관(Minister)의 요청이나 감사원장의 직권으로 감사원의 평가를 받는다.

2) 연방 성과 프레임워크(Commonwealth Performance Framework)

PGPA 2013에 의해 확립된 연방 성과 프레임워크는 사업의 계획과 성과평가의 연계를 통해 정부기관 활동에 대한 일관된 정보를 제공하고자 포트폴리오 예산보고서(Portfolio Budget Statements), 사업계획서(Corporate Plan), 연간성과보고서(Annual Performance Statements)의 논리적 연계의 흐름 체계를 강화하였다(PGPA Act).

연방 성과 프레임워크에 따라 성과관리에 대상이 되는 기관들은 연간성과보고서를 제출하여야 하는데, 이 보고서에는 사업계획서와 포트폴리오 예산보고서가 포함되도록 되어 있다. 포트폴리오 예산보고서는 예산, 성과 및 산출정보, 전략, 성과지표 등의 내용이 포함되어 있으며, 사업계획서에는 사업의 목적, 주요 활동, 성과측정 방법, 목표 등이 포함된다. 이러한 보고서는 사업의 애초 목적과 비교하여 사업의 성과를 측정하고 평가하는 기초가 된다. 이를 바탕으로 연간보고서에는 실제 사업 목적을 달성하는 데 성공한 정도를 평가하고 달성 수준에 대한 이유를 분석한 성과결과 보고 내용이 담긴다.

제 2 절

호주 평가 · 성과관리의 주요내용

1. 평가 · 성과관리의 이슈 및 구조

1) 성과관리의 구조

호주 성과관리의 맥락은 더 거시적인 예산과정 내에서의 위치와 기능 속에서 파악될 수 있다. 호주의 예산과정은 공정예산헌장(Charter of Budget Honesty Act)에 기반한다. 공정예산헌장은 1996년 보수당이 정권을 잡으면서 재정정책의 투명성과 책임성을 강화하려는 목적에서 제정되었다. 회계연도는 당해연도 7월부터 이듬해 6월까지이며 차년도 예산일정은 10월부터 시작된다.

여기에서는 전체적인 예산과정은 간략히만 소개하고, 성과관리에 직접적으로 관련된 주요 일정들을 중심으로 설명한다.[5] 우선 10월 말까지 포트폴리오별로 담당 장관이 신규 사업제안서를 제출한다. 제출된 사업제안서에 대해 내각의 전략예산위원회(SBC)와 지출심의위원회(ERC)가 검토하여 신규 사업의 우선순위 및 가부를 결정한다. 이후 각 포트폴리오 장관은 결정된 사안을 통보받으며, 이를 바탕으로 예산요구서(Portfolio Budget Submission)를 작성한다. 예산요구서에 대한 심의는 지출심의위원회와 예산내각(Budget Cabinet)을 통해 이루어지며, 각 포트폴리오 담당 장관에 대한 질의를 통해 사업의 채택 여부가 결정된다. 내각에서의 승인 절차가 완료되면 포트폴리오별로 포트폴리오 예산보고서를 제출하게 된다. 이는 통상적으로 5월 둘째 주 화요일 저녁 "예산의 밤(Budget Night)"에 재무 장관(Treasurer)의 하원 연설을 통해 국민들에게 발표되고 의회에 전달된다.[6]

의회에서의 절차는 하원의 동의와 상원의 조사 및 검토로 이루어진다.[7] 이 과정에는 예산의 밤부터 회계연도 시작 전인 6월 말까지 약 2개월 가량이 소요되며, 일반적인 입법절차에 대한 심의와 동일한 방식으로 진행된다. 제출된 예산서에 대한 보다 면밀한

---

5) https://www.finance.gov.au/government/federal-budget/budget-process

6) 예산의 밤은 통상적으로 5월 둘째 주 화요일에 이루어지지만 이는 관례적인 일정이다. 실제로 2021년에는 5월 11일 화요일 저녁에 예산의 밤이 이루어졌으나, 2022년에는 상반기의 선거 일정으로 인하여 3월 29일 저녁에 이루어졌다.

7) https://www.finance.gov.au/government/federal-budget/budget-process

검토는 상원 예산심의위원회(Senate Estimates)에서 이루어진다. 상원의원들은 청문회를 통해 정부가 납세자들의 돈을 어떻게 사용할 것인지를 심의한다. 각 상원 예산심의위원회는 서로 다른 부처와 기관을 조사하며, 이 과정에서 상원의원들은 담당 장관 등에 대한 질의를 통해 계획된 프로그램과 서비스의 목적과 운영방식, 소요되는 비용 등을 설명하도록 요청할 수 있다. 여기에는 상원 소속 장관들만 참석하고 질문에 답하며, 상원 장관들은 하원 소속 장관들을 대표하여 설명한다. 상원에서의 예산안 승인과 이후 총독(Governor-General)의 최종승인으로 모든 예산 절차가 완료되며 예산이 확정된다.

10월부터 6월 말까지 진행되는 전체적인 예산과정에서 성과관리에 중요한 부분은 사업계획서와 포트폴리오 예산보고서를 작성하는 단계, 그리고 연간보고서에 포함되는 연간성과보고서를 작성하는 단계이다.

각 연방기관은 매 회계연도 8월 31일까지(또는 역년 기준으로 운영되는 기업 및 회사의 경우 2월 말까지) 사업계획서를 작성하여야 하며, 여기에는 기관의 목적, 주요 활동, 운영맥락 및 성과측정 방법을 제시하여야 한다.8) 이는 이후 기관의 성과를 측정하고 평가하는 기초가 된다. 또한 통상 5월까지 연방기관들은 포트폴리오 단위로 포트폴리오 예산보고서를 통해 연간 지출에 대한 상세한 설명과 맥락에 대한 정보를 제공한다. 마지막으로 회계연도 종료 이후 연간성과보고서를 포함한 연간보고서가 제출되어야 한다. 연간성과보고서에는 기관이 명시한 목적의 달성 정도와 그 이유에 대한 분석이 담긴다. 성과정보의 개발과 제시는 모두 PGPA Act와 관련 하위 법률 및 지침(예: PGPA Rule, Resource Management Guideline)에 명시된 바에 따라 이루어져야 한다.

이처럼 사업과 예산, 그리고 성과가 유기적으로 연계되어 하나의 틀에 담긴 것이 호주 연방정부의 연방 성과 프레임워크이다. 연방 성과 프레임워크는 PGPA Act에 근거하며, 이에 따라 각 연방기관은 공공자원이 기관의 목적을 달성하기 위해 어떻게 사용되었는지를 입증하여야 한다. 연방 성과 프레임워크는 연방기관으로 하여금 성과정보를 생산하고, 최선의 성과측정이 이루어질 수 있도록 보장한다. 상기 세 가지 계획서 및 보고서는 [그림 7-6]과 같은 연방 성과 프레임워크를 구성하는 핵심요소들이다. 연방 성과 프레임워크는 공공자원의 할당과 사용 간의 관계를 명확하게 보여준다. 아래에서는 각 제안서 및 보고서에 대해 보다 구체적으로 살펴본다.

---

8) https://www.finance.gov.au/government/federal-budget/budget-process

그림 7-6 호주 연방 성과 프레임워크 개요

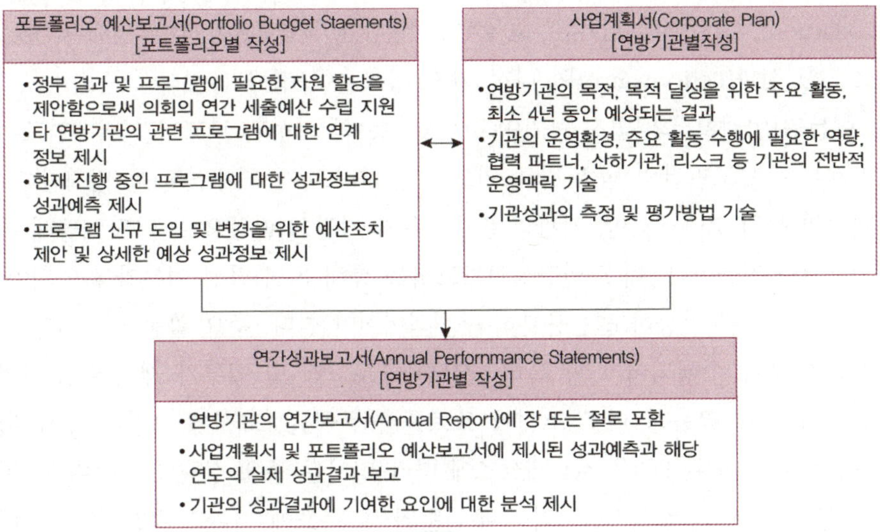

출처: 호주 재정부 홈페이지.[9)]

(1) 사업계획서(Corporate Plan)

사업계획서는 기관의 기능과 역할, 그리고 기관의 목적을 달성함에 있어서 성과를 측정하는 방법을 제시하기 위해 작성되며, 그 안에 포함되는 내용은 크게 목적, 주요 활동, 운영맥락, 성과측정의 네 가지로 구분할 수 있다(RMG, no.132). 일부 예외가 있지만 대부분의 연방기관은 PGPA 제35조에 따라 8월 말일까지 기관 홈페이지에 사업계획서를 게시하도록 되어 있다.[10)] 또한 홈페이지 게시 전에 담당 장관(Responsible Minister)과 재무 장관(Finance Minister)에게 먼저 제출되어야 한다. 사업계획서는 회계연도마다 한 번 이상 작성되어야 하며, 당해 연도와 향후 3개 회계연도까지 제안서에 포함한다. 따라서 2022~2023 사업계획서의 경우 2023~2024년, 2024~2025년, 2025~2026년

9) 호주 재정부 홈페이지. 〈Commonwealth Performance Framework〉. (https://www.finance.gov.au/government/managing-commonwealth-resources/planning-and-reporting/commonwealth-performance-framework)(검색일: 2022.7.5).

10) 사업계획서의 보고기간은 통상적으로 회계연도이며, 사업계획서는 보고기간의 두 번째 달 마지막 날까지 제출하도록 되어 있다. 따라서 7월부터 시작되는 회계연도의 두 번째 달인 8월 31일이 사업계획서의 제출기한이 된다.

까지를 다루게 된다.

PGPA Rule 16E(2)에는 사업계획서에 반드시 포함되어야 하는 최소 요건으로 ① 개요(Introduction), ② 목적(Purpose), ③ 주요 활동(Key activities), ④ 운영맥락(Operating context), ⑤ 성과(Performance)의 다섯 가지 항목을 규정하고 있다.

개요에는 사업계획서의 법적 근거(PGPA Act 등)와 작성된 보고기간(회계연도), 사업계획이 다루는 보고기간의 범위(당해 연도 포함 최소 4개 회계연도)를 명시한다. 목적에는 기관의 목적, 기능, 역할, 기관의 존재이유와 기관의 활동으로 누가 어떻게 편익을 얻게 되는지를 진술한다. 이후 연간성과보고서를 통해 목적 달성 여부가 확인되어야 하므로 측정과 평가가 가능하도록 충분히 구체적이어야 한다. 주요 활동에는 기관의 목적을 달성하기 위해 수행되어야 할 특히 중요한 프로그램 및 업무가 제시된다. 사업계획서에 포함될 주요 활동은 이후 소개할 포트폴리오 예산보고서에 포함된 주요 활동과 일관되어야 한다. 또한 PGPA Act 제34조에 따라 명시된 주요 정책 우선순위 및 목표가 기관의 목적과 관련되는 경우, 이러한 우선순위 및 목표에 기관의 주요 활동이 어떻게 기여하는지를 명시하여야 한다. 기관의 주요 활동은 기관이 처한 운영맥락 내에서 수행된다. 운영맥락에는 기관이 운영되는 환경, 주요 활동을 수행하는 데 요구되는 역량, 주요 위험과 위험관리 방법, 목적 달성을 위한 협업계획 등이 포함된다.

마지막으로 성과에는 기관의 성과를 어떻게 측정하고 평가하는지에 대한 세부사항이 규정되어야 한다. 사업계획서에 포함되는 보고기간(회계연도)별로 성과측정과 성과목표가 각각 제시되어야 하며, 성과의 측정은 PGPA Rule 16EA에 명시된 좋은 성과정보를 위한 다음의 요건들을 충족하여야 한다(RMG, no.132):

① 기관의 목적 또는 주요 활동 중 하나 이상과 직접 관련되어야 한다.
② 신뢰할 수 있고 검증 가능한 정보 출처 및 방법론을 사용하여야 한다.
③ 기관의 성과를 측정하고 평가하기 위한 편향되지 않은 근거를 제공하여야 한다.
④ 합리적으로 실행 가능한 경우, 질적 측정과 양적 측정을 혼합하여 구성하여야 한다.
⑤ 기관의 성과를 측정하는 데 있어 적절한 경우 산출, 효율성, 효과성을 포함하여야 한다.
⑥ 기간에 따른 성과를 평가할 수 있는 근거를 제공한다.

또한 성과목표는 현재의 성과수준과 질적 또는 양적으로 비교될 수 있는 경우 더 유용한 것으로 여겨지며, 가능한 경우 구체적이고, 측정 가능하며, 시간적 제한을 포함하여 제시되어야 한다(RMG, no.132). 다만 목표 설정을 위한 자료가 없거나 성과를 측정하기 위한 방법론이 정해지지 않은 경우 등에는 예외적으로 이러한 이유들을 명확히 설명하여야 한다. 성과목표는 도전적이지만 성취가능하도록 설정되어야 하며, 과거에 이미 초과 달성된 목표가 설정되거나 일정기간 동안 목표가 고정된 경우 그 이유를 설명하여야 한다.

(2) 포트폴리오 예산보고서(Portfolio Budget Statement)

포트폴리오 예산보고서에는 포트폴리오를 구성하는 기관들이 어떠한 사업을 진행할 계획인지, 사업에 소요되는 비용은 얼마인지에 대한 구체적인 내용들이 담기며, 이를 통해 의회에서는 포트폴리오별로 당해 연도와 향후 3개 연도의 전망을 파악할 수 있다. 가령 2022년 3월에 제출된 포트폴리오 예산보고서의 경우, 당해 회계연도(2021~2022)와 예산 회계연도(2022~2023), 그리고 향후 3년의 회계연도(2023~2024, 2024~2025, 2025~2026)의 범위를 다룬다.

포트폴리오 예산보고서는 기본적으로 다음의 세 가지 물음에 답하기 위해 작성된다(DoF, 2022). ① 무엇을 달성하고자 하는가?, ② 어떤 수단을 통해서 달성할 것을 제안하는가?, ③ 진행 상황은 어떻게 측정될 것인가? 포트폴리오별로 상기 물음에 대한 답을 일관된 틀로 제시할 수 있도록 재정부(DoF)에서 매년 발간하는 포트폴리오 예산보고서 작성지침은 포트폴리오 예산보고서의 구조를 상세하게 규정한다. 2022년 지침에는 포트폴리오 예산보고서의 핵심내용을 크게 세 가지로 구분하여 작성할 것을 규정하고 있다(DoF, 2022). 이 중 두 번째 파트인 결과와 계획된 성과(Outcomes and planned performance)는 성과관리에 핵심적인 부분으로 연계 프로그램(Linked programs), 예산비용(Budgeted expenses for Outcome), 그리고 성과측정(Planned performance measures for Outcome)으로 구성된다. 또한 프로그램 구성요소(Program components of Outcome)가 포함될 수 있으나 의무사항은 아니다. 하나의 결과(outcome)에 대해 결과진술, 연계프로그램, 예산비용, 성과측정, 프로그램 구성요소는 하나의 표로써 제시되며, 2022~2023 회계연도의 포트폴리오 예산보고서 작성지침에는 표의 구성과 포함되어야 할 내용이 상세하게 규정되어 있다. 이에 따라 하나 이상의 결과를 갖는 연방기관은 포트폴리오 예산보고서에 다수의 표를 포함하게 된다.

결과진술은 예산과정을 통해 승인된 문구와 동일하게 제시되도록 엄격히 제한된다(DoF, 2022). 결과진술을 통해 기관이 예산을 사용하는 목적을 명확히 밝혀야 하며, 결과(목표)의 달성 여부를 평가하는 데 유용한 성과정보가 무엇인지를 제시하여야 한다.

연계 프로그램은 기관의 성과 달성에 기여하는 타 기관의 프로그램을 말한다. 연계 프로그램의 작성은 일방적으로 이루어지기 때문에, 타 기관 프로그램의 자 기관 성과달성에 대한 기여도는 보고되어서는 안 된다. 연계 프로그램이 상호 간 약정(양해각서) 등에 근거할 경우, 약정의 제목 또한 명시하도록 권고된다.

예산비용은 결과별 예산지출표로 제시하며 프로그램과 비용에 대한 세부내용이 작성된다. 각 결과에 대한 총비용이 자금 출처별로 분류되어 제시되며, 각 결과에 대해 별도의 예산지출표를 준비하여야 한다. 다수의 하위요소로 구성되는 프로그램을 더 자세히 설명하고자 하는 경우에는 예산지출표 안에 프로그램 구성요소로 제시할 수 있지만 선택사항이며 프로그램 수준으로만 제시하여도 무관하다.

성과측정은 결과 단위로 제시하며, 이에 따라 다수의 결과를 포함하는 포트폴리오 예산보고서는 다수의 성과측정표를 통해 각 결과에 대한 측정방법과 성과목표를 상세하게 제시한다(DoF, 2022). 성과측정표에는 사업계획서에 제시된 프로그램의 주요 활동과 맥락, 주요 활동별 성과측정 방법이 담기며, 그 외에 신규 프로그램이나 기존 프로그램의 변경사항 등도 설명된다. 프로그램 명칭은 CBMS에 포함된 것과 동일하여야 하며, 프로그램의 목표(objective)와 결과에 대한 기여가 간략하게 제시된다. 각 결과와 관련된 프로그램별 주요 활동은 포트폴리오 예산보고서 작성시점의 사업계획서 포함된 주요 활동과 일치하여야 하며, 사업계획서 제출 이후 예산과정에서 변경된 점에 대해서는 각주를 통해 설명을 달아주어야 한다. 각 결과와 관련된 프로그램의 성과측정 방법 또한 프로그램에 포함되는 주요 활동별로 작성되어야 하며, PGPA Act 제36조에 따라 각 프로그램에 대해 하나 이상의 상위수준 성과 기준이 있어야 한다.

또한 포트폴리오 예산보고서에는 직전 회계연도와 현재 회계연도, 그리고 향후 3개 회계연도가 포함되기 때문에, 보고기간(회계연도)별 성과정보를 따로 작성하여야 한다(DoF, 2022). 직전 회계연도에 대해서는 직전 회계연도의 포트폴리오 예산보고서에 제시된 예상 성과와 실제 성과, 그리고 현재 회계연도와 향후 3개 회계연도에 대해서는 성과목표와 성과목표 달성 여부의 측정방법을 제시하도록 되어 있다. 성과목표치를 제시하는 것이 불가능한 경우에는 그 이유를 설명하여야 한다. 또 가능한 경우 목표 달성 예상 일자를 보고하도록 되어 있지만, 이러한 요구사항은 대개 일회성 프로그램에 국한된다.

한편 포트폴리오 예산보고서는 사업계획서에 제시된 성과측정과 성과목표, 주요 활동 및 프로그램에 맵핑됨으로써 유기적으로 연계된다(DoF, 2022). 이는 포트폴리오 예산보고서를 통해 연방기관에 할당된 예산이 기관의 목적을 달성하기 위해 어떠한 활동에 어떻게 사용되며, 성과가 어떻게 측정되고 평가될 것인지에 대한 보다 명확한 이해를 가능하게 해준다. 이러한 지침은 호주 투명성 포털(https://www.transparency.gov.au/)에 사업계획서와 포트폴리오 예산보고서를 공개하는 조치와 더불어 기관의 성과측정과 관련된 세부사항에 대한 대중적 접근성을 보장하기 위한 것이다. 사업계획서와 달리 포트폴리오 예산보고서에는 주요 활동에 대한 상세한 정보가 담기지는 않으며, 단순히 사업계획서에 포함된 주요 활동의 명칭을 보고하는 것으로도 충분한 정보로 여겨진다. 포트폴리오 예산보고서와 맵핑되는 사업계획서는 이전 회계연도의 사업계획서(포트폴리오 예산보고서 작성 시점의 사업계획서)이다. 예컨대 2022~2023 포트폴리오 예산보고서는 2021~2022 사업계획서와 맵핑되며, 사업계획서에 포함된 주요 활동에 변경이 있을 경우 포트폴리오 예산보고서를 통해 주요 변경사항이 보고된다. 또한 포트폴리오 예산보고서 작성 이후의 변경사항은 이후 회계연도의 사업계획서에 반영된다.

(3) 연간성과보고서(Annual Performance Statement)

회계연도가 종료된 후 다음 회계연도 10월까지 각 연방기관 담당 장관은 PGPA Rule 16F에 따라 의회에 제출할 연간성과보고서가 포함된 연간보고서를 준비하여야 한다. 연간성과보고서는 연간보고서에서 별도의 장 또는 절로 삽입된다. 연간성과보고서는 기관의 성과정보를 제공하기 위한 것으로 호주 연방기관 성과주기의 마지막 단계이기도 하다. 기본적으로 연간성과보고서에는 사업계획서와 포트폴리오 예산보고서에 제시된 성과목표와 성과측정 방법에 따른 실제성과가 설명되어야 한다(RMG, no.134). 사업계획서에 포함된 4개의 보고기간(직전 회계연도와 이후 3개 회계연도) 중 연간성과보고서가 다루는 범위는 직전 회계연도 하나이다. PGPA Act에 따라 연방기업은 연간성과보고서를 작성하지 않아도 되지만, 연간보고서를 통해 사업계획서에 명시된 성과정보에 대한 실제 성과를 보고하여야 한다.

연간성과보고서의 구성은 실제 성과결과를 보다 명확하기 위해 다양한 정보를 포함할 수 있도록 유연성을 가지고 있으나, 기본적인 지침이 있다. 이 같은 기본적 지침에는 연간성과보고서의 내용이 사업계획서 및 포트폴리오 예산보고서의 내용과 상응하도록 사업계획서 및 포트폴리오 예산보고서의 페이지 번호를 참조하거나, 성과제시 순서를 사업계획서상의 순서와 동일하게 맞춰야 한다는 권고가 포함된다(RMG, no.134). 또 연간성과보고서에 제시된 성과측정치가 사업계획서 또는 포트폴리오 예산보고서에 제시된 성과측정치와 다른 경우 이에 대한 설명을 포함하여야 한다.

PGPA Rule 16F는 성과제시의 개요, 결과, 분석을 연간성과보고서가 갖춰야 할 세 가지 필수요건으로 규정한다(PGPA Rule). 성과제시의 개요에는 연간성과보고서를 작성하도록 규정한 PGPA Act 39(1)(a) 및 기타 법률 등 법적 근거와 연간성과보고서가 다루는 시간적 범위(보고기간)가 포함된다.[11] 결과는 보고기간의 기관성과에 대한 측정결과로서, 사업계획서 및 포트폴리오 예산보고서에서 제시된 측정방법을 토대로 작성되어야 한다. 또한 시간 경과에 따른 성과의 추세를 보여줄 수 있도록 과거 성과정보를 활용하거나 다양한 시각적 장치를 활용할 것이 권고된다. 마지막으로 목적 달성에 기여한 요인들에 대해 단순히 구체적인 성과를 나열하는 것 이상의 유익한 분석이 제공되

표 7-3 연방기관의 연간성과보고서 기본구조

항목	내용
성명서 (Statements)	• PGPA Act 39(1)(a)에 근거하여 성과보고서가 작성되었다는 진술 • 성과보고서가 다루는 보고기간을 명시하는 진술 • 연방기관 책임당국의 의견으로, 작성된 성과보고서가 다음을 충족한다는 진술: ① 보고기간의 성과에 대한 정확한 제시 ② PGPA Act 39(2)의 준수[12]
결과 (Results)	• 보고기간 동안 연방기관의 성과에 대해 PGPA Rule 16F(1)이 명시하는 측정 및 평가 결과[13]
분석 (Analysis)	• 보고기간 동안 연방기관의 목적을 달성하는 데 기여하였거나 기여하였을 수 있는 요소에 대한 분석 • 보고기간 동안 연방기관의 성과에 중대한 영향을 미쳤거나 미쳤을 수 있는 ① 기관의 목적, 활동, 조직역량 또는, ② 기관이 운영되는 환경의 변화

출처: PGPA Rule.[14]

11) PGPA Act 39(1)(a)는 연방기관의 책임당국으로 하여금 기관의 각 보고기간 종료 후 가능한 한 빨리 기업에 대한 연간성과보고서를 작성하고, 의회에 제출된 기관의 연간보고서에 연간성과보고서 사본을 포함하도록 규정하고 있다.

12) PGPA Act 39(2)는 연방기관이 작성하는 연간성과보고서가 기관 목적을 달성하는 데 있어 기관의 성과에 대한 정보를 제공하고, PGPA Rule이 규정하는 연간성과보고서의 요건을 충족하도록 규정하고 있다.

13) PGPA Rule 16F(1)은 연방기관이 연간성과보고서를 작성함에 있어서 기관의 사업계획서와 포트폴리오 예산보고서 등에 명시된 보고기간 동안의 기관성과를 측정하고 평가하도록 규정하고 있다.

14) Public Governance, Performance and Accountability Rule 2014(https://www.legislation.gov.au/Details/F2014L00911)(검색일: 2022.7.2).

어야 한다. 이러한 분석에는 전반적인 수준에서만이 아니라 개별 성과요소에 기여하는 요인을 분석하는 것도 포함되며, 긍정적인 요인과 부정적인 요인도 모두 다룬다. 사업계획서를 통해 예상되었던 외부환경의 영향요인이나 타 조직 및 기관과의 협업이 실제로 기관의 성과창출에 대해 어떤 기여나 제한을 제공하였는지에 관한 논의도 분석에 포함된다. PGPA Rule이 규정하는 연방기관의 연간성과보고서의 기본구조는 〈표 7-3〉과 같다.

호주 사회복지부(Department of Social Services)의 연간보고서 2020~2021의 제2장에 포함된 연간성과보고서는 전술한 연간성과보고서의 기본구조와 요건을 잘 충족하고 있다. 연간성과보고서의 가장 앞부분에는 사무차관(Secretary)의 성명서가 제시되며, 성명서를 통해 성과보고서의 법적 근거, 시간적 범위(보고기간)을 명시하고 PGPA Act와 PGPA Rule이 요구하는 성과보고서의 요건을 충족하였음을 선언한다.

표 7-4 연간성과보고서 성명서 예시

성명서(Statements of Preparation)

레이 그리그스(Ray Griggs)(사회복지부 사무차관)는 사회복지부의 책임기관으로서 PGPA Act 39(1)(a)에 따라 요구되는 사회복지부의 2020-21 연간성과보고서를 제출합니다. 제 소견으로 이 연간성과보고서는 적절히 유지된 기록을 기반으로 기관의 성과를 정확하게 반영하며 PGPA Act 39(2)를 준수합니다.

Rag Griggs AO CSC
Secretary
15 October 2021

출처: Australia Department of Social Services Annual Performance Report 2020-21.

연간성과보고서에 포함되는 결과와 분석은 주요 활동의 성과목표와 성과목표의 달성여부, 그리고 이에 대한 분석으로서 대개 주요 활동별로 함께 제시된다(RMG, no. 134). 호주 사회복지부의 연간성과보고서 2020~2021의 결과1(Outcome 1)은 총 11개의 프로그램과 13개의 주요 활동으로 구성되어 있다. 이 중 첫 번째 프로그램인 가족세제혜택(Family Tax Benefit)의 두 번째 주요 활동인 양육지원제도(Child Support Scheme)의 성과목표, 성과목표의 달성 여부, 분석은 〈표 7-5〉와 같이 제시되어 있다. 성과목표는 가족세제혜택 대상자의 85% 이상이 자녀지원평가(Maintenance Action Test)에 적격

표 7-5 호주 사회복지부(Department of Social Services)의 연간성과보고서 예시

<table>
<tr><td colspan="4">프로그램 1.1: 가족세제혜택</td></tr>
<tr><td colspan="4">주요 활동: 양육지원제도</td></tr>
<tr><td colspan="4">성과측정</td></tr>
<tr><td colspan="4">양육지원제도를 통해 자녀와 별거하는 부모가 자녀를 부양하고 있는 정도
출처: 포트폴리오 예산보고서 2020~21 48쪽, 사업계획서 2020~21 9쪽</td></tr>
<tr><th>성과목표(Target)</th><th colspan="3">2020~21</th></tr>
<tr><td rowspan="2">가족세제혜택 대상자의 85% 이상이 자녀지원평가에 합격</td><td>목표</td><td>성과</td><td>결과</td></tr>
<tr><td>85%</td><td>86.2%</td><td>달성</td></tr>
<tr><th colspan="4">분석(Analysis)</th></tr>
<tr><td colspan="4">2020~2021년 결과는 86.2%로 2019~20년 결과인 86.1%보다 약간 향상되었다. 이는 주로 자녀지원평가를 면제받는 피부양 자녀의 수가 증가하였기 때문이다. 코로나19 팬데믹의 영향 또한 부분적으로 성과 달성의 원인이 되었다.</td></tr>
</table>

출처: Australia Department of Social Services Annual Performance Report 2020~2021.

판정을 받는 것이었고, 실제 성과는 86.2%로 초과 달성되었다. 이에 대한 분석은 성과목표의 달성 또는 미달성의 요인에 대한 설명으로 자녀지원평가를 면제받은 피부양자녀의 수가 증가하였다는 점과 코로나19의 영향이 있었다는 점을 제시하고 있다.

연간성과보고서의 품질은 감사원에 의해 관리되는 측면이 크다. 주무 장관(Responsible Minister) 또는 재무 장관(Minister for Finance)은 감사원장에게 연간성과보고서에 대한 감사를 요청할 수 있으며, 감사원장의 재량으로 감사가 이루어질 수도 있다(RMG, no.134). 이러한 연간성과보고서에 대한 감사제도는 연방기관이 성과를 보고하는 데 있어 책임성을 가질 수 있도록 보장한다.

지금까지 논의한 포트폴리오 예산보고서, 사업계획서, 연간성과보고서로 구성되는 호주 연방정부의 연방 성과 프레임워크는 [그림 7-7]과 같이 요약된다.

그림 7-7 호주 연방 성과 프레임워크의 구조 및 흐름

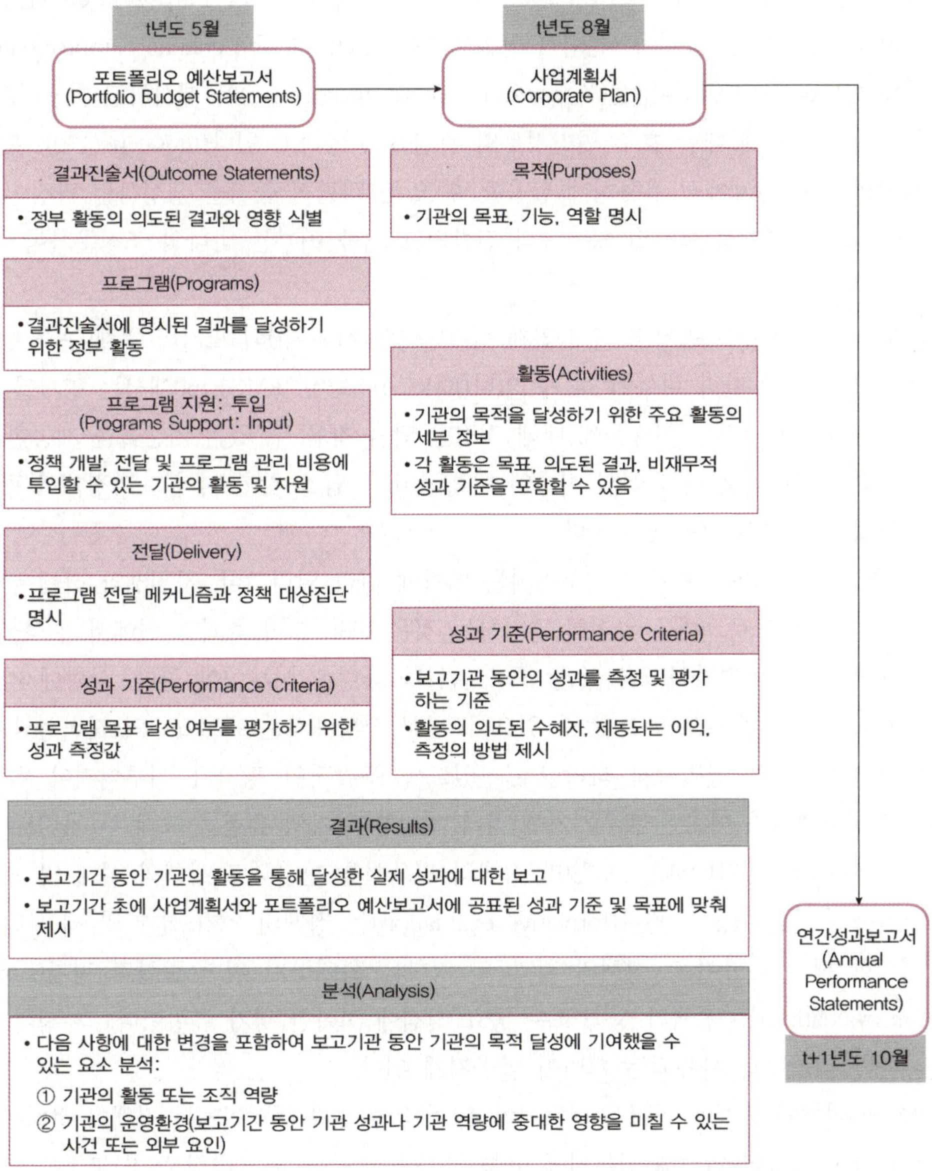

출처: ANAO(2019).

2) 평가의 핵심 이슈

RMG-130은 평가의 다섯 가지 원칙으로 ① 합목적성(Fit for Purpose), ② 유용성(Useful), ③ 강건성 및 윤리적 · 문화적 적절성(Robust, ethical and culturally appropriate), ④ 신뢰성(Credible), ⑤ 투명성(Transparent where appropriate)을 제시하고 있으며, 이러한 원칙은 평가에 대한 호주 연방정부의 관점을 반영하고 있다(RMG, no.130). 평가는 정책의 모든 단계에서 유용하게 활용될 수 있는 객관적 증거를 생성하는 과정이고, 평가적 사고는 연방정부의 일하는 방식 전반의 토대를 이루는 하나의 조직문화이기도 하다.

평가의 핵심 이슈는 평가의 시기(언제 평가하여야 하는지?)와 평가의 주체(누가 평가하여야 하는지?)에 따라 나누어 볼 수 있다(RMG, no.130). RMG-130에서는 평가를 설계하는 단계에서 이러한 이슈들에 대해 적절한 답을 찾을 수 있는 기준들을 제공한다. RMG-130은 평가와 관련한 핵심 이슈에 대해 올바른 답을 찾아 나가는 과정에서 평가의 방향성이 정해질 것을 권고한다.

적절한 평가 시기는 평가가 이루어지는 맥락에 따라 달라진다. 자원제약 하에서 모든 정부 활동과 프로그램을 완전히 평가하는 것은 비용 대비 효과 측면에서 부적절하다. 평가의 비용은 평가하지 않았을 때의 위험과 균형을 이루어야 한다. 상황에 따라 단순한 모니터링만으로도 충분할 수 있으며, 다른 상황에서는 프로그램의 적절성과 효과성, 효율성을 더 면밀하게 파악할 수 있도록 포괄적인 평가가 이루어져야 한다. RMG-130은 평가가 이루어지는 시기에 따라 적합한 평가의 유형을 크게 두 가지로 구분하여 제시하고 있다(RMG, no.130). 정책의 필요성을 판단하고 정책의 설계 및 과정을 개선하기 위한 형성적 평가(formative evaluation)는 정책의 초기 설계 및 제공 단계에 적합한 평가 유형이고, 정책의 결과 및 영향을 확인하기 위한 종합적 평가(summative evaluation)는 정책의 성숙 또는 종료 시점에 적합한 평가 유형이다. 각 평가 유형에 따라 접근법과 사용되는 기법이 달라지게 된다.

평가의 설계와 실행에 있어 고려하여야 할 핵심 이슈가 무엇인지는 정책이 정책순환주기의 어느 지점에 위치해 있는지에 따라 차이를 보인다. 프로그램 논리 모형에 의해 표현된 정책순환주기 전체적인 흐름과 각 단계별 고려사항은 [그림 7-8]과 같다. RMG-130은 평가의 단계를 정책순환주기에 따라 ① 프로그램 또는 활동의 설계, ② 프로그램 또는 활동의 지속적인 제공, ③ 프로그램 또는 활동이 일정 시간 동안 운영된

그림 7-8 프로그램 모형에 따른 정책순환주기 단계별 평가 고려사항

정책문제 진술 (Problem statement)	투입 (Inputs)	산출: 활동 (Outputs: activities)	산출: 참여 (Outputs: participation)
• 해결하고자 하는 문제가 무엇인가? • 누가 영향을 받는가? • 문제의 근본적인 원인은 무엇인가? • 정책문제의 진술은 단순히 프로그램의 필요성에 대한 설명이 아닌 표적적이고 구체적으로 이루어져야 함	• 가용한 자원은 무엇인가? • 자원의 고려에는 인력, 재정, 시간, 지식, 네트워크, 장소 및 공간, 장비, 파트너 조직, 커뮤니티 그룹 등이 포함됨	• 프로그램의 일부로서 활동에 대해 기술 및 설명 • 프로그램을 전달함으로써 무엇이 발생하는가?	• 프로그램이 표적 집단은 누구인가? • 표적 집단의 인구 통계적 특성은 무엇인가? • 누가 관련되어 있으며 각자의 역할은 무엇인가?

단기 결과 (Short-term outcomes)	중기 결과 (Medium-term outcomes)	장기 결과 (Long-term outcomes)	가정(Assumptions)
• 프로그램 및 활동으로 달라지는 것은 무엇인가? • 결과는 일반적으로 프로그램 완료 시점에 대한 예상이며, 기술, 지식, 태도, 인식 또는 동기의 변화를 포함함	• 프로그램 결과로 어떤 변화가 발생하는가? • 형태, 관행, 시스템의 변화, 기술 및 지식의 적용과 같은 중기 결과를 확인하는 데 어느 정도의 시간이 소요될 수 있음	• 장기 결과는 설정된 목표와 관련되어야 하며, 진술된 정책 문제를 해결해야 함 • 장기 결과의 확인에는 오랜 시간이 걸릴 수 있으며, 일반적으로 프로그램 외부의 다양한 요인으로부터 영향을 받음	• 프로그램이 작동하는 방법 또는 이유에 대한 가정은 무엇인가? • 참가자, 참여, 활동 등에 대한 가정이 포함될 수 있음 **외부요인(External factors)** • 프로그램에 영향을 미치는 통제 불가능한 요인에는 무엇이 있는가? • 프로그램의 전달 및 결과에 영향을 미치는 정치적, 사회적, 문화적, 지리적 환경

출처: 호주 가족학연구소 홈페이지.[15]

이후, ④ 긴급한 의사결정에 정보를 제공하기 위한 특수한 상황(신속 평가)으로 나눈다(RMG, no.130). 프로그램의 설계 단계에서 이루어지는 평가의 핵심 이슈는 정책의 예상효과, 현재의 수요 충족 수준, 수요를 충족하기 위해 필요한 활동, 현재의 활동 수준이다. 설계 단계에서 평가의 초점은 수요 평가, 문제상황 진술, 지원방식 설계, 가정 및 이론 검증, 다양한 시나리오 및 대안의 실현가능성 탐색, 시간 경과에 따른 영향 평가를 위한 기준 데이터 설정, 특정한 정책제안의 근거를 명확하게 하기 위한 프로그램 논리의 개발, 관련 이해당사자 확인, 투입과 산출 검토, 주요 활동의 탐색, 단기·중기·장기 효과 및 결과 예상에 맞춰진다. 이 같은 평가는 평가유형의 관점에서 정책실행의 준비 상태를 점검하는 형성적 평가에 해당된다. 연방기관은 예산과정과 규제 영향평가, 연방 성과 프레임워크 등에 의해 각 단계의 평가 요구사항을 충족시킬 의무를 지닌다.

15) 호주 가족학연구소 홈페이지(https://aifs.gov.au)(검색일: 2022.8.5).

프로그램 집행 및 제공 단계에서의 핵심 이슈는 프로그램 예상효과의 실현가능성, 계획대로의 실행 여부, 실행 단계에서의 개선점 도출이다(RMG, no.130). 이에 따라 평가의 초점은 프로그램의 초기 운영 단계에서의 개선을 위한 환류에 맞춰진다. 평가유형상 대체로 형성적 평가의 성격을 지니며 과정평가, 전달평가, 집행평가, 집행 후 검토, 실행연구(action search), 발전적 평가(developmental evaluation) 등이 이 단계에서 적합한 평가로 분류되며, 연방기관의 연방 성과 프레임워크에 따라 이 단계에서의 평가를 실시하여야 한다.

프로그램 실행 이후의 평가에 있어서 핵심 이슈는 실제적인 효과성과 프로그램 목표의 달성 여부, 예상되었거나 예상되지 못하였던 영향, 비용 대비 가치에 대한 확인이다. 평가의 초점은 프로그램 실행 결과로부터의 교훈 및 개선사항, 적절성과 효율성 및 효과성을 확인하는 데 맞춰진다. 이 단계에서의 평가는 종합적 평가에 해당되며 결과평가, 영향평가, 사후평가, 경제성 평가 등이 적합한 것으로 여겨진다. 연방기관은 연방 성과 프레임워크에 의해 이에 대한 지속적인 법적 의무를 갖는다.

신속 평가는 단기적 또는 즉각적인 결과가 예상되거나 긴급한 결정이 필요한 특수한 상황에서 10일에서 6개월 사이의 짧은 기간 동안 이루어진다. 정책순환주기의 특정 단계로 분류하기는 어렵지만 RMG-130은 신속 평가도 정책순환주기에 따른 평가의 분류에 포함시키고 있다(RMG, no.130). 긴급한 의사결정이 필요한 상황에는 감염병 관리상황과 같은 공중보건의 위기상황에서의 의사결정이나 위기관리상황 등이 있다. 시간과 자원이 제한된 상황에서 신속하면서도 체계적으로 평가가 수행될 수 있도록 실시간 평가, 신속 환류평가, 신속 주기평가 등이 적합한 평가로 분류된다. 연방기관은 주요 정책결정자(정부, 주무장관, 책임당국 등)의 긴급조치나 의사결정 및 책임을 지원하기 위해 필요에 따라 신속 평가를 수행할 의무를 지닌다.

평가 주체에 누가 포함되고 어떤 역할을 수행할 것인지도 중요한 평가 이슈이다. 평가의 목적과 성격은 누가 참여하여야 하는지에 영향을 미치며, 필요한 평가의 유형, 평가에 필요한 자원 및 전문성, 평가결과의 활용, 보유한 평가역량의 수준 등이 이에 관련된다. 일반적으로 평가의 폭과 규모가 매우 다양하기 때문에, 많은 경우 다양한 주체들이 서로 다른 역할과 책임을 가지고 평가에 참여하게 된다. 신뢰할 수 있고 유용한 평가가 되려면 다양한 평가 주체들이 지닌 자원과 역량이 적절히 혼합되어야 한다. RMG-130에서는 평가 과정에서 맡게되는 역할을 평가의뢰(평가권한 부여와 평가자원 할당, 평가범위 지정 등), 평가계약, 평가설계, 평가수행으로 구분하고 있다(RMG, no.

130).

평가 주체가 내부자가 될 것인지 아니면 외부자가 될 것인지도 평가 주체와 관련한 핵심 이슈 중 하나다. RMG-130에서는 이와 관련하여 외부평가 여부를 결정하기 위한 의사결정나무를 제공한다(RMG, no.130). 기관이 특정 프로그램의 효과를 평가할 수 있는 전문성을 보유하고 있는지에 따라 내부평가, 협업평가, 외부평가가 결정된다. 내부평가, 협업평가, 외부평가를 결정하기 위한 의사결정나무와 각각의 장·단점은 [그림 7-9]와 같이 요약된다.

그림 7-9 평가 주체 결정을 위한 의사결정나무

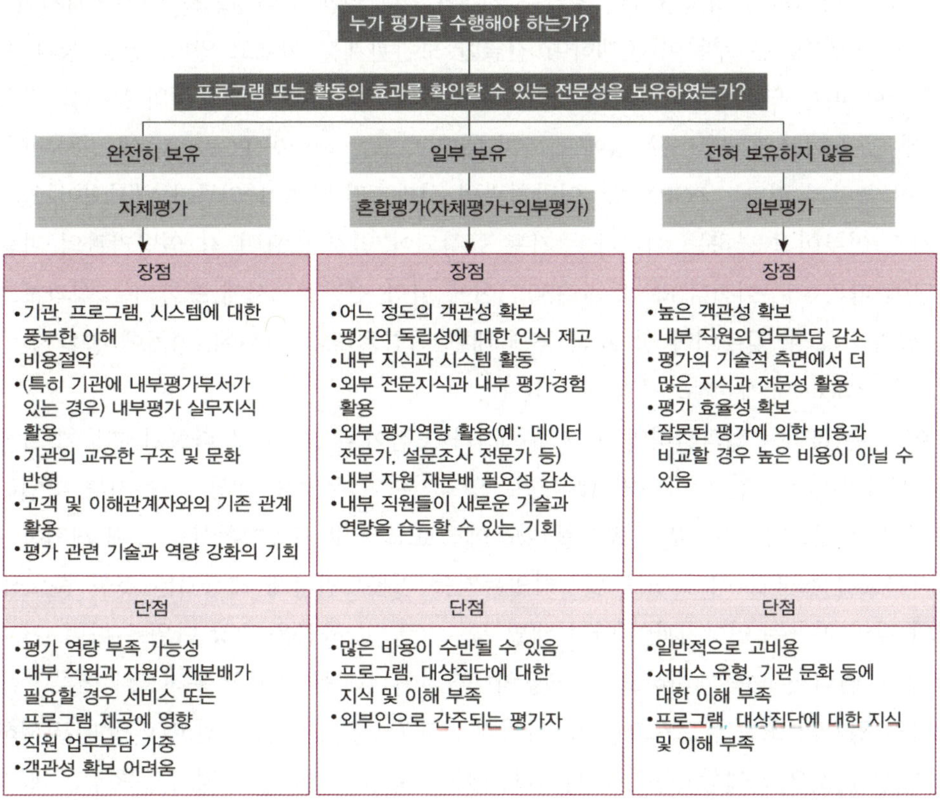

출처: 호주 재정부 홈페이지.16)

16) 호주 재정부 홈페이지, 〈Evaluation in the Commonwealth(RMG 130)〉 (https://www.finance.gov.au/government/managing-commonwealth-resources/planning-and-reporting/commonwealth-perfo

협업평가 또는 외부평가가 진행될 경우에는 어떤 외부평가자가 평가에 참여할 것인지도 결정되어야 한다. 고려할 수 있는 외부평가자 유형에는 공동체(포괄적인 의미의 공동체 또는 협소하게 정의된 수혜자 그룹), 전문가, 외부 컨설턴트, 유사 프로젝트 담당자(유사한 프로젝트를 수행하는 개인 및 단체) 등이 있다. APS Academy, 호주 공공부문 평가 네트워크(Australian Public Sector Evaluation Network: APSEN), 호주 평가협회(Australian Evaluation Society)에서는 외부평가자 섭외를 위한 온라인 네트워크와 인력풀에 대한 정보를 제공하고 있다.

3) 성과관리와 평가의 관계

호주 연방기관의 성과관리와 평가는 기본적으로 별개의 과정으로 이루어지지만, 일부 중첩·연계되는 부분이 존재하며 긴밀한 보완관계를 이루고 있다. 연방 성과 프레임워크에 따른 연간성과보고서의 작성 및 제출에 대해서는 연방기관의 목적을 달성하는 데 있어 어떤 성과를 냈는지에 관하여 매년 보고할 책임이 PGPA Act에 명시되어 있다. 이와 달리 평가는 PGPA Act 연방기관의 성과측정과 평가 의무가 명시되어 있지만 평가가 이루어져야 하는 시기나 주기는 규정되어 있지 않으며 각 연방기관의 자율적 판단에 따라 이루어진다(RMG, no.130). 이에 따라 연간보고서에 포함되는 성과보고서의 정의와 구성, 갖추어야 할 요건 등에 대한 지침은 RMG-134에, 평가에 관한 전반적 지침은 RMG-130에 따로 규정되어 있다.

이 같은 차이는 성과관리와 평가의 목적과 초점이 본질적으로 다르기 때문에 발생한다. 성과관리의 초점은 국민의 세금으로 연방기관이 무엇을 달성하였는지를 확인하는 데 맞춰져 있으며, 이를 위해 포트폴리오 예산보고서 및 사업계획서를 통해 제시하였던 성과목표를 실제로 어느 정도 달성하였는지를 일목요연하게 제시되는 것이 중요하다. 이와 달리 평가는 연방기관이 아닌 개별 프로그램 및 사업을 대상 단위로 하며, 프로그램 및 사업의 성과를 개선하고 관련된 의사결정에 정보를 제공할 목적으로 이루어진다. 따라서 평가의 초점은 프로그램 및 사업의 효과와 영향이 왜, 그리고 어떻게 발생하였고 발생할 것으로 예상되는지를 확인하는 데 맞춰진다. 이 같은 평가의 초점은 평가가 모든 프로그램에 대해 매년 동일한 방법으로 이루어지기보다는 필요한 시기에 필요한 만큼 이루어지는 것을 목적으로 한다. 실제로 프로그램 단위에 초점이 맞춰져 있는 호

---

rmance-framework/evaluation-commonwealth-rmg-130)(검색일: 2022.7.2).

주의 연방기관 평가는 프로그램의 기획, 투입, 활동, 산출, 단기 · 중기 · 장기 결과라는 각 단계에 대해 프로그램마다 전략적 관점에서 평가가 필요한 시기를 식별하여 우선순위를 정하여 실시되며, 평가가 필수적으로 이루어져야 하는 단계는 없다(RMG, no.130).

성과관리와 평가의 명확한 구분에도 불구하고 호주 연방기관의 성과관리와 평가에는 서로 중첩 · 연계되는 부분도 존재하며 어느 정도 보완적인 관계를 이루고 있다. 무엇보다 연간성과보고서는 연방기관의 사업계획서 및 포트폴리오 예산보고서에 명시된 목표 대비 실제로 달성된 성과를 입증하는 데 있어 사전에 정의된 성과지표뿐만 아니라 해당 목표 및 활동과 관련된 평가결과 또한 중요한 근거로 활용된다(Gray & Bray, 2019). 이러한 성과관리와 평가 사이의 관계는 2021년 12월부터 시행되고 있는 재정부(DoF)의 연방기관 평가정책(Commonwealth Evaluation Policy)의 목적으로도 명시되어 있다. 연방기관 평가정책은 연방기관이 일관된 평가의 품질 표준과 접근방식을 준수함으로써 성과보고의 품질을 개선할 수 있도록 지원하는 것을 주요 목적으로 포함하고 있다. 이러한 목적은 PGPA Act에 따른 연방 성과 프레임워크에서 계획부터 보고까지의 성과관리 단계 중 성과측정이 이루어지는 점검 단계에 평가를 고정된 절차로서 정례화(anchor)하려는 방향성에 따르는 것이다.[17] 또한 성과지표에 관한 지침인 RMG-131에

그림 7-10 호주의 성과관리와 평가의 관계

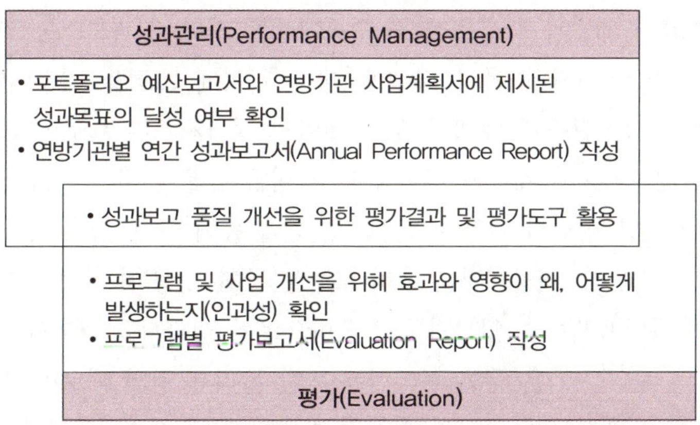

출처: 저자 작성.

17) https://www.finance.gov.au/about-us/news/2021/commonwealth-evaluation-policy-and-toolkit

서도 평가도구와 기법을 활용하여 성과지표의 개발과 검토를 권장하고 있으며, 이처럼 호주 연방기관의 성과보고 품질 개선을 위한 평가결과 및 평가도구의 활용은 성과관리와 평가가 유기적으로 중첩 · 연계되는 부분이라고 할 수 있다. 이 같은 호주 성과관리와 평가의 관계는 [그림 7-10]의 도식을 통해 보다 직관적으로 이해된다.

2. 평가 · 성과관리의 지표 및 측정방법

좋은 성과정보 개발을 위한 지침인 RMG-131(developing good performance information)은 성과정보를 개발하는 데 도움이 되는 다양한 정보들을 제공함으로써, 연방기관이 성과정보에 대한 PGPA Rule 16E에 규정된 요건을 충족하도록 돕는다(RMG, no.131). 특히 평가지표를 개발하고 성과정보를 모으는 과정에 대한 상세한 설명을 통해 연방기관들에 의해 제공되는 성과정보의 품질을 향상시키는 데 일조하고 있다.

PGPA Act, PGPA Rule 등에 근거한 호주의 연방 성과 프레임워크에서 성과의 수준은 추상적인 상위수준의 목적(purpose)과 구체적인 하위수준의 운영목표(operational objective) 또는 활동(activity)으로 계층화되어 있다. 목적은 보고기간 동안 기관이 달성하고자 하는 전략적 목표이며, 활동은 특정 결과를 달성하기 위해 수행되는 구체적인 노력을 의미한다. 한 가지 활동이 여러 목적에 기여할 수도 있고, 여러 활동을 통해 하나의 목적을 달성할 수도 있으며, 이는 연방기관이 활동을 어떻게 정의하는지에 따라 달라진다. 성과지표의 개발과 측정은 활동 수준에 맞춰지며, 성과보고는 활동을 통해 달성하고자 하는 바와 기관의 목적 달성에 대한 기여에 초점을 맞추어야 한다(RMG, no.131). 그러나 모든 활동에 대해 항상 일대일의 성과지표가 요구되지는 않는다.

RMG-131은 성과지표의 개발에 있어 논리 모형을 활용할 것을 적극 권장한다(RMG, no.131). 논리 모형은 정책적 개입이 투입과 활동을 통해 단기, 중기, 장기 결과의 연쇄에 기여한다고 가정한다. 연방기관은 논리 모형을 통해 '성공'이 무엇으로 구성되는지와 달성의 정도를 어떻게 알 수 있는지를 정의함으로써 성과지표 개발에 필요한 정보를 얻을 수 있다. [그림 7-11]은 금연 캠페인에 관한 논리 모형의 예로서, 성공은 활동(소셜 마케팅 및 광고 캠페인 등), 산출(흡연 방지 메시지에 대한 사람들의 노출 및 담배 판매 규제 시행 등), 결과(낮은 흡연율과 흡연 관련 질병 감소 등)의 관점에서 설명될 수 있다. 이러한 접근방식을 통해 연방기관은 성과를 입증하는 데 적합한 성과지표의 개발에 자연스럽게 초점을 맞출 수 있다.

그림 7-11 성과지표 개발을 위한 프로그램 논리 모형 예시

투입 (Inputs)	활동 (Activities)	산출 (Outputs)
• 예산 확보 • 인력 확보 • 커뮤니티 파트너십	• 소셜 마케팅 캠페인 개발 • 학교 기반의 금연 교육 프로그램 개발 • 정책 및 규제조치	• 청소년에 금연 메시지 노출 • 청소년의 금연 프로그램 참여 • 미성년자에 대한 담배 판매 제한 시행

단기 결과 (Short-term outcomes)	장기 결과 (Long-term outcomes)
• 규칙적 흡연 감소 • 낮은 흡연율 • 청소년들의 담배에 대한 접근성 감소 • 흡연 이탈률 증가	• 청소년 건강 개선 • 흡연율 감소

출처: 호주 재정부 홈페이지.[18)]

호주 연방기관들은 성과측정을 개발 및 계획함에 있어 〈표 7-6〉과 같이 PGPA Rule이 제시하는 여섯 가지의 요건을 충족하여야 한다(PGPA Rule). 성과측정에 대한 이러한 요건들은 실제로 기관의 목적이 달성되었는지의 여부와 기관의 활동이 목적 달성에 얼마나 기여하였는지에 관한 신뢰성 있는 성과정보를 생산하기 위함이다.

표 7-6 PGPA Rule에 규정된 성과측정의 요건

성과측정 요건
① 기관의 목적 또는 주요 활동 중 하나 이상과 직접적으로 관련되어야 함
② 신뢰할 수 있고 검증 가능한 정보 출처와 방법론을 사용하여야 함
③ 성과측정과 평가에 대한 비편향된(unbiased) 기초를 제공하여야 함
④ 합리적인 경우, 정성측정과 정량측정을 혼합하여야 함
⑤ 성과측정에 적합한 경우, 산출·효율성·효과성에 대한 측정이 이루어져야 함
⑥ 기간에 따른 성과평가의 근거를 제공하여야 함

출처: PGPA Rule.[19)]

18) 호주 재정부 홈페이지. 〈Developing performance measures(RMG 131)〉. (https://www.finance.gov.au/government/managing-commonwealth-resources/developing-performance-measures-rmg-131)(검색일: 2022.7.2).

특히 주목할 만한 요건은 산출, 효율성, 효과성에 대한 측정을 모두 포함하여야 한다는 것이다. 산출에 대한 측정은 성과측정의 보편적인 수단이다. 그러나 RMG-131은 연방기관이 공공자원을 적절하게 사용하였는지를 판단하기 위해서는 산출 외에도 주요 활동의 효과와 효율성에 관한 정보 또한 필요하다는 인식 하에 산출과 효과성, 그리고 효율성에 관한 측정을 혼합하여 구성된 성과지표를 요구하고 있다(RMG, no.131). 다만 예외적으로, 산출이나 효과성, 효율성이 성과를 판단하는 데 적합하지 않은 경우에는 대리지표를 사용하거나 제외할 수 있도록 하였다. 그러나 이러한 경우에도 대리지표를 사용하는 이유를 사업보고서에 명확히 기재하여야 한다.

일반적으로 산출을 측정하기 위한 평가지표는 산출물의 양(제공되는 서비스의 수, 수혜자의 수, 생산된 상품의 수 등), 접근성(수혜자가 서비스에 얼마나 쉽게 접근할 수 있는지 등), 품질(상품 또는 서비스가 목적에 얼마나 적합한지)이 있고, 효율성 지표에는 투입과 산출의 비율(산출물 한 단위당 비용)이 있으며, 효과성 지표에는 기관의 목적이 얼마나 의도한 대로 잘 달성되었는지(문해능력 강화 정책의 경우 실제 문해능력의 향상 수준)를 확인하는 지표가 사용될 수 있다. 효과성에 대한 측정에는 정량지표가 사용되는 경우가 많지만, 항상 정량지표로 측정 가능한 것은 아니며 정성지표로 보완되어야 하는 경우가 많다. RMG-131은 산출, 효과성, 효율성 지표의 예시를 〈표 7-7〉과 같이 제시하고 있다. 그러나 이 같은 예시는 강제성을 갖는 규범적(prescriptive)인 것이 아니며, 기관의 특수한 정책수행 맥락을 고려하여 지표를 개발할 것을 권장하고 있다(RMG, no.131). 실제로 많은 연방기관들은 〈표 7-7〉의 산출, 효율성, 효과성 지표 예시를 그대로 따르지는 않는다.

표 7-7 산출, 효율성, 효과성 측정지표 예시

구분	예시
산출 측정 (Output measures)	• 호주 서비스, 2019~20년 사업계획서(p.14-15): – 서비스 제공 경험에 대한 고객 만족도(품질) – 관리적/과정적 오류 없이 급여 수령(사회 보장 및 복지)(정확성/품질) – 대면서비스 수준의 표준-평균 대기 시간(적시성) • 전략적 목표: 모든 사람이 자신의 권리와 의무를 이해할 수 있도록 조언 및 지원(호주 건축 및 건설 위원회, 2019~2020 사업계획서, p.9) – 전국적으로 실시된 현장 방문 횟수(활동) – 제공된 조언 및 지원의 품질과 적시에 만족하거나 매우 만족하는 이해관계자 조사

19) Public Governance, Performance and Accountability Rule 2014(https://www.legislation.gov.au/Details/F2014L00911)(검색일: 2022.7.2).

	(서비스 품질) • 전략적 우선순위: 안전하고 공정하며 생산적인 사업장을 육성하기 위해 산업부 장관 보좌(법무부, 2019~20 사업계획서, p.9) – 공정급여 보증 요청의 평균 처리 시간: 14주(적시성) – 공정급여 지급 정확성: 95%(정확성/품질) – 청구인의 공정급여 보증에 대한 부서 관리 만족도: 80%(품질) – 파산 실무자의 공정급여 보증에 대한 부서 관리에 만족도: 80%(품질)
효율성 측정 (Efficiency measures)	• 부담금 징수 프로세스 비용: 지출된 부담금의 1.2% 이하(농무부, 2019~20 사업계획서, p.18) • 전체 청구 비용의 비율로서의 청구 관리 비용: 각 부상 연도에 대해 17% 이하(Comcare, 2019~20년 사업계획서, p.11) • APRA가 감독하는 자산 $1,000당 비용(호주 건전성 감독청, 2019~20 사업계획서, p.26) • 직원 성과당 비용(직무활동 참여 후 3개월 후 구직자 수로 측정)(고용기술가정사업부, 2019~2020 사업계획서, p.30)
효과성 측정 (Effectiveness measures)	• 취업서비스 참여 후 3개월 취업준비생 비율(일자리중소기업부, 2019~20 사업계획서, p.12) • 도로 사망자 수: 도로 충돌로 인한 심각한 부상(인프라교통도시지역개발부, 2019~2020 사업계획서, p.9) • 무능력 수당에 대한 기간으로 측정한 복직자 비율 증가(Comcare 제도에 대한 설문조사 기반 복직률 측정치 보완)(Comcare, 2019~20 사업계획서, p.11) • 본 기관의 규제 접근방식에 대한 규제기관의 WHS 결과 개선 보고(Comcare, 2019~2020 사업계획서, p.13)

출처: 호주 재정부 홈페이지.[20]

〈표 7-8〉은 호주 보훈부(Department of Veterans' Affairs)의 2022~2023 사업계획서에 제시된 성과지표 일부이다. 결과 2를 달성하기 위한 여러 프로그램들 중 프로그램 2.6에 대한 성과지표로서 적시성, 품질, 고객 만족도를 제시하고 있다. 보훈부는 사업계획서 전반부에 적시성은 효율성 지표이고, 품질은 효과성 지표, 그리고 고객 만족도는 산출에 대한 지표라고 명시하고 있다. 이처럼 연방기관들은 RMG-131이 제시하는 산출, 효과성, 효율성 범주에 해당하는 성과지표 예시를 그대로 따르기보다, 대체로 각 연방기관의 맥락에 적절한 산출, 효과성, 효율성 지표를 따로 구성하여 제시하고 있다.

20) 호주 재정부 홈페이지. 〈Developing performance measures(RMG 131)〉. (https://www.fin ance.gov.au/government/managing-commonwealth-resources/developing-performance-measures-rmg 1 31)(검색일: 2022.7.2).

표 7-8 호주 보훈부(Department of Veterans' Affairs)의 성과지표 예시

결과 2 (Outcomes 2)	의료서비스 자격에 대한 조언 및 정보를 포함하여 조기 개입, 예방 및 치료를 촉진하는 건강 및 기타 관리서비스를 통해 적격자와 피부양자의 신체적 웰빙과 삶의 질 유지 및 향상	
프로그램 2.6 (Program 2.6)	안전재활 및 보상법(DRCA) 및 군인재활 및 보상법(MRCA)에 따른 건강, 재활 및 기타 의료서비스 제공	
성과 기준 (Performance Criteria)	목표 (Target)	포트폴리오 예산서 페이지(PBS Page)
적시성(Timeliness): 재활평가 의뢰 후 30일 이내에 이루어진 평가의 비율	≥88.50%	55
품질(Quality): 재활 목표가 충족되거나 초과된 고객의 비율	≥75%	55
고객 만족도(Client satisfaction): 매년 재활 프로그램에 대한 고객 만족도 조사	≥75%	55

출처: Australia Department of Veterans' Affairs Corporate Plan 2022~2023.

성과측정 요건의 6번째 항목은 각 연방기관의 성과측정치가 기간에 따른 성과평가의 근거를 제공하여야 한다는 점이다. 연방기관이 설정한 목표들은 대부분 중·장기적인 관점에서 달성 가능한 것들이기 때문에 다수의 보고기간에 걸쳐 나타나는 기관의 성과가 성과정보에 포함되어야 한다. 이는 기관의 중·장기적인 목표 또는 결과를 중심으로 기관의 성과가 여러 기간에 걸쳐 일관된 방법으로 측정되어야 함을 의미한다. 가령 인프라교통도시지역개발부(Department of Infrastructure, Transport, Cities and Regional Development)의 2019~2020 사업계획서에는 여러 보고기간에 걸쳐 측정될 수 있는 도로 사망자 수와 관련된 지표가 포함되어 있다. 이러한 일관된 측정치는 추세 데이터를 개발할 수 있게 하여 시간이 지남에 따라 사망자의 수가 전반적으로 감소하는 추세를 발견할 수 있게 해준다. 그러나 이와 같은 중·장기적인 접근에는 현실적 어려움이 있는데, 성과측정 방식이 점진적으로 개선됨에 따라 성과를 측정하는 방법이 수시로 변경될 수 있다는 점이다. 또한 목표를 달성하기 위한 기관의 주요 활동이 단계별로 달라질 수 있고, 이로 인해 시기에 따라 성과측정치가 완전히 달라질 수도 있다. 가령 프로그램의 초기 단계에는 산출에 대한 정량적 측정이 가장 적절할 수 있고, 어느 정도 시간이 경과한 후에는 효율성이나 효과성을 측정이 일반적으로 적절할 수 있다. 따라서 각 연방기관은 성과측정 방법의 일관성 유지와 성과측정의 타당성에 대한 주기적 개선 사이의 균형을 이루도록 노력하여야 한다. 성과측정 방식이 변경되는 경우, 연방기관은

사업계획서에 변경사항을 충분히 설명하여야 한다.

〈표 7-9〉의 호주 교육부(Department of Education)의 2022~2023 사업계획에서 제시된 성과측정지표이다. 첫 번째 성과지표인 '학교에 다니는 학생의 비율을 90% 이상으로 증가'는 단기 목표로서 2023년까지 해당 비율을 2018년보다 증가시킬 것으로 설정하고 있다. 반면 두 번째 성과지표와 세 번째 성과지표는 특정 수준 이상의 학력 취득자의 비율 증가는 중기 또는 장기적인 목표로서 2031년까지 각각 96%로 증가시킬 것으로 설정하고 있다. 연방기관의 성과지표는 이처럼 가능하고 적절한 경우, 목표의 시간범위에 따라 단기 목표와 중기 또는 장기 목표가 명확히 구분되어 제시되고 있다. 또 한 가지 주목할 만한 점은 하나의 성과지표가 다수의 프로그램 또는 주요 활동에 관련되어 있다는 점이다. 〈표 7-9〉에 제시된 세 가지 성과지표는 각각 프로그램 1.3, 1.4, 1.5에 관련되어 있으며, 이런 부분에서 호주 연방기관 성과관리의 유연함을 찾아볼 수 있다. 하나의 프로그램이나 주요 활동이 다수의 결과에 관련되기도 하고, 더 낮은 수준에서 하나의 성과지표가 다수의 프로그램이나 주요 활동에 관련될 수 있다는 현실성이 반영된 것이다.

표 7-9 호주 교육부(Department of Education)의 성과지표 예시

결과 1 (Outcomes 1)	양질의 보육, 지원, 학부모 참여, 교육 및 학습 환경에 대한 접근을 통해 조기학습, 학교교육, 학생 교육성과 및 학교 전환 개선	
관련 프로그램 (Program reference)	성과측정 (Performance measure)	목표 (Target)
프로그램 1.3 프로그램 1.4 프로그램 1.5	학교에 다니는 학생 비율을 90% 이상으로 증가	2023년까지 2018년(75.2%)보다 증가
프로그램 1.3 프로그램 1.4 프로그램 1.5	12학년(Year 12) 상응과정 또는 호주교육자격 3급[21] 이상 취득자(20~24세)의 비율 증가	2031년까지 96%로 증가
프로그램 1.3 프로그램 1.4 프로그램 1.5	원주민 및 토레스 해협 섬 주민(20~24세)의 12학년(Year 12) 상응과정 또는 호주교육자격 3급 이상 취득자의 비율 증가	2031년까지 96%로 증가

출처: Australia Department of Education Corporate Plan 2022~23.

21) 호주의 교육자격제도인 AQF(Australian Qualifications Framework)에서의 자격 기준인 Australian Qualifications Framework Certificate III를 지칭한다.

성과지표를 개발한 이후 실제 측정은 자료수집 과정의 타당성에 의해 그 품질이 좌우되기 때문에, RMG-131에서는 자료수집 과정에서 고려하여야 할 다양한 요건들 또한 제시하고 있다(RMG, no.131). 이 같은 요건들에는 ① 가용성(Availability): 정보의 즉각적인 획득 가능 여부와 그렇지 않은 경우 신규 수집의 실현 가능성 및 비용 효율성, ② 적합성(Suitability): 자료의 민감도 또는 요구되는 보안성으로 인한 정확하고 완전한 정보의 수집 가능성, ③ 적시성(Timeliness): 자료 획득 시점의 적시성(구축 및 수집에 장기간이 소요되는 자료의 경우 성과측정을 위한 활용에 유용하지 않을 수 있음), ④ 비용(Cost): 성과정보의 생산원가와 분석원가 등 자료수집의 비용과 효용 간의 균형이 포함된다. 그 외에도 성과정보를 생산할 책임이 있는 연방기관은 자료수집의 빈도에 따라 자동화 시스템의 구축을 고려하거나, 보다 타당한 성과정보 생산을 위해 비교그룹을 활용하는 등 성과정보의 품질을 높이기 위해 다양한 측면을 고려하여야 한다.

제 3 절

호주 평가 · 성과관리의 동향분석

1. 평가 · 성과관리의 계획, 모니터링, 보고서

호주의 평가 및 성과관리의 동향은 다양한 계획과 보고서를 통해 확인할 수 있다. 특히 호주 성과관리의 전반적인 체계를 만들고 개선하는 데 있어 중심적인 역할은 재정부(Department of Finance)에 의해 수행된다. 재정부의 2021~2022 사업계획서(Corporate plan)에는 연방기관에 대한 평가 및 성과관리를 개선하기 위한 가장 최근의 계획이 포함되어 있다. 재정부의 2021~2022 사업계획서에 제시된 주요 활동 중 연방기관의 성과관리와 관련된 내용은 "공공자원의 적절한 사용과 관리 지원(Support proper use and management of public resource)"에 담겨 있으며, "연방기관에 대한 평가 제공: 평가 툴킷(Deliver Evaluation in the Commonwealth: The Evaluation Toolkit)"이라는 이니셔티브로 정리되어 있다. 해당 이니셔티브에서는 효율성과 책임성, 그리고 역량 강화에 중점을 두고 공공부문 전반에 걸쳐 지속적인 개선을 추진할 것을 표명하고 있으며, 호주 공공서비스(Australia Public Service)의 명확한 목표 설정과 성취에 대한 측정을 통해 그와 같은 개선을 이룰 것이라고 말하고 있다.

계획의 주요 방향은 그동안 축적된 평가에 대한 경험과 지식을 활용하여 연방기관의 일상적 관행에 평가가 포함되도록 만드는 것이다. 이를 위해 재정부에서는 웹 기반 평가 툴킷을 개발 중에 있으며, 연방 성과 프레임워크에 따라 프로그램과 정책에 대한 체계적인 평가를 보장하고자 한다. 새로운 평가 툴킷은 RMG-130으로 2021년 12월에 재정부 홈페이지를 통해 공개되었으며, 평가업무에 익숙하지 않은 직원들에게 평가의 기초적인 개념과 접근방식에 대한 개요를 제공함으로써 아래와 같은 역량을 구축하고자 한다.

- 연방정부의 프로그램과 활동을 평가할 수 있는 역량 구축
- 프로그램 및 활동의 영향(effect)과 결과(impact)의 측정에 대한 더 깊은 이해
- 데이터와 강건한(robust) 증거를 사용하여 지속적 개선 추진
- 성공적인 정책 및 프로그램 제공 지원
- 연방 법률 및 정책에 따른 성과보고 의무 이행
- 성과보고의 품질 개선
- 연방정부 전체의 평가문화 구축에 기여

평가 툴킷은 재정부 홈페이지에서 웹페이지 형태로 제공되고 있으며, 최신 콘텐츠와 사용성을 유지하기 위해 정기적으로 검토되고 있다. 주요 구성은 평가의 정의, 목적, 시기, 주체이며, 그 밖에 다양한 평가서식과 평가도구, 모범사례 등이다. 평가 및 성과관리를 망라하는 이 같은 평가 툴킷의 구축은 호주 연방정부 전반에 일상적 관행으로서의 평가문화를 정착시키고자 하는 노력의 일환으로 볼 수 있다. 즉 평가를 매 회계연도의 특정한 시기에 일회성으로 실시되는 행사가 아닌 일상화된 관행으로 만들고자 하는 것이 최근 호주 성과관리의 방향성이라고 할 수 있다.

호주 성과관리의 방향성을 확인할 수 있는 다른 보고서로는 2015년 PGPA Act가 시행되고 3년이 경과한 시점인 2018년에 실시된 PGPA Act에 대한 독립 검토(Independent review)가 있다. 독립 검토는 외부 전문가 또는 기타 이해관계자로부터 지침을 검토받는 과정으로서 국립보건 및 의료우수기관(NICE), 스코틀랜드 대학 간 지침 네트워크(SIGN), 세계보건기구(WHO)와 같은 국제기구의 지침 개발 프로세스의 일상적 단계이다. 2018년에 실시된 PGPA Act에 대한 독립 검토는 호주 연방정부의 성과보고가 단순한 재무 정보와 기본적인 경영지표의 보고에서 벗어나 공공자원을 사용하여 창출된 가

치에 대한 양질의 정보를 의회와 국민에 전달함으로써 책임을 다하는 데 기여하고 있다고 평가하였다. 특히 성과보고가 단순히 주요 활동의 산출을 측정하는 데 그치지 않고, 그로 인한 영향과 결과(주요 활동으로 창출된 가치)를 측정하는 문화를 형성하고 있다고 보고 있다. 실제로 PGPA Act가 제정된 배경은 모든 연방기관에 공통된 성과보고의 요구사항과 의무를 부여할 수 있는 단일한 성과 프레임워크를 구축하는 것이었다.

PGPA Act에 대한 3년 차 독립검토 결과보고서에서는 PGPA Act에 근거한 호주의 성과관리체계에 대한 권고안이 포함되어 있다. 총 열 가지 범주로 구분된 권고안 중 2번째 범주는 성과보고의 향상에 관련된 것으로 여덟 가지의 권고사항을 〈표 7-10〉과 같이 제시하였다. 권고사항은 크게 ① 성과보고의 표준 정립, ② 성과보고의 품질 개선, ③ 성과보고의 감사품질 향상으로 구분할 수 있다. 특히 감사위원회와 감사원 등 연방기관의 성과보고에 대한 감사를 통해 성과보고의 품질을 개선하고자 하는 내·외부의 노력을 촉진하고자 하는 권고가 다수를 차지하고 있다. 이는 성과평가 및 성과보고에 대한 연방기관의 자율성을 보장하는 기조를 유지하면서도 책임성 있는 성과보고를 통해 양질의 성과정보가 생산될 수 있도록 보장하기 위한 조치로 볼 수 있다. 즉 PGPA Act를 통해 구축된 연방 성과 프레임워크의 장점인 자율성을 극대화하면서도 내·외부의 통제 기제를 강화하여 성과정보의 품질이 하락하는 것을 방지하는 방향으로 나아가고 있는 것이다.

표 7-10 PGPA Act 독립검토 보고서의 성과보고 관련 권고안

Recommendation 3. PGPA Rule은 성과정보가 적절성, 신뢰성, 완전성을 갖춰야 한다는 요구사항을 포함하여 성과보고를 위한 최소한의 표준을 명시하도록 개정되어야 한다. 이는 연방기관들이 성과측정의 질을 향상시키도록 만들 것이다.
Recommendation 4. 사무위원회(Secretaries Board)는 연방기관이 프로그램의 영향을 측정하는 방법을 개선하는 전략에 초점을 맞추고, 평가결과의 보다 효과적이고 정보에 입각한 사용 등 성과보고 품질의 개선을 위한 이니셔티브를 실행하여야 한다.
Recommendation 5. 책임당국은 성과보고에 대한 조언을 제공할 수 있는 기술, 역량 및 자원을 감사위원회(Audit Committees)에 확보하여야 하며, 특히 감사위원회 구성원에게 다음을 보장하여야 한다. (a) 책임당국이 요구하는 성과보고에 대한 조언 수준을 적어도 PGPA Rule이 요구하는 수준으로 명확히 한다. (b) 연방기관의 사업에 대한 충분한 지식과 기관의 성과에 대한 정보 및 조언에 대한 접근권을 보유한다.

Recommendation 6. 재정부(Department of Finance)는 감사위원회용 학습 프로그램을 사용하여 PGPA Act 및 Rule의 성과보고 요건에 대한 정보와 성과보고의 적절성을 검토하는 감사위원회의 역할에 대한 정보를 공유하여야 한다. 이를 통해 성과보고에 대한 검토 기능을 구축한다.
Recommendation 7. 재정부는 연방기관이 PGPA Act 및 Rule의 요구사항을 충족하고 고품질의 성과보고를 개발할 수 있도록 성과보고에 대한 지침을 지속적으로 개선하여야 한다. 이는 감사 위원회가 성과보고를 검토하는 데에도 도움이 될 것이다.
Recommendation 8. 재무 장관은 공공회계감사합동위원회(Joint Committee of Public Accounts and Audit: JCPAA)와 협의하여, 감사원장에게 감사방법론의 적절성을 확인하기 위해 연간성과보고서에 대한 시범 보증감사(assurance audit)를 요청하여야 한다. 위원회는 의회를 대표하여 시범 감사의 이행을 감독하여야 한다.
Recommendation 9. 재정부는 호주 회계기준제정기구(Australian Accounting Standards Board)로 하여금 연방기관과 감사위원회가 성과보고를 개선하고 검토할 수 있도록 성과보고 표준을 개발하도록 장려하여야 한다. 또한 감사관들이 감사 성과보고를 할 수 있도록 성과보고를 위한 감사 표준을 개발하는 감사인증기준위원회(Auditing and Assurance Standards Board)를 지원하여야 한다.
Recommendation 10. 재정부는 포트폴리오 예산보고서, 사업계획서, 연간보고서에 걸쳐 성과정보를 명확하게 제시한 모범사례를 확인하기 위해 전체 성과주기를 다루는 '습득 교훈(Lesson learned)' 보고서를 개발하여야 한다.

출처: DoF(2018).

이 같은 PGPA Act에 관한 독립검토 결과를 토대로 2019년 8월 호주 재정부 장관은 호주 국립감사원에 성과보고서 감사 시범 프로그램(pilot program of performance statements audits)을 요청하였다. 시범 프로그램의 목적은 독립검토의 권고에 따라 감사대상 기관의 성과보고서 작성 및 보고 표준을 개선하는 것이었다. 2020년에 성과보고서 감사 시범 프로그램의 첫 대상으로 사회복지부, 법무부, 보훈부의 2020~2021 연간성과보고서가 감사를 받았다. 감사 결과 3개 연방기관의 성과보고서는 연방 성과 프레임워크의 요구사항을 대체로 준수하였으나 몇 가지 예외 또한 확인되었다.

법무부의 2020~2021 연간성과보고서에는 64개 목표와 22개 성과측정을 포함하고 있었다. 법무부의 몇 가지 성과측정은 PGPA Rule 16EA(d)에 따라 산출, 효과성, 효율성을 평가하지 않았고, 산출이 아닌 기관의 활동을 측정하였다. 또한 설문조사에 기반한 성과측정에 있어서 응답자 선정에 편향이 없었음을 입증하지 못하였다. 사회복지부의 2020~2021 연간성과보고서에 대해서는 42개의 성과측정 중 8개가 PGPA Rule을 준수하지 않았음이 지적되었다. 법무부와 마찬가지로 산출이 아닌 기관의 활동을 측정하거나, 설문조사를 활용함에 있어 편향이 있었음이 발견되었다. 특히 외부 설문조사 결과를 활용한 2건의 성과측정에 있어서 조사방법론에 대한 평가나 원자료에 대한 확인이 없었음이 지적되었다. 또한 다수의 성과측정이 기관으로부터 제공되는 보조금 수령자가 제공한 정보를 기반으로 이루어졌음에도, 정확성을 보장하기 위한 내부 통제 프로세스가 부재하였다는 점도 지적되었다. 보훈부의 경우 43개의 성과측정 중 2개가 지적을 받았는데, 두 가지 모두 측정결과가 부정확한 증거로부터 얻어졌다는 지적이었다. 국립감사원은 이 같은 연방기관의 성과보고에 대한 감사를 토대로 〈표 7-11〉과 같은 다섯 가지 주제의 개선권고를 도출하였다. 국립감사원은 2021년에 6개 연방기관의 2021~2022 성과보고서를 대상으로 감사 시범 프로그램을 운영하고 있으며, 2024~2025 회계연도까지 19개 기관을 대상으로 확대할 계획이다.

표 7-11 성과보고서 감사 시범 프로그램의 권고사항

주제	내용
복합측정 (composite measures)	다수의 목표치를 포함하는 복합측정의 경우 각 목표치에 가중치를 부여하는 방법과 해당 복합측정이 달성되기 위해서 충족되어야 하는 목표치의 비율을 사업계획서에 명확하게 설명하여야 함
사례연구 및 설문조사 (case studies and surveys)	사례연구 및 설문조사에 기반한 측정은 사례 선택의 근거와 설문조사 수행방식을 설명하는 명확한 방법론에 의해 뒷받침되어야 하며, 편향이 발생하지 않도록 주의하여야 함
내부 초점 (inwardly focused)	기관이 산출에 어떠한 기여를 하였는지를 확인하기 위해 기관 내부에 초점을 맞추는 경우 일반적으로 '투입' 또는 '활동'이 측정 대상이 되기 쉬우며, 이는 PGPA Rule의 의도와 일치하지 않는 것임
적절한 공개 (appropriate disclosures)	핵심 정보, 원자료 및 측정방법론에 대한 알려진 한계를 성과보고서에 적절히 공개하여야 함
기록 유지 (keep records)	기관의 성과결과를 공개하는 시스템 및 출처에 대한 기록을 유지하고 품질을 보증하기 위한 자체 프로세스를 마련하여야 함

출처: ANAO(2022).

최근의 호주 성과관리제도에서 발견되는 또 하나의 특징은 성과보고 분야의 디지털 혁신이다. 호주의 디지털 기반 성과관리 플랫폼은 투명성 포털(Transparency Portal)과 재정 지식 그래프(Finance Knowledge Graph)의 두 가지로 구현되어 있다. 투명성 포털은 2019년에 만들어졌는데, 현재는 연방 성과 프레임워크의 세 축인 사업계획서, 포트폴리오 예산보고서, 연간성과보고서를 모두 투명성 포털에 게시하도록 되어 있다. 투명성 포털에는 [그림 7-12]와 같이 2018~2019 회계연도부터의 사업계획서와 포트폴리오 예산보고서, 연간성과보고서가 모두 게시되어 있으며, 이에 따라 정부와 의회, 이해관계자, 일반국민 모두 연방기관의 성과와 관련한 공식 문서에 쉽게 접근할 수 있고, 관련 데이터를 웹페이지에서 비교 및 분석할 수 있다.

그림 7-12 투명성 포털

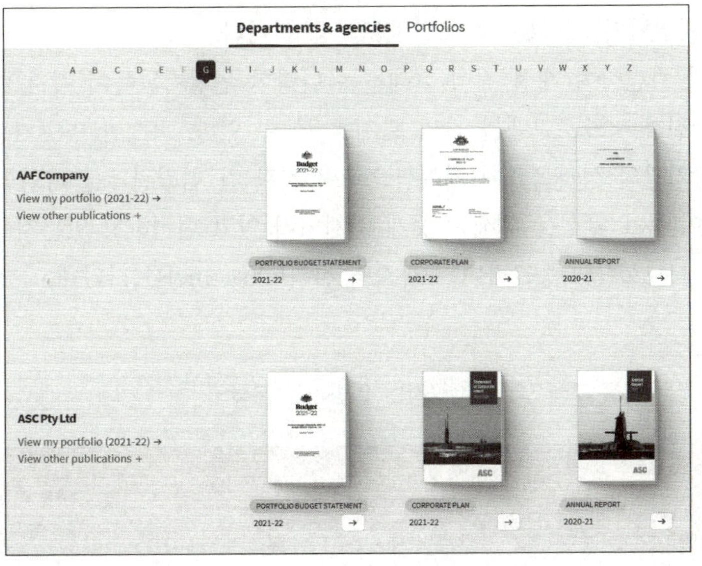

출처: 호주 투명성 포털.22)

그 밖에도 투명성 포털에는 공공기관의 다양한 재정 및 비재정 데이터가 공개되어 있는데, 사이트에서 바로 확인하거나 서로 다른 기관의 데이터를 시각화하여 비교할 수 있으며 파일 형태로 내려받는 것도 가능하다. 이러한 공공데이터는 기관이 보유한 직원의 고용형태나 급여 범위, 금융법 위반 기록, 재무제표, 손익계산서 등 37가지가 제공되고 있다. 또한 기관별로 재무적 지속 가능성을 확인할 수 있는 다양한 재무지표들 또한 제공되는데, 이러한 재무지표에는 총자산 대비 총부채 비율, 부채총계 대비 금융자산 비율, 자본회전율, 유동자산 및 부채 비율이 포함된다.

22) 호주 투명성 포털. 〈Publications〉. (https://www.transparency.gov.au/publications)(검색일: 2022. 7.3).

재정 지식 그래프의 경우 2021년 5월에 베타 테스트로 웹페이지(structure.gov.au)가 공개되었다. 재정 지식 그래프 사이트에서는 기본적으로 [그림 7-13]과 같이 연방기관별로 상세한 기관정보를 제공하고 있으며, 지식 그래프를 활용하여 서로 다른 연방기관들 간의 연계 프로그램을 시각화하여 보여주는 기능이 갖춰져 있다. [그림 7-14]와 같은 지식 그래프를 통해 공공부문에서 다수의 연방기관이 공동의 목표를 달성하기 위해 협력하는 모습을 한 눈에 확인할 수 있으며, 관련 프로그램에 대한 정보도 제공된다. 연방기관의 다양한 특성에 따른 필터링 기능 또한 제공하고 있어 원하는 정보만을 일목요연하게 확인하기 쉽다는 점 또한 장점 중 하나다.

성과관리와 관련하여 재정 지식 그래프는 다양한 연방기관들이 각자의 성과목표 달성을 위해 추진하는 프로그램들 간의 관계를 볼 수 있다. 특정한 연방기관의 프로그램이 다른 연방기관의 성과목표에 기여함으로써 기관 간 협력관계를 파악할 수 있고, 호주 공공부문이 목표 달성을 위해 어떻게 연계되어 있고 협력하고 있는지를 알 수 있다. [그림 7-14]에서 흐린색 동그라미는 각각의 결과(Outcome)를 나타내고, 진한색 동그라

그림 7-13 재정 지식 그래프에서 제공하는 연방기관 분류도

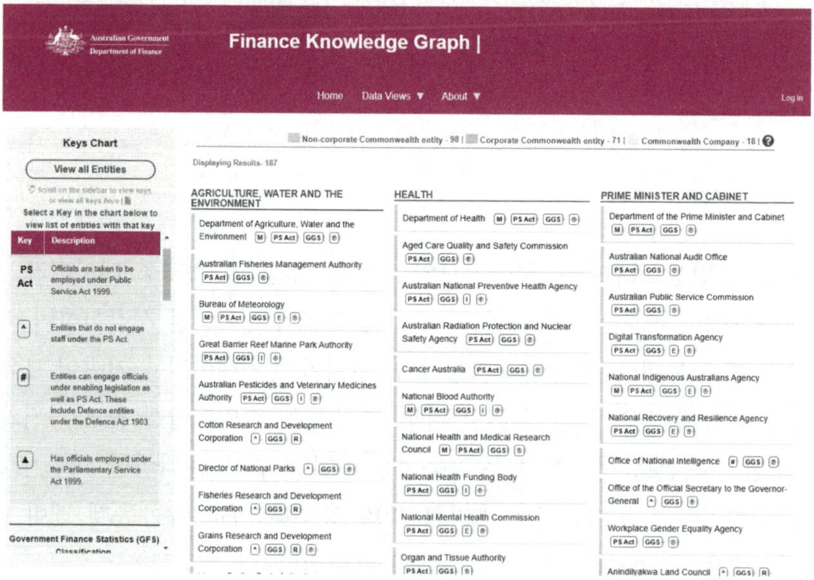

출처: 호주 재정부 재정 지식 그래프 사이트.23)

그림 7-14 호주 외교통상부의 정책 지식 그래프

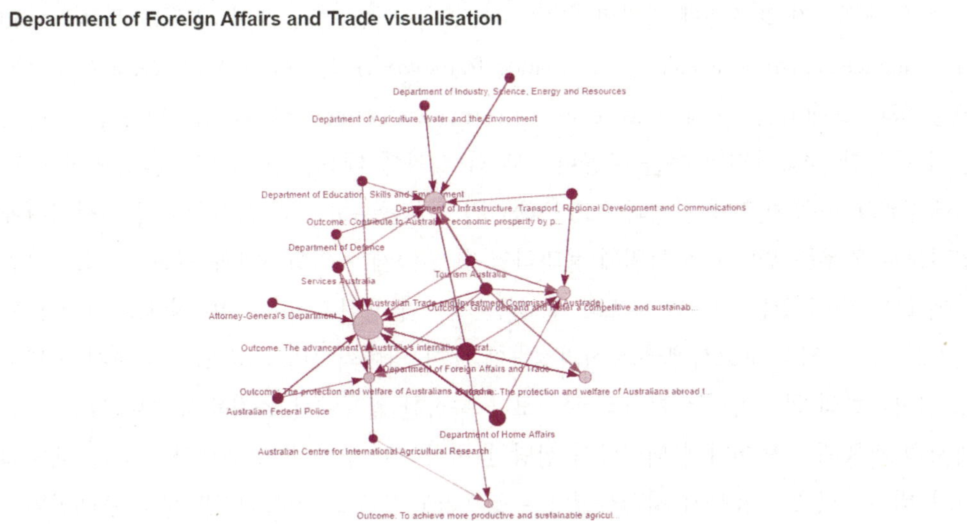

출처: 호주 재정부 재정 지식 그래프 사이트.[24)]

미는 연방기관을 나타낸다. 진한색 동그라미에서 흐린색 동그라미로 향하는 화살표는 특정한 결과를 달성하는 데 있어 어떠한 연방기관들이 기여하고 협력하는지를 보여준다.

그 외에도 호주는 2021년부터 재정부의 디지털 레코드 혁신 이니셔티브(Digital Records Transformation Initiative)를 통해 호주 정부의 연방기관 전체에 걸쳐 현대화된 디지털 기록 및 정보 기능의 개발을 지원하고 있다. 디지털 레코드 혁신 이니셔티브는 새로운 스마트 기술의 효과적인 사용, 자동화를 통해 생산성 향상, 정부 전반에 걸친 정보 자산의 재사용 증가, 호주 정부 기록 관리를 위한 규정 준수 강화라는 목표를 설정하고 이를 달성하기 위해 다양한 시장적 접근방식을 활용하고 있다. 특히 사용자 개입을 최소화하는 자동화된 기록 저장 및 분류, 검색, 관리 등 기능을 구현하여 민간의 정보관리 기술에 뒤처지지 않는 공공정보 시스템을 구축해 나가고 있다.

23) 호주 재정부 재정 지식 그래프 사이트. 〈Summary view〉. (https://structure.gov.au/summary)(검색일: 2022.7.3).

24) 호주 재정부 재정 지식 그래프 사이트. 〈Data Visualisation〉. (https://structure.gov.au/data-visualisation)(검색일: 2022.7.3).

2. 평가 · 성과관리의 성과

호주 재정부가 2019년에 발간한 『평가자와 호주 연방 성과 개선 계획(Evaluators and the enhanced commonwealth performance framework)』은 PGPA Act를 토대로 구축된 연방 성과 프레임워크(Commonwealth Performance Framework)가 호주의 모든 연방기관에 동일한 성과관리의 틀을 제공한 이후의 성과에 대해 보고한 바 있다. 연방 성과 프레임워크 구축 이전에는 성과보고 프레임워크가 단순히 중앙으로부터 각 연방기관에 성과보고 업무를 위임하는 차원에 불과하였지만, 이제는 연방기관과 의회, 그리고 국민 간에 보다 의미 있는 대화를 유도할 수 있는 정보가 생산되어야 하며 실제로 그렇게 되어가고 있다. 해당 보고서에서는 성과정보에 대한 의회의 정밀하고 엄격한 조사가 드물고 연방기관의 목적이라는 거시적 관점보다 특정한 활동에만 초점을 맞추어 왔던 이전까지의 관행에서 벗어나게 되었다며 상당한 변화라고 평가하며, 의회와 성과 프레임워크가 비로소 상호작용하기 시작하였다는 징후라고 말하고 있다. 연방 성과 프레임워크의 긍정적 성과에 대한 언급은 공공회계감사합동위원회(Joint Committee of Public Accounts and Audit: JCPAA)가 2015년부터 2017년까지 3회에 걸쳐 발간한 『Development

그림 7-15 연방 성과 프레임워크의 발전 단계

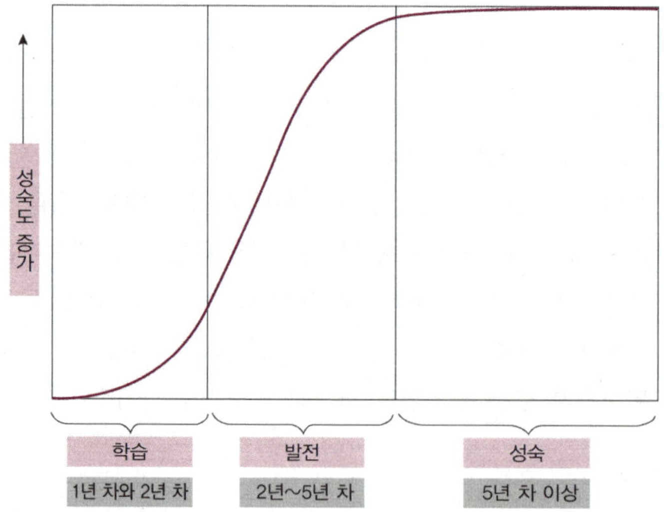

출처: Morton & Cook(2018).

of the Commonwealth Performance Framework』에서도 발견된다. 연방 성과 프레임워크의 개발에 대한 JCPAA의 보고서는 프레임워크의 방향성과 초기의 성과에 대체로 긍정적인 평가를 내리고 있다.

호주 재정부의 2017~2018 사업계획서는 연방 성과 프레임워크가 성숙기에 접어들고, 성과관리와 관련하여 연방기관의 광범위한 진전이 명확하게 나타나려면 총 3년에서 5년이 소요될 것으로 예상하였다. 마찬가지로 『평가자와 호주 연방 성과 개선 계획』은 연방 성과 프레임워크의 성숙도 궤적을 [그림 7-15]와 같이 제시하였다. 첫 2년은 새로운 계획 및 성과보고를 준비하기 위한 학습 단계로서, 이 단계를 통해 연방기관들은 잘 표현된 목적과 그러한 목적에 대한 투자 대비 가치, 그리고 성과정보의 수집 및 분석에 접근하는 방법을 점검할 필요성을 이해하였다. 이후 발전 단계에 3년 정도가 소요될 것으로 예상되었고, 이후 5년 시점의 최종적인 성숙 단계까지 급격한 진전이 예상되었다.

재정부의 연간성과보고서에는 상술한 연방 성과 프레임워크의 발전 단계별 성과가 제시되어 있다. 이러한 단계별 성과는 프레임워크가 실제로 호주 연방정부 전반에 평가문화를 구축하고 더욱 의미 있는 성과정보를 만들었는지는 객관적으로 측정하기 어렵기 때문에, 그러한 결과를 만들어내는 데 있어 논리적으로 거쳐 가야 하는 중간 산출들이 발생하였는지를 확인한 것이라고 볼 수 있다. 여기에서는 2016~2017 회계연도부터 2020~2021 회계연도까지 연방기관의 성과관리와 관련된 재정부의 성과측정과 그에 관한 분석을 소개한다.

먼저 2016~2017 회계연도의 경우 연방 성과 프레임워크의 도입 초기에 해당하였기 때문에 연간보고서에 PGPA Act 및 PGPA Rule에 의해 규정된 대로의 연간성과보고서를 포함시켰는지에 대한 정량 측정이 이루어졌다. 도입 초기임에도 100%의 연방기관이 연간성과보고서를 연간보고서에 포함시켰으며 82%의 연방기관이 성과보고의 요건을 충족하여, 각각 100%와 95%인 목표에는 미치지 못하였으나 상당한 수준의 목표 달성치를 보였다.

2017~2018 회계연도에는 세 가지의 정성지표가 포함되었으며, 이는 각각 ① PGPA Act의 적용을 받는 연방기관이 PGPA Act에 따른 의무와 요건에 대해 이해하고 충족시킬 수 있도록 지원하는 것, ② 공공자원의 효율적, 효과적, 경제적, 윤리적 사용을 보장하며, 의회와 국민에게 개선된 성과정보를 제공하는 것, ③ PGPA Act 및 Rule, 그리고 관련 지침의 공공자원 관리에 대한 효과성 확인이었다. 재정부는 세 가지 모두 달성하

였다고 보고하였다. 첫 번째 목표의 경우 연간 최고재무관리자 설문조사(Annual Chief Financial Officer Survey)를 통해 대상 연방기관들로부터 PGPA Act에 따른 의무 이행에 문제가 없음을 확인하였고 적절한 지원을 제공하였다고 분석하였다. 두 번째 목표는 PGPA Act 및 Rule에 대한 호주 국립감사원(ANAO)과 공공회계감사합동위원회(JCPAA)의 보고서 다수에서 부정적인 평가가 나타나지 않았고, 다만 지침 개선을 위한 권고만이 제공되었다고 분석하였다. 세 번째 목표는 PGPA Act 및 Rule에 대한 독립검토 보고서 초안에서 PGPA Act와 PGPA Rule이 연방기관의 거버넌스, 책임성, 성과보고의 일관성 있고 원칙에 기반한 시스템을 구축하였다는 평가가 내려졌다는 증거로 확인되었다.

2018~2019 회계연도에는 2017~2018 회계연도와 마찬가지로 ① PGPA Act의 적용을 받는 연방기관의 책임과 의무에 대한 이해와 준비를 지원, ② 공공자원의 효율적, 효과적, 경제적, 윤리적 사용의 보장, ③ PGPA Act 및 Rule의 목표 달성 가능성, ④ 의회와 국민에 대한 더 나은 성과정보의 제공의 네 가지 정성지표가 제시되었다. 첫 번째 목표와 세 번째 목표, 그리고 네 번째 목표의 경우 이전 회계연도에 초안으로 보고되었던 PGPA Act 및 Rule에 대한 독립 검토의 최종보고서에서 PGPA Act와 Rule이 다른 나라의 유사한 체계와 비교하여 일관성 있고 원칙에 기반한 통치 및 책임 체계와 성과체계를 확립하였다고 보고하였다는 점과 연간 최고재무관리자 설문조사 결과 연방기관들의 PGPA Act에 대한 이해와 그에 대한 재정의 지원에 대한 만족도가 높게 나타났다는 점을 증거로 달성된 것으로 분석하였다. 두 번째 목표는 이전 회계연도와 마찬가지로 국립감사원과 공공회계감사합동위원회의 관련 보고서에서 부정적인 평가가 나타나지 않았다는 사실을 토대로 달성되었다고 분석하였다.

2019~2020 회계연도에는 세 가지 정성지표가 제시되었으며, 마찬가지로 이전 회계연도의 유사한 내용인 ① PGPA Act의 적용을 받는 연방기관의 책임과 의무에 대한 이해와 준비를 지원, ② 공공자원의 효율적, 효과적, 경제적, 윤리적 사용의 보장, ③ PGPA Act 및 Rule의 목표 달성 가능성으로 구성되었다. 다만 PGPA Act에 근거한 연방성과 프레임워크 도입 3년 차인 2019~2020 회계연도에는 각 목표의 달성 여부에 대한 보다 면밀한 검토가 이루어졌다. 첫 번째 목표의 경우 연간 최고재무관리자 설문조사 결과 99%의 응답자가 PGPA Act가 다양한 운영환경에 적용 가능한 유연성을 지녔으며 PGPA Act의 준수 여부를 상시 모니터링한다고 답하였고, 94%의 응답자가 PGPA Act가 공공자원의 적절한 사용과 책임성 보장에 유용하다고 답하였으며, 85%의 응답자가 재정부의 지원을 양호하거나 만족스럽다고 답하였다며 달성되었다고 보고하였다. 두 번

째 목표의 경우 국립감사원의 PGPA Act에 관한 감사보고서에서 연방 성과 프레임워크에 의해 사업계획서, 포트폴리오 예산보고서, 연간성과보고서의 세 가지 주요 성과 관련 문서에 의해 일관성 있고 정책 주기에 따라 기관 간 비교가 가능한 방식으로 제공되고 있다는 점에서 부분적으로 효과적이라고 평가하였음을 근거로 상당한 수준으로 달성되었다고 분석하였다. 세 번째 목표의 경우 PGPA Act에 대한 독립검토 보고서에서 제안한 권고안들 중 52개 권고안을 반영하여 PGPA Act에 근거한 성과관리체계를 더욱 향상시켜 나가고 있다고 분석하였다.

가장 최근의 재정부의 연간성과보고서인 2020~2021 회계연도의 경우 지난 회계연도에 이어서 ① PGPA Act의 적용을 받는 연방기관의 책임과 의무에 대한 이해와 준비 지원과, ② 연방 성과 프레임워크에 의해 생산된 성과정보의 품질 및 의회와 국민의 접근성 보장으로 PGPA Act의 성과를 측정하였다. 재정부는 매년 연방기관을 대상으로 PGPA Entity Survey를 실시하고 있으며, 이를 통해 PGPA Act 및 Rule, 그리고 관련 지침에 대한 의견을 수렴하고 피드백을 제공하고 있다. 재정부는 2020~2021 2분기에 실시된 PGPA 기관 조사를 통해 응답자의 94%가 연방 성과 프레임워크를 완벽히 이해하고 있었음을 확인하였고, 2020~2021 회계연도에 실시된 설문조사에서는 연방기관들이 PGPA Act를 준수하는 데 있어 재정부의 지원에 대체로 만족하였음을 확인하였다. 또한 재정부에서 제공하는 PGPA 관련 지침(RMG)의 사용도 갈수록 증가하고 있으며, 대부분의 연방기관들이 지침이 유용하다고 답하였다.

제 4 절

결론: 정책적 시사점

1. 호주 평가 · 성과관리의 특징

호주의 평가 및 성과관리의 핵심은 PGPA Act와 PGPA Rule을 바탕으로 한 연방 성과 프레임워크에 있다. 연방 성과 프레임워크를 통해 연방기관은 의회의 담당 장관(Minister)에게 기관의 성과에 대한 책임을 지며, 성과결과는 의회에 보고되어 예산에 반영되게 된다. 연방 성과 프레임워크에 의해 이루어지는 호주의 평가 · 성과관리의 특징은 네 가지로 요약될 수 있다.

첫째, 연방기관의 성과평가는 자체평가를 중심으로 이루어진다. 1999년 도입된 결과-산출 체계부터 재정부에 의해 주도되는 성과관리체계에서 각 연방기관은 자율적으로 성과를 평가하고 책임지도록 하고 있다. 이후 2013년 새로운 연방 성과 프레임워크의 기초가 되는 PGPA도 연방기관의 자체평가를 중심으로 이루어지고 있으며, 재정부는 평가와 성과관리가 원활히 이루어질 수 있도록 평가와 보고서 작성에 관한 지침을 제공한다. 연방기관은 이러한 지침을 바탕으로 매 회계연도마다 전년도의 성과를 분석하여 성과보고서를 제출한다. 연방기관의 성과에 관한 외부 통제는 연방기관 담당 장관의 요청 또는 감사원장의 직권으로 국립감사원의 성과감사를 통해 이루어진다. 이렇듯 호주의 평가 및 성과관리는 평가에 관한 공공조직의 자율성을 확보하여 서로 다른 연방기관의 운영환경이나 맥락에 적합한 평가가 이루어질 수 있도록 하는 한편, 내각과 의회, 감사원을 중심으로 한 외부통제의 기제를 마련하여 일관된 틀에 따라 타당한 성과관리가 이루어질 수 있도록 하고 있다.

둘째, 공공정책의 모든 단계가 연방 성과 프레임워크를 통해 긴밀하게 연결되어 있다. 이러한 긴밀성은 연방 성과 프레임워크의 핵심인 포트폴리오 예산보고서, 사업계획서, 연간성과보고서를 통해 나타난다. 매 회계연도 5월에 작성되는 포트폴리오 예산보고서와 8월에 작성되는 사업계획서를 통해 기관이 달성하고자 하는 결과(outcome)와 이에 기여하는 주요 활동, 그리고 주요 활동의 성과를 측정하기 위한 성과지표는 곧 이듬해 10월에 작성할 연간성과보고서의 기초가 된다. 연간성과보고서는 포트폴리오 예산보고서와 사업계획서에 제시된 결과, 주요 활동, 성과지표와 원칙적으로 일치하여야 하며, 만약 그렇지 않은 경우 타당한 설명이 이루어져야 한다. 1년 동안 기관이 수행할 사업과 비용에 관한 계획인 포트폴리오 예산보고서와 사업계획서는 공공정책의 기획이라고 할 수 있으며, 이러한 기획에 따라 실제 수행한 사업의 성과를 분석한 연간성과보고서는 공공정책의 평가와 환류 단계에 해당된다고 할 수 있다. 이처럼 호주 연방정부의 성과관리는 3건의 보고서를 통해 기획부터 결과보고까지 긴밀성이 유지되는 성과관리 체계를 바탕으로 한다.

셋째, 연방정부의 일하는 방식 전반에 대한 토대로서 평가적 사고를 조직문화로 정착시키고자 한다. 평가를 조직문화로 내재화시킨다는 것은 연방기관이 일하는 방식과 일상적 관행에 평가가 포함되도록 만드는 것이다. PGPA Act의 제정 목적은 공공자원의 사용과 그 결과에 대한 양질의 정보를 의회와 국민에 전달하는 것이며, 나아가 기관의 활동과 결과를 측정하는 문화를 형성하는 데 있다. 호주 연방정부의 성과관리를 주도하는 재정부는 이러한 인식 하에 공공조직의 평가 실무자들이 활용할 수 있는 다양한 평가지침과 툴킷을 개발하여 제공하는 데 앞장서고 있으며, 최근에는 접근성을 향상시키기 위해 웹 기반 평가 툴킷을 개발하고 있기도 하다. 2021년 12월 재정부 홈페이지를 통해 공개된 RMG-130은 공공조직의 평가 담당자들에게 평가의 기초부터 실제까지를 아우르는 폭넓은 정보를 제공하고 있다. 이러한 정보는 단순히 개괄적이거나 추상적인 수준이 아니라 다양한 평가기법의 지침과 실제 사례까지 풍부하게 제공함으로써 평가 담당자가 실제 평가를 할 때 유용하게 활용할 수 있는 것들이다. 이처럼 연방 성과 프레임워크에서 평가는 단순히 사업의 종료시점이나 특정한 몇몇 중간 단계에서만 이루어지는 것이 아니라, 정책의 모든 단계에서 유용하게 활용되는 객관적 증거를 생성하는 지속적인 과정으로 인식되고 있다.

넷째, 성과측정에 대한 관리를 통해 증거 기반의 평가가 강력하게 이루어진다. 연방기관이 자율적으로 성과관리를 실시하여 작성하는 연간성과보고서에 대한 국립감사원의 성과감사는 성과측정이 올바른 증거를 바탕으로 타당하게 이루어졌는지를 중심으로 이루어진다. 더욱 진전된 최근의 성과보고서에 대한 감사에서의 권고사항은 대부분 성과측정과 깊게 관련된 것들이었다. 특히 평가방법으로 사례연구나 설문조사를 활용할 경우 사례선정의 타당성이나 설문조사 방법론을 명확히 설명할 것을 요구하는 권고사항은 평가의 근거가 되는 증거를 생성하기 위한 측정과정이 타당하지 않을 경우 평가결과를 신뢰할 수 없다는 인식에 기반하고 있다. 또한 기관의 투입이나 활동을 측정하는 것을 지양하고 산출물이 무엇인지에 초점을 맞추는 것도 기관이 무엇을 달성하였는지에 관한 증거를 수집하는 데 초점을 맞추고 있는 것이다.

2. 우리나라 평가 · 성과관리에서의 시사점

많은 제도가 그렇듯 성과관리제도 또한 모든 맥락과 환경에 적합한 유일한 제도는 존재하지 않는다. 국가가 처해 있는 환경은 매우 다양하기 때문에 선진국의 성과관리제도를 그대로 이식하는 시도는 성공하기 어려우며, 다양한 맥락과 상황에 최적화된 성과관리제도를 발전시켜 나가는 것이 중요하다. 마찬가지로 우리나라의 성과관리제도와 호주의 성과관리제도에도 나름의 장점과 단점이 있다. 여기에서는 지금까지 논의한 호주 성과관리제도의 장점을 중심으로 우리나라의 성과관리에 보탬이 될 수 있는 몇 가지 시사점을 제시하고자 한다.

첫째, 평가와 성과관리 간의 연계가 긴밀하게 이루어져야 한다. 특히 기관평가방식으로 운영되는 특정평가에 초점이 맞춰지면서 부처의 성과관리를 위한 자체평가의 결과 환류에 공백이 존재한다. 호주의 연방 성과 프레임워크와 같이 정책기획, 결과보고, 예산반영의 단계가 유기적으로 연계되도록 하여 성과관리의 실효성을 확보할 필요가 있다. 호주 연방 성과 프레임워크는 포트폴리오 예산보고서, 사업계획서, 연간성과보고서를 중심으로 성과목표와 성과지표, 프로그램별 예산이 상응하도록 하는 구조를 갖추고 있다. 또한 그보다 중요한 것은 성과보고에 있어서 성과가 산출되거나 산출되지 못한 이유를 분석한 결과를 제시하도록 하고 있고, 이러한 분석에 사업평가를 적극 활용하고 있다. 이는 단순히 무엇을 산출하였고 산출하지 못하였는지를 넘어, 그와 같은 성과의 원인에 관한 분석을 바탕으로 효과적인 개선을 가능하게 하는 중요한 요소이다. 우리나라 정부업무평가 제도의 경우 자체평가결과를 보고함에 있어 관리과제별로 미흡한 점과 개선 및 보완사항을 포함하도록 하고 있으나 상세한 정책평가 및 사업평가를 토대로 한 분석의 수준에 이른다고 보기에는 다소 한계가 있다. 정책 및 사업(프로그램 포함)의 추진 단계에서 평가의 필요성에 대한 합리적 판단을 바탕으로 평가목적에 적합한 평가방법과 도구를 활용하여 도출해 낸 인과적 분석의 성격을 지니지 못하기 때문이다. 이는 평가결과 활용에서도 인사나 조직 등에 반영하는 것 외에, 예산에 대해서는 미흡 과제에 대해서만 일부 예산 삭감이 이루어지고 있어 결과가 온전히 반영되는 환류체계를 갖추었다고 보기 어렵다. 특정평가의 경우에도 평가결과의 활용은 기관장에 의한 조치계획 수립 및 이행과 포상지급 등에 한정되어 있다. 이는 기본적으로 성과관리와 평가가 구별되지 않아 학습과 개선을 목적으로 사업의 인과성을 분석하고, 이를 통해 실천적 함의를 도출하기 위한 사업평가가 부족한 것이 원인이다. 성과관리와 평가를 동일시하여 성과측정이 이루어지는 특정 시기에만 어떤 성과를 이루었는지를 확인하는 데 그치는 평가가 아닌 학습과 개선을 목적으로 하는 평가의 실시와 활용이 필요하다.

둘째, 증거에 기반한 성과관리를 위해 평가지표의 개선이 필요하다. 현재 정부업무평가제도의 평가지표는 결과 달성에 대한 객관적 측정이라기보다 체크리스트 방식의 점검 또는 평정을 위한 지표들로 구성되어 있다. 계획 수립의 적절성, 집행과정의 충실성, 점검 및 자체평가의 적절성, 성과 제고노력 등과 같은 지표들은 성과목표의 달성 여부를 보여주는 실증지표라고 하기 어렵다. 과학적 방법론을 토대로 정책의 목표가 달성되었는지를 확인할 수 있는 객관성, 신뢰성, 타당성을 충분히 확보한 측정지표를 개발하여야 한다. 이러한 지표는 정책 또는 사업의 맥락을 잘 알고 있는 담당 부처에 의해 가장 잘 만들어질 수 있다. 성과목표의 달성 여부를 확인하는 데 가장 적합한 평가지표는 부처별 자체평가의 평가지표 중 성과지표의 목표 달성도를 측정하는 데 활용되는 성과지표이다. 부처별로 성과지표를 선정하도록 하고 성과지표의 적절성을 자체평가 내 평가항목으로 포함하여 관리하고 있지만 성과지표의 타당성에 대해서는 아직 미흡한 점이 많다. 정부 성과관리 및 자체평가의 성과지표에 관한 가장 최근의 심층적인 연구에서도 성과지표의 대표성, 인과성, 측정가능성 등의 부족함이 지적되고 있다(윤수재 외, 2022). 성과지표상의 이 같은 결함은 성과관리와 평가 간의 연계, 그리고 사업평가의 부족에서 그 원인을 찾을 수 있다. 호주의 경우 성과지표를 개발함에 있어 수시로 이루어지는 사업평가와 검토(review)로부터 프로그램의 논리 모형을 개발 및 보완하고, 이렇게 정교화된 프로그램 논리 모형을 타당성이 높은 성과지표를 만들어 내는 데 활용하도록 하고 있다. 투입으로부터 활동, 산출, 결과까지 이어지는 논리적 과정을 확인할 수 있는 프로그램 논리 모형을 통해 대표성을 갖추면서도 인과적 측면이 충분히 고려된 성과지표를 발견하기 위한 개선이 이루어질 필요가 있다.

물론 중앙행정기관에 대한 성과관리의 틀 안에 측정지표에 대한 관리 및 점검의 기제를 보완하는 방식도 필요할 것이다. 높은 수준의 증거 기반 성과관리를 보여주고 있는 호주의 성과관리제도는 국립감사원을 통해 측정지표에 대한 면밀한 검토가 이루어질 수 있는 기제를 확보하고 있다.

산출이 아닌 투입이나 활동을 측정하는 것도 문제가 될 수 있다. 타당성 있는 측정지표 개발의 어려움과 측정방법상의 어려움이 맞물리면서, 기관이 정책이나 사업을 통해 무엇을 달성하였는지가 아닌 어떤 자원을 투입하였는지나 어떤 활동을 하였는지를 측정하는 지표들이 기관의 성과로 여겨질 수 있다. 또한 기관의 성과를 산출만이 아닌 효과성과 효율성 등 다양한 기준을 균형 있게 활용함으로써 공공자원이 얼마나 잘 사용되었는지에 관해 더욱 풍부한 성과정보를 제공할 수 있다.

셋째, 평가 담당자의 평가 전문성을 강화하여야 한다. 순환보직의 특성상 평가 및 성과관리 담당자의 잦은 교체로 전문성이 누적되기 어려운 구조적 한계가 있는 것은 사실이다. 자체평가위원과 같은 외부 전문성을 활용하여 평가 전문성 부족이라는 한계를 어느 정도 극복하고 있지만, 외부 전문성에만 의존하는 방식으로 전문성 부족 문제를 해결하는 것은 근본적인 해결책이 되기 어렵다. 이 같은 방식으로는 정책의 맥락을 가장 잘 파악하고 있는 실무자가 정책의 실질적으로 개선하기 위해 갖추어야 할 평가 전문성을 강화할 수 있는 기회가 제공되지 못한다.

호주의 평가제도에 있어서도 이러한 문제는 충분히 인식되고 있으며, 평가의 정확성을 위해 평가의 맥락에 따라 외부평가에 대한 의존 수준이 높은 경우도 있으나 기본적으로 기관 내부의 평가 역량을 강화하고자 하는 시도가 끊임없이 이루어지고 있다. 호주 공공서비스(Australian Public Service: APS)에서 시범적으로 운영하고 있는 역량검토(Capability Review) 프로그램은 기관 전반적 역량을 검토함에 있어 기관이 자원 할당의 우선순위를 결정하고 미래 혁신을 이루기 위한 성과관리 및 평가 역량을 갖추고 있는지에 관한 검토도 포함하고 있다.

내부 평가역량의 부족은 평가에 활용 또는 참고할 수 있는 다양한 자료와 주기적인 학습기회를 제공함으로써 어느 정도 극복할 수 있는 한계이기도 하다. 호주 재정부가 평가적 사고를 하나의 조직문화로 정착시키기 위해 웹 기반의 평가 툴킷은 다양한 평가 템플릿, 평가도구와 예시, 실제 평가사례, 평가 전문가 풀 등 다양한 소스를 제공하고 있다. 순환보직의 한계에도 불구하고 전문성을 극대화하기 위해서는 평가 담당자가 손쉽게 이용할 수 있는 웹 또는 모바일 기반으로 평가도구에 관한 정보를 충분히 제공할 필요가 있다.

넷째, 성과정보에 대한 접근성을 제고하여야 한다. 공공부문은 궁극적으로 국민에 대해 성과에 책임을 지기 때문에 공공부문의 성과정보를 국민에게 투명하게 공개하는 것은 특히 민주성의 측면에서 가치가 크다. 호주 투명성 포털의 경우 방대한 양의 성과정보를 온라인상에 축적하고 있으며, 단일한 포털을 통해 연방정부의 모든 성과정보에 누구나 쉽게 접근할 수 있다. 투명성 포털에 탑재되는 정보는 점점 더 다양하고 풍부해지고 있으며, 성과정보가 분산되어 있을 때와 달리 어디에 어떤 기관의 성과정보가 있는지에 관한 지식 없이도 원하는 기관의 성과정보를 즉시 열람하는 것이 가능하다.

또한 투명성 포털에는 호주의 모든 연방기관과 연방기업의 23가지 비재정 자료 및 13가지 재정 자료와 재정비율을 확인할 수 있고, 시계열 비교와 더불어 기관 간 비교도표와 그래프로 출력할 수 있는 시스템이 구축되어 있다. 이처럼 연방기관의 성과관리 및 평가와 관련한 데이터를 수요자인 국민의 관점에서 편리하게 접근할 수 있도록 구축된 호주의 투명성 포털은 성과정보에 대한 국민 접근성의 관점에서 바람직하다고 볼 수 있다.

우리나라의 경우도 정부업무평가 포털을 통해 정부업무평가계획과 결과를 부처별로,

그리고 연도별로 공개함으로써 성과정보에 대한 접근성 측면에서 바람직한 관행이 정착되어 있다고 볼 수 있으나, 보고서 형태의 파일을 제공하는 수준에 머물러 재정 및 비재정 데이터를 기반으로 정량화된 기관정보를 확인하거나 기관 간 성과를 비교하기 데에는 아직까지 불편함이 남아 있다. 이러한 측면에서 우리나라의 정부업무평가포털은 호주 투명성 포털에 비교하였을 때 접근성이 높다고 보기 어렵다.

나아가 호주 재정 지식 그래프의 경우 연방기관들이 어떤 정책을 추진하고 있으며, 다양한 기관과 프로그램이 어떻게 연계되어 있고 어떻게 협력하고 있는지에 관한 정보를 제공하고 있다. 이 같은 시도는 정부가 추진하는 주요 정책에 대한 이해 가능성을 제고한다는 점에서 의의가 크다. 비전문가인 일반국민들도 쉽고 빠르게 정책의 계획, 집행, 결과를 통합된 관점에서 이해할 수 있는 지식 그래프 기능을 정부업무평가 포털에 보완하는 것도 고려할 만하다.

참고문헌

강정석 · 이환성(2011). 정부업무평가에 있어 자체평가지표 개선방안 연구. 한국행정연구원 연구보고서.

이정욱 · 정장훈 · 조문석(2014). 정부 성과관리에 관한 비교연구: 한국, 미국, 호주의 성과관리제도를 중심으로. 『현대사회와 행정』, 24(2): 279-307.

이환성(2013). 성과관리계획 수립 · 운영실태 및 개선방안. 한국행정연구원 연구보고서.

한국조세연구원(2012). 호주의 재정제도. 한국조세연구원 연구보고서.

한국조세재정연구원(2018). 영 · 미 국가들의 최근 재정성과관리 주요 이슈(2014년~2017년), 한국조세재정연구원 연구보고서.

한국행정연구원(2017). 『주요국 정부업무평가 및 성과관리 제도 연구』. 한국행정연구원 연구총서.

ANAO(1997). Program Evaluation in the Australian Public Service. Performance Audit Report No.3 of 1997-98.

ANAO(2013). The Australian Government Performance Measurement and Reporting Framework: Pilot Project to Audit Key Performance Indicators. The Auditor-General Report No.28 of 2012-13.

ANAO(2019). Commonwealth Resource Management Framework and the Clear Read Principle. The Auditor-General Auditor-General Report No.14 2019-20.

ANAO(2022). Audits of the Annual Performance Statements of Australian Government Entities-Pilot Program 2020-21. The Auditor-General Report No.23 of 2021-22.

ANAO Corporate Plan 2022-23.

ANAO & DoF(1996). Performance Information Principles. Canberra: ANAO.

Australia Department of Education Corporate Plan 2022-23.

Australia Department of Social Services Annual Performance Report 2020-21.

Australia Department of Veterans' Affairs Corporate Plan 2022-23.

DoF(2018). Independent Review into the operation of the Public Governance, Performance and Accountability Act 2013 and Rule.

DoF(2022). Guide to preparing the 2022-23 Portfolio Budget Statement.

DoFD(2009). Finance Guidance in the 2009-2010 Budget Portfolio Budget Statements Constructors Kit. Australian Government.

Gray, M., & Bray, J. R.(2019). Evaluation in the Australian public service: Current state of play, some issues and future directions. Australia & New Zealand School of Government.

Mackay, K.(2011). The performance framework of the Australian Government, 1987 to 2011. 『OECD Journal on Budgeting』, 11(3): 1-48.

Morton, D., & Cook, B.(2018). Evaluators and the enhanced commonwealth performance framework. *Evaluation Journal of Australasia*, 18(3): 141-164.

Wanna, J., & Bartos, S.(2003). Good practice: Does it work in theory? Australia's quest for better outcomes. Controlling Public Expenditure: The Changing Roles of Central Budget Agencies-Better Guardians. 1-29.

Wanna, John W., Kelly, J. & Forster, J.(2000). Managing Public Expenditure In Australia. St Leonards: Allen & Unwin.

Public Governance, Performance and Accountability Act 2013. (https://www.legislation.gov.au/Details/C2013A00123)(검색일: 2022.7.2)

Public Governance, Performance and Accountability Rule 2014. (https://www.legislation.gov.au/Details/F2014L00911)(검색일: 2022.7.2)

호주 가족학연구소 홈페이지. (https://aifs.gov.au)(검색일: 2022.8.5)

호주 재정부 재정 지식 그래프 사이트. 〈Data Visualisation〉. (https://structure.gov.au/data-visualisation)(검색일: 2022.7.3)

호주 재정부 재정 지식 그래프 사이트. 〈Summary view〉. (https://structure.gov.au/summary)(검색일: 2022.7.3)

호주 재정부 홈페이지. 〈About us〉. (https://www.finance.gov.au/about-us/department)(검색

일: 2022.7.2)

호주 재정부 홈페이지. 〈Annual performance statements for Commonwealth entities(RMG 134)〉. (https://www.finance.gov.au/government/managing-commonwealth-resources/annual-performance-statements-commonwealth-entities-rmg-134)(검색일: 2022.7.2)

호주 재정부 홈페이지. 〈Commonwealth Performance Framework〉. (https://www.finance.gov.au/government/managing-commonwealth-resources/planning-and-reporting/commonwealth-performance-framework)(검색일: 2022.7.5)

호주 재정부 홈페이지. 〈Corporate plans for Commonwealth entities(RMG 132)〉. (https://www.finance.gov.au/government/managing-commonwealth-resources/corporate-plans-commonwealth-entities-rmg-132)(검색일: 2022.7.2).

호주 재정부 홈페이지. 〈Developing performance measures(RMG 131)〉. (https://www.finance.gov.au/government/managing-commonwealth-resources/developing-performance-measures-rmg-131)(검색일: 2022.7.2)

호주 재정부 홈페이지. 〈Evaluation in the Commonwealth(RMG 130)〉. (https://www.finance.gov.au/government/managing-commonwealth-resources/planning-and-reporting/commonwealth-performance-framework/evaluation-commonwealth-rmg-130)(검색일: 2022.7.2)

호주 재정부 홈페이지. 〈The Budget Process〉. (https://www.finance.gov.au/government/federal-budget/budget-process)(검색일: 2022.7.2).

호주 투명성 포털. 〈Publications〉. (https://www.transparency.gov.au/publications)(검색일: 2022.7.3)

찾아보기

ㅍ

ㅎ

집필진

■ 연구책임자

윤수재 한국행정연구원 선임연구위원(평가연구실장)

■ 공동연구자(차례순)

이정욱 연세대학교 교수: 미국

이혜영 광운대학교 교수: 영국

조문석 한성대학교 교수: 캐나다

이상윤 한국법제연구원 선임연구위원: 일본

황덕연 한국행정연구원 부연구위원: 스웨덴

황태연 한국행정연구원 초청연구위원: 호주

해외 평가 · 성과관리 동향분석

펴낸날 제1판 제1쇄 2022년 12월 31일
편 저 윤수재
펴낸이 임춘환
펴낸곳 도서출판 **대영문화사**
주소 (본사) 사무실: 경기도 고양시 일산서구 주화로 70
우신프라자 307호 (㊐ 10387)
(본사) 물류센터: 경기도 고양시 일산서구 덕산로
107번길 68-50 (㊐ 10205)
등록 1975년 12월 26일 제3-16호
전화 (031) 913-3062, (031) 914 3884~5
팩스 (031) 913-3839
홈페이지 http://www.dymbook.co.kr

ISBN 978-89-7644-880-4
값 27,000원